W0021875

Kanzler lieben Gummistiefel

cbj ist der Kinder- und Jugendbuchverlag
in der Verlagsgruppe Random House

Umwelthinweis:
Dieses Buch wurde auf chlorfrei gebleichtem Papier
gedruckt.

1. Auflage 2009
© 2009 cbj, München
Alle Rechte vorbehalten

Lektorat: Gerd Rumler
Bildredaktion: Jürgen Lindenburger, Dr. Michael Meyer,
TopicMedia, Ottobrunn (für interConcept)
Umschlaggestaltung: Init. Büro für Gestaltung, Bielefeld
Umschlagfotos: siehe Bildnachweis S. 283
Ku • Herstellung: WM
Layout und Gestaltung: Keysselitz Deutschland GmbH,
München (für interConcept)
Koordination und Abwicklung: interConcept Medienagentur,
München
Druck und Bindung: Polygraf Print, Presov

ISBN 978-3-570-13555-6
Printed in the Slovak Republik

www.cbj-verlag.de

Marietta Slomka

mit Daniel Westland

Kanzler lieben Gummistiefel

So funktioniert Politik

cbj

Inhaltsverzeichnis

»Politik ist ein Kampfsport – und das macht mir auch Spaß!«, hat der frühere Bundeskanzler Helmut Schmidt mal gesagt.

Spaß?! Darf Politik Spaß machen, obwohl es dabei doch eigentlich um so ernste Themen geht? Aber klar! Und es kann auch richtig Spaß machen, Politik zu beobachten – wenn man diesen »Kampfsport« versteht. Das ist wie bei einer Schachpartie oder beim Fußball: Ein Fußballspiel kann man ja sehr unterschiedlich betrachten. Wenn man einfach nur aufs Spielfeld starrt, nach dem Motto: Ach Gott ja, da laufen jetzt 20 Leute einem Stück Leder hinterher und zwei stehen im Tor rum – na, dann ist das doch eher öde! Aber wenn man die Regeln ein bisschen kennt und von den Stärken und Schwächen der Mannschaften weiß, wenn man einen Bezug zu den einzelnen Spielern hat, sich für Aufstellungen und Spielzüge interessiert, und vielleicht sogar zu einem bestimmten Verein hält, ja, dann wird es richtig spannend! Dazu braucht man aber erstmal jemanden, der einem mal in Ruhe die Abseitsfalle und die Viererkette erklärt. Hat man das einmal kapiert, sieht man das Spiel mit anderen Augen. Und so ist es eben auch in der Politik, finde ich.

Ich habe mich schon sehr früh für Politik interessiert. Auch weil ich das Glück hatte, einen Vater zu haben, mit dem ich nicht nur zusammen Fußballspiele anguckte, sondern auch Bundestagsdebatten. Und beides schien mir ziemlich lustig zu sein. Bei uns zu Hause wurden zu Bundestagswahlen zum Beispiel auch »Wahlpartys« veranstaltet: Meine Eltern und ihre Freunde wetteten miteinander, welche Partei wieviel Prozent erreicht, und wer mit seinem Tipp am nächsten dran war, der bekam am Ende einen Preis. Eigentlich ähnlich wie mit Fußballergebnissen bei der WM. Bei diesen Wahlpartys wurde viel gelacht und laut diskutiert und natürlich auch einiges gegessen und getrunken. Vielleicht habe ich auch deshalb Politik von Anfang an nie als etwas Dröges, Langweiliges wahrgenommen, sondern als ein großes Spiel.

Ein Spiel allerdings, bei dem es auch um so ernste Sachen geht wie Krieg oder Frieden, und um unser aller Wohl. Was die Politik entscheidet, geht wirklich jeden einzelnen von uns an. Ob wir wollen oder nicht, man kann sich dem gar nicht entziehen. Besser also, man kann mitreden. Dazu sollen in diesem Buch Dinge aber nicht einfach vorausgesetzt, sondern auch in Frage gestellt werden. Zum Beispiel: »Wozu braucht man überhaupt Parteien?« Oder: »Warum reden Politiker oft so unverständlich daher? Machen die das mit Absicht?« Und nicht zuletzt: »Warum tragen Kanzler so gerne Gummistiefel?«

Das Buch soll natürlich auch zum Nachschlagen nützlich sein und insofern alle wichtigen Themen abdecken, aber es ist kein Schulbuch und kein Lexikon.

Und es soll ein bisschen Spaß machen, hoffe ich...

Marietta Slomka, Januar 2009

Warum wurde die Demokratie erfunden?

Damit jeder mitmachen kann!

*Ob der Bus zur Schule alle zehn oder alle zwanzig Minuten fährt, ob die Lehrer
Spaß an der Arbeit haben, ob die Großeltern mit der Rente gut auskommen
und großzügige Geschenke machen oder nebenbei noch jobben, ob die Eltern
beide arbeiten und wie oft die Familie in Urlaub fährt, ob vor der Schule
eine Tempo-30-Zone ist, wie häufig dort kontrolliert wird und wie hoch die Strafen
sind, wie viel Taschengeld es gibt und dass Kinder nicht mehr geschlagen werden
dürfen, welche Musik man sich legal auf den MP3-Player laden kann und
ab wann man allein aufs Konzert darf – all das ist in irgendeiner Form Politik.*

Warum leben wir überhaupt in einer Demokratie?

Je mehr mitmachen, desto schwieriger wird doch alles: Viele Köche verderben den Brei! Was also ist der Vorteil, wenn alle wählen dürfen?

Das griechische Wort »polis« heißt »Stadt« oder »Gemeinschaft« – und mit »Politik« meint man heutzutage ein überlegtes, gezieltes Verhalten innerhalb einer Gesellschaft. Selbst in einer Familie oder unter Freunden gibt es also schon politische Vorgänge – zum Beispiel, wenn es darum geht, wohin man am Wochenende fährt, oder ob man ins Kino geht oder doch lieber ins Freibad.

In diesem Buch geht es um Politik von vorne bis hinten. Um deutsche Parteienpolitik, Europapolitik, Weltpolitik. Nun könnte man ja sagen: Ist mir doch egal – ich werde gern regiert! Oder: Ich kann sowieso nichts ändern. Warum also sollte man sich überhaupt für Politik interessieren?

Die Antwort ist: Weil wir in einer Demokratie leben, in der ab 18 jeder wählen darf. Das heißt, dass jeder auch mitverantwortlich ist für das, was bei uns geschieht, sobald er volljährig ist. Außerdem kann man sich auch vorher schon für Dinge einsetzen, die man gern ändern möchte.

»Politik« beschäftigt sich zugleich mit den Inhalten (was will ich), dem Weg dahin (wie setze ich es durch) und dem Rahmen, in dem das alles stattfindet. Dieser Rahmen sind Gesetze, Gerichte und »Staatsorgane«, auf die man sich verlassen können muss. Das nennt man auch »Rechtsstaatlichkeit«, weil alles mit rechten Dingen zugeht (Übrigens: »Rechts« meint in diesem Fall »richtig«; mit »rechter« oder gar »rechtsextremer« Politik hat das nichts zu tun.)

Demokratisch gewählt werden zum Beispiel auch Klassensprecher und Vereinsvorsitzende – und sogar Gerichtsurteile können so gefällt werden: Die Bundesverfassungsrichter beispielsweise müssen sich nicht etwa einig sein, sondern nur eine Mehrheitsentscheidung erreichen.

Das Wort »Demokratie« kommt auch wieder aus dem Griechischen: »Demos« ist das Volk, »Kratia« heißt Herrschaft. Eine »Demokratie« ist also eine Volksherrschaft. Es gibt verschiedene Möglichkeiten, das umzusetzen. Deutschland ist eine »repräsentative Demokratie«, in der Politiker vom Volk gewählt werden, die dann die Bürger für einige Zeit (meist vier Jahre lang) vertreten (repräsentieren). Das heißt: Wir stimmen nicht über die einzelnen Gesetze oder Entscheidungen direkt ab, sondern wir beauftragen andere, das für uns zu tun.

Größter Nachteil einer repräsentativen Demokratie: Wenn versehentlich ein Dummkopf gewählt wird oder ein »Volksvertreter« nicht einhält, was er versprochen hat, dauert es mindestens vier Jahre, bis man ihn wieder loswerden kann. Aber immerhin kann man ihn wieder loswerden! Das unterscheidet Demokra-

Die alten Griechen bauten schöne Tempel, hier die Akropolis in Athen, und etablierten die Mitbestimmung des Volkes.

tien von Diktaturen, in denen die Bürger keine Wahl haben, sondern ihre Regierung ertragen müssen. Außer sie haben den Mut zur Revolution, also einem meist bewaffneten Aufstand.

Größter Vorteil der repräsentativen Demokratie: Wenn's gut läuft, hat der gewählte Politiker von den Dingen, die er entscheiden soll, mehr Ahnung als wir Wähler. Auch weil er die Zeit hat, sich ausführlich damit zu beschäftigen. Dafür wird er schließlich von uns bezahlt.

Es gibt auch verschiedene Demokratie-Mixe, so wird zum Beispiel der amerikanische Präsident fast direkt vom Volk gewählt und darf auch richtig viel entscheiden. Der deutsche Kanzler hingegen wird nicht direkt vom Bürger gewählt. Sondern von den Abgeordneten im Bundestag (die ihrerseits von den Bürgern dort hineingewählt wurden). Er wird also indirekt gewählt und hat dementsprechend auch nicht ganz so viel Macht wie der amerikanische Präsident. Denn, und das ist der entscheidende Punkt: Der Bundeskanzler (bzw. die Kanzlerin, wir benutzen solche Begriffe in diesem Buch geschlechtsneutral) kann jederzeit wieder vom Parlament abgewählt werden, sobald sich dort die Mehrheiten ändern. Dann verliert der Kanzler seine Machtbasis. Der amerikanische Präsident ist hingegen für vier Jahre sicher im Amt und nicht angewiesen auf parlamentarische Mehrheiten und Regierungskoalitionen. Deshalb ist er unabhängiger.

Deutscher Kanzler bleiben kann man, so lange das Volk es will, sogar 16 Jahre wie Helmut Kohl. Amerikanischer Präsident sein darf man hingegen nur zweimal in Folge, also maximal acht Jahre am Stück, dann muss jemand anders ran, selbst wenn das Volk gerne verlängern würde. Die größere Macht des US-Präsidenten wird also zeitlich eingeschränkt. Der deutsche Bundeskanzler ist weniger mächtig, dafür kann er theoretisch sehr lange regieren.

Und wer hat nun die Demokratie erfunden?

Mit der Demokratie angefangen haben wohl wirklich die Griechen, allerdings durften damals nur »alle männlichen Vollbürger« Athens wählen – Sklaven und Ausländer also nicht, und übrigens auch keine Frauen! Philosophen wie Aristoteles fürch-

teten damals allerdings, diese Demokratie würde zu einer Herrschaft der Armen führen, die aus reiner Not nur an sich denken, nicht an das, was allen nützt.

Wegen dieses Problems kam man schnell darauf, dass es wichtig ist, allen Menschen einen gewissen Lebensstandard zu sichern – nur wer frei und unabhängig ist und nicht in Not, kann über den eigenen Tellerrand hinaussehen. Außerdem wurde klar: Je mehr die Menschen wussten, desto besser fielen ihre Entscheidungen aus. Ein anderer großer griechischer Philosoph, Platon, vertrat wiederum die Idee, dass nur Philosophen Könige werden dürften. Und nur wer gebildet genug war, sollte das Wahlrecht haben. Doch wie grenzt man das ab? Ab wann ist man schlau genug? Und terrorisieren dann nicht die angeblich Klugen die weniger Klugen, die vielleicht einfach nur das Pech hatten, dass sie zu arm waren, um auf eine gute Schule zu gehen? Wer vertritt ihre Interessen? Und überhaupt: Sind dümmere Menschen weniger wert? Nein! Demokratie ist nur dann die Herrschaft des Volkes, wenn wirklich alle gleichermaßen daran beteiligt sein können. Unabhängig davon, wie gebildet sie sind, wie viel Geld sie verdienen, welche Hautfarbe sie haben usw. So ist der kluge Grieche Platon ein gutes Beispiel dafür, dass das Gutgemeinte, vermeintlich Plausible und Einfache, schnell in totalitärer Unterdrückung enden kann.

Auch die Römische Republik wies demokratische Elemente auf, aber dann war erst mal Schluss: Das Mittelalter über wurde in Europa von Königen geherrscht – wie im Märchen. Erst um 1650 kam die Idee wieder auf, dass die Bürger vielleicht da und dort ein Wörtchen mitzureden hätten. Die Vordenker damals waren zwei Franzosen, Jean-Jacques Rousseau und Charles Montesquieu, und ein Engländer, John Locke. Sie kämpften für einen »Gesellschaftsvertrag« und forderten die »Gewaltenteilung« in Legislative, Judikative und Exekutive. Das heißt im Grunde: Wer ein Gesetz erlässt (»Legislative«), darf nicht gleichzeitig darüber richten, ob jemand das Gesetz gebrochen hat (»Judikative«), und eine dritte Stelle muss ggf. die Strafe durchsetzen (»Exekutive«). Die drei Stationen kontrollieren sich gegenseitig und sollen so Missbrauch und Ungerechtigkeit verhindern.

Welche anderen Staatsformen gibt es?

Die drei gängigsten Regierungsformen sind Demokratie, Diktatur und Monarchie. Es gibt auch Mischformen und Varianten. Faustregel: Demokratie – gut, Diktatur – schlecht, Monarchie – kommt drauf an. In jeder dieser »Hüllen« können jedoch verschiedene politische Ansichten umgesetzt werden. Die Bundesrepublik Deutschland ist ein »demokratischer und sozialer Bundesstaat«. Das bedeutet: 1) Es wird demokratisch gewählt, 2) es gelten soziale Grundsätze (den Ärmsten wird geholfen), 3) es gibt Bundesländer mit eigenen demokratischen Strukturen, die zu einem Bundesstaat

zusammengefasst sind; es gibt also nicht nur eine oberste Bundesregierung, sondern darunter auch Landesregierungen, die konkreter für die Bürger an einem bestimmten Ort zuständig sind.

Bei einer Rede im Unterhaus sagte der englische Staatsmann Winston Churchill am 11. November 1947: »Die Demokratie ist die schlechteste aller Regierungsformen – abgesehen von all den anderen Formen, die von Zeit zu Zeit ausprobiert worden sind.« Und wirklich: Insgesamt ist die Zufriedenheit von Menschen, die in einer echten Demokratie leben, am größten.

Aber was genau ist eigentlich ein »Staat«? Das Wort ist natürlich mal wieder aus dem Lateinischen abgeleitet, »status« bedeutet »Zustand«. Dem Italiener Niccolo Macchiavelli verdanken wir eine der ersten Definitionen für »Staat«: Alle menschlichen Gewalten, die Macht über Menschen haben. Ein wichtiger Bestandteil dieser »Macht« ist der Staatsapparat (zum Beispiel die Polizei), der Regeln durchsetzt. Heute verwendet man zur Definition eine »Drei-Elemente-Lehre«: Ein Staat braucht ein Volk, ein Land und eine Regierung.

Die meisten Staaten versuchen übrigens gezielt, bestimmte politische Vorstellungen umzusetzen. Die wichtigsten sind:

- Kapitalismus bzw. Marktwirtschaft: Im Kapitalismus herrscht viel Freiheit, vor allem die absolute »Vertragsfreiheit«, es gilt das Recht auf Privateigentum, und jeder darf mit jedem Handel treiben und kaufen und verkaufen, was er will. Anders als im Kommunismus oder Sozialismus, wo der Staat vorgibt, was gekauft wird und wer welche Arbeit macht. Im Kapitalismus darf man reich werden, im Kommunismus darf keiner reich sein. Der Nachteil im Kapitalismus ist, dass auch jeder jeden ausbeuten darf, wenn der das mit sich machen lässt. Die Einkommen können des-

Monarchie ist eine der ältesten Staatsformen: Der deutsche Kaiser Otto III. (r.) im Jahr 1000 bei der Krönung eines polnischen Königs.

halb sehr ungleich verteilt sein, manche Bürger werden reich, andere arm. Der Kapitalismus ist (in stark abgemilderter, kontrollierter Form) die derzeit weltweit vorherrschende Wirtschaftsform.

- Kommunismus: Klassenlose Gesellschaft ohne Privateigentum an Produktionsmitteln. Maschinen, Fabriken oder Land gehören also zum Beispiel allen gemeinsam und werden auch zusammen genutzt. Alle erhalten den gleichen Lohn, egal was man leistet. Es soll keine Ungleichheiten geben. Der Staat verteilt die Einkommen, Arbeit und Güter. Es herrscht Planwirtschaft statt Marktwirtschaft. Aus dem Versuch, kommunistische Theorien umzusetzen, sind in der Regel Unterdrückerstaaten entstanden (zum Beispiel Sowjetunion, China, Kuba). Aber dass Ausbeutung und Wucher heute bei uns verboten sind und Reichtum nicht über alles geht, lässt sich ebenfalls auf diese Überlegungen und den Wunsch nach Fairness für alle zurückführen.
- Marxismus: Karl Marx hat (zusammen mit Friedrich Engels) versucht, eine Art Handbuch zur Umsetzung der kommunistischen Theorie zu entwickeln, »Das kommunistische Manifest«.

Marx und Engels unterschieden zwischen Proletariat (den Arbeitern) und Bourgeoisie (den Besitzenden) und verlangten die Verstaatlichung allen Privateigentums.

- Sozialismus: Die Grundwerte des Sozialismus sind Gleichheit, Gerechtigkeit und Solidarität (»Brüderlichkeit«) – sie dürfen allerdings im Rahmen dieser Theorie auch mit Gewalt durchgesetzt werden. Das kann dann leicht zu einer Diktatur führen, wie es zum Beispiel in der DDR der Fall war. Im Sozialismus sollen

Darf jeder machen, was er will?

Ich darf tun, was ich will, und alle anderen dürfen das auch – jeder kümmert sich um seinen eigenen Kram. Aber ganz so einfach ist es nicht. Das »simple principle«, das »einfache Prinzip«, das der Brite John Stuart Mill, der wichtigste liberale Vordenker im 18. Jahrhundert beschrieben hat, besagt: »Meine Freiheit endet dort, wo deine Freiheit anfängt.« Was im Einzelfall oft ganz schön schwer zu entscheiden ist. Es grenzt aber auf jeden Fall die Rechte des Staates ein. Der darf nur dann in die Freiheit des Einzelnen eingreifen, wenn derjenige mit seinen Verhaltensweisen andere ernstlich schädigt. Vereinfacht gesagt: Wenn jemand sich betrinken will – bitte schön, seine Sache. Wenn er dann aber betrunken Auto fährt, darf der Staat eingreifen, um andere zu schützen. Man kann aber auch der (nicht-liberalen) Ansicht sein, dass überhaupt keiner Alkohol trinken sollte, weil das ungesund und selbstzerstörerisch ist.

Der liberale englische Denker John Stuart Mill (stehend) in einer Karikatur aus dem Jahr 1867.

materiell alle gleichgestellt sein, keiner soll mehr haben als andere.

- Sozialdemokratie: Demokratische Variante des Sozialismus. Versuch, eine möglichst freiheitliche und zugleich sozial gerechte Gesellschaft zu bilden. Dazu wird keine gewaltsame Revolution der Arbeiterklasse angestrebt, sondern gesellschaftliche Reformen.
- Konservatismus: Konservative wollen die Dinge bewahren, so wie sie sind und wie sie sich aus langen Traditionen heraus entwickelt ha-

ben. Der Konservatismus entstand als Reaktion auf die liberalen Revolutionen im 18. Jahrhundert. Heutzutage ist aber auch die oft als »konservativ« bezeichnete CDU Veränderungen gegenüber aufgeschlossen.

- Liberalismus: Hat die größtmögliche Freiheit des Einzelnen zum Ziel. Das Aufkommen des Liberalismus hat in Europa zu ähnlich großen weltpolitischen Umwälzungen geführt wie die Entstehung des Sozialismus. Die Liberalen haben bereits im 17. und 18. Jahrhundert auf die Menschenrechte gepocht. Denn sie gehen davon aus, dass jeder einzelne Mensch Rechte hat und nicht nur Teil einer Gruppe (eines Kollektivs) ist. Problem dabei: Dem Liberalismus wird vorgeworfen, dass er alle benachteiligt, die nicht stark genug sind, sich um sich selbst zu kümmern. Er begünstigt die Starken. Der Liberalismus ist eng verbunden mit der Marktwirtschaft. Der Schutz des Privateigentums war für die Liberalen dabei ursprünglich Ausdruck von persönlicher Freiheit und hatte gar nichts mit Wirtschaftspolitik zu tun.
- Nationalismus: Die Vorstellung, mit anderen Staaten und Völkern in Konkurrenz zu stehen, verbunden mit dem Wunsch, sich von ihnen abzugrenzen und ihnen überlegen zu sein. Damit einher geht oft der Wunsch, dass innerhalb der Grenzen eines Staates auch nur die ursprünglich dort heimischen Menschen leben. So kommt es zu Forderungen wie »Deutschland den Deutschen«.

- Nationalsozialismus: Verbindet eine rassistische Form des Nationalismus mit dem Antikapitalismus der Sozialisten. Längst ist die Vorstellung, dass es überlegene menschliche Rassen gäbe (»Herrenmenschen«), wissenschaftlich widerlegt. Aber leider ist sie auch heute noch anzutreffen. Im Hitler-Deutschland ging damit vor allem auch ein vernichtender Hass auf das Judentum einher, der »Antisemitismus«. Hitler ließ etwa sechs Millionen Juden ermorden. Da viele Juden sehr gebildet und wohlhabend waren, haben die Nazis sich dabei gleich die jüdischen Vermögen unter den Nagel gerissen. Zugleich gehört zum Nationalsozialismus der Anspruch des Staates, alles zu regeln (selbst die Frage, wer wen heiraten und wer Kinder bekommen darf).
- Faschismus: Jede Form von Null-Toleranz-Überzeugung (der Nationalsozialismus ist zum Beispiel faschistisch). Man ist so überzeugt von etwas, dass man es um jeden Preis durchsetzen will und daher jeden verfolgen muss, der nicht mitmacht. Man ist dann sogar bereit, Menschen zu ermorden, die einem im Weg stehen – und ist der Ansicht, damit sogar etwas Gutes zu tun: für Volk und Vaterland oder für Gott und Allah.
- Außerdem gibt es noch den Anarchismus, der jedoch kein Staat will – denn er ist das Gegenkonzept zum Staat: Anarchismus ist der Versuch, ganz ohne »Herrschaftsstrukturen« zu leben, also frei und gleich, aber doch sozial. Etwa nach dem Motto: Einer für alle, alle für einen – aber ohne es zu organisieren oder Regeln festzuschreiben. Klingt schön, klappt aber nicht. Schon gar nicht in großen Gruppen. Wird manchmal in besetzten Häusern versucht, funktioniert aber auch da meist nicht lange. Die Natur des Menschen macht solchen Wunschvorstellungen immer wieder einen Strich durch die Rechnung. Im Grunde sind die Vorstellungen der Anarchisten radikalliberal, denn sie wollen, dass jeder total frei ist. Das ist aber nur möglich, wenn alle Beteiligten sehr nette und selbstlose Menschen sind.

München, 9. November 1923: Der Putschversuch der Nationalsozialisten wurde von der Polizei gestoppt. Doch einige Jahre später siegte in Deutschland der Faschismus.

Warum soll ich wählen gehen?

Kommt es auf meine eine Stimme wirklich an? Und wen soll man wählen, wenn keine Partei genau das verspricht, was man selber will?

Die Grundidee unserer Demokratie ist, dass niemand die eigenen Interessen besser vertreten kann als man selbst. Demokratie bedeutet aber auch, dass man sich manchmal den Ansichten anderer Leute beugen muss. Es geht also darum, die eigenen Interessen mit denen anderer in ein Gleichgewicht zu bringen. Am Ende wird man nicht alles durchsetzen können, aber jeder war an der Entscheidung beteiligt. Mahatma Gandhi, der legendäre Führer der indischen Freiheitsbewegung, hat dazu gesagt: »Unter Demokratie verstehe ich, dass sie dem Schwächsten die gleichen Rechte einräumt wie dem Stärksten.«

Doch wenn zu wenige Leute wählen gehen, hat eine Regierung natürlich ein Problem. Warum sollten sich Menschen von ihr vertreten fühlen, die nicht wenigstens versucht haben, das Wahlergebnis zu beeinflussen? Wir Wähler vergeben diese Jobs und wir bezahlen die Politiker mit unserem Steuergeld. Da sollten wir uns doch eigentlich auch anschauen, mit wem wir es zu tun haben! Viele Leute nehmen sich Zeit, die Gebrauchsanweisung für eine neue Spielkonsole zu lesen – finden es aber offenbar zu viel verlangt, darüber nachzudenken, welche Partei sie wählen wollen, und ins Wahllokal zu gehen.

Tatsächlich ist die »Partei« der Nichtwähler inzwischen oft die größte Partei. Was vielen Nichtwählern jedoch nicht klar ist: Wenn man zu Hause bleibt, beeinflusst man trotzdem das Ergebnis. Wer sich zum Beispiel als »eher SPD« bezeichnet und zu Hause bleibt, sorgt damit möglicherweise dafür, dass die CDU gewinnt, was dann ja vermutlich noch weniger das Ergebnis ist, das dieser Nichtwähler eigentlich wollte. Denn die Wahlergebnisse fallen manchmal ganz anders aus als erwartet – und am Ende ist es vielleicht doch die eigene Stimme, die über Sieg oder Niederlage entscheidet. Unions-Kandidat Edmund Stoiber zum

Beispiel war im September 2002 überzeugt, dass er Bundeskanzler geworden sei. Er kündigte gut gelaunt und unfreiwillig komisch an, er werde jetzt »ein Glas Champagner aufmachen«. Als er am nächsten Morgen erwachte, kam allerdings echte Katerstimmung auf – denn er war gar nicht Bundeskanzler, sondern ganz knapp gescheitert. Ihm fehlten nur ein paar Tausend Stimmen. Was wirklich wenig ist bei insgesamt 48 Millionen abgegebenen Stimmen.

Man kann also vorher nie wissen, ob die eigene Stimme nicht doch die entscheidende ist, auch deshalb sollte man wählen gehen. Die Wahl zum US-Präsidenten 2004 beispielsweise war auch extrem knapp. Letztlich gaben ein paar Kartoffelbauern in Ohio den Ausschlag.

Warum darf jeder (außer Kindern) wählen? Und warum darf (fast) jeder sich wählen lassen?

Das Recht, zu wählen, heißt »aktives Wahlrecht«. Das Recht, zu kandidieren und sich wählen zu lassen, ist das »passive Wahlrecht«. Wenn kluge, gutherzige Menschen Entscheidungen treffen, ist

Charakterkopf: Mahatma Gandhi kämpfte für die Unabhängigkeit Indiens von der Kolonialmacht Großbritannien.

Gewählt werden

Es gibt Einschränkungen des »passiven Wahlrechts«, also beim Sich-wählen-lassen: Bundespräsident kann man zum Beispiel erst ab 40 werden; Bürgermeister in Berlin ab 21, Bundeskanzler aber bereits ab 18. Also dann: Viel Glück!

das natürlich viel besser, als wenn bösartige, dumme Menschen das tun. Daraus könnte man nun schließen: Es wäre doch gut, wenn nur die Klügsten wählen und nur die Allerklügsten gewählt werden dürfen.

Aber:

- Diejenigen, die nicht so klug sind, haben ja auch Rechte, und die würden dann vielleicht nicht berücksichtigt. Deshalb müssen eben alle wählen dürfen, und alle müssen sich wählen lassen dürfen.
- Wie sollte man das eigentlich entscheiden? Früher hat man gedacht, wer reich und/oder adlig ist, ist auch klug; deshalb zählten die Stimmen von Reichen und Adligen mehr. Aber ist man wirklich klug, nur weil man viel Geld hat? Oder kann man nur viel Geld verdienen,

Ein Volk – das sind lauter verschiedene Menschen. Damit es gerecht zugeht, darf jeder mitwählen.

wenn man klug ist? Nein. Außerdem war man ja auch lange Zeit der Meinung, Frauen sollten lieber auch nicht wählen, weil die sowieso alle doof sind, sogar die reichen und adligen... Wenn alle mitmachen, ist es also am gerechtesten.

- Wer irre viel von Quantenphysik versteht, weiß deshalb noch lange nicht, wo man am besten Schulen hinbaut. Große Klugheit allein reicht fürs Regieren nicht.

Und warum dürfen Kinder nicht wählen? Weil man erst mal dahinterkommen muss, worum es geht, bevor man seine Stimme abgibt. Denn entweder könnten wirklich alle wählen (dann hat auch ein gestern geborener Säugling eine Stimme), oder man zieht irgendwo eine Altersgrenze. Man kann darüber diskutieren, ob junge Menschen mit 14, 16, 18 oder 21 wählen sollen – doch dass nicht jedes Kindergartenkind ein krakeliges Kreuzchen machen darf, ist leicht nachzuvollziehen.

Aber könnten die Eltern nicht für die Kinder wählen? Theoretisch schon – aber wie soll man wissen, ob sie die Stimme auch wirklich im Interesse des Kindes abgeben und nicht im eigenen? Man kann es bei geheimen Wahlen nicht kontrollieren. Und ein Stellvertreter-Wahlrecht wäre so, als würde das Wahlrecht für Frauen darin bestehen, dass ihre Männer eine Stimme mehr kriegen. Darum dürfen Eltern nicht für ihre Kinder mitwählen.

Wer sich politisch zu Wort melden will, kann das trotzdem lange vor der Volljährigkeit: Die meisten Jugendorganisationen großer Parteien nehmen Mitglieder ab 14 auf – vorher, hat die Erfahrung gezeigt, ist das Interesse sowieso gering.

Wozu brauchen wir Parteien?

Parteien machen uns das Leben leichter. Wir müssen nicht jeden Politiker kennen, sondern nur herausfinden, welche Gruppierung unsere Ziele vertritt.

Die ersten Parteien gab es vor etwa 300 Jahren in England. Anfangs waren sie nur lockere Zusammenschlüsse von Unterstützern einzelner Kandidaten. Eine richtige Struktur mit hauptberuflichen und bezahlten Mitarbeitern bildete sich erst später. Rechtlich sind Parteien meist Vereine, weil das eine gute Organisationsform für Zusammenschlüsse von vielen Leuten ist.

Parteien helfen uns, eine Wahlentscheidung zu treffen. Außerdem leisten sie eine Vorauswahl unter Möchtegern-Politikern. Bevor sich jemand dem Volk zur Wahl stellt, muss er oder sie immerhin schon mal innerhalb einer Partei einige Leute von sich überzeugt haben. Und schließlich entsteht dadurch, dass es mehrere ernstzunehmende Parteien gibt, eine echte Alternative. Es gibt Oppositionsparteien, die theoretisch jederzeit in der Lage sein sollten, die herrschende Regierungspartei abzulösen.

In der Bundesrepublik Deutschland sieht die sogenannte Parteienlandschaft zurzeit so aus: Zwei große Parteien buhlen um Wählerstimmen: SPD und CDU. Dazu kommen drei mittelgroße (FDP, Bündnis90/Die Grünen und seit 2007 DIE LINKE) und zahlreiche Kleinstparteien. Fast vierzig Jahre lang war die Macht nur auf drei Parteien verteilt: CDU, SPD und FDP. Umso schockierender war es für die Abgeordneten, als 1983 die Grünen in den Bundestag gewählt wurden, damals noch ganz knapp mit 5,6 Prozent der Stimmen. Viele glaubten damals, die Grünen würden bald wieder von der Bildfläche verschwinden. Doch obwohl CDU und SPD inzwischen viele Umweltschutzziele übernommen haben, gibt es die Grünen immer noch. Sie wurden sogar zeitweilig eine Regierungspartei. Ganz neu hinzugekommen ist jetzt DIE LINKE, die der SPD eine Menge Wähler wegnimmt und sich derzeit zu einem ernst zu nehmenden Faktor ent-

Ja, wen hätten Sie denn gerne? Alle Parteien werben mit großen Plakaten und freundlichen bis markigen Politikergesichtern um die Gunst der Wähler.

wickelt hat. Wir haben aktuell in Deutschland also ein Fünf-Parteien-System. Manche befürchten schon, dass das zu viele Parteien sind. Das Regieren ist dadurch jedenfalls schwieriger geworden als früher, weil die Mehrheiten knapper sind.

Im Wahlkampf wirbt jede Partei mit ein oder zwei Themen, die gerade aktuell sind und mit denen sie sich von den anderen absetzen kann. Aber alle größeren Parteien haben auch ganz grundsätzliche Positionen zu vielen verschiedenen Sachverhalten. Diese werden im »Parteiprogramm« festgehalten. Außerdem wählt man natürlich auch Personen: nämlich die von den Parteien vorgeschlagenen Kandidaten. Oft sind diese Personen sogar am wichtigsten, weil viele Wähler sich ein Urteil über Personen eher zutrauen als über Programme.

Es ist ja nicht so, als würden sich da zufällig ein paar Leute zusammentun, weil die sich irgendwie sympathisch sind. Alle Parteien sind entstanden, weil es Leute gab, die über die gleichen Dinge wütend waren:

Die Liberalen entstanden in Europa schon im 18. Jahrhundert als Opposition des (vermögenden) Bürgertums gegen die Bevormundung und Benachteiligung durch König und Adlige.

Die SPD entstand als Partei der Arbeiter, die sich gegen die Ausbeutung durch die Unternehmer (Kapitalisten) wehrten. Die SPD ist die älteste deutsche Partei, die heute noch existiert.

Die CDU wurde erst nach dem zweiten Weltkrieg gegründet, aber die meisten ihrer Mitglieder gehörten vorher zu einer Partei namens »Zentrum«. Und die war im 19. Jahrhundert im Kaiserreich entstanden, als sich Katholiken zusammentaten, weil sie sich durch den autoritären, pro-

testantischen preußischen Staat unterdrückt fühlten. Sie sahen sich als Verteidiger der Rechte der (katholischen) Kirche. Und lehnten zugleich die eher nichtreligiösen Liberalen ab. Bei der Gründung der CDU nach dem Ende des Zweiten Weltkriegs spielten katholische und evangelische Christen eine große Rolle, die unter Hitler verfolgt und inhaftiert worden waren.

Auch der Konservatismus als Parteiströmung war ursprünglich Protest: gegen Leute, die das Traditionelle nicht achten und immer nur an das Neue, Moderne glauben. Konservative möchten Dinge bewahren und empfanden zum Beispiel die Fort-

schritts- und Technikgläubigkeit der Liberalen und der Kapitalisten als zerstörerisch.

Die bayerische CSU entstand als Regionalpartei. Also als Partei, die die Eigenständigkeit einer bestimmten Region betont und gegenüber »denen in Bonn bzw. Berlin« skep-

Die Grünen gehören zu den jüngeren Parteien in Deutschland. Hier der stellvertretende Parteivorsitzende Jürgen Trittin.

tisch ist: Die sollen uns nicht bevormunden, wir wissen selber, was hier gut für uns ist. Die bayerische CSU war von Anfang an auch etwas »sozialdemokratischer« als die CDU, nicht umsonst heißt sie Christlich-Soziale Union. Auch deshalb hatte die SPD in Bayern bisher nie wirklich eine Chance: Die »kleinen Leut'« fühlten sich in Bayern von der CSU offenbar genauso angesprochen.

Die Grünen entstanden aus einer Bürgerbewegung gegen Umweltverschmutzung und Atomwaffen. Viele Grüne sehen sich als »links«, aber ihre Gründer waren eigentlich keine Arbeiterkinder, sondern stammten oft aus sehr bürgerlichen Haushalten. Die Eltern waren dann also CDU-Wähler, die Kinder gründeten die Grünen. Auch das gehörte zum Protest! Zugleich sind die Grünen aber eine konservative Partei: Sie wollen die Natur bewahren und sind dem technischen Fortschritt gegenüber skeptisch. Interessant ist, dass die Grünen auch als Anti-Parteien-Partei anfingen. Sie wollten nicht wie die anderen Parteien sein, zum Beispiel keine Parteichefs haben, und niemand sollte lange im Parlament bleiben. Das war nicht sehr praktikabel und hat sich gründlich geändert.

Die Partei DIE LINKE ist eine Art Mischform: Sie setzt sich zusammen aus der PDS, die eine ostdeutsche Regionalpartei ist. Neuerdings gehört zur Linkspartei auch ein Westflügel, der von Oskar Lafontaine angeführt wird. Er war mal Chef der SPD. Mit ihm zusammen zur LINKEN gegangen sind viele westdeutsche Linke und Ex-SPD-Mitglieder, die gegen die Entwicklung der SPD protestieren. Sie sind wütend über die SPD und deren Reformpolitik unter Gerhard Schröder.

Wer akzeptiert, dass es unterschiedliche Parteien gibt, akzeptiert damit auch, dass es unterschiedliche Meinungen und Interessen gibt, die aber (fast) alle eine Daseinsberechtigung haben. Das ist nicht selbstverständlich. Es gibt auch

Oskar Lafontaine, einst Vorsitzender der SPD und Kurzzeitminister unter Bundeskanzler Gerhard Schröder, steht heute an der Spitze der Partei DIE LINKE.

Leute, die fest davon überzeugt sind, dass es die eine, absolute Wahrheit gibt, die einzig richtige Meinung also, und den einen, allumfassenden einheitlichen »Volkswillen«. Doch wer Freiheit will, muss auch unterschiedliche Wahrheiten, Meinungen und Parteien zulassen.

Kaum ein Politiker verkörperte die Christlich-Soziale Union (CSU) so sehr wie ihr langjähriger Vorsitzender Franz-Josef Strauß, auf dem Bild 1986 in Garmisch mit Gebirgsschützenhut.

Warum wird geheim gewählt?

In Deutschland ist es Pflicht, geheim zu wählen. Selbst wer sein Kreuz öffentlich machen will, darf das nicht. Aber warum eigentlich?

Im Grundgesetz wurde festgelegt, dass alle Wahlen »allgemein, frei, unmittelbar, gleich und geheim« sein müssen. Was soll das nun heißen? »allgemein« bedeutet, dass jeder volljährige Bundesbürger wählen darf.

- »Frei« heißt, dass sich jeder seine Meinung bilden und dementsprechend wählen kann. Man wird vor und während der Wahl nicht bedroht oder eingeschüchtert. Man wird übrigens auch nicht gezwungen zu wählen.
- »Unmittelbar« sagt aus, dass die »Volksvertreter« (die Bundestagsabgeordneten) direkt vom Volk gewählt werden; sie bestimmen dann ihrerseits (also aus Wählersicht indirekt oder »mittelbar«) den Bundeskanzler. Auch der Bundespräsident wird nicht direkt vom Volk gewählt.

Jeder darf seine politische Meinung öffentlich kundtun. Wahlen sind jedoch geheim. Deshalb ist vorgeschrieben, dass jeder sein Kreuzchen unbeobachtet in einer Kabine macht.

- »Gleich« meint, dass jede Stimme genauso viel zählt wie die andere.
- »Geheim« muss die Wahl sein, um die Freiheit zu gewährleisten, zu wählen, wen man will.

Der wichtigste Faktor ist also das Wahlgeheimnis, denn nur wer geheim wählt, kann frei wählen. Traditionell geht das so: In der Wahlkabine wird der Stimmzettel vom Wähler ganz allein ausgefüllt, gefaltet und danach in eine versiegelte Wahlurne gesteckt. Sie wird erst nach Wahlschluss geöffnet, sodass nicht mehr nachvollziehbar ist, wer wie gestimmt hat.

»Bei der Wahlhandlung selbst hat sich der Wähler an die zur Sicherung des Wahlgeheimnisses erlassenen Vorschriften zu halten«, erklärt Karina Schorn vom Statistischen Bundesamt, das auch für die Durchführung der Wahlen zuständig ist. »Die Vorschriften sind zwingend und erlauben keinen Verzicht, weder seitens des Wählers noch der Wahlorgane (etwa durch Aufforderung,

den Stimmzettel außerhalb der Wahlkabine anzukreuzen) oder der Wahlbehörden. Das Wahlgeheimnis duldet in diesem Verfahrensstadium keine noch so geringe Ausnahme oder Nachlässigkeit. (…) Die gesetzlichen Bestimmungen dienen nicht nur dem Schutz des einzelnen Wahlberechtigten, sondern sind auch im öffentlichen Interesse zur Gewährleistung eines geordneten Wahlverfahrens zwingend erforderlich.« Vor oder nach der Wahl hingegen kann jeder herumerzählen, wen er wählen will oder wo er sein Kreuz gemacht hat. Das schadet ja auch nichts – man kann ja auch lügen und sagen, was die anderen hören wollen, in Wirklichkeit aber jemand ganz anderen wählen. Genau das ist der Sinn der geheimen Wahl.

Wenn Diktaturen abgelöst werden und die ersten freien Abstimmungen stattfinden (wie in den letzten Jahren und Jahrzehnten in der DDR, den Ostblockstaaten von Jugoslawien bis Kroatien, im Irak, in Südafrika und anderen Ländern mehr), stellen internationale Beobachter und oft auch ausländische Soldaten sicher, dass die Wahlen wirklich geheim sind. Außerdem überwachen sie die Auszählung. Wahlbetrug ist nämlich eigentlich ganz einfach: Man führt eine freie und geheime Wahl durch, schmeißt die Stimmzettel hinterher unbeobachtet weg und verkündet ein Wahlergebnis nach Lust und Laune. So lief das jahrzehntelang in der Sowjetunion und anderen Schein-Demokratien. Erst wenn die Wahl geheim ist und die Stimmzettel öffentlich nachgezählt werden können, ist ein demokratischer Regierungswechsel überhaupt möglich.

Solche Kontrollen können sogar auch in etablierten Demokratien nötig sein. Wenn ein Kandidat haushoch gewinnt, ist es unwichtig, ob sich in irgendeinem Wahllokal irgendwer um ein paar Hundert Stimmen verzählt hat.

Kommt es aber bei einer Wahl zu einem Kopf-an-Kopf-Rennen, wie im Jahr 2000 zwischen den beiden amerikanischen Präsidentschaftskandidaten George W. Bush und Al Gore in Florida, dann kann letztlich eine einzige Stimme die gesamte Wahl entscheiden. Da an den Ergebnissen erhebliche Zweifel bestanden, wurde eine zweite Zählung angeordnet, die allerdings nicht rechtzeitig abgeschlossen werden konnte. Bis heute ist unklar, ob in Wahrheit nicht Al Gore die Wahl gewonnen hatte und George W. Bush ausgerechnet in dem US-Bundesstaat, in dem sein Bruder Jeb Gouverneur war, »versehentlich« zu viele Stimme angerechnet bekam.

Gefahr durch Technik?

Natürlich kann auch an Computern gewählt werden, in Köln zum Beispiel ist das schon länger üblich. Elektronische Wahlgeräte haben Vorteile, zum Beispiel muss man die Stimmen nicht mehr auszählen, das macht die Wahlmaschine selbst. Größter Nachteil: Man kann möglicherweise nicht kontrollieren, ob die Wahlcomputer nicht geschickt manipuliert sind und zum Beispiel jede zweite Stimme für eine bestimmte Partei einer anderen Partei zurechnen. Außerdem könnte zum Beispiel insgeheim gespeichert werden, wer wen wählt. In Florida wurden nach Wahlproblemen die Computer wieder abgeschafft, damit das neutrale Nachzählen der Stimmen möglich bleibt.

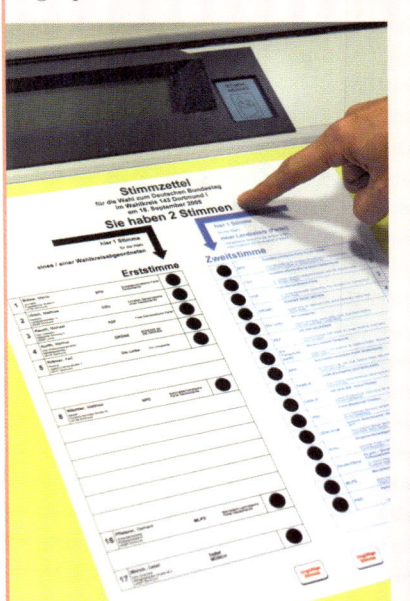

Wahlcomputer sind praktisch. Sie zählen auch gleich die Stimmen. Leider erleichtern sie Wahlfälschungen, weil sie manipulierbar sind.

Wie werden Wahlprognosen ermittelt?

Nur die Wahl selbst ist geheim. Vorher oder hinterher darf man erzählen, wen oder was man (angeblich) gewählt hat. So werden auch die »Prognosen« für Wahlsendungen ermittelt. Man fragt eine bestimmte Anzahl Wähler, die gerade auf dem Weg zum Wahllokal sind, wen sie gleich wählen. Nicht alle antworten und nicht alle ehrlich, aber insgesamt doch immer wieder so viele, dass man ungefähr hochrechnen kann, wie das Wahlergebnis aussehen wird. Die Prognose wird um Punkt 18.00 Uhr verkündet, also in dem Moment, in dem die Wahllokale schließen und niemand mehr beeinflusst werden kann.

»Und, was werden Sie wählen?« – Für Wahlprognosen werden Wähler auf dem Weg zu Stimmabgabe befragt. Oder auch nach dem Wählen, wenn sie das Wahllokal gerade verlassen.

Warum soll man wählen gehen?

Vor jeder Wahl pflastern freiwillige Helfer die Straßen mit Aufstellern und Plakaten voller toller Sprüche. Doch nach der Wahl sind die oft nur noch Altpapier.

Rund 62 Millionen Wahlberechtigte für den Bundestag gibt es im Moment in Deutschland. Und denen, möchte man glauben, versprechen die Parteien das Blaue vom Himmel herunter.

Pro Wähler erstattet der Staat den Städten und Gemeinden etwa einen Euro für den Versand der Wahlunterlagen, die Durchführung der Wahl, Schnittchen und Getränke für die über 600 000 ehrenamtlichen (= ansonsten unbezahlten) Wahlhelfer. Im Moment kostet also die reine Durchführung einer Wahl schon mal 62 Millionen Euro.

Außerdem überweist die Bundesrepublik Deutschland noch einmal viele Millionen Euro an die Parteien selbst; früher nannte man das »Wahlkampfkostenerstattung«. Parteien, die bei der letzten Europa- oder Bundestagswahl auf mindestens 0,5 % gekommen sind oder die bei der letzten Landtagswahl über 1 % Wähler erreicht haben, bekommen zwischen 70 und 85 Cent pro Stimme, und auf die Spenden, die sie erhalten, gibt's noch mal ein Drittel obendrauf. Diese Kosten sind allerdings nach oben beschränkt: Insgesamt dürfen an alle Parteien zusammen nicht mehr als 133 Millionen Euro pro Jahr ausgezahlt werden.

Der Witz aber ist: Was die für viel Geld auf ihrem Wahlwerbematerial versprechen, ist oftmals nichts als heiße Luft. Und nur noch jeder zehnte Bürger glaubt überhaupt daran, dass die Wahlversprechen wahr gemacht werden. Gerade die Wähler der Parteien, die viel versprechen, sind am skeptischsten: Nur 5 % der Grünen- und DIE LINKE-Wähler sind der Meinung, Politiker sagen die Wahrheit; immerhin 11 % der FDP-Symphatisanten hoffen auf eine Einlösung der Versprechen nach der Stimmauszählung. Ein schönes Beispiel dafür ist die Umsatzsteuererhöhung 2007: Damals stieg die auch »Mehrwertsteuer« genannte Abgabe von 16 % auf 19 %. Dabei hatte die CDU vor der Bundestagswahl 2005 nur eine Erhöhung auf 18 % gefordert – und die SPD diese sogar als »Merkelsteuer« empört abgelehnt! Nach der Wahl jedoch bildeten SPD und CDU eine gemeinsame Regierung – und beschlossen eine Umsatzsteuererhöhung auf 19 %. Nun hätte man durchaus mit einem Kompromiss rechnen können: Die SPD will keine Erhöhung, die CDU ist für 2 Prozentpunkte, also trifft man sich in der Mitte und die Steuer steigt auf 17 %. Aber nein, es wurde sogar noch mehr! Mit haushaltspolitischen Notwendigkeiten wurde die Kurskorrektur erklärt, im Klartext: Wir brauchen die Kohle!

Und Vizekanzler Franz Müntefering (SPD) wehrte sich dann ganz empört dagegen, auf seine Wahlversprechen von vor wenigen Wochen festgelegt zu werden: »Wir werden als Koalition an dem gemessen, was in Wahlkämpfen gesagt worden ist. Das ist unfair!«

Solche Beispiel zeigen, dass stimmt, was schon der erste deutsche Bundeskanzler, Konrad Adenauer von der CDU, erkannte: »Was kümmert mich mein Gerede von gestern!« Im Wahlkampf versprechen eben alle munter, was die erwünschten Wähler hören wollen – und hoffen sicher auch ganz ernsthaft,

dass das dann hinterher auch geht. Kommt eine Partei aber wirklich an die Macht, kann sie eben doch nicht alles umsetzen oder finanzieren, was sie gerne machen wollte. Ein »Wahlversprechen« ist im Grunde nur ein Werbespruch, dessen einziger Zweck darin besteht, markant zu umreißen, was so ungefähr im Angebot ist: »Wenn wir könnten wie wir wollten, dann würden wir Folgendes tun…« Die gewählten Abgeordneten jedenfalls sind am Ende weder verpflichtet, sich an ihre eigenen Sprüche zu halten, noch an die Wünsche ihrer Partei – sie sind laut Grundgesetz nur ihrem Gewissen verpflichtet.

Wer aber noch nicht mal versucht, die gegebenen Versprechen einzulösen, geht aber natürlich das Risiko ein, beim nächsten Mal nicht wiedergewählt zu werden. Bleibt die Frage: Warum Wahlversprechen, wenn man ahnt, dass man sie eh nicht einlösen kann, was dann am Ende wieder zu Frust und Empörung beim Wähler führt? Weil Politiker

Wahlfähnchen vor dem Reichstag (in dem der Bundestag sich versammelt). Neben den »Volksparteien« SPD und CDU/CSU stehen zahlreiche weitere Gruppierungen zur Wahl.

Wieso irren die Propheten manchmal? Fehlerquellen bei Umfragen

Die Zahl der Befragten liegt meist zwischen 1000 und 2500. Berechnet man davon ausgehend das Ergebnis einer Bundestagswahl, beträgt die Fehlertoleranz drei bis vier Prozent. Das heißt: Mit einer Wahrscheinlichkeit von 95% wird das Wahlergebnis bis zu zwei Prozent mehr oder weniger als angegeben betragen. Wenn man 1250 Wahlberechtigte in der Stichprobe befragt, und die Partei A käme demnach auf 40% der Stimmen, dann liegt die Fehlertoleranz bei +/- 2,7 Prozentpunkten. Das heißt, das tatsächliche Ergebnis der Partei kann am Ende zwischen 37,3 und 42,7% liegen. Verkleinern kann man diesen Unsicherheitsbereich nur durch mehr Teilnehmer, aber um den statistischen Fehler zu halbieren, müsste man die Zahl der Befragten vervierfachen.

Befragte lügen: Vor allem Wähler von extremen Parteien am rechten und linken Spektrum geben dies ungern offen zu. Ähnlich ist es bei anderen Themen. In Umfragen erklären drei Viertel aller Deutschen, dass sie im TV am liebsten Nachrichten sehen wollen und nach dem Tod ihre Organe spenden. Alles politisch sehr korrekt – aber die Praxis sieht etwas anders aus.

Bei Telefonbefragungen antwortet oft einfach derjenige, der abgenommen hat, oder der »Haushaltsvorstand« bzw. Meinungsmacher (meist der Vater); dies ist nicht repräsentativ (= stellvertretend), denn diese Personen neigen mehr als der Rest der Bevölkerung zur CDU, sodass deren mögliches Wahlergebnis überschätzt wird. Dagegen hilft allerdings die »Last-Birthday-Methode«: Es soll derjenige im Haushalt antworten, der zuletzt Geburtstag feierte. Das ist dann wieder ein Zufallsprinzip, weil es den konservativen Familienvorstand genauso treffen kann wie den 18-jährigen Sohn, der vorhat, die Linkspartei zu wählen.

Viele junge Wähler haben nur noch ein Handy, aber keinen Festnetzanschluss, und werden daher in Telefonumfragen nicht berücksichtigt.

Umfragen sind nur Momentaufnahmen: Viele Leute sagen am Montag etwas anderes als am Sonntag, je nach Situation und Stimmung. Man ändert seine Meinung heute auch schneller als früher, als das Zugehörigkeitsgefühl zu einer bestimmten Partei noch tiefer verwurzelt war. Darum kann sich innerhalb von wenigen Tagen das Meinungsbild gewaltig verschieben, die Umfragen veralten schnell. Deshalb kann es vorkommen, dass Parteien schon als Sieger gefeiert werden, die dann doch knapp verlieren. ARD und ZDF veröffentlichen zum Beispiel in der letzten Woche vor dem Wahltag keine Umfrageergebnisse mehr. Und dann kann am Wahltag das Ergebnis deutlich anders aussehen, als noch zwei Wochen vorher erfragt worden war. Das geschah zum Beispiel bei der Bundestagswahl 2005, als alle Forschungsinstitute die CDU/CSU klar vorne sahen. Doch dann wurde das Ergebnis extrem knapp, denn die SPD hatte unheimlich aufgeholt. Später schimpften alle auf die Meinungsforschungsinstitute und deren »falsche Vorhersagen«.

Headset und Computer sind für Meinungsforschungsinstitute unverzichtbar: Mitarbeiter erfassen direkt die Ergebnisse von Telefonumfragen.

WAHLVERSPRECHEN

meinen, dass man Wahlversprechen braucht, um sich von anderen Parteien abzugrenzen. Und weil sie meinen, dass die Wähler von ihnen solche Versprechen erwarten. Damit haben sie nicht ganz unrecht. Politiker, die nichts versprechen oder sogar so ehrlich sind, Steuererhöhungen oder Sparmaßnahmen anzukündigen, haben damit in der Regel keinen großen Erfolg. Obwohl es durchaus schick geworden ist, zu behaupten, dass man »keine falschen Versprechungen machen will«. Doch ganz ohne Versprechen geht es nicht. Das wäre ja ungefähr so, als würde ein Hotel im Internet für sich werben, indem es verkündet: »Unser Haus ist ganz hübsch, aber nichts Besonderes. Wir haben nur eine kleine Sauna. Dafür sind wir aber ziemlich preiswert«. Das wäre zwar ehrlich – aber wer würde da buchen? Urlauber wünschen sich keine kleine Sauna, sondern eine »Wellness-Oase«. Dass sie die für 0 Euro pro Nacht nicht kriegen, ist ihnen tief im Inneren zwar auch klar. Aber man bucht eben nicht nur nach Vernunft, sondern auch nach Gefühl und Hoffnung. Und deshalb lieber bei dem Hotel, das »Wellness« wenigstens verspricht, anstatt einem schon von vornherein alle Illusionen zu rauben. Und warum soll man trotzdem wählen, obwohl man den Wahlversprechen nicht so ganz trauen kann? Weil man sonst nehmen muss, was man kriegt. Wer seine Stimme abgibt, kann sich vorher

Dieser Demonstrant erinnerte die hessische SPD an ihr Versprechen, nicht mit der LINKEN zusammenzuarbeiten.

wenigstens überlegen, was vielleicht von den Ankündigungen übrig bleibt, und entsprechend entscheiden. Wer hingegen nicht mitmacht, darf hinterher auch nicht meckern.

Meinungsforschung nach dem Zufallsprinzip

Je näher der Wahltermin rückt, desto mehr Meinungsforschungsinstitute führen Umfragen durch. Und nichts beeinflusst die nächste Plakatwelle oder die bevorstehenden Reden und TV-Statements so sehr wie die aus den Umfragen herausinterpretierten Wählerwünsche.
Befragt werden rund 1000 Personen, deren Antworten dann auf 60 Millionen Bürger hochgerechnet werden. Dafür ist es aber wichtig, dass man eine »repräsentative« Stichprobe hat, die genauso bunt gemischt ist wie das Volk selbst. Diese Zufälligkeit entsteht, indem aus allen deutschen Telefonnummern nach dem Zufallsprinzip ausgewählt wird, ungefähr so, als würde man mit geschlossenen Augen in eine Lostrommel greifen.
Schade nur, dass es bei allen Umfragen wichtige Fehlerquellen gibt!

So intensiv ist der Wahlkampf!

Exklusiv in diesem Buch zeigt der FDP-Vorsitzende und -Spitzenkandidat Guido Westerwelle seinen Kalender aus dem Bundestagswahlkampf 2005. Spannend, aber auch ganz schön anstrengend, oder?!

Voller Einsatz: Guido Westerwelle auf einer Wahlkampfveranstaltung in Essen am 9. September 2005

»Ich will etwas lernen und erfahren, das geht im Fernsehen nicht.«

Die heiße Phase des Wahlkampfs ist ja offenbar unheimlich stressig – wie hält man das überhaupt durch?

▶ **Wahlkämpfe sind anstrengend.** Es gibt viele Termine an vielen verschiedenen Orten. Um das durchzustehen, muss man fit sein. Man sollte gesund essen, Sport treiben und zwischendurch kurz abschalten.

Macht das denn überhaupt Spaß?

▶ **Wahlkampf macht sogar** sehr viel Spaß! Ich lerne viele interessante Menschen und Orte kennen. Politiker sollten nicht immer nur in Berlin andere Politiker sehen. Nur wenn wir wissen, wo der Schuh drückt, können wir uns als Politiker um Probleme kümmern.

Wie wichtig ist es denn, auf den Marktplätzen zu stehen – wäre es nicht effizienter, wenn man einfach nur ins Fernsehen geht? Da sehen einen doch viel mehr Leute ...

▶ **Im Fernsehen fehlt** aber der Kontakt zu den Bürgerinnen und Bürgern. Politiker müssen den Menschen vor Ort zuhören und mit ihnen diskutieren. Ich will ja auch etwas lernen und erfahren. Auf Volksfesten, in Schulen oder Jugendclubs kann man das sehr gut – im Fernsehen nicht.

ˉermin  Löschen  Arbeitswoche Wochenansicht  Monatsansicht

Freitag 2. September 2005

◀ ▶   Betreff enthält

	Freitag September 2
7 30	Zeitung lesen – Hotel, Bayreuth
8 03	Telefoninterview mit Radiosender – Hotel, Bayreuth
8 15	Morgenlage: Besprechung mit Mitarbeitern – Hotel, Bayreuth
8 45	Freigabe von Zeitungsinterviews – Hotel, Bayreuth
9 45	Interview mit dem »Ring Nordbayerische Tageszeitungen« – Hotel, Bayreuth
10 30	Fahrt mit dem Bus mit Journalisten von Bayreuth nach Karpfham (303 km)
11 00	Aus dem Bus: Telefoninterview mit der »Thüringischen Landeszeitung«
11 20	Hintergrundgespräch mit den mitreisenden Journalisten
12 50	Aktenarbeit während der Fahrt
14 00	Eintreffen beim Konzert der Kapellen auf dem Volksfest in Karpfham
14 10	Kurzinterview für den Nachrichtensender »n–tv«
14 20	Kurzinterview für den Nachrichtensender »N24«
14 30	Rundgang über den Volksfestplatz in Karpfham
15 00	Redebeginn im Bierzelt »Rottaler Hütt'n«
16 00	Fotoaufnahmen mit FDP–Kreiskandidaten
16 05	Autofahrt von Karpfham nach Regensburg (150 km)
16 15	Telefonate mit dem Generalsekretär und dem Bundesgeschäftsführer der FDP
16 30	Aktenarbeit während der Fahrt
17 30	Eintreffen zur Open–Air–Veranstaltung Haidplatz, Regensburg
18 00	Redebeginn
18 55	Kurzinterview für den Nachrichtendender »Phoenix«
19 00	Fahrt von Regensburg nach München (125 km)
20 30	Eintreffen »Nachtcafé« (Jungwählerveranstaltung), Maximiliansplatz, München
20 40	Interview für den Kinderkanal von ARD/ZDF
20 45	Gespräch mit FDP–Kommunalpolitikern
21 15	Redebeginn
00 30	Eintreffen im Hotel, München

Im Januar 2009 trat der neue US-Präsident Barack Obama sein Amt an; hier erwartet er auf den Stufen des Kapitols in Washington zusammen mit seiner Frau Michelle und dem abgelösten Präsidenten George W. Bush sowie dessen Frau Laura den neuen Vizepräsidenten Joseph Biden samt Frau Jill. So umstritten Bush war: Ohne Regierungen gäbe es ein noch größeres Chaos, weil dann keiner mehr für Probleme zuständig wäre.

Wozu brauchen wir eine Regierung?

*Es wäre so einfach. Jeder kümmert sich um seinen eigenen Kram, und fertig.
Dann braucht man keine Steuern, keine Gesetze. Leider klappt das nicht.*

Selbst Tiere haben schon lange erkannt, dass sie gemeinsam stärker sind als allein. Sie jagen im Rudel und verteidigen sich im Verband. Sie schützen die Jungen und die Schwachen. Die Menschen taten – auch schon zu Urzeiten – dasselbe. Man nennt dieses Verhalten »sozial«. Moderne Staaten geben dieser Weltsicht einen verbindlichen Rahmen. Sie schreiben bestimmte Abgaben vor und sichern ihren Bürgern im Notfall grundlegende Leistungen zu.

Sicher kann man darüber streiten, ob jeder Arbeitslose einen Kleinwagen braucht, eine Bahnfahrkarte, ein Fahrrad oder nur ein Paar Schuhe. Aber grundsätzlich ist es doch ein beruhigendes Gefühl zu wissen: Wenn ich so richtig auf die Schnauze falle oder wenn ich behindert bin oder arbeitsunfähig, lassen die anderen mich nicht ganz im Stich.

Andererseits: Wenn ich eine tolle Idee habe oder hart arbeite, will ich meinen Erfolg doch auch genießen. Wenn ich dadurch mehr verdiene, möchte ich davon möglichst viel behalten und nicht alles abgeben müssen. Die Möglichkeit, selbst etwas auf die Beine zu stellen und dafür durch Reichtum oder Ruhm belohnt zu werden, ist zweifellos eine großartige Motivation.

Nur kann Ehrgeiz natürlich auch zu weit führen, und ganz schnell gilt »das Recht des Stärkeren«. Es geht auch darum, von welcher Startposition man anfängt. Die Kinder reicher Eltern haben es einfach deutlich leichter, selbst reich zu werden, als die Kinder armer Eltern. Wo bleibt da die Chancengleichheit? Für ein entspanntes Miteinander sind daher einige grundsätzliche, allgemein verbindliche Regeln nötig.

Im Lauf der Jahrtausende hat sich herausgestellt: Der Mix macht's. Eine stabile Situation entsteht, wenn Menschen angstfrei leben können. Ohne Furcht vor dem Nachbarn oder dem Chef, ohne existenzielle Zukunftssorgen. Den Rahmen dafür stellten einst die Kirchen bereit, die den »Zehnten« kassierten (also zehn Prozent der Einnahmen) und davon zum Beispiel die Armen verköstigten und einkleideten. Heute haben die Regierungen diese Aufgabe übernommen, aber immer noch gelten die Grundsätze eines menschlichen, solidarischen Miteinanders. Leistung soll sich lohnen, wer viel kann oder weiß, soll davon profitieren – aber wir müssen auch denjenigen helfen, die weniger Glück im Leben haben. Auch weil man dann ein besseres Gewissen hat. Aber das ist nicht der einzige Grund. Denn ganz egoistisch müssten Leute, denen es gut geht, auch daran Interesse haben, dass es noch möglichst vielen anderen auch relativ gut geht. Warum? Das sieht man in Ländern wie Brasilien oder Nigeria, wo es nur ganz wenigen Leuten gut geht (denen geht es dann aber auch richtig gut!) – man kann sich dort kaum auf die Straße trauen und muss sein Haus verbarrikadieren, weil man ständig Angst hat, von armen Menschen überfallen zu werden.

Sozialverhalten

Es ist wie bei der Treppenhausreinigung in einem Mietshaus. Eine Woche ist der eine dran, in der folgenden Woche dann der andere, und so geht es immer reihum. Aber was passiert, wenn plötzlich einer nicht mitmacht? Dann müssen die anderen seinen Dreck wegmachen. Und wenn dann der Zweite auch keine Lust mehr hat ... und der Dritte schließlich frustriert hinschmeißt, weil alle anderen ja auch nicht mehr mitmachen ... dann verlottert die Bude ganz schnell. Es stimmt also: Solange jeder für sich selber sorgt oder immer abwechselnd alle füreinander, läuft es prima. Aber das System kann schnell zusammenbrechen. Deshalb braucht man Regeln, die es stützen.

Regiert Geld wirklich die Welt?

»Erst kommt das Fressen, dann kommt die Moral!«, schrieb Bertolt Brecht bereits 1928 in der »Dreigroschenoper«. Sprich: Erst wenn die eigenen Grundbedürfnisse nach Essen, Kleidung, Wohnung versorgt sind, kann man an die anderen denken. Da hatte er recht, und deshalb ist eine erfolgreiche Wirtschaft der Mittelpunkt jeder Politik.

»Freie Marktwirtschaft«, »soziale Marktwirtschaft«, was ist das, und warum sind ausgerechnet diese Wirtschafts-Sachen so wichtig? Das hier ist doch kein Wirtschaftsbuch, sondern eins über Politik?!

Vor 1000 Jahren wurden die Menschen überall auf der Welt nur etwa 24 Jahre alt und diese kurze Zeit litten die allermeisten von ihnen Hunger und Durst und an unheilbaren Krankheiten. Das blieb noch 800 Jahre so – einigen wenigen ging es sehr gut, die meisten aber lebten im bitteren Elend. Erst mit der »industriellen Revolution« (der Erfindung von Maschinen, die viele Arbeiten übernahmen oder erleichterten) stiegen der Lebensstandard und die Lebenserwartung. Allerdings nur in Kontinentaleuropa und Nordamerika. Erst kurz vor dem Jahr 2000 erreichte die wirtschaftliche Revolution Südostasien.

Mittlerweile klafft zwischen armen und reichen Ländern eine gigantische Einkommensschere.

Das beweist: Wenn die Geschäfte gut laufen, geht es den Menschen (viel) besser – die Wirtschaft ist der wichtigste Baustein jeder Politik. Doch wie sorgt man dafür, dass die Wirtschaft gut läuft und zugleich möglichst viele davon etwas haben?

Dazu gibt es drei große Theorien: Freie Marktwirtschaft, Lenkungswirtschaft (auch Zentralverwaltungswirtschaft oder Planwirtschaft genannt) und zwischen diesen beiden Extremen die »soziale Marktwirtschaft«. Das ist unser System in Deutschland.

Die »unsichtbare Hand« von Adam Smith

Der schottische Wirtschaftsphilosoph Adam Smith erklärte 1776 in seinem Buch »Der Wohlstand der Nationen«, wie der Markt funktioniert. Nämlich als eine Art automatischer Koordinator, der all die individuellen Einzelpläne sinnvoll zusammenbringt. Er beschrieb das so: Wenn Menschen auf einem freien (ungeregelten) Markt aufeinandertreffen, wird jeder versuchen, für sich den größtmöglichen Vorteil zu erzielen. Die Gesellschaft wird dabei nicht von oben dirigiert, sondern lenkt sich selbst. Denn der eine will seine Ware so teuer wie möglich verkaufen, der andere will sie so billig wie möglich erwerben. Wenn nun genug Leute da sind, bildet sich durch Angebot und

Die Reichtümer auf der Welt sind sehr ungerecht verteilt: In Kalkutta sucht ein Bewohner im Müll nach Brauchbarem.

Dreimal Wirtschaft

Freie Marktwirtschaft: Der Staat sorgt für die innere und äußere Sicherheit (durch eine Rechtsordnung), greift aber ansonsten kaum in das wirtschaftliche Geschehen ein. Der Preis für Güter oder der Lohn für Arbeitskraft entsteht ausschließlich durch Angebot und Nachfrage. Gibt es viel von irgendetwas, ist der Preis eher niedrig, gibt es nur wenig, dann ist der Preis eher hoch. Was aber, wenn nur ein Einzelner eine bestimmte Sache verkaufen darf (das nennt man »Monopol«)? Dann kann er allein auch die Preise diktieren und alle anderen mit Wucherpreisen ausbeuten. Ohne Wettbewerb funktioniert der »Markt« nicht – also muss der Staat Monopole verhindern, damit die Wirtschaft »frei« bleibt.

So sah die Freie Demokratische Partei 1948 das Ergebnis von Planwirtschaft.

WIR WERDEN BESSER LEBEN
DURCH UNSEREN PLAN

Der Plan wird alles richten – glaubte man 1951 in der DDR.

Soziale Marktwirtschaft: Der Staat garantiert den freien Wettbewerb. Aber nicht nur das. Er darf sich auch einmischen, um soziale Ziele zu erreichen. Zum Beispiel weil er findet, dass die Einkommen gerechter verteilt sein sollten. Er muss dies aber nach »marktwirtschaftlichen Regeln« tun und darf zum Beispiel Bürger nicht einfach enteignen.

Planwirtschaft, Lenkungswirtschaft: So lief es in der DDR – irgendwer in einer Verwaltungsbehörde entschied, wer wann wo Erdbeeren anzubauen hatte. Und wenn die reif waren, gab es entweder zu viele oder zu wenige (oder, mit Glück, auch genau die richtige Menge). Oder es gab gar keine Erdbeeren, weil die Behörde der Ansicht war, dass Erdbeeren unnötiger Luxus sind.

Nachfrage ein »Preisgefüge«: Drei Gemüsehändler nebeneinander werden ihre Tomaten zu einem in etwa gleichen Preis verkaufen, denn wenn einer viel teurer ist als die anderen, kaufen die Kunden natürlich bei der Konkurrenz! »Wie von einer unsichtbaren Hand geleitet« würde der Markt den Preis, aber auch das Warenangebot selbst optimal regeln. Auch die heute bekannte Vielfalt des Warenangebots entsteht so: Wenn einer nicht nur To-

maten verkauft, sondern auch noch Kirschen und Aprikosen, kann er mehr Kunden anziehen und an mehr Produkten verdienen.
Zwei Einschränkungen machte Smith allerdings damals schon: Es muss mehr als einen Anbieter geben, der sonst ein Monopol hätte und den Preis beliebig hoch ansetzen kann. Und es darf auch keine Kartelle geben. Das sind Preisabsprachen zwischen Großfirmen, wie es zum Beispiel

immer wieder den Tankstellenketten vorgeworfen wird. Andererseits: Die Tankstellenbetreiber wissen auch jeder für sich, wann der erste Ferientag ist und dass die Leute kurz vorher noch mal volltanken. Die jeweiligen Eigeninteressen reichen, um die Gleichzeitigkeit der Preiserhöhungen zu erklären.

Märkte als solches haben mit Sicherheit aber einen Vorteil: Sie ermöglichen es, Fähigkeiten besser zu nutzen. Und zwar durch Arbeitsteilung. Man macht das, was man am besten kann, und bietet dieses Produkt oder diese Dienstleistung anderen an. Es baut ja heute auch kaum jemand zum Beispiel sein Haus komplett selbst, obwohl es ginge. Wir kaufen Autos (und bauen sie nicht selbst), und die Autos wiederum sind auch wieder in Arbeitsteilung hergestellt worden (einer montiert, einer lackiert usw.). Denn Fachleute können es schneller und besser – und dadurch meist auch billiger. So soll der »Markt« dafür sorgen, dass jeder seine Talente optimal einsetzen kann. Wenn alles klappt, braucht man weniger Zeit, um im eigenen Spezialgebiet das Geld zu verdienen, mit dem man jemand anderen bezahlt, als etwas selbst zu erledigen, was man nicht so gut kann. Das ist jedenfalls die Theorie. Problem: Was passiert, wenn man gar nichts kann, oder wenn das, was man kann, gerade nicht gefragt ist?!

»Soziale Marktwirtschaft« – ein Werbeslogan?

Als in Deutschland 1949 die »soziale Marktwirtschaft« eingeführt wurde, war der Begriff ein reiner Werbeslogan. Wirtschaftsminister

Ein Berliner Tankwart änderte im September 2006 den Spritpreis auf seiner Anzeigetafel. Aber: Sorgt der Markt für möglichst günstige Preise – oder sprechen sich die großen Lieferanten ab?

war damals Ludwig Erhard. Er sagte: »Je freier die Wirtschaft, um so sozialer ist sie auch«, denn dann geht es allen wirtschaftlich gut. Will heißen: Geht es den Unternehmern gut, geht es auch ihren Arbeitern gut. In den Fünfziger- und Sechzigerjahren konnte man das so noch sagen. Heute ist das längst nicht mehr so einfach. Im Gegenteil: Häufig geht es Firmen gerade dann besser, wenn es den Mitarbeitern schlechter geht, weil viele entlassen werden oder auf Lohn verzichten. Mit »sozialer Marktwirtschaft« ist heute vor allem gemeint, dass die Allgemeinheit für all jene bezahlt, die in den Unternehmen keine Arbeit finden. Damals war damit noch etwas anderes gemeint. Aber inzwischen pappt halt jeder das Etikett »sozial« auf die Maßnahmen drauf, die gerade gewünscht sind.

Wenn der Markt nicht funktioniert

Außerdem gibt es Fälle, bei denen der freie Markt gar nicht funktioniert. Dann spricht man von Marktversagen. Zum Beispiel beim Umweltschutz. Die Nutzung der Umwelt hat von Natur aus keinen Preis, weil sie zunächst allen gehört und von allen gleichzeitig genutzt werden kann. Einen Apfel kann nur einer essen, doch alle können saubere Luft atmen, davon kann man niemanden ausschließen. Deshalb ist auch niemand von sich aus bereit, dafür zu zahlen. Es bildet sich für dieses freie Gut also kein Preis, kein Markt. Das bedeutet umgekehrt auch, dass jeder die Luft verpesten kann, ohne dafür bezahlen zu müssen (zum Beispiel beim Autofahren). Wenn man will, dass die Luft sauber bleibt, muss man dafür sorgen, dass das Verpesten der Luft verboten wird oder dass es Geld kostet. So etwas muss der Staat regeln.

Und noch etwas gehört zur sozialen Marktwirtschaft: die sogenannten Sozialstandards. Das heißt zum Beispiel, dass in Deutschland Kinderarbeit gesetzlich verboten ist. Oder dass die Belegschaft einer Firma ab einer bestimmten Zahl von Beschäftigten das Recht hat, einen Betriebsrat zu gründen, der die Interessen der Arbeiter gegenüber den Unternehmern vertritt. Oder dass die Arbeitnehmer keinen Gefahren ausgesetzt werden dürfen bei ihrer Arbeit (zum Beispiel durch Übermüdung beim Lkw-Fahren). Oder dass Schwangere ein Recht darauf haben, sechs

Wochen vor dem Geburtstermin zu Hause zu bleiben, und dass man ihnen nicht kündigen darf. All das »behindert« natürlich das freie Unternehmertum. Aber die Gesellschaft will es so.

Guter Wille allein reicht nicht

Wichtig ist dabei nicht nur, was der Staat im Sozialbereich tut, sondern auch, wie er es tut. Ein Beispiel: Eine Familie hat schon zwei Kinder und bekommt nun noch mal Zwillinge. Die alte Wohnung ist zu klein, aber das Geld reicht nicht für eine größere. Der Staat könnte nun vorschreiben, dass die Mieten gesenkt werden müssen, damit sich alle größere Wohnungen leisten könnten. Dann würden die Vermieter aber weniger verdienen und bestimmt keine neuen Häuser bauen – Wohnungsmangel wäre die Folge. Zahlt der Staat hingegen der Familie einen Zuschuss (»Wohngeld« genannt), kann sie ebenfalls in eine größere Wohnung ziehen, aber in diesem Fall verdient der Vermieter und ist daher motiviert, die Bude vielleicht mal zu renovieren oder noch ein zweites Haus zu bauen, mit dem er wiederum Geld verdienen kann (was Arbeitsplätze für Bauarbeiter schafft und auch neue Wohnungen).

Man nennt das eine »marktkonforme Maßnahme« – die staatliche Hilfe setzt die Spielregeln des freien Marktes nicht durch Verbote oder Anweisungen außer Kraft, sondern soll sie nutzen und fördern. Deshalb stellt der Staat zum Beispiel keine Wohnungen zur Verfügung, in die jemand einziehen muss, sondern zahlt Wohngeld. Damit kann jeder frei wählen, wo er hinzieht, und die Wohnungsvermieter verdienen auch dran. Im Sozialismus wäre das anders, da würde man der Familie eine Wohnung direkt zuweisen, und der Staat hätte diese Wohnung auch selbst gebaut. So lief das zum Beispiel in der früheren DDR. Leider sah man das den Plattenbauten dort auch an. Und leider hat der Staat nicht immer genug gebaut, sodass man lange auf seine beantragte Wohnung warten musste.

Korruption und schwarze Kassen

Schwarze Kassen sind in der Regel weder Kassen noch schwarz, sondern Bankkonten. Heimliche

Ludwig Erhard (Mitte) war in den Sechzigerjahren deutscher Wirtschaftsminister und Bundeskanzler. Er gilt als Erfinder der »Sozialen Marktwirtschaft«. Im April 1965 fuhr er auf einer Informationstour quer durch das Ruhrgebiet auch in einen Bergwerksschacht ein.

Konten. Oft bei Schweizer Banken, da die besonders diskret sind. Wozu braucht man solche heimlichen Konten? Um Geld zu verstecken. Und um es zu waschen. Natürlich nicht mit Wasser und Seife! Geld waschen heißt: die Herkunft von Geld zu verschleiern. Beispiel: Ein Krimineller hat Rauschgift verkauft. Natürlich gegen Bargeld, er lässt sich das ja nicht auf sein Girokonto bei der Kreissparkasse überweisen. Da würden ihm nämlich Finanzamt und Polizei auf die Schliche kommen und fragen: Hey, woher hast du die Kohle? Doch was soll er nun mit dem vielen Bargeld machen? Wenn man keine hohen offiziellen Einkünfte hat, kann man auch nicht plötzlich mit viel Geld um sich werfen und schicke Häuser kaufen, weil sonst auch wieder der Staat nachfragte. Also muss das Geld erstmal verschwinden. In der Schweiz zum Beispiel.

Und dann unauffällig und sauber wieder zurückkommen. Indem man im Nachhinein so tut, als habe man dieses Geld auf legale Weise verdient - damit man es ausgeben kann, ohne aufzufallen! Dafür gründet man zum Beispiel eine Firma und erfindet ein Geschäft. Das Geschäft läuft scheinbar prima, es gibt hohe Einnahmen, die in Wahr-

heit natürlich von dem schwarzen Konto stammen. Man zahlt sozusagen an sich selbst. Man muss dann zwar Steuern abführen auf das scheinbar legale Einkommen, aber angesichts der hohen Gewinnspannen bei kriminellen Einkünften nimmt ein Geldwäscher das notfalls hin. Das klingt jetzt alles viel einfacher, als es in der Praxis ist – und was übrigens oft auch schiefgeht, denn Finanzfahnder sind ja auch nicht ganz blöd. Jedenfalls funktioniert so das Prinzip von Geldwäsche und schwarzen Konten.

Ähnlich ist es bei Schmiergeldzahlungen: Will ich in großem Stil jemanden bestechen, muss das ja auch in irgendeiner Form »legalisiert« werden, also nach was Sauberem aussehen. Auch hier bietet sich die Gründung einer Scheinfirma an. Zum Beispiel eine Beraterfirma, da lässt sich nicht so genau feststellen, was im Einzelnen gemacht wird und ob die erbrachte Leistung tatsächlich ihre Bezahlung wert ist. Dann tut man so, als ob diese Beraterfirma einem ganz ausgezeichnete Tipps gegeben hätte und man ihr dafür entsprechende Honorare zahlt. Die dann ganz ordnungsgemäß verbucht werden. In

Wahrheit hat mich der Geschäftsführer dieser Firma aber nie beraten, sondern mir eine verbotene Gefälligkeit erwiesen – das Honorar ist also Bestechungsgeld. Man nennt das auch »Korruption«. Und wie läuft das in der Praxis? Zum Beispiel so: Ein Unternehmer will einen städtischen Großauftrag haben, zum Beispiel einen Bauauftrag, an dem er viel verdienen kann. Bei öffentlichen Gebäuden, Brücken u. Ä. geht es immer um sehr viel Geld. Der Mann von der Baufirma besticht also zum Beispiel einen Stadtdirektor, damit er den schönen Auftrag bekommt und niemand anders. Dafür übergibt er ihm eine saftige Spende für seine Partei. Damit kein Zusammenhang zwischen Auftrag und Spende sichtbar wird, hortet man das Geld in schwarzen Kassen. Davon kann der Politiker dann zum Beispiel im Wahlkampf Plakate drucken lassen. So ähnlich lief es beim Parteispendenskandal der SPD in Köln (städtische Aufträge und später die Geldspende). Da es in dem Fall aber nicht um eine Baufirma, sondern um ein Müllentsorgungsunternehmen ging, hieß der Skandal »Müllskandal«.

Eine andere Variante war der Parteispendenskandal der hessischen CDU. Ob auch da von den betroffenen Politikern Gegenleistungen an die

Waschen und trocknen lassen: In Wirklichkeit ist Geldwäsche etwas komplizierter.

Spender erbracht wurden, ist unklar und gilt als unwahrscheinlich. Erwiesen ist aber, dass rund 10 Millionen Euro Parteispenden von den führenden hessischen CDU-Politikern an ihrer Partei vorbei auf Geheimkonten im Ausland gehortet wurden, wo sich das Geld gut verzinste und vermehrte. So konnten die drei Eingeweihten wie in einem Geheimbund mit dieser »Kampfkasse« nach Belieben politisch arbeiten, ohne dass sich viele andere einmischten. Außerdem gab es die Vermutung, dass die Spenden aus unversteuertem Schwarzgeld kamen und man sie auch deshalb nicht öffentlich machen konnte. Da legt dann vielleicht irgendein reicher Mensch dem Parteichef 100 000 Euro in einem Umschlag auf den Tisch und sagt: »Mach was Gutes für uns daraus, kämpft gegen die Kommunisten. Aber sag nicht, dass es von mir stammt, von dem Geld weiß das Finanzamt nämlich nichts.« In so einem

Fall muss das Geld auf heimliche Konten, denn sonst würde es dem Finanzamt auffallen. Und die Spende abzulehnen wäre zwar korrekt, aber da muss man bestimmt erst mal schlucken.

Zu den ganz großen Parteispendenskandalen der Bundesrepublik gehört der um Altkanzler Helmut Kohl. Bislang ist lediglich erwiesen, dass seit Beginn seiner Regierungszeit rund 20 Millionen Mark (knapp 10 Mio. Euro) in Kohls schwarze Kassen geflossen sind. Wer diese Summen zahlte, weiß man bis heute nicht, weil Kohl das beharrlich verschweigt. Ob er bestechlich war, also eine Gegenleistung erbracht hat, weiß man deshalb auch nicht. Er selbst sagt, er habe das Geld nur zum Wohle der Partei eingesetzt und den Geldgebern nie eine Gunst erwiesen. Ob das stimmt, könnte man aber auch bei ihm erst herausfinden, wenn man die Geldgeber wüsste. Also wahrscheinlich nie.

Warum kassiert der Staat Steuern?

Seit Jahren fordern Politiker, man sollte seine Steuererklärung »auf einem Bierdeckel« abgeben können. Doch statt die Gesetze zu vereinfachen, wird das Steuerrecht immer wirrer.

Steuern seien »ein erlaubter Fall von Raub«, sagte der Theologe Thomas von Aquin schon vor langer Zeit (er lebte von 1224 bis 1274). Die Deutsche Abgabenverordnung formuliert das etwas netter. Demnach sind Steuern ganz allgemein definiert als »Zwangsabgaben ohne Gegenleistung«. Zwang – weil man bestraft wird, wenn man keine Steuern zahlt. Und »ohne Gegenleistung«, weil man nicht unmittelbar etwas dafür überreicht bekommt. Anders als bei Gebühren. Da zahlt man zum Beispiel 50 Euro und dafür bekommt man einen neuen Reisepass. Die Steuern hingegen fließen alle in einen großen Topf, und dann gibt der Staat das Geld aus. Insofern bekommt man als Steuerzahler letztlich doch eine Gegenleistung: Nämlich alles, was der Staat so zahlt – Polizei, Straßenbau, Schulen, Museen, Umweltschutz, Arbeitslosenhilfe, Gerichte.

Dass eine Regierung auch Einnahmen braucht, um zum Beispiel den Politikern Gehälter zu zah-

len und ihnen eine Versammlungshalle zu bauen, ist leicht einzusehen. Aber so viel kann das ja nicht sein – wofür ist der ganze Rest? Warum muss der Staat für so viel löhnen?

Gegenfrage: Wer sollte sonst für Soldaten, Polizisten oder Grenzschutz zahlen? Oder für die Lehrer an den Schulen? Sonst könnten ja nur Kinder von reicheren Eltern in die Schule gehen. Weil nur die Geld für Privatlehrer hätten. Es sollen aber alle Kinder in die Schule gehen und et-

Die ganze Steuererklärung auf einem kleinen Bierdeckel – so einfach wird es wohl nie werden.

was lernen, und so muss auch die Allgemeinheit Schulen zur Verfügung stellen. Der Staat zahlt außerdem für Straßen und viele andere sogenannte »Infrastrukturen«: Telefonleitungen, Stromleitungen, Wasserleitungen, Gasleitungen, Brücken, Schienen – kein privates Unternehmen würde dafür so viel Geld hinlegen, mühsam bei den Bürgern Nutzungsgebühren kassieren und vielleicht nach 30 oder 40 Jahren endlich was verdienen.

Die Schicksalsversicherung

Eine andere Überlegung kommt hinzu. Man weiß ja nie vorher, wen zum Beispiel die Polizei bei einem Überfall beschützen muss. Aber es könnte eben jeder sein. Deshalb hat man entschieden, dass die Kosten für die Polizei von allen gemeinsam aus der Steuerkasse gezahlt werden. Das gehört zur »Inneren Sicherheit« , so wie die Armee zur »Äußeren Sicherheit« gehört, die ein Staat seinem Volk bietet – und zwar jedem Mitglied dieses Staates, auch denen, die kaum oder gar keine Steuern zahlen können, weil sie zu wenig verdienen.

Ein ähnlicher Gedanke gilt zum Beispiel für die Sozialhilfe oder auch für die Arbeitslosenversicherung. Man kann eben einfach nicht vorhersagen, wer einmal in Not geraten wird oder arbeitslos wird, aber jeder will dagegen abgesichert sein. Deshalb gibt es noch eine weitere Form von Steuern, die allerdings nicht »Steuern« heißen, sondern »Abgaben«, aber das ist eigentlich nur ein anderer Name: Auch in den sogenannten »Sozialversicherungen« (Arbeitslosenversicherung, Rentenversicherung, Krankenversicherung) spart man nicht etwas für sich selbst an, sondern das Geld wird ausgezahlt an diejenigen, die es gerade brau-

chen. So gesehen ist das Steuernzahlen ebenso wie die Entrichtung von Beiträgen zur Arbeitslosenversicherung eine Art Schicksalsversicherung. Das Ziel ist immer die sogenannte »Steuergerechtigkeit«. Niemand soll zu viel oder zu wenig zahlen. Nun kann man aber sehr unterschiedlicher Meinung darüber sein, was gerecht ist.

Wer zahlt wie viel?

Eine Möglichkeit wäre, zu sagen: Alle zahlen gleich viel, zum Beispiel 500 Euro im Monat, fertig. Das erscheint aber nicht sehr gerecht, denn für jemanden, der fünftausend im Monat verdient, sind fünfhundert eher wenig. Für jemanden, der nur 1000 Euro verdient, sind fünfhundert aber viel mehr und zugleich viel zu viel, denn ihm bleibt bei so wenig Einkommen ja kaum noch was übrig.

Die zweite Möglichkeit ist: Jeder zahlt einen Anteil X von seinen Einnahmen. Also zum Beispiel 20 %. Wer mehr verdient, zahlt mehr, wer weniger verdient, zahlt weniger. Wer 5000 Euro vedient, zahlt 1000 Euro Steuern. Wer 1000 Euro verdient, zahlt 200 Euro Steuern. Dabei fällt auf: für denjenigen, der nur 1000 Euro verdient, fallen 200 Euro Steuern mehr ins Gewicht als die 1000 Euro bei dem reicheren Bürger. Es ist zwar der gleiche Prozentanteil, aber der 1000-Euro-Bürger wird sich nach der Steuerzahlung ärmer fühlen als der 5000-Euro-Bürger.

Deshalb gibt es Variante drei: Wer wenig verdient, zahlt auch prozentual weniger, wer viel verdient, zahlt prozentual mehr. Vereinfacht gesagt: Der 1000-Euro-Bürger zahlt 10 % (das wären 100 Euro), der 5000-Euro-Bürger zahlt 30 % (also 1500 Euro). Auch das aber ist wieder ungerecht, weil der besser verdienende Steuerzahler dann auch schon von den ersten 1000 Euro mehr Geld abgeben müsste als der Geringverdiener. So kam man auf die folgende Idee: Von den ersten 1000 Euro muss man vielleicht nur 10% Steuern zahlen (also 100 Euro), von den nächsten 1000 Euro 12% (also

120 Euro, plus die 100 Euro von eben, macht 220 Euro insgesamt), und wer 3000 Euro im Monat verdient, zahlt auf die dritten 1000 Euro 15% Steuern (150 Euro, insgesamt also 370 Euro). Man nennt das eine »progressive Steuer«, weil der Steuersatz progressiv (stufenweise) ansteigt. Aktuell sieht das so aus: Anfang 2009 wurde beschlossen, den niedrigsten Steuersatz auf 14% zu senken, der »Spitzensteuersatz« liegt weiterhin bei 45%. Solange man nicht mehr als 8004 Euro im Jahr verdient, zahlt man gar keine Steuern. Vom ersten Euro darüber werden 14% fällig (also 14 Cent pro Euro); das darunter liegende Einkommen bleibt steuerfrei. Wer also genau 8005 Euro verdient, zahlt demnach exakt 14 Cent Steuern. Bis 52152 Euro/Jahreseinkommen steigt der Steuersatz erst recht schnell, dann etwas langsamer, bis auf 42%. Für alles oberhalb von 250 000 Euro/Jahr (für Unverheiratete) bzw. 500 000 Euro/Jahr (für Ehepaare) werden schließlich 45% fällig. Konkret heißt das: Ein deutscher Durchschnittsverdiener bekommt ca. 41 000 Euro im Jahr »brutto« (d.h. vor Steuern) und zahlt auf die ersten 8004 Euro gar keine Steuer, auf den Rest eine ansteigende Steuer zwischen 14% und 42%. Auf das Durchschnittseinkommen wären knapp 8200 Euro fällig. Es bleiben etwa 32 800 Euro »netto« (nach Steuern), das sind 2733 Euro pro Monat. Davon allerdings müssen dann auch noch Krankenversicherung, Rentenversicherung, Pflegeversicherung usw. bezahlt werden, bevor man den Rest endlich selbst ausgeben kann

Kompliziert genug. Die Einkommensteuer wird aber noch zusätzlich an die individuellen Einkommensverhältnisse des Bürgers angepasst. Der Steuersatz (also der Prozentanteil) wird nämlich nicht auf das ganze Einkommen erhoben, sondern nur auf das »zu versteuernde Einkommen«. Um das auszurechnen, darf man alles Mögliche abziehen. Nämlich all die Kosten, die man hatte, um überhaupt arbeiten und Geld verdienen zu können. Das hat ursprünglich gute Gründe: Wenn jemand zum Beispiel viele Bewerbungen schreibt und verschickt, um einen neuen Job zu finden, ist es doch nur gerecht, wenn man die Kosten für Porto und Papier vom Einkommen abzieht. Schließlich

hat man das Geld ausgegeben, um überhaupt welches verdienen zu können. Man nennt das »absetzen«. Anderes Beispiel: Wer es weiter zur Arbeit hat, muss mehr Geld für Benzin oder Bahn ausgeben, deshalb gibt es die Pendlerpauschale.

Mit den Jahren ist aber an diesen Gesetzen immer wieder herumgeschraubt worden, und mittlerweile sind die deutschen Steuergesetze ziemlich schwer zu durchschauen. Viele Leute brauchen Steuerberater, um da überhaupt noch klarzukommen. Je mehr Geld man zur Verfügung hat, desto mehr »Steuerschlupflöcher« gibt es dadurch auch. Man rechnet sich sozusagen ärmer, als man ist, indem man zum Beispiel Häuser kauft, die man eigenlich nicht braucht. Dafür gibt man erst mal Geld aus und muss weniger Steuern zahlen. Andererseits sind das oft riskante Investitionen, bei denen man mit etwas Pech auch sein ganzes Geld verlieren kann. Manche Besserverdiener schaffen auch Bargeld ins Ausland, statt dafür Steuern zu zahlen. Das ist verboten, heißt Steuerhinterziehung, und wenn man erwischt wird, gibt es hohe Strafen.

Um sich den ganzen Zirkus zu sparen, fordern Fachleute seit vielen Jahren eine radikale Vereinfachung des Steuerrechts, zum Beispiel 25% für alle, fertig. Ausnahmen sollen gestrichen oder zumindest stark reduziert werden. Das klingt vernünftig, wird aber nie umgesetzt werden, weil immer irgendwer dagegen ist, dessen Wähler den größten Nachteil von der Veränderung hätten.

Eine Steuer? – Viele Steuern!

Den größten Steueranteil der 488 Milliarden Euro Steuereinnahmen (in 2006) machte gar nicht die

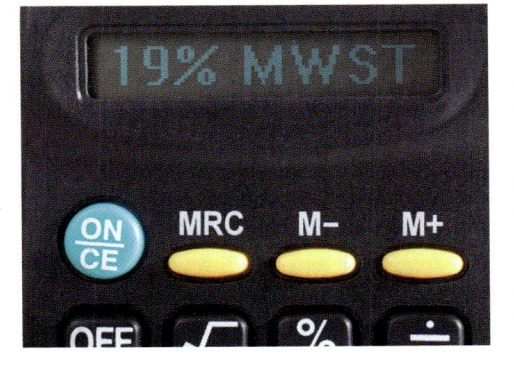

Die Mehrwertsteuer (MwSt.) zahlt man automatisch. Sie ist im Preis fast aller Produkte enthalten. Der Verkäufer muss sie direkt an das Finanzamt weiterleiten.

Einkommensteuer aus (auch Lohnsteuer genannt) – sondern die Umsatz- oder auch Mehrwertsteuer.

Und was ist das nun wieder?

Die Umsatzsteuer ist eine Steuer auf den Umsatz, also auf den Handel mit Waren und Dienstleistungen. Sie beträgt normalerweise 19 %, es gibt aber einen ermäßigten Satz von 7 % für Waren und Dienstleistungen, die nicht so teuer sein sollen (u.a. Grundnahrungsmittel, Bücher, Busfahrten, Museumseintritt). Das heißt: Wenn man im Kaufhaus ein T-Shirt für 11,90 Euro kauft, zahlt man 1,90 Euro Umsatzsteuer (auf den Umsatz von 10 Euro). Es ist eine »indirekte Steuer«, das heißt: Obwohl der Kunde sie zahlt, überweist das Kaufhaus sie ans Finanzamt.

Auf das Geld, mit dem man das T-Shirt kauft, hat man aber meist vorher schon mal Steuern gezahlt, nämlich Einkommensteuer. Und auf den Gewinn, den das Kaufhaus mit dem Verkauf von T-Shirts macht, zahlt es ebenfalls eine Abgabe. Außerdem gibt es noch einen Haufen andere Steuern.

Die wichtigsten sind:

- Körperschaftssteuer (das ist eine Art »Einkommensteuer« für die Gewinne von Großfirmen)
- Tabaksteuer (auf Zigaretten)
- Mineralölsteuer (auf Benzin, Diesel, Heizöl)
- Solidaritätszuschlag (eine zweckgebundene Erhöhung der Einkommensteuer, mit der die ehemalige DDR saniert werden sollte)
- Gewerbesteuer (Steuern von kleinen und mittelständischen Firmen)

Manche Steuern haben angeblich eine erzieherische Wirkung: Die Mineralölsteuer (von immerhin rund 75 Cent pro Liter) soll zum Spritsparen anregen, die Stromsteuer zum Energiesparen, Alkopop- und Branntweinsteuer sollen das Saufen teurer (und damit unattraktiver) machen.

Das mag ein Grund für ihre Einführung gewesen sein – spätestens wenn der Staat eine Lotteriesteuer kassiert (um der Spielsucht Einhalt zu gebieten) und am anderen Ende selbst als Lotto-Veranstalter noch mal absahnt, wird klar: Es geht nicht ums Bürgerwohl, sondern ums Geld. Ganz schlimm wäre zum Beispiel für den Staat, wenn die Tabaksteuer tatsächlich wirken würde. Denn die wird ja angeblich erhoben, damit Zigaretten so teuer sind, dass die Leute mit dem Rauchen aufhören. Aber wenn tatsächlich alle Leute aufhören würden zu rauchen, verlöre der Staat Milliarden an Tabaksteuer-Einnahmen. Zum Wirrwarr trägt auch bei, dass in Deutschland alle drei staatlichen Ebenen – Bund, Länder und Gemeinden – Steuern erheben dürfen. Manchmal sprechen sie sich dabei ab und einigen sich, manchmal nicht. Die Europäische Union hingegen kann selbst keine eigenen Steuern einziehen, bekommt aber einen Teil der Einnahmen aller Mitgliedsländer.

Und warum gibt es nicht nur eine einzige Steuer auf Einnahmen bzw. Gewinne? Unter anderem, weil zum Beispiel die Umsatzsteuer leicht zu erheben ist, man zahlt sie eben beim Warenkauf automatisch mit, auch dann, wenn man sich um die Einkommensteuer erfolgreich herumdrückt. Auch lassen sich manche Steuern für den Staat leichter begründen, während bei der Einkommensteuer die Bürger sehr empfindlich reagieren, wenn die erhöht wird. Gegen die Tabaksteuer hingegen wagt kaum einer zu protestieren und sie bringt dem

So teilen die Bundesländer das Geld auf

Zusätzlich erschwert wird das Ausgeben von Steuern durch den »Länderfinanzausgleich«. Bundesländer, die überdurchschnittlich viele Steuern kassieren, zum Beispiel weil weltweit erfolgreiche Firmen ihren Standort dort haben, dürfen das Geld nicht behalten und davon vergoldete Kloschüsseln in jeder Schule aufstellen. Sondern sie müssen den Großteil an diejenigen Bundesländer abgeben, deren Einnahmen unter dem Durchschnitt liegen. Zur Berechnung gibt es eine Menge lange Regeln und Formeln, die in einer vorgeschriebenen Reihenfolge angewendet werden müssen. Ergebnis: vor allem Baden-Württemberg, Bayern und Hessen zahlen; Berlin, Sachsen, Brandenburg, Thüringen, Sachsen-Anhalt, Mecklenburg-Vorpommern und Bremen kassieren.

Staat auch schön viel Geld. Letzlich aber liegt die Vielfalt der Steuern vor allem daran, dass unser Steuersystem über Jahrhunderte hinweg Stück für Stück entstanden ist – immer wieder wurde mal hier, mal da und mal dort eine neue Steuer eingeführt, so wie es gerade gerecht erschien – oder weil Geld gebraucht wurde. Und wenn das Geld erst mal fließt, wird nur dann wieder darauf verzichtet, wenn der Verwaltungsaufwand höher ist als die Einnahmen.

Zweimal Deutschland – das konnte nicht gut gehen!

Von 1949 bis 1990 gab es zwei deutsche Staaten: BRD und DDR. Dass die »Deutsche Demokratische Republik« eine brutale Diktatur war, wissen heute viele nicht mehr, weil sie es selbst nicht erlebt haben.

Vier Jahre nach dem Ende des Zweiten Weltkriegs, am 7. Oktober 1949, wurde aus der »Sowjetischen Besatzungszone« die Deutsche Demokratische Republik (abgekürzt: DDR). Es sollte ein »sozialistischer Arbeiter- und Bauernstaat« werden, in dem das Ideal vom gleichberechtigten Zusammenleben aller wahr werden sollte. Stattdessen aber entstand ein Überwachungsstaat, in dem zahllose Spione des Ministeriums für Staatssicherheit (»Stasi«) herumspitzelten. Es gab keine freien, geheimen Wahlen, und es war verboten, das Land zu verlassen. Man durfte nur in andere kommunistische Länder reisen, den »Ostblock«. Man konnte also nur Ferien in Bulgarien machen, aber nicht »im Westen« auf Mallorca. Wer zu fliehen versuchte, wurde erschossen. Die 1961 errichtete Berliner Mauer (als »antifaschistischer Schutzwall« bezeichnet) und ein breiter »Todesstreifen« mit Selbstschussanlagen am Grenzverlauf machten Fluchtversuche zu einem tödlichen Risiko; mehrere hundert Menschen kamen hier ums Leben. Und wer sich innerhalb der DDR auflehnte und aufmüpfig war, kam ins Gefängnis.

Jahrzehntelang bezeichneten alle Veröffentlichungen des »Springer«-Verlages (u. a. »Bild«, »Welt« , »Hörzu«) Ost-

Die Mauer lief mitten durch Berlin und teilte eine historisch gewachsene Stadt in zwei Hälften. 1989 schafften die DDR-Bürger es, sie wieder zu durchbrechen.

Ostdeutschland nur als »die sogenannte DDR«, weil dieser Staat sich eben selbst demokratisch nannte, aber tatsächlich alles andere als demokratisch war.

1989 kam es zur »Wende« – nach lang anhaltenden Protesten der DDR-Einwohner mit dem Schlachtruf »Wir sind das Volk!« öffnete die Regierung überraschend die Grenze und erlaubte die Ausreise. Damit war die DDR politisch am Ende; ein Jahr später wurde sie mit der BRD vereinigt. Das folgte aus dem letzten Satz der Präambel (einer Art Vorwort) des Grundgesetzes: »Das gesamte Deutsche Volk bleibt aufgefordert, in freier Selbstbestimmung die Einheit und Freiheit Deutschlands zu vollenden.« 1990 wurde der Satz gestrichen, weil überflüssig geworden.

Damals erwartete man, dass der Lebensstandard im »Osten« innerhalb weniger Jahre auf Westniveau steigen würde. Leider ist das bis heute nicht der Fall und die hohe Arbeitslosigkeit in einigen der »neuen Bundesländer« sorgt für einen hohen Zulauf bei extremistischen Frustparteien. Allerdings gab es auch schon zu DDR-Zeiten eine mehr oder weniger heimliche rechtsra-

Die Mitgliedschaft in der »Freien Deutschen Jugend«, dem Jugendverband der DDR, war freiwillig. Wer nicht mitmachte, hatte aber Nachteile bei der Studien- und Berufswahl.

dikale Jugendszene: Wenn der Staat extrem links ist, liegt es nahe zu protestieren, indem man extrem rechts ist.

Was war gut in der DDR?

- Sicherheit: Man brauchte keine Angst vor Arbeitslosigkeit zu haben, denn offiziell existierte Vollbeschäftigung.
- Kriminalität war vergleichsweise geringer, es gab ja auch nicht so viel zu klauen und zu betrügen.
- Die kostenlose und flächendeckende Kinderbetreuung.
- Einheitspreise; man musste nicht nach Sonderangeboten suchen und wurde auch nicht von Geschäftsleuten über den Tisch gezogen.
- Recycling (Altpapier, Metall und Glas)
- Sozialer Zusammenhalt war größer (allerdings unfreiwillig, aus der Not geboren).
- Der Schulunterricht war überall gleich, d.h., bei einem Umzug musste man sich nicht auf einen anderen Lehrplan einstellen.
- Manche finden rückblickend auch die langen Haftstrafen für Mörder und Triebtäter gut; andererseits: Es gab auch die Todesstrafe für politische Gefangene.

- Weniger Sozialneid, weil die meisten Bürger ungefähr gleich viel Geld hatten. (Nur wenige besaßen mehr, weil sie gute Kontakte zu hohen Politikern hatten oder selbst Politiker waren. Denen ging es in der DDR nämlich viel, viel besser als dem Volk.)

Was war schlecht in der DDR?

- Keine Freiheit, zum Beispiel keine freie Meinungsäußerung (Gefängnisstrafen für Regierungskritik), keine freie Presse, kein Recht zu streiken.
- Keine Reisefreiheit.
- Viele Dinge waren gar nicht oder nur ganz selten zu kaufen (Wassermelonen, Bananen, Markenjeans, Autos). Oft konnte man sogar ganz einfache Dinge wie Fleisch oder Kaffee nicht kaufen bzw. musste dafür lange Schlange stehen, wenn es sie dann mal gab. Auf ein Auto musste man jahrelang warten.
- Internationale Rockmusik (zum Beispiel Rolling Stones) war verboten.
- Offiziell hatten zwar alle Arbeit, oft saß man aber nur seine Zeit ab, weil zum Beispiel Holz für Bauarbeiten fehlte.
- Hohes Misstrauen in der Bevölkerung wegen der Stasi-Spione. Selbst Eheleute haben sich gegenseitig bespitzelt und der Stasi berichtet, was in ihrer Familie geschieht.
- Keine Informationsfreiheit (zum Beispiel war West-TV verboten). Man durfte auch nicht die Bücher lesen, die man wollte, sondern nur das, was der Staat erlaubte.
- Keine freie Berufswahl; Ausbildung wurde vorgeschrieben. Kinder wurden vom Studium ausgeschlossen, wenn ihre Eltern nicht sozialistisch genug waren.
- Die Wahlen waren nicht geheim und frei, sondern wurden manipuliert. Deshalb gab es immer Wahlergebnisse für die Regierung von über 90%. (Der Nachweis von falsch ausge-

Nichts zu tun, aber nicht arbeitslos: Die »Beschäftigungspolitk« der DDR

Als einer der »Vorteile« der DDR gilt, dass niemand arbeitslos war. Das liegt aber an Fehlern im System:

- Weil alle Betriebe staatlich waren, mussten sie keinen Gewinn machen und deshalb auch keine Kosten einsparen. Sie konnten also so viele Leute beschäftigen, wie sie wollten.
- Bis zum Bau der Mauer im August 1961 flohen rund 2,7 Millionen Menschen, vorwiegend im arbeitsfähigen Alter, nach Westdeutschland; die konnten also schon nicht mehr in der DDR arbeitslos werden.
- Es gab zahllose unproduktive Stellen in Partei und Verwaltungen.
- Weil es durch mangelhafte Planungen oft zu Stockungen im Produktionsablauf kam, saßen Mitarbeiter oft tatenlos herum, mussten dann aber Überstunden leisten, um Rückstände aufzuholen.

All das führte zu einer sogenannten verdeckten Arbeitslosigkeit: Hunderttausende von Menschen hatten zwar nichts zu tun, aber offiziell einen Job.

zählten Wahlen war schließlich mit ein Grund für den Zerfall der DDR.)

Was wissen Jugendliche heute über die DDR?

Oft zu wenig. Manche glauben, die »Alliierten« (USA, England und Frankreich) hätten nach dem Krieg die Mauer gebaut und Helmut Kohl wäre ein beliebter DDR-Politiker gewesen. Es gibt sogar Jurastudenten, die auf die Frage, ob die DDR eine Demokratie oder eine Diktatur war, keine Antwort wissen.

Was muss man über die DDR wissen?

Die DDR hat die Mauer und den Todesstreifen bauen lassen, um die eigenen Bürger einzusperren und an der Flucht nach Westen zu hindern. Die DDR war also im Grunde ein großes Freiluftgefängnis. Es gab keine freien und geheimen Wahlen, das heißt, wer geheim wählen wollte, war schon als Staatsfeind verdächtig. Das Ergebnis wurde nicht öffentlich kontrollierbar ausgezählt, sondern heimlich – und die sozialistische Regierung hatte stets knapp 100 % der Stimmen.

Es herrschte keine Meinungsfreiheit. Wer nicht die offizielle Parteimeinung vertrat, durfte kein Auto kaufen, bekam eine kleinere Wohnung, keine Arbeit, oder wurde sogar verhaftet. Manchmal hat man den Eindruck, Menschen würden sich die DDR zurückwünschen. In Wahrheit wollen die meisten von ihnen sehr wohl gern in Freiheit leben – aber weniger Unsicherheit empfinden. In der DDR war einfach klar, wie alles lief. In westlichen, kapitalistisch ausgerichteten Demokratien haben die Menschen viel mehr Freiheiten und tolle Chancen – es kann aber für den Einzelnen auch furchtbar viel schiefgehen. Das war in der DDR nicht so, solange man sich politisch angepasst verhielt, und dieses Gefühl der Sicherheit fehlt vielen.

Trennung von Staat und Kirche

In Deutschland herrscht Glaubensfreiheit. Wieso hacken dann alle auf den Moslems herum? Und wieso, um Gottes Willen, darf die Kirche eigentlich nicht mitregieren?!

Die christliche Kirche hat Ungläubige ans Kreuz genagelt, blutige Kreuzzüge geführt und angebliche Hexen verbrannt.

Im Namen Allahs werden Terroranschläge begangen, Schwestern ermordet, Menschen gesteinigt. Scientology tarnt sich zum Verkauf ebenso teurer wie fragwürdiger Gehirnwäschekurse als »Kirche«. Religion kann eine ziemlich gefährliche Sache sein, wenn die falschen Leute sie benutzen, um damit ihre Taten zu rechtfertigen. Und zwar so, dass man darüber nicht mal diskutieren kann – denn Religion ist ja Glaubenssache. Also gibt es aus der Perspektive religiöser Radikaler nur die Gläubigen und die Ungläubigen. Und von solchen Leuten möchte man lieber nicht regiert werden.

Das Verhältnis von Staat und Kirche ist aber nicht leicht zu entwirren, denn die europäische Kultur basiert ja tatsächlich weitgehend auf christlichen Werten. Die sind allerdings auch nicht sonderlich anders als die jeder anderen zivilisierten Religion.

In Deutschland wurde die Trennung von Kirche und Staat 1919 eingeführt, und auch nicht besonders strikt. In vielen Schulen und Gerichten hängen Kreuze und der Staat berechnet und kassiert die Kirchensteuer. Nichtchristliche Symbole (wie das islamische Kopftuch) werden ungern gesehen. Lange gab es nur christlichen Religionsunterricht, mittlerweile auch islamischen – und große Diskussionen, ob staatliche Schulen überhaupt in Glaubensfragen tätig sein sollten.

Religion und Politik zu trennen, wurde erstmals nach der Französischen Revolution (1789 bis 1799) beschlossen. Dabei ging es gar nicht darum, den Glauben zu verdammen – er sollte einfach nur Privatsache werden. Der Staat hatte sich in allen Bereichen allen seinen Bürgern gegenüber neutral zu verhalten. Das musste dann logischerweise auch für die Religion gelten. Keiner sollte gestört werden, weder bei der Ausübung seines Glaubens noch durch den Glauben eines anderen. Niemand sollte zwangsbekehrt

Christliche Symbole in öffentlichen Räumen werden meist toleriert.

werden. Das kam auch aus der Erfahrung heraus, die man über viele Jahrhunderte hinweg gemacht hatte, dass ständig im Namen der Religion Kriege geführt wurden – der Dreißigjährige Krieg in Deutschland zum Beispiel, zwischen Katholiken und Protestanten, entvölkerte ganze Landstriche und kostete allein in Süddeutschland zwei Drittel der Bevölkerung das Leben.

Sind manche »gleicher als andere« ?

Manchmal hört man diesen Satz. Er basiert auf George Orwells Roman »Die Farm der Tiere«. Aber was steht da drin, und was soll dieser merkwürdige Vergleich bedeuten?

Die beiden bekanntesten Bücher des britischen Schriftstellers George Orwell sind »1984« und »Die Farm der Tiere«. »1984« beschreibt einen umfassenden Überwachungsstaat, in dem »Big Brother« alle andauernd kontrolliert und jeder Freiheit beraubt. »Die Farm der Tiere« ist eine satirische Fabel und führt viele politische Mechanismen in beispielhafter Weise vor.

Die Story in Kürze: Die unzufriedenen Tiere auf einer Farm in England vertreiben den brutalen Bauern vom Hof und formulieren sieben radikale Gebote für eine gerechtere Gesellschaft.

1. Alles was auf zwei Beinen geht, ist ein Feind.
2. Alles was auf vier Beinen geht oder Flügel hat, ist ein Freund.
3. Kein Tier soll Kleider tragen.
4. Kein Tier soll in einem Bett schlafen.
5. Kein Tier soll Alkohol trinken.
6. Kein Tier soll ein anderes Tier töten.
7. Alle Tiere sind gleich.

Die Tiere begeben sich gemeinsam aufs Feld und bringen die erste eigene Ernte ein. Sie sind fleißig wie nie – nur die Schweine drücken sich, wo sie können, beanspruchen aber dennoch alle Milch und das Fall-

Orwells »Farm der Tiere« fand auch den Weg auf die Kinoleinwand.

obst für sich, weil sie »Kopfarbeiter« seien. Eines der Schweine etabliert sich als Anführer – und bezieht mit seinen Freunden das Bauernhaus, wo die Schweine (trotz Gebot Nummer 4) in Betten schlafen. Noch folgen ihm die anderen Tiere treu, doch immer wieder fällt auf, dass die Parolen von gestern heute schon keinen Wert mehr haben. Auf nichts ist Verlass und Angst macht sich breit. Die Schweine beginnen, Whiskey zu trinken (Verstoß gegen Gebot Nummer 5) und schaffen einen alten Arbeitsgaul zum Pferdemetzger (Verstoß gegen Gebot Nummer 6). Schließlich fangen die arroganten Schweine auch noch an, auf zwei Beinen zu laufen. Und als die anderen Tiere empört auf die sieben Gebote verweisen, steht da plötzlich nur noch: »Alle Tiere sind gleich, aber manche sind gleicher.« Dieser Satz verdeutlicht, dass für die Anführer trotz bester Absichten fast immer eigene Regeln gelten. Natürlich ist es schwer, Chef zu sein und keinen persönlichen Vorteil daraus zu ziehen. Um derartige Peinlichkeiten zu vermeiden, gibt es heute viele Kontrollinstanzen: Bundestag und Bundesrat, Bundeskanzler und Bundespräsident, Opposition und freie Presse. Dennoch kommt es immer wieder vor, dass Politiker sich unmoralisch verhalten. Das unterscheidet sie prinzipiell nicht von anderen Menschen: Gelegenheit macht Diebe. Bei Staatsmännern ist es aber besonders wichtig, dass sie widerstehen. Ob freiwillig oder weil sie fürchten aufzufliegen, ist letztlich nicht so wichtig.

Politik in Deutschland

Sozial, stabil – langweilig?

Man könnte denken, die deutsche Politik sei ein Trauerspiel. Einig sind sich alle eigentlich nur noch in ihrer ständigen Unzufriedenheit – mit »denen da oben« in Berlin, oder umgekehrt mit den unbelehrbaren Bürgern, die einfach nicht begreifen, was gut für sie ist.

Trotz aller Motzerei: Immerhin leben wir in einer der stabilsten Demokratien der Welt, mit relativ hoher sozialer Sicherheit und überdurchschnittlichem Lebensstandard, verglichen mit dem Rest der Welt. Also läuft anscheinend nicht alles immer nur schlecht. Aber ist Politik nicht trotzdem langweilig?

Der Bundestag ist keine »Deutschland sucht den Superstar«-Jury, stimmt. Und Gesetzgebung sieht eben meist ziemlich langweilig aus. Doch: Wer sich auskennt und die Feinheiten versteht, kann besser mitreden. Und über manchen »Skandal« auch herzhaft lachen.

Die Parteien und was sie wollen

Zumindest eines ist klar: Die Parteien wollen alle unser Bestes, und die meisten größeren wollen auch in etwa dasselbe. Sie sehen sich als eine Art ADAC für die Bürger und wollen versuchen, allen zu helfen, die alleine nicht so gut klarkommen, ohne dabei diejenigen zu stören, die mit sich und der Welt ganz zufrieden sind. Bloß: Ob dieses Ziel aber wirklich erreichbar ist, welcher Weg dorthin führt und welche Schwerpunkte man setzt – darüber gehen die Meinungen weit auseinander, und man kann trefflich und lustvoll und anregend darüber diskutieren oder streiten.

Oft werden Parteien oder Positionen als »links« oder »rechts« bezeichnet. Das geht zurück auf historische Sitzordnungen in Parlamenten in Frankreich – hilft uns heute aber nicht mehr wirklich weiter. Ganz grob: Die SPD galt lange als »links«, mittlerweile gibt es aber eine Partei namens »Die Linke«. Die CDU galt als »rechts«. Weil aber auch die Nazis unter Hitler »rechts« waren (rechtsextrem allerdings), ist der Begriff seitdem negativ besetzt. Die CDU sieht sich selbst in der »Mitte«. Dort wird oft auch die FDP angesiedelt, viele ihrer Ansichten sind aber eher »rechts«. Andere jedoch »links«. Also steht sie vielleicht doch in der Mitte? Schwer einzuordnen in dieses Schema sind die Grünen. Ihnen geht es vor allem um den Umweltschutz – und dazu muss man weder »links« noch »rechts« sein. Gegründet wurden die Grünen allerdings von Leuten, die eher »links« waren und sich auch selbst so bezeichnen würden.

Innerhalb der Parteien gibt es dann auch noch unterschiedliche Meinungen, also hat die SPD einen »linken Flügel« und einen »rechten Flügel«, CDU und FDP ebenso. Wobei die »Linken« in der CDU natürlich »rechter« sind als die »Rechten« in der SPD. Ach ja, statt »links« kann man auch »rot« sagen, statt »rechts« auch »schwarz«. Genauer ist das aber auch nicht. Und bei den Grünen heißen die Linken »Fundis« und die Rechten »Realos«.

Alle Klarheiten beseitigt?!

Die Parteien Deutschlands im Überblick

Die im Moment im Bundestag vertretenen Parteien in Deutschland sind: SPD, FDP, CDU, Grüne/Bündnis 90 und Die Linke.

SPD

»SPD« ist die Abkürzung für »Sozialdemokratische Partei Deutschlands«. Im Moment (2009) bildet sie mit der CDU/CSU eine Große Koalition auf Bundesebene. Das heißt, Deutschland wird von CDU und SPD zusammen regiert. Die CDU stellt die Kanzlerin Angela Merkel, die SPD den Vizekanzler Frank-Walter Steinmeier. SPD und CDU sind die sogenannten »Volksparteien«, die versuchen, das gesamte Volk mit allen seinen Bedürfnissen zu vertreten, und nicht nur bestimmte Interessen wie Umweltschutz, oder kleinere Personengruppen, zum Beispiel nur Rentner. Beide Parteien versuchen, es »allen recht zu machen«, wobei die CDU es wirtschaftspolitisch den Unternehmern ein bißchen mehr recht macht und die SPD den Arbeitern und Arbeitnehmern.

Die SPD sieht sich selbst als Nachfolgepartei des von Ferdinand Lasalle bereits 1863 in Leipzig gegründeten Allgemeinen Deutschen Arbeitervereins und ist somit die älteste der im Bundestag vertretenen Parteien. Die Vorgängerorganisationen der heutigen SPD setzten sich damals für die Rechte der Arbeiter in den Fabriken ein: Arbeiterschutz, Achtstundentag, allgemeines Wahlrecht – alles Dinge, die für uns mittlerweile vollkommen selbstverständlich sind.

Die SPD ist eine Partei, in der relativ häufig öffentlich gestritten wird. Eine solche Streitkultur gibt es sonst nur noch bei den Grünen. Das liegt zum einen daran, dass es für die Partei schwierig ist, ihre unterschiedlichen Flügel miteinander zu

Die musst du kennen in der SPD

Kurt Schumacher war von 1946 bis 1952 Parteivorsitzender der SPD und entscheidend am Wiederaufbau der SPD in Westdeutschland beteiligt. In den ersten Jahren der Bundesrepublik war Schumacher der große Gegenspieler des CDU-Kanzlers Konrad Adenauer. **Willy Brandt** war der erste SPD-Kanzler in der Nachkriegszeit. Er engagierte sich besonders für ein friedliches Miteinander mit den »Ostblockstaaten« (u.a. DDR, Sowjetunion). Für diese in Deutschland sehr umstrittene Ostpolitik bekam er 1971 sogar den Friedensnobelpreis. Als sich Günter Guillaume, einer seiner engsten Mitarbeiter, 1974 als DDR-Spion entpuppte, trat Brandt als Bundeskanzler zurück. Brandt starb 1992. Er ist heute so etwas wie der John F. Kennedy der SPD: ein Idol, fast ein Heiliger.

Auf Willy Brandt folgte **Helmut Schmidt** als Bundeskanzler. Er bemühte sich darum, die Interessen von Firmen und Wirtschaft mit dem sozialen Engagement der SPD in Einklang zu bringen. Er interessierte sich sehr für internationale Wirtschafts- und Währungspolitik. Deshalb wurde ihm oft nachgesagt, er sei zu wirtschaftsfreundlich und deshalb »in der falschen Partei«. Er musste sich mit vielen neuen Problemen herumschlagen: atomares Wettrüsten zwischen USA und Russland, Ölkrise, Terroranschläge der RAF (»Rote Armee Fraktion«). Zu den größten Konflikten in seiner Regierungszeit gehörte der »Nato-Doppelbeschluss«. Vereinfacht gesagt herrschte damals noch der Kalte Krieg zwischen Ost und West (mehr dazu im Kapitel zur Internationalen Politik), und Schmidt vertrat wie die Amerikaner die Ansicht, dass man die feindliche Sowjetunion am besten in Schach hält, in dem man sie einerseits mit vielen Raketen bedroht, ihr zu-

Einer der Großen der SPD: Willy Brandt, hier mit Frau Rut und Sohn Matthias im Berliner Olympiastadion.

gleich aber Abrüstungsverhandlungen anbietet. Rückblickend hatte er damit nicht unrecht, aber damals hatten sehr viele Deutsche große Angst, dass diese Aufrüstung einen Atomkrieg eher wahrscheinlicher macht. Es gab in Bonn große Anti-Nato-Demonstrationen mit vielen tausend Teilnehmern.

Auf Schmidt folgte für 16 Jahre der CDU-Kanzler Helmut Kohl. Er wurde 1998 von SPD-Mann **Gerhard Schröder** abgelöst. Schröder galt wie Schmidt als wirtschaftsfreundlich und wurde als »Genosse der Bosse« bezeichnet. Wichtige Themen seiner Regierungszeit waren der Kosovo-Krieg, in dem erstmals in der Nachkriegszeit deutsche Soldaten kämpften, soziale Reformen unter dem Titel »Agenda 2010«, die vielen in seiner Partei sehr schwerfielen, und seine Weigerung,

Fortsetzung nächste Seite

Fortsetzung von vorheriger Seite

Deutschland am Irak-Krieg zu beteiligen, was ihm die Mehrheit der Deutschen wiederum hoch anrechnete. Schröder kam gut mit dem damaligen russischen Präsidenten Putin klar und arbeitet mittlerweile u.a. für den russischen Gaskonzern »Gazprom«, was viele in seiner Partei nicht so gut finden. Schröder galt als »Medienkanzler«, der mit dem Fernsehen und Boulevard-Zeitungen wie »Bild« gut umgehen konnte.

Franz Müntefering bekleidete viele wichtige Ämter, u.a. war er unter Angela Merkel Vizekanzler; im Moment ist er Parteichef. Er bezeichnete internationale Investoren, die ohne jede soziale Verantwortung nur nach Gewinn streben, als »Heuschrecken« (die wie in der Bibel als Plage über das Land ziehen und alles kahl fressen).

Frank-Walter Steinmeier ist seit 2005 Außenminister, seit 2007 Vizekanzler, seit 2008 Kanzlerkandidat der SPD. Er ist ein enger Freund des früheren Bundeskanzlers Gerhard Schröder und war unter Schröder Leiter des Kanzleramts.

versöhnen, weil sie für sehr unterschiedliche Ansichten stehen. Dahinter steht das alte Problem, dass sich Marktwirtschaft und Sozialismus schwer vereinen lassen. Auch wenn sich die SPD vom Sozialismus gelöst hat – die damit verbundene Hoffnung auf möglichst viel Gleichheit und das Misstrauen gegenüber »dem Kapital« gehört zu ihren Wurzeln. Aus der Geschichte der Partei und ihrem Einsatz für die unterdrückten Arbeiter ist auch zu erklären, dass es für SPD-Chefs besonders schwierig ist, Autorität auszuüben und Regierungsentscheidungen hierarchisch in der Partei durchzusetzen. Eine unschöne Nebenwirkung ist, dass die SPD so viele Chefs »verschlissen« hat wie keine andere Partei. Selbst ein Haudegen wie Gerhard Schröder war am Ende zermürbt.

In der SPD ist es üblich, dass alle Parteimitglieder sich duzen, auch wenn sie sich gar nicht persönlich kennen. Aus den Zeiten der Arbeiterbewegung kommt auch noch die Bezeichnung »Genosse«, mit der sich SPDler lange untereinander ansprachen. Heute ist das ein bisschen veraltet.

Hubertus Heil, Generalsekretär der SPD, beschreibt die aktuellen Ziele seiner Partei so: »Wir kämpfen für mehr Gerechtigkeit in unserer Gesellschaft. Gerecht ist für uns, wenn jedes Kind im Leben die gleichen Chancen hat. Egal ob seine Eltern in einer Fabrik arbeiten oder Chefärzte sind, egal ob sie aus Bayern kommen oder aus der Türkei. Gerecht ist für uns, wenn niemand eine bessere Bildung bekommt, nur weil seine Eltern ein dickes Sparkonto ha-

Malochen in der Fabrik (um 1900), zu kargem Lohn: Die SPD entstand aus dem Kampf um bessere Lebensbedingungen für Arbeiter.

ben. Gerecht ist, wenn jeder Jugendliche faire Chancen auf einen Ausbildungsplatz und einen guten Berufseinstieg hat. Gerecht ist auch, wenn jemand, der den ganzen Tag arbeitet, dafür ein gutes Gehalt bekommt. Und es ist gerecht, wenn jeder, der krank wird, die gleiche Gesundheitsversorgung erhält. Jeder Mensch ist gleich viel wert – das bedeutet für mich Sozialdemokratie.«
Die Jugendorganisation der SPD heißt »Jusos« (Abk. für »Arbeitsgemeinschaft der Jungsozialistinnen und Jungsozialisten in der SPD«), www.jusos.de. Das Mindestalter beträgt 14 Jahre.

CDU und CSU

Die »Christlich Demokratische Union« Deutschlands fand sich in den verschiedenen Besatzungszonen und Ländern zwischen 1945 und 1949 zusammen, also direkt nach dem Ende des Zweiten Weltkriegs. Genau wie die SPD ist sie eine »Volkspartei«, die den Anspruch erhebt, alle Bürger mit allen ihren Interessen zu vertreten. Obwohl die CDU den Begriff »christlich« im Namen trägt, wird sie natürlich auch von vielen Nichtchristen gewählt. Die Hauptziele der CDU sind: Demokratie, christliche Werte (wie Nächstenliebe, Verantwortung), Förderung der Marktwirtschaft und ein soziales Miteinander. Die CDU nennt das »Freiheit in Verantwortung«.
In Bayern kann man nicht CDU wählen, sondern nur CSU. Die »Christlich Soziale Union« arbeitet deutschlandweit mit der CDU zusammen. Im Bundestag bilden sie zusammen eine Fraktionsgemeinschaft. Wenn man CDU und CSU zusammen meint, dann spricht man auch oft von »der Union«. Allerdings vertritt die CSU in Einzelfällen andere Positionen als die größere Schwesterpartei. Dann müssen die beiden sich intern einigen. Im Augenblick (2009) regiert die CDU/CSU Deutschland zusammen mit der SPD.
Die CDU stellte, zusammen mit der FDP, von 1949 bis 1969 die deutsche Regierung und etablierte in dieser Zeit die sogenannte »soziale

Marktwirtschaft«: Einzelpersonen und Firmen sollen ruhig versuchen, soviel Geld wie möglich zu verdienen, solange jeder die Chance dazu hat. Arme Menschen, zum Beispiel solche, die ohne eigenes Verschulden ihre Arbeit verloren haben, sollen vom Staat ausreichend versorgt werden.
Stark vereinfacht kann man sagen, dass die CDU ihre Wähler vor allem in der Mittelschicht findet, also bei den Leuten, die eher ein bisschen besser verdienen als der Durchschnitt, aber auch nicht wirklich reich sind.
Ronald Pofalla, Generalsekretär der CDU, erklärt: »Die CDU ist die mitgliederstärkste Partei Deutschlands und die große Volkspartei der Mitte. Wir setzen uns dafür ein, dass Deutschland ein wirtschaftlich erfolgreiches Land bleibt, in dem es gerecht zugeht und das zum Frieden in der Welt beiträgt. Ein Land, das verantwortungsvoll mit der Umwelt umgeht. Ein Land, in dem man gerne lebt und auf das man auch stolz sein kann. Wir wollen, dass jeder bei uns sein Leben frei gestalten und seine Chancen nutzen kann.«
Dr. Karl-Theodor zu Guttenberg, CSU, seit Februar 2009 Bundeswirtschaftsminister, setzt hinzu: »Das Besondere an der CSU ist, dass man sie nur in Bayern wählen kann. Deswegen gibt es in

Die musst du kennen in der CDU/CSU

Konrad Adenauer war der erste Nachkriegskanzler in Deutschland. Neben den politischen Tätigkeiten arbeitete er auch als Erfinder (u. a. erdachte er eine Sojawurst, weil Fleisch knapp war, oder auch einen »Brausekopf für Gießkannen«). Adenauer führte Deutschland nach dem Krieg überhaupt erstmals wieder auf internationales Parkett. Dafür, dass er den Deutschen nach dem vernichtenden Krieg etwas Selbstbewusstsein zurückgab, wurde er von ihnen sehr verehrt.

Ludwig Erhard war Wirtschaftsminister unter Adenauer und wurde durch das deutsche Wirtschaftswunder in den fünfziger Jahren sehr populär. Erhard ist sozusagen der Willy Brandt der CDU: eine Ikone, auf die sich alle beziehen und die von niemandem kritisiert wird. Er steht für Aufschwung, Wohlstand und wirtschaftlichen Sachverstand. Damit schmückt sich die CDU gerne.

Franz-Josef Strauß war viele Jahre Vorsitzender der CSU und Ministerpräsident in Bayern. Er polterte gern mal lautstark, so warf er zum Beispiel 1975 der SPD-Regierung vor, »einen Saustall ohnegleichen angerichtet« zu haben.

Einen Journalisten bezeichnete er als »Ratte« und »Schmeißfliege«. Bundesweit konnte sich Strauß als Kanzlerkandidat 1980 nicht durchsetzen. Er war in einige Skandale verwickelt und regierte in Bayern sehr autoritär. Allerdings auch extrem erfolgreich. Strauß war ein Machtpolitiker und Pragmatiker, der sich mit allzu viel Moral nicht lang aufhielt. So unterhielt er enge Beziehungen sowohl zu einigen Diktatoren als auch, überraschenderweise, in das damalige Ostdeutschland. Viele Bayern sehen in ihm bis heute einen Landes-

Den ersten deutschen Bundeskanzler Konrad Adenauer nannte man »Der Alte«, weil er das Amt erst mit 73 Jahren antrat.

vater, der sehr viel für ihr Bundesland und ihre Selbstständigkeit getan hat.

1982 wurde **Helmut Kohl** Bundeskanzler – und blieb es bis 1998, länger als jeder andere Amtsinhaber. Unter Kohl kam es – auch für ihn durchaus überraschend – zur Wiedervereinigung mit der DDR, deshalb gilt er als »Kanzler der Einheit«. Die deutsche Wiedervereinigung, die ihm historisch sozusagen in den Schoß fiel, war das größte und schwierigste Thema seiner Regierungszeit. Im Wahlkampf 1990 behauptete er frohgemut: »Durch eine gemeinsame Anstrengung wird es uns gelingen, Mecklenburg-Vorpommern und Sachsen-Anhalt, Brandenburg, Sachsen und Thüringen schon bald wieder in blühende Landschaften zu verwandeln, in denen es sich zu leben und zu arbeiten lohnt«. Die »blühenden Landschaften« sind zum geflügelten Wort geworden, um falsche Versprechungen von Politikern zu illustrieren. Angesichts der hohen Arbeitslosigkeit im Osten kön-

Fortsetzung nächste Seite

ne von blühenden Landschaften ja wohl keine Rede sein, werfen ihm seine Kritiker vor. Andererseits muss man Kohl lassen, dass es in Ostdeutschland heute insgesamt doch immerhin schöner (blühender) aussieht als vor zwanzig Jahren. Außerdem war Kohl mitverantwortlich für die Abschaffung der D-Mark und die Einführung des Euros. Er förderte die Beziehungen zu den USA und kam gut mit dem damaligen amerikanischen Präsidenten Ronald Reagan klar. Er entwickelte aber auch eine enge Beziehung zum letzten sowjetischen Präsidenten Michail Gorbatschow. Kohl war ein gewiefter Taktiker, von ihm stammt zum Beispiel der politische Begriff des »Aussitzens«. Was so viel heißt wie: Man lässt die Dinge laufen, schaut, wie sie sich entwickeln, mischt sich nicht groß ein, und am Ende erledigen sie sich von selbst.

Seit 2005 stellt die CDU erneut den Kanzler: **Angela**

Merkel, die Kohl früher stark förderte, ist Amtsinhaberin. Dass ausgerechnet die konservative CDU die erste weibliche Bundeskanzlerin stellen würde, die zudem aus Ostdeutschland stammt, evangelisch, einmal geschieden und kinderlos ist – das hätten manche vor zehn Jahren noch für undenkbar gehalten. Für ihre Partei ist das eine große Veränderung. Als erstes Regierungsoberhaupt weltweit sendet Merkel seit Juni 2006 einen wöchentlichen Video-Podcast im Internet (www.bundeskanzlerin.de). Sie spricht fließend Russisch und Englisch.

Angela Merkel schrieb Geschichte: erste Frau an der Spitze der CDU, erste Frau im Kanzleramt, erste Ostdeutsche als Regierungschefin.

Bayern die CDU nicht. Die CSU macht aber trotzdem auch Politik für ganz Deutschland. Deswegen hat sie Abgeordnete im deutschen Bundestag und Minister in der deutschen Regierung. Mit ihrer Politik will die CSU erreichen, dass jeder Einzelne sich so gut wie möglich entfalten kann und in seinem Leben viel erreichen kann. Doch genauso wichtig ist es, dass die Starken den Schwachen helfen. Beides brauchen wir, damit die Menschen in unserer Gesellschaft zusammenhalten.«

Ab 14 kann man Mitglied in der Jugendorganisation von CDU und CSU werden, sie heißt »Junge Union«, www.junge-union.de.

FDP

Die »Freie Demokratische Partei« will weniger als die anderen. Das ist wörtlich zu nehmen: weniger Staat, weniger Gesetze, weniger Kontrollen, weniger Steuern, weniger Regeln. Man nennt das »liberal« – möglichst große Freiheit für den Einzelnen (von lateinisch »liberare« = befreien).

Da die FDP allein nie genug Stimmen hatte, um zu regieren, musste sie mit anderen zusammenarbeiten. Das verhalf der an sich recht kleinen Partei zu einer überraschend großen Macht – denn umgekehrt konnten meist weder CDU noch SPD ohne die Stimmen der FDP regieren. Die Liberalen konn-

Die musst du kennen in der FDP

Hans-Dietrich Genscher war von 1969 bis 1974 Innenminister und von 1974 bis 1992 fast ununterbrochen Außenminister. Wegen großer Meinungsverschiedenheiten mit der SPD gehörte er zu denjenigen, die 1982 die Koalition beendeten, Helmut Schmidt stürzten und Helmut Kohl von der CDU zum Kanzler wählten.

Der frühere Wirtschaftsminister **Otto Graf Lambsdorff** war viele Jahre ein wichtiger Wirtschaftspolitiker der FDP, der für die marktwirtschaftlichen Ideale der FDP und ihre Nähe zum Unternehmertum stand. Als Wirtschaftsminister musste er allerdings 1984 zurücktreten, weil er in einen großen Parteispendenskandal (»Flick-Affäre«) verwickelt war.

Auch **Jürgen W. Möllemann** war in Skandale verwickelt, zum Beispiel nutzte er offizielles Briefpapier des Bundeswirtschaftsministeriums, um (privat) für eine Geschäftsidee eines Schwagers seiner Frau zu werben. Er war ein erfolgreicher Wahlkämpfer, leistete sich aber zugleich zahlreiche Peinlichkeiten und Provokationen. 2003 trat er aus der Partei aus – und starb wenige Monate später bei einem Fallschirmsprung. Wahrscheinlich war es Selbstmord; jedenfalls wurde u.a.

Hans Dietrich Genscher, einer der beliebtesten deutscher Politiker. Er war so lange Außenminister wie kein anderer und wurde »Genschman« genannt, weil er wie »Superman« überall gleichzeitig auf der Welt aufzutauchen schien.

wegen Steuerhinterziehung gegen ihn ermittelt. **Guido Westerwelle** ist seit 2001 Bundesvorsitzender der FDP. Er wollte die Partei verjüngen und zog 2002 mit einem umgebauten Wohnmobil (dem »Guidomobil«) in den Wahlkampf und trat auch im Big-Brother-Container im Fernsehen auf; man warf ihm einen ziellosen »Spaßwahlkampf« vor. Westerwelle steht für die liberale Ausrichtung der FDP.

---

ten sich viele Jahre lang aussuchen, mit wem sie ein Bündnis bilden wollten. Und wenn das nicht so lief wie erhofft, wechselten sie eben zur anderen Seite. So war die FDP in wechselnden Koalitionen häufiger an der Bundesregierung vertreten als alle anderen Parteien. Als »Zünglein an der Waage« hatte die FDP einerseits die Möglichkeit, Gesetze zu verhindern, die ihr gar nicht in den Kram passten. Andererseits musste sie (als kleinerer Koalitionspartner) auch manches mittragen, was nicht wirklich liberal erschien.

Die FDP pendelt meist zwischen fünf und zehn Prozent der Wählerstimmen. Wie aber würde die FDP

regieren, wenn sie könnte, wie sie wollte? Die Liberalen fordern die »Stärkung von Freiheit und Verantwortung des Einzelnen«. Sie sind der Meinung, wenn man die Wirtschaft weitgehend in Ruhe ließe, würden durch den Erfolg der Firmen auch mehr Arbeitsplätze entstehen. Zu den liberalen Grundwerten gehört der Glaube an freien Handel genauso wie die Betonung persönlicher Freiheit, die mit einem gewissen Misstrauen gegenüber dem Staat einhergeht. Deshalb waren die Liberalen zum Beispiel auch gegen das Rauchverbot in Kneipen. Das Gleiche gilt für die »Globalisierung«: Liberale sind überzeugt, dass der freie Handel quer über den Globus am Ende allen mehr nutzt als schadet. Die Liberalen wollen eine möglichst gute Bildung, damit anschließend jeder möglichst leistungsfähig und erfolgreich sein kann.

Das größte Problem der FDP ist, dass sie als Partei der »Besserverdienenden« wahrgenommen wird.

Sie hat sich selbst auch mal so bezeichnet, was gar nicht gut ankam. Ihre Wähler sind vor allem Unternehmer und (erfolgreiche) Freiberufler wie Ärzte und Rechtsanwälte.

FDP-Generalsekretär Dirk Niebel beschreibt die Ziele seiner Partei so: »Wir Liberale stehen für Freiheit vor Gleichheit, für Privat vor Staat, für Erwirtschaften vor Verteilen, für die Erneuerung der Sozialen Marktwirtschaft und für Chancengleichheit. Gerade weil die anderen politischen Parteien für mehr Verteilungsstaat, mehr Staatsausgaben, weniger Leistungsgerechtigkeit und weniger soziale Marktwirtschaft stehen, braucht die FDP viele verbündete Bürger. Die Freien Demokraten wollen weniger Staatsausgaben, den sofortigen Schuldenstopp beim Staat!

Ausgeliehene Wählerstimmen

Manchmal bekommen Parteien auch sogenannte Leihstimmen. Das funktioniert so: Die FDP sagt vor der Wahl, mit wem sie regieren will, zum Beispiel mit der CDU. Die CDU wiederum muss damit rechnen, dass sie tatsächlich nicht genug Stimmen bekommt, um allein zu regieren, sondern dafür die FDP brauchen wird. Dafür muss es die FDP dann aber wenigstens in den Bundestag schaffen. Damit das klappt, können CDU-Wähler ihr Kreuz bei der FDP machen, die CDU leiht also sozusagen Stimmen an die FDP, damit man später gemeinsame Sache machen kann und als Koalition an die Macht kommt. (Der Schuss kann aber auch nach hinten losgehen, wie bei der Wahl 2005: CDU/CSU plus FDP hatten immer noch nicht genug Stimmen, sodass es zu einer großen Koalition von CDU/CSU und SPD kam – und die Leihstimmen der CDU-Wähler für die FDP waren verloren.)

Wir wollen einen freiheitlichen Rechtstaat mit weniger Vorschriften, weniger Verboten und weniger Bürokratie und keinen Überwachungsstaat! Die FDP will, vor allem für die Jugend, Chancengleichheit bei der Bildung! Wir Liberale wollen einfachere, niedrigere und gerechte Steuern für alle Bürger, damit allen mehr von ihrem Lohn bleibt. Diese Ziele für mehr Freiheit sind die Ziele der FDP.« Die Jugendorganisation der FDP sind die »Jungen Liberalen« (kurz: JuLis), www.julis.de. Ab 14 kann man dort Mitglied werden.

Bündnis 90/Die Grünen

»Bündnis 90/Die Grünen« (oft nur als »Grüne« bezeichnet) sind eine Sammelbewegung. In den Siebziger Jahren bildeten sich zahlreiche Umweltschutzverbände in Deutschland, die 1979 gemeinsam zur Europawahl antraten (und immerhin 3,2% der Stimmen bekamen). 1980 wurde die Partei offiziell ge-

Mitfahrgelegenheit gesucht! Zur Bundestagswahl 2002 veranstaltete die FDP einen recht unterhaltsamen Wahlkampf. Aber zum Regieren reichte es trotzdem nicht.

Amt und Person: das Rotationsprinzip

Weil es eigentlich nur um die Sache und nicht um Personen gehen soll, forderten die Grünen anfangs ein »Rotationsprinzip« – jeder, der ein Amt bekommt, sollte seine Aufgabe nach kurzer Zeit wieder abgeben, auch Abgeordnete oder Fraktionsvorsitzende. Das hat sich jedoch nicht bewährt: Erstens, weil auch bei den Grünen manche Mitglieder gern im Rampenlicht bleiben wollten. Zweitens auch, weil man für jedes Amt eine Einarbeitungszeit braucht, und wenn man dann gleich wieder abtritt, schafft man wenig. Und drittens wollen Wähler auch Personen wählen, die sie kennen, und sich nicht ständig an neue Gesichter gewöhnen müssen.

Atomkraft. Nachdem es 1986 ein schweres Unglück mit einem sowjetischen Atomreaktor gegeben hatte (»Tschernobyl«), wurde auch die Furcht vor der Atomkraft von vielen Deutschen geteilt. Da die Grünen für Themen standen, die nicht nur eine sehr kleine Bevölkerungsgruppe bewegte, gelang es, eine neue Partei zu gründen, die es bis in den Bundestag schaffte: 1983 bekamen Die Grünen (wie die Partei damals hieß) 5,6 %.

1991 schlossen sich die Grünen mit dem Bündnis 90 zusammen, einer »BürgerInnenbewegung« in der ehemaligen DDR. Deshalb heißt die Partei heute korrekterweise »Bündnis 90/Die Grünen«. Aber eigentlich spricht jeder nur von »den Grünen«.

gründet, sie bezeichnete sich als »sozial, ökologisch, basisdemokratisch, gewaltfrei«. Eines der Hauptziele war die Abrüstung, die in den Achtzigerjahren, während des Kalten Krieges, ein großes, weltbeherrschendes Thema war. Die Gründer der Grünen kamen sowohl aus der Friedensbewegung als auch aus der Umweltschutzbewegung. Die Angst vor einem Atomkrieg teilten viele Deutsche. Zugleich kämpften die Grünen gegen

Steffi Lemke, die Politische Bundesgeschäftsführerin von Bündnis 90/Die Grünen, sagt: »Wir Grüne sind die Umweltpartei. Wir kämpfen für echten Klimaschutz, um den bedrohlichen Klimawandel aufzuhalten. Dafür müssen wir weg vom Öl, den Neubau von Kohlekraftwerken stoppen und stattdessen umweltfreundliche Energie aus Wind- und Sonnenkraft gewinnen. Die Nutzung der Atomkraft wollen wir – wie mit der Atomwirtschaft fest vereinbart – beenden, weil Atomkraft ein nicht beherrschbares Sicherheitsrisiko ist. Wir Grünen wollen außerdem mehr Möglichkeiten schaffen, dass sich alle Bürger und Bürgerinnen in der Demokratie einbringen und sie mitgestalten können. Dazu gehört zum Beispiel die Absenkung des Wahlalters auf 16 Jahre und die Verteidigung der persönlichen Freiheit, auch gegen wachsende Überwachung. Persönliche Daten auf dem eigenen Computer zum Beispiel dürfen weder vom Staat noch von der Wirtschaft ausspioniert werden.«

Die Jugendorganisation von Bündnis 90/Die Grünen ist die »Grüne Jugend (www.gruene-jugend.de); kein Mindestalter.

Als »Turnschuh-Minister« der erste Grüne in einem deutschen Regierungsamt: Joschka Fischer bei seiner Vereidigung durch den hessischen Ministerpräsidenten Holger Börner am 12. Dezember 1985

Die musst du kennen bei den Grünen

Friedensaktivistin **Petra Kelly** war Gründungsmitglied der Grünen. Sie lebte mit dem Ex-Bundeswehrgeneral **Gert Bastian** zusammen. Die beiden waren das Vorzeigepaar der Grünen – bis er sie 1992 erschoss und sich danach selbst tötete.

Joschka Fischer war von 1998 bis 2005 Außenminister und Vizekanzler; danach gab er seinen Rückzug aus der Politik bekannt. Er verließ das Gymnasium nach der 10. Klasse, brach eine Lehre zum Fotografen ab und arbeitete danach u. a. als Spielwarenverkäufer, Taxifahrer und Schauspieler. 1985 wurde er Umweltminister in Hessen. Da er zur Vereidigung in Sneakers kam, galt er als (viel zu lässiger) »Turnschuh-Minister«. Fischer war ein handfester »Realo«, der die Wahlergebnisse der Grünen sehr positiv beeinflusste. Viele Mitglieder seiner eigenen Partei nahmen es ihm allerdings übel, dass er nicht konsequent pazifistisch auftrat, sondern zum Beispiel für einen Einsatz im Kosovo-Krieg war (um die Menschenrechtsverletzungen dort zu stoppen).

Petra Kelly, eine Grünen-Ikone, am 30. August 1982 auf der Baustelle für die Startbahn West des Frankfurter Flughafens. Gegen das Projekt protestierten Umweltschützer jahrelang.

Jürgen Trittin setzte als Umweltminister im deutschen Alleingang das komplizierte Dosenpfand durch. In der rot-grünen Regierung handelten Fischer und Trittin auch den sogenannten Atomausstieg aus. Deutschland hat seitdem zwar noch immer Atomkraftwerke, es werden aber keine neuen mehr gebaut.

DIE LINKE

»DIE LINKE« ist die momentan umstrittenste Partei im Bundestag. Sie ist Nachfolgerin der DDR-Einheitspartei SED (»Sozialistische Einheitspartei Deutschlands«), die verantwortlich war für fast vierzig Jahre Diktatur, Mauerbau und viele Tote an der deutsch-deutschen Grenze. Die SED benannte sich nach dem Mauerfall um in PDS (»Partei des demokratischen Sozialismus«), später in »Linkspartei«. Bis 2005 war sie eigentlich eine reine ostdeutsche Partei, danach tat sie sich mit der westdeutschen »Wahlalternative Arbeit und soziale Gerechtigkeit« zusammen. Diese WASG war ein Sammelbecken westdeutscher Kommunisten und unzufriedener ehemaliger Sozialdemokraten. 2007 kam die offizielle Fusion der beiden Parteien. Deswegen hat »DIE LINKE« auch zwei Spitzenkandidaten: den ehemaligen DDR-Rechtsanwalt Gregor Gysi und den ehemaligen SPD-Vorsitzenden Oskar Lafontaine. »DIE LINKE« hat bisher kein Parteiprogramm geschrieben und wird das bis zur Bundestagswahl 2009 vermutlich auch nicht mehr tun. Seit dem Zusammenschluss heißt die Partei offiziell »Die Linke«. Sie wird aber oft immer noch »Linkspartei« genannt, weil es noch mehr »linke« Parteien gibt (zum Beispiel die SPD, aber auch andere) und man das gesamte linke Meinungsspektrum auch als »die Linke« bezeichnet, und weil, sagte Gregor Gysi, »...Die Linke einfach richtig doof klingt.«
Die Partei DIE LINKE will in Deutschland den Sozialismus verwirklichen, der allerdings »besser« um-

Oskar Lafontaine, einer der beiden Spitzenleute.

Im Grunde stellt »Die Linke« das Gegenteil zur FDP dar: Wo die Liberalen möglichst wenig regeln wollen, möchte DIE LINKE möglichst viele gesetzliche Vorgaben.

DIE LINKE verspricht, alle Kürzungen rückgängig zu machen, die zum Beispiel beim Arbeitslosengeld beschlossen wurden, und hat damit neue Wähler gewonnen. Speziell natürlich unter denjenigen, die wenig verdienen oder arbeitslos sind oder die von staatlicher Unterstützung leben und die

gesetzt werden soll als in der DDR. Dazu fordert sie Arbeitszeitverkürzung, staatlich festgesetzte höhere Löhne, höhere Steuern für Reiche und Unternehmen. Außerdem ist die Partei strikt gegen Auslandseinsätze der Bundeswehr. Auch die Verstaatlichung von Unternehmen und die Enteignung von Unternehmerfamilien befürwortet zumindest

Die musst du kennen bei der LINKEN

Gregor Gysi absolvierte neben dem Abitur eine Ausbildung zum Facharbeiter für Rinderzucht, arbeitete als einer der wenigen freien Rechtsanwälte in der DDR und verteidigte u.a. Bürger, die den »Arbeiter- und Bauernstaat« verlassen wollten. Immer wieder werden Vermutungen laut, er könnte als Spitzel für das Ministerium für Staatssicherheit (»Stasi«) gearbeitet haben, was Gysi allerdings bestreitet.

Oskar Lafontaine war von 1985 bis 1998 SPD-Ministerpräsident des Saarlandes, 1990 trat er als Kanzlerkandidat an (verlor jedoch mit 33,5 % der Stimmen; die CDU bekam 43,8 %). Im April 1990 wurde er bei einem Wahlkampfauftritt von einer psychisch Kranken mit einem Messer angegriffen und lebensgefährlich verletzt. 1998 wurde er Bundesfinanzminister, zerstritt sich jedoch mit Kanzler Gerhard Schröder und legte das Amt bereits nach 186 Tagen nieder. Auch das Amt des SPD-Parteichefs (seit 1995) gab er ab. 2005 trat er aus der SPD ganz aus und in die WASG ein, die später mit der PDS zur »LINKEN« fusionierte.

sich von der SPD nach den Sozialreformen unter Kanzler Gerhard Schröder (Agenda 2010) schlecht vertreten fühlten. Der Linkspartei wird allerdings vorgeworfen, dass sie nicht sagt, wie sie ihre Forderungen finanzieren will, woher sie also das Geld nimmt, das sie verteilen will.

Der Bundesgeschäftsführer Dietmar Bartsch erklärt: »Soziale Gerechtigkeit und Chancengleichheit bedeuten nicht nur, dass jeder einen Apfel pflücken darf – sondern, dass der Zwerg eine Leiter bekommt. Förderung, Unterstützung und Hilfe für die Schwächsten in der Gesellschaft sind unser Hauptanliegen, Reiche und Superreiche sollen mehr zahlen, damit es allen gut gehen kann. Eine schöne Zukunft für alle ist nur im Frieden möglich, deshalb ist DIE LINKE gegen Krieg als Mittel zur Lösung von Konflikten.«

Die Jugendorganisation der LINKEN ist die »Linksjugend ['solid]«, www.linksjugend-solid.de. »solid« steht für »sozialistisch, links, demokratisch«. Das Mindestalter für eine Mitgliedschaft beträgt 14 Jahre.

Wo geht's hier nach »Jamaika«

Jeder Partei ist eine Farbe zugeordnet, das ist aus der Geschichte dieser Parteien entstanden. Das Rot für die SPD zum Beispiel stammt von den roten Fahnen der Arbeiterbewegung bei der Märzrevolution 1848. Das Schwarz für die Union (CDU/CSU) hängt vermutlich mit den christlichen Wurzeln der beiden Parteien zusammen und erinnert an die schwarze Kleidung der Pastoren. Die Linkspartei ist linker und röter und deshalb »dunkelrot«, die Union »schwarz«, die Grünen sind natürlich grün, die FDP ist gelb. Mit diesen Farben lassen sich nun lustige Koalitionsspielereien machen – entweder man fährt nach Jamaika oder bleibt an der Ampel stehen.

Was soll das jetzt heißen? Die Nationalfahne Jamaikas ist schwarz, gelb und grün. Diese drei Farben würden politisch also eine Koalition von Union, FDP und Grünen bedeuten. Das gab es bisher noch nicht. In Hamburg läuft gerade zum ersten Mal eine schwarz-grüne Koalition, und das gilt bereits als gewagtes Experiment. Mit der »Ampel« ist eine andere Dreier-Koalition gemeint: rot, gelb, grün (wie eine Verkehrsampel). Also SPD, FDP und Grüne. Das gab es bisher auch noch nicht.

Wozu brauchen wir Splitterparteien?

Es gibt jede Menge Parteien, die nur in einzelnen Bundesländern zur Wahl stehen. Und viele, die zur Bundestagswahl antreten, haben nicht die geringste Chance, eine nennenswerte Anzahl an Stimmen zu bekommen. Trotzdem ist es gut, dass es diese Parteien gibt bzw. geben kann. Sie setzen sich meist nur für ein einziges Ziel (zum Beispiel Tierschutz oder Bibeltreue) oder eine einzige Personengruppe ein (Rentner, Autofahrer, Frauen, Dänen in Schleswig-Holstein). Deshalb haben sie natürlich auch so wenig Wähler. Aber wenn eine dieser Parteien ein Ziel verfolgt, das viele Menschen bewegt, schafft sie es auch, so populär zu werden, dass sie nicht mehr nur eine

Splitterpartei ist. So wie es den Grünen in den achtziger Jahren ging, oder aktuell der LINKEN. Und selbst wenn die Partei nicht in einen Landtag oder den Bundestag gewählt wird, so beobachten die großen Parteien die Entwicklungen bei den »Kleinen« doch sehr genau und übernehmen oft auch Forderungen von Kleinstparteien.

Es ist also gut, dass man mit (fast) jedem Ziel eine Partei gründen kann, denn man hat entweder die Chance, doch selbst richtig viele Wähler zu mobilisieren, oder zumindest kann man die anderen Parteien (und die Bevölkerung) auf Dinge hinweisen, die einem wichtig sind. Außerdem gehört es zur Freiheit in einer Demokratie dazu, dass jeder eine Partei gründen darf, selbst wenn die ein bisschen verrückt sein sollte. Es gibt ja auch Leute, die sich die Haare grün färben. So viel Freiheit muss sein! Einige dieser Vereinigungen haben sich allerdings die Abschaffung der Bundesrepublik vorgenommen, andere sind Neonazis (und manche beides) – diese Parteien werden verboten oder zumindest vom Verfassungsschutz sehr genau beobachtet.

Die rechtsextremen Parteien wie NPD, DVU oder Die Republikaner werden meist in Braun dargestellt, weil Braun die »Hausfarbe« der Nazis (im Zweiten Weltkrieg) war. Auch die Uniformen waren damals braun. Meist werden die Wahlergeb-

nisse von Kleinstparteien als »Sonstige« zusammengefasst und zum Beispiel mit einem grauen Balken markiert.

Speziell die Naziparteien versuchen, junge Menschen mit Freizeitangeboten an sich zu binden, lange bevor man überhaupt politisch denkt. Vor allem in Ostdeutschland, also in der ehemaligen DDR, ist das weitverbreitet. Beim Billard werden dann die ersten einfachen Erklärungen für frustrierend schwierige Probleme rausgehauen; dann werden Sommerfeste und Partys organisiert ... man kann sich in diesem Netz ganz schön schnell verfangen, weil sich Politik mit Freizeit und Spaß mischt, und es auch nicht immer leicht ist zu erkennen, von wem man da in Wahrheit eigentlich eingeladen wird.

Unter den Kleinstparteien sind sehr ernst gemeinte Gruppierungen, aber auch Quatschparteien wie die »Piratenpartei«, die zum Beispiel das Urheberrecht abschaffen will (d. h., niemand könnte mehr Geld damit verdienen, Bücher zu schreiben oder Musik zu komponieren), oder die »Anarchistische Pogo-Partei Deutschlands«, die ein Recht auf Arbeitslosigkeit bei vollem Lohnausgleich fordert und sich selbst als »Anwalt des Pöbels und der Sozialschmarotzer« bezeichnet. Das mag beim Lesen der Wahlzettel ganz amüsant sein – aber jede Stimme, die eine solche Partei bekommt, fehlt denjenigen, die wirklich etwas für das Land tun wollen.

Plakat der Anarchistischen Pogo-Partei Deutschlands: ganz lustig, aber wohl kaum regierungsfähig.

Wählen für Anfänger

Es gibt diese Leute, die im Fast-Food-Restaurant eine Viertelstunde die Leuchttafel anstarren und dann einen Cheeseburger bestellen. So ist es beim Wählen auch. Manchmal hat man mehr Auswahl, als man braucht. Manchmal nicht. Ein kurzer, mathefreier Kurs.

»Alle Staatsgewalt geht vom Volke aus«, heißt es im Grundgesetz. Das bedeutet: Es wird gewählt, und die Stimmen werden möglichst gerecht auf Abgeordnete umgerechnet. Warum ist das schwierig? Nehmen wir mal an, es gäbe drei stimmberechtigte Bürger, zwei Parteien und zwei Abgeord-

netensitze. Wenn jetzt zwei Leute Partei A wählen und einer Partei B – was ist dann gerecht: Partei A kriegt alle Sitze (weil sie die Mehrheit der Stimmen hat)? Oder Partei A kriegt einen Sitz und Partei B kriegt auch einen Sitz (damit die Gegenmeinung auch in der Regierung vertreten ist)?

Wenn man jetzt viele Millionen Stimmen nimmt, und rund 600 zu vergebende Sitze im Bundestag (im Moment sind es 612), wird es nicht einfacher.

Ist Gerechtigkeit also höhere Mathematik? So ganz genau will man es ja eigentlich nicht wissen.

Aber grundsätzlich kann man sagen: Das Wahlrecht ist eine mathematisch faszinierende Geschichte. Von der Organisation der Wahl und der Rechenmethode hängt ab, wie gerundet wird. Und das entscheidet, welche Partei vielleicht den einen, alles entscheidenden Sitz mehr bekommt. Aber mit dem Mathekram beschäftigen sich Fachleute. Für den normalen Wähler ist wichtig: Für den Bundestag darf in Deutschland jeder Bürger ab 18 wählen, bei Landtagen, Bürgermeistern usw. oft schon ab 16. Die einzigen Ausnahmen sind Menschen, die wegen schwerster geistiger Behinderungen gar keine Wahlentscheidung treffen können, und in besonders schweren Fällen und auf richterliche Anordnung politische Straftäter.

Wählerstimmen und Mandate

Das Auszählen der Wählerstimmen ist noch vergleichsweise einfach, aber wie viele Parlamentssitze bekommt man für wie viele Stimmen? Auf www.wahlrecht.de/verfahren/anschaulich/index. html gibt es eine Übersicht der verschiedenen Berechnungsmöglichkeiten und ihrer Konsequenzen. Letztlich ist jedes Verfahren für irgendeinen Wahlteilnehmer besser, für den anderen schlechter. Man weiß aber erst hinterher, für welchen. Insofern ist es dann doch einigermaßen gerecht. Wer gern knobelt, findet unter de.wikipedia.org/wiki/Sitzzuteilungsverfahren und www.wahlrecht.de/verfahren Übersichten mit Beispielen.

Eine Bundestagswahl ist eigentlich ziemlich einfach. Die Hälfte der Abgeordneten wird mit der »Erststimme« von den Bürgern direkt gewählt. Diese Abgeordneten treten in einem Wahlkreis an, z.B. im Wahlkreis Bitburg in der Eifel, und wer dort die Mehrheit der Stimmen bekommt, landet direkt im Bundestag. Da kann sogar ein Politiker gewinnen, der gar keiner Partei angehört, weil er besonders beliebt ist. In der Praxis ist das aber eher Theorie. Auf dem Land kennt man die Abgeordneten vielleicht noch persönlich, in größeren Ortschaften oder Städten eher nicht. Dann machen viele Wähler das Kreuz der Einfachheit halber doch nur bei einer Partei, auch wenn sie in Wahrheit eine Person wählen. Wichtiger für die Verteilung der Machtverhältnisse ist die Zweitstimme. Das ist die sogenannte »Kanzlerstimme«. Die Zahl der Zweitstimmen entscheidet letztlich, wie viele Abgeordnete eine Partei in den Bundestag schickt. Das Zweitstimmenergebnis kommt am Wahlabend in den Nachrichten, z.B. 38 % für Partei X, 15 % für Partei Y usw. Die Sitzverteilung im Bundestag soll diese Prozentzahlen möglichst genau widerspiegeln. Dafür werden die noch freien Plätze mit Politikern aufgefüllt, die von den Parteien im Voraus dafür bestimmt wurden. Wichtige Kandidaten werden auf diesen »Listen«

Wahlen machen richtig viel Arbeit! Hier die Briefwahlauszählung bei der Kommunalwahl 2008 in Bayern.

mit einem der vorderen Plätze abgesichert, damit sie es auf jeden Fall in den Bundestag schaffen.

Ohne die Zweitstimme hätten kleinere Parteien kaum eine Chance, weil sie selten ganze Wahlkreise erobern. Das führt allerdings auch dazu, dass wir in Deutschland fast immer Koalitionsregierungen haben, weil keine Partei am Ende eine absolute Mehrheit hat.

Wirklich wichtig ist die Erststimme in zwei Fällen:

- Eine Partei hat mit der Erststimme mehr direkte Sitze gewonnen, als ihre Zweitstimmen-Prozente eigentlich zulassen. Dann bekommt sie alle diese Sitze als sogenannte »Überhangmandate«. Dafür werden dann ein paar Extra-Stühle aufgestellt.
- Eine Partei hat bundesweit zwar weniger als 5 % der Stimmen bekommen, einer ihrer Politiker hat es aber erstaunlicherweise geschafft, seinen Wahlkreis zu gewinnen. Das war zum Beispiel von 2002 bis 2005 so, als die beiden ostdeutschen PDS-Abgeordneten Petra Pau und Gesine Lötzsch im Bundestag saßen. Allerdings ganz hinten, auf den schlechtesten Plätzen.

Warum gibt es die 5%-Hürde?

Damit nicht ein Haufen Splitterparteien mit jeweils ein bis zwei Abgeordneten für Unruhe sorgt.

Natürlich gibt es auch Kritiker dieser Regel, aber das Ziel der Wahlvorschriften ist

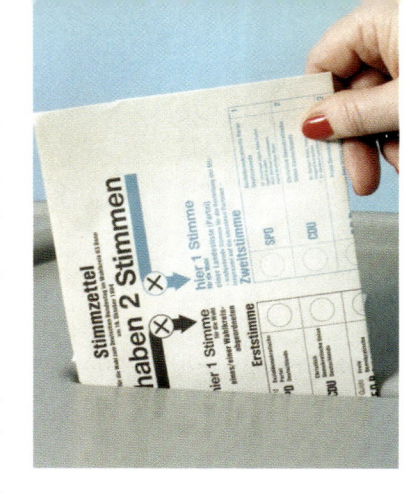

Eine Wahl, zwei Stimmen: Die zweite ist fast immer die wichtigere.

(a) die politischen Bedürfnisse des Volkes so genau wie möglich abzubilden und gleichzeitig

(b) eine möglichst handlungsfähige Regierung zu bilden.

Das sind jedoch meistens entgegengesetzte Ziele. In anderen Ländern, zum Beispiel den USA, arbeitet man mit dem Mehrheitswahlrecht. Das bedeutet: Wenn eine Partei mehr Stimmen hat als die andere, dann stellt sie allein die Regierung und kann mehr oder weniger machen, was sie will.

Das hat den großen Vorteil, dass nicht dauernd Kompromisse ausgehandelt werden müssen, sondern Vorstellungen konsequent durchgezogen werden. Man muss keine Koalitionen bilden, und nach der Wahl ist sofort klar, wer gewonnen hat und regieren wird: Partei A oder Partei B. Nachteil: Wenn Partei A nur ganz knapp gewinnt, dann kann sie unangefochten regieren, obwohl fast die Hälfte der Wähler sie gar nicht wollte. Der Wahlsieg gibt also nicht die Meinung des ganzen Volkes wieder. Und viele Menschen fühlen sich auch weder von der einen noch von der anderen im Parlament sitzenden Partei vertreten. Ihre Stimmen gehen praktisch verloren. Generell ist es in einem solchen System schwieriger, spezielle Anliegen politisch deutlich zu machen. Dass in Deutschland zum Beispiel der Umweltschutz schon lange in allen Parteien eine wichtige Rolle spielt, hängt auch damit zusammen, dass eine Partei wie die Grünen so viel Erfolg haben konnte. In einem Mehrheitswahlsystem haben neue, kleine Parteien hingegen keine Chance.

In den USA brauchen sich die Parteien nicht um Koalitionen zu bemühen. Wer die meisten Stimmen hat, gewinnt.

Was auch ein Vorteil sein kann: Extreme Parteien wie zum Beispiel die Neonazis schaffen es in einem Land mit Mehrheitswahlrecht nicht ins Parlament.

Das Verhältniswahlrecht in Deutschland macht das Regieren zwar manchmal zu einer anstrengenden Sache, aber viele Wähler empfinden dieses System als gerechter. Wenn im Bundestag 30 verschiedene Miniparteien wären, dann könnte man sich auf gar nichts mehr einigen, alle würden sich gegenseitig blockieren, das Land wäre nur noch schwer regierbar und die Bürger würden sich vom Parlament abwenden.

So ist das schon einmal in den ersten Jahrzehnten des letzten Jahrhunderts gewesen, in der sogennannten Weimarer Republik. Am Ende ist diese erste deutsche Republik dann gescheitert und Adolf Hitler stieg zum Führer auf. Dass so etwas nicht noch einmal passieren kann, war eines der Hauptanliegen, als die Bundesrepublik 1949 gegründet wurde. Und auch deshalb ist das Wahlrecht in Deutschland so kompliziert – weil man es eben besonders gut machen wollte!

Ein paar Sitze mehr im Parlament

Wenn eine Partei mit den Erststimmen vier Direktmandate gewinnt, dann ziehen diese vier Abgeordneten auf jeden Fall in den Bundestag ein. Hat sie außerdem auch noch bundesweit zum Beispiel 10% der Zweitstimmen, dann darf sie noch weitere 56 Abgeordnete benennen. Denn im Bundestag gibt es derzeit mindestens 598 Sitze; 10% davon sind 60.

Die Berechnung ist natürlich in Wahrheit viel komplizierter und erfolgte ab 1987 nach dem Hare-Niemeyer-Verfahren. Seit Januar 2008 wird das Sainte-Laguë/Schepers-Verfahren angewendet. Das kommt dann später, im Mathe-Leistungskurs. Wer das alles noch viel genauer wissen will: www.wahlrecht.de.

Hat eine Partei aber zum Beispiel 34 Direktmandate, aber nur 5% aller Stimmen bundesweit, dann werden die 34 Abgeordneten trotzdem alle zugelassen, obwohl die Partei eigentlich nur 5% der Sitze bekäme, also 30. Die vier Extraplätze nennt man »Überhangmandate.« Scheidet ein Abgeordneter aus dem Bundestag aus, wird er durch einen »Nachrücker« ersetzt. Das gilt jedoch nicht für Überhangmandate. Sie entfallen. Dadurch können sich überraschend die Mehrheitsverhältnisse ändern. Es soll ja spannend bleiben!

Viele (Bundes-)Länder, ein Deutschland

Kreistag, Landtag, Bundestag, Reichstag. Wie viele Parlamente gibt es in Deutschland, welches hat was zu sagen, und wofür brauchen wir dann auch noch einen Bundesrat? Demokratie ist kompliziert ... doch die vielen deutschen »Räte« und »Tage« haben durchaus ihren Zweck.

Fangen wir mit dem Bundestag an. Er stimmt über Gesetze und Regierungspläne ab, die alle in Deutschland angehen. Zum Beispiel, wenn die Bundeswehr ins Ausland geschickt wird. Über so etwas könnte natürlich nicht nur das Land Bayern entscheiden oder die Stadt Köln. Um festzustellen, ob es im Bundestag für ein Gesetz oder eine Entscheidung der Regierung auch eine Mehrheit

gibt, wird abgestimmt. Dabei kann's auch mal tierisch zugehen: Wenn nämlich keiner mehr weiterweiß, macht der Bundestag den »Hammelsprung«. Im Ernst.

Die meisten Abstimmungen unter den Abgeordneten werden per Handzeichen durchgeführt, oder durch Aufstehen und Sitzenbleiben. Wenn es aber sehr knapp ist und die Vorsitzenden

Viele Länder in der Hauptstadt: Eine riesige Flagge aus den Fahnen der 16 Bundesländer symbolisiert vor dem Brandenburger Tor in Berlin die Vielfalt Deutschlands.

nicht so ganz sicher sind, wie eine Abstimmung ausgegangen ist, wird ein sogenannter Hammelsprung durchgeführt. Dafür verlassen alle Abgeordneten den Saal und kehren durch spezielle Türen – eine für JA, eine für NEIN, eine für ENTHALTUNG – wieder zurück. So kommt zugleich auch ein bisschen Leben in die Bude. Gezählt werden die Stimmen von den Schriftführern.

Diesen «Hammelsprung» durch verschiedene Türen gab es schon in der Kaiserzeit, er wurde 1874 eingeführt. Beeindruckend daran ist: Die Abgeordneten können sich zwar per Knopfdruck elektronisch zu Wort melden, abgestimmt wird im Bundestag aber nach ganz alter Tradition und nicht per Computer. Aber das hat ja auch was: Den »Sprung« durch eine Tür kann man nicht türken und kein Hacker kann ihn manipulieren.

Ähnlich ist es auch mit den vielen verschiedenen Instanzen der Regierung. Die meisten von ihnen sind einfach irgendwann einmal eingeführt worden, und warum sollte man etwas ändern, was funktioniert?

Deutschland ist eine »Bundesrepublik«, was heißt: Das Land »Deutschland« ist ein Bund (eine Gemeinschaft) verschiedener Deutschländer. Denn Deutschland ist ja unterteilt in insgesamt 16 Bundesländer, zum Beispiel Bayern, Nordrhein-Westfalen, Hessen, Sachsen usw. Drei Bundesländer sind sogenannte »Stadtstaaten«, weil sie nur aus je einer Stadt bestehen: Berlin, Hamburg und Bremen. Jedes Bundesland darf und soll möglichst viel selbst regeln und beschließen. Dafür gibt es eine Landesregierung (Chef ist der jeweilige Ministerpräsident, in Stadtstaaten der Erste Bürgermeister) und Landesparlamente.

Alle Bundesländer sind wiederum in weitere kleinere Einheiten geteilt: Bezirke, Kreise, Gemeinden. Da Probleme, wenn möglich, direkt vor Ort gelöst werden sollen, gibt es dort sozusagen Mini-Parlamente. Die Leute, die dort hineingewählt werden, machen Politik normalerweise in ihrer Freizeit und gehen ansonsten einem ganz normalen Beruf nach. Sie übernehmen diese Aufgaben oft ehrenamtlich, also unbezahlt.

Wenn es nicht nur eine zentrale Regierung gibt, sondern Bundesländer mit einer eigenen Verwaltung, nennt man das Föderalismus. Im Gemeinderat, Kreistag oder Landtag haben zudem Nachwuchspolitiker die Möglichkeit, zu zeigen, was sie können. Wichtig daran ist, dass im Grunde alles erst mal auf der niedrigsten möglichen Ebene behandelt werden soll. Denn warum sollte man in Berlin wissen, was gut für Köln ist? Wie sie ihren Karneval feiern wollen, wissen die Kölner doch am besten selbst.

Von unten nach oben

Eine Stadt sollte idealerweise alle Entscheidungen selbst treffen. Das ist allerdings nicht immer möglich oder sinnvoll. Man kann Fähigkeiten und Aufwand bündeln, wenn nicht jede Stadt zum Beispiel ihre Bahngleisbreite selbst bestimmt und sich kunterbunte Polizeiuniformen nähen lässt. Manches ist auf einer etwas höheren Ebene besser zu lösen. Das heißt dann Subsidiarität (vom lateinischen Wort »subsidium«, Hilfe): Wenn eine Regierungsinstanz ein Problem allein nicht schafft, kann sie es nach oben weiterreichen und sich Unterstützung holen. Ähnlich wie Klassensprecher, Schulsprecher und Schülervertreter: Wenn die Klasse allein nicht weiterkommt, bittet sie die Schulsprecher um Hilfe, und wenn die Unterstützung brauchen, wenden sie sich an die schulübergreifenden Schülervertreter. Gleiches gilt innerhalb der Europäischen Union: Die soll nur regeln, was die Länder selbst nicht allein besser hinkriegen.

Das Gegenteil ist ein »Zentralstaat«, in dem alles aus der Hauptstadt vorgegeben wird und die Behörden vor Ort nur die Ausführung überwachen. Solche Staaten sind häufiger, als man denkt. China, Dänemark, Frankreich, Italien, Polen und die Türkei sind solche Einheitsstaaten, auch die DDR war einer. Die USA, Australien, Österreich, die Schweiz oder die Vereinigten Arabischen Emirate hingegen sind föderalistisch organisiert.

Wer regiert in deutschen Bundesländern?

In Zentralstaaten wie Großbritannien heißt der Regierungschef des ganzen Landes Ministerpräsident und nicht Kanzler. Bei uns regieren Ministerpräsidenten nur über ein Bundesland, nicht über die ganze Republik. Die Ministerpräsidenten der Stadtstaaten Hamburg, Bremen und Berlin heißen übrigens Bürgermeister, obwohl sie viel wichtiger sind und mehr Macht haben als normale Bürgermeister von Städten wie Köln oder Frankfurt.

Klein und schlagkräftig?

Die föderale Struktur soll noch einen Vorteil haben. Man vermutet, dass kleine Länder wie Luxemburg, Norwegen, Island, die Schweiz, Irland oder Katar rascher auf politische und technologische Veränderungen reagieren können. Denn kleinere Gruppen können sich schneller einigen. Das Gleiche gilt, hoffentlich, auch für Bundesländer – sie sind einzeln manchmal flexibler und agiler, als es ein einzelner Riesenstaat wäre. Dass der Föderalismus eingeführt wurde, als 1949 die Bundesrepublik gegründet wurde, hat aber auch historische Gründe. Man wollte nach den Erfahrungen mit Adolf Hitler sichergehen, dass nie wieder so viel Macht in einer Hand konzentriert sein kann. Viele Bundesländer mit eigenen Landesregierungen und Landtagswahlen schienen da ideal, um die demokratische Kontrolle innerhalb Deutschlands zu garantieren. Das ist auch so gedacht: Der Bundestag soll kontinuierlich und ausdauernd vor sich hin arbeiten, der Bundesrat hat eine Kontrollfunktion. Diese ist im Grundgesetz durch die sogenannten »Ewigkeitsklausel« vor einer Abschaffung geschützt.

Dass diese vielen Wahlen auch unheimlich nervig sein können, weil ständig irgendwelche deutschen Politiker im Wahlkampf sind, hat man damals nicht so vorausgesehen.

Wichtig und für viele irritierend: »Landespolitik« ist nicht die Politik in DeutschLAND. Sondern es ist das, was in den einzelnen Bundes LÄNDERN passiert (also zum Beispiel in Hamburg, Niedersachsen, Bayern oder Thüringen). Die »Bundespolitik« hingegen wird eben gerade nicht in den BUNDES ländern gemacht, sondern in der BUNDES republik Deutschland am Sitz der Bundesregierung in Berlin. Bundespolitik ist das, was Kanzler machen. Landespolitik wird in Deutschland von Ministerpräsidenten gemacht.

»Regionalpolitik«, das immerhin ist einfach, betrifft die Gegend/Region, in der jemand wohnt. In der »Kommunalpolitik« geht es um die Kommune, das ist die Stadt oder Gemeinde, in der man wohnt.

Von unten nach oben betrachtet, sieht die Pyramide der Macht in Deutschland so aus:

Soll die Bundesregierung die Müllabfuhr in Klein-Pasewalk organisieren? Nein, das machen in Deutschland die Städte und Gemeinden selbst.

Der Gemeinderat und der Kreistag

Werden meist alle fünf Jahre gewählt. Der Gemeinderat ist die unterste politische Ebene, über mehreren Gemeinderäten steht dann der Kreistag. Hier werden Fragen entschieden wie: Straßenführung, Bauvorhaben, Förderung des Schulessens usw. – es geht um alles, was nicht zu viel kostet und im Grunde nur die Menschen vor Ort interessiert.

Der Landtag

Wird zugleich mit den Mitgliedern des Kreistages gewählt, ist aber für die Dinge zuständig, die das ganze Bundesland betreffen: Lehrpläne der Schulen, Straßenbau, Nahverkehr, Ladenöffnungszeiten. Zu den Landesregierungen gehören neben dem Ministerpräsidenten natürlich auch eine Menge Ministerien, die ungefähr ähnlich benannt sind wie die Bundesministerien und meistens mit

Noch jemand redet mit: der Bundesrat

Wenn der Bundesrat (also die Mehrheit der Landesregierungen) eine andere Meinung vertritt als der Bundestag, kann das zu riesigen Konflikten führen. An der Stelle kommen nämlich wieder die Parteien ins Spiel. Die Mehrheit im Bundestag entspricht ja der Regierungsmehrheit. Wenn zum Beispiel ein SPD-Kanzler regiert, dann hat die SPD auch die Mehrheit im Bundestag. Im Bundesrat kann das aber genau umgekehrt sein. Wenn mehr Bundesländer von CDU-Ministerpräsidenten regiert werden als von SPD-Ministerpräsidenten, dann hat auch die CDU die Mehrheit im Bundesrat. Und da ist die Versuchung natürlich sehr groß, dass die CDU den SPD-Bundeskanzler ärgert, indem sie seine hübschen Gesetze im Bundesrat ablehnt. Es sieht dann zwar so aus, als seien die Bundesländer gegen die Bundesregierung. Aber eigentlich stimmt das nicht. Eigentlich ist die CDU gegen die SPD, nur ist der Austragungsort des Streits dann nicht der Bundestag, sondern das Bundesratsgebäude ein paar Kilometer weiter. Eine solche Blockade zu überwinden gelingt am ehesten, indem man den Ministerpräsidenten Geld bietet. Vor allem klamme Ministerpräsidenten vergessen dann schnell, zu welcher Partei sie gehören ...

Im Jahr 2000 zum Beispiel wollte der SPD-Kanzler Schröder eine Steuerreform durchsetzen. Der Bundesrat musste zustimmen, dort hatten allerdings die CDU-Länder die Mehrheit. Also dachte sich die damalige Oppositionsführerin Angela Merkel, dass es doch eine prima Sache wäre, den Bundeskanzler auszubremsen und vorzuführen. Sie hatte allerdings die Rechnung ohne ihren Parteikollegen Eberhard Diepgen gemacht. Der CDU-Mann war damals noch der Regierende Bürgermeister (also der Ministerpräsident) von Berlin. Schröder versprach ihm, dass der Bund die Kosten übernimmt, das kaputte Berliner Olympiastadion zu renovieren, wenn er dafür im Bundesrat der Steuerreform zustimmt. Da Berlin schon total arm war und Diepgen das Geld brauchte, hat er ja gesagt. So schaffte die SPD es, ihre Steuerreform durch den Bundesrat zu bekommen. Angela Merkel stand ganz schön dumm da und hat sich schwarzgeärgert.

Alles dreht sich um den Bundesadler: Das Logo des Bundesrates mit den 16 Länderwappen.

ihren »großen Brüdern« in Berlin eng zusammenarbeiten. Die einzelnen Länder, Kreise und Städte können bei einer ganzen Reihe von Sachen machen, was sie wollen. Deshalb gelten zum Beispiel in Deutschland überall verschiedene Lehrpläne an den Schulen, weil Bildungspolitik Sache der Bundesländer ist. Wer von Bremen nach München zieht, hat es erfahrungsgemäß nicht leicht, weil die Schulwelt in Bayern eine ganz andere ist. Das ist ganz schön unangenehm und hindert manchmal Eltern daran, umzuziehen, obwohl sie in einem anderen Bundesland einen besseren Job finden würden. Gedacht war es so, dass sich die Bundesländer mit ihren politischen Lösungen auch ein bisschen Konkurrenz machen. Wer bessere Ideen entwickelt, den könnten die anderen nachahmen.

Der Bundestag

Wird alle vier Jahre von allen wahlberechtigten Bürgern Deutschlands gewählt, egal in welchem Bundesland sie leben und welche Landesregierung dort gerade am Ruder ist. Wer im Bundestag sitzt, trägt den Titel »Mitglied des Bundestages« (abgekürzt: MdB). Die Politiker in Landtagen und Bundestagen werden als Parlamentarier oder Abgeordnete bezeichnet, weil sie von den Bürgern dorthin »abgeordnet« wurden, um die Wähler dort zu vertreten. Die meisten Abgeordneten im Bundestag haben ihren Wahlkreis und Wohnort weit weg von Berlin. Deshalb werden ihnen die Kosten für die Reisen und die Unterkunft in Berlin vom Staat erstattet.

Die Hälfte der Mitglieder des Bundestages wird direkt gewählt (mit der Erststimme), die andere Hälfte je nach Gesamt-Wahlergebnis (der Zweitstimmen) aufgefüllt.

Abgeordnete bekommen kein Gehalt, weil sie keinen Arbeitsvertrag haben, sondern eine »Diät« (vom lateinischen Wort »dieta« – Tagelohn). Die ist allerdings nicht unbedingt mager, sondern beträgt im Moment gut 7500 Euro pro Monat. Das soll sicherstellen, dass Abgeordnete unbestechlich bleiben, weil sie selbst genug Geld haben.

Der Reichstag

Ist heutzutage nur noch ein Gebäude, kein Gremium: Reichstag heißt das Haus, in dem der Bundestag sich versammelt. Früher tagte hier allerdings tatsächlich ein Parlament namens Reichstag.

Der Bundesrat

Besteht aus Vertretern der Bundesländer (also der Landesregierungen). Dabei gilt eine Besonderheit bei Abstimmungen. Abgeordnete im Bundestag sind ihrem Gewissen verpflichtet und sollen grundsätzlich versuchen, alle Bürger ihres Wahlkreises zu vertreten. Die Mitglieder des Bundesrates hingegen sollen eine Stimme abgeben im Sinne der Regierung ihres Bundeslandes, das nennt man »weisungsgebunden«. Dafür müssen sie sich gegebenenfalls vorher untereinander einigen, wenn das Bundesland von einer Koalition regiert wird. Da zum Beispiel in Hamburg die Grünen mit der CDU gemeinsam regieren, müssen sie im Bundesrat »mit einer Stimme« sprechen, ob ihnen das passt oder nicht. Wenn sie sich partout nicht einig werden, muss sich Hamburg enthalten.

Aber wozu gibt es überhaupt einen Bundesrat? Die Landesregierungen sollen sich doch um ihre Länder kümmern, was haben die überhaupt in Berlin zu suchen? Das liegt daran, dass es nicht nur Aufgaben gibt, die die Länder alleine erledigen, sondern auch solche, die Bund und Länder gemeinsam machen. Solche Gemeinschaftsaufgaben sind zum Beispiel der Bau von Universitäten. Außerdem teilen sich Bund und Länder die Einnahmen bestimmter Steuern (zum Beispiel der Einkommensteuer). Und deshalb haben die Länder dann auch in Berlin ein Mitspracherecht und der Bund darf den Ländern reinreden. Wenn nicht nur der Bund, sondern auch die Länder von einem Gesetz betroffen sind, genügt es deshalb auch nicht, dass der Bundestag Ja sagt, auch die Ländervertreter im Bundesrat müssen zustimmen.

Die meisten Gesetze beschließt der Bundestag, aber der Bundesrat hat viele Möglichkeiten, sie abzuschießen oder zumindest zu verzögern. Denn 70% der im Bundestag beschlossenen Gesetze müssen auch durch den Bundesrat, um gültig werden zu können. Da meist alle paar Monate irgendwo Landtagswahlen stattfinden, verändern sich die Mehrheiten im Bundesrat ständig. Deshalb gibt es auch zunehmend Kritik am Föderalismus. Bund und Länder würden sich zu oft gegenseitig behindern und lähmen. Außerdem sei es wahnsinnig teuer, dass so viele Sachen abgestimmt werden müssen und vieles doppelt und dreifach gemacht wird.

Tritt einzig zur Wahl des Bundespräsidenten zusammen, normalerweise alle fünf Jahre. Sie besteht aus dem kompletten Bundestag sowie noch einmal ebenso vielen Vertretern der Bundesländer. Ausnahmsweise dürfen die Vertreter der Bundesländer auch Nicht-Politiker sein, zum Beispiel prominente Schauspieler oder Musiker oder Sportler.

Von den Politikern, die sie dorthin schicken, wird ihnen vorher aber genau gesagt, für wen sie zu stimmen haben. Sie können nicht einfach selbst eine Entscheidung treffen. Insofern ist das Ganze eigentlich nur Show, damit die Wahl des Bundespräsidenten nicht so langweilig wirkt. Wer es am Ende wird, steht ja meist sowieso schon fest, weil man die Mehrheitsverhältnisse vorher kennt.

Deutschland hat auch einen Präsidenten

Der Bundespräsident ist offiziell unser Staatsoberhaupt. In der Tagespolitik hat er nur wenig zu sagen, aber wenn es wirklich ans Eingemachte geht und besonders wichtige Entscheidungen zu treffen sind, hat er gewissermaßen das letzte Wort. Er unterschreibt nämlich die Gesetze (oder auch nicht! Ist auch schon vorgekommen...) und kann in Krisenzeiten sogar den Bundestag auflösen. Außerdem wird bei seinen Reden und Ansprachen sehr genau zugehört. So kann der Präsident doch großen Einfluss nehmen. Außerdem absolviert er viele Staatsbesuche und empfängt ausländische Gäste. Obwohl man wenig von ihm hört, könnte man ihn nicht einfach abschaffen, weil er wichtige Kontrollfunktionen wahrnimmt. Er ist also sozusagen unser aller Herbergsvater, der ruhig und gelassen nach dem Rechten sieht. Seine wichtigste Aufgabe ist das Repräsentieren – er vertritt das deutsche Volk, also uns alle, über parteipolitisches Hickhack hinaus. Was in anderen Ländern der König, ist bei uns der Bundespräsident. Er bekommt ein ganz klein wenig mehr Geld als der Bundeskanzler (im Augenblick knapp 200 000 Euro/Jahr). Das aber bis ans Lebensende! Der Bundespräsident hat 165 Mitarbeiter und sein Dienstwagen hat das Kennzeichen 0-1. Gewählt wird der Bundespräsident für fünf Jahre; er darf nicht mehr als 10 Jahre am Stück diese Aufgabe wahrnehmen. Im Moment ist Horst Köhler Bundespräsident; im Mai 2009 wird er entweder für weitere fünf Jahre im Amt bestätigt – oder es wird jemand anders gewählt.

Bei einem China-Besuch im Mai 2007 spricht Präsident Horst Köhler in dem Bergdorf Shangnanyao mit Angehörigen einer chinesischen Minderheit.

Sitzung in Bundestag und Bundesrat

Oft ist es Absicht, wenn Abgeordnete nicht in den Plenarsaal kommen. Meist arbeiten sie trotzdem – man sieht es nur nicht. Aber wenn's im Bundestag so richtig rundgeht, sind doch alle da!

Das weiß jeder: Es gibt Schwätzer und es gibt Macher. Und genauso gibt es »Redeparlamente« und »Arbeitsparlamente«. Auch wenn man nach mancher Fernsehübertragung einen anderen Eindruck haben könnte: Der Deutsche Bundestag ist ein Arbeitsparlament. Im britischen Parlament (dem »Unterhaus«) hingegen wird alles haarklein mit Gott und der Welt ausdiskutiert. Da sitzen sich die beiden Parteien gegenüber und streiten miteinander, dass es nur so kracht. Das ist sehr unterhaltsam! Hierzulande werden die meisten Vorhaben in den Ministerien vorbereitet und dann in Bundestags-Ausschüssen vorab besprochen.

Deshalb nennt man den Bundestag auch ein »Ausschuss-Parlament«. In diesen Fachausschüssen wird die meiste Arbeit gemacht, alle Abgeordneten sind in mindestens einem Ausschuss Mitglied. Da dabei aber in der Regel kein Fernsehen dabei ist, sieht man nicht, wie sie arbeiten. Die Ausschüsse fragen oft Fachleute (zum Beispiel Wissenschaftler) um Rat. Die Abgeordneten in den Ausschüssen informieren dann die anderen Abgeordneten ihrer Partei. Denn kein Abgeordneter kann überall gleich gut Bescheid wissen, also hat jeder sein Spezialgebiet und verlässt sich bei anderen Themen auf seine Parteikollegen.

Konkrete Gesetzentwürfe werden im Bundestag in »erster Lesung« vorgestellt, dann im kleinen Kreis beraten und in einer »zweiten Lesung« normalerweise bereits verabschiedet.

Deswegen sind oft auch so viele Plätze leer: Meistens kommen nur die jeweiligen Fachleute. Ähnlich ist es übrigens bis hinunter in die Gemeinde- und Stadträte, wo ebenfalls haufenweise Ausschüsse an der Arbeit sind.

Spannend wird es im Bundestag vor allem bei Fragestunden oder Reden, bei großen, umstrittenen Gesetzen oder wenn zum Beispiel der Finanz-Haushalt verabschiedet wird. Das nennt man dann Generaldebatte, weil man einander mal ganz generell die Meinung sagt: eine schöne Gelegenheit, sich als guter Redner zu präsentieren, starke Argumente zu bringen, den Gegner zu verspotten und auch mal richtig höhnisches Gelächter erschallen zu lassen. Natürlich wird diese Show nicht nur für die Zuschauer auf den Tribünen im Reichstag abgehalten, sondern auch für

Hier wird die wirkliche Arbeit gemacht: die Parlamentsausschüsse

Der vielleicht wichtigste und prestigeträchtigste Ausschuss ist der Haushaltsausschuss. Seine Mitglieder werden in Berlin ehrfurchtsvoll »Die Haushälter« genannt. Das hat nichts mit Küche und Putzen zu tun! Der Haushaltsausschuss kontrolliert das Finanzgebaren der Regierung. Sie sind also mit dem wichtigsten Bereich der Politik befasst, nämlich der Frage: Wer kriegt wofür wie viel Geld? Deshalb gehören die »Haushälter« zu den einflussreichsten Parlamentariern. Sie sind die wichtigsten Ansprechpartner für Lobbyisten – und manchmal sind sie sogar selbst Lobbyisten in eigener Sache und sorgen geschickt dafür, dass ein bisschen Geld übrig bleibt für ihren Wahlkreis oder ihr persönliches Interessengebiet. Natürlich ganz legal – aber da die Materie so unheimlich kompliziert ist, reden den Haushältern eigentlich nur andere Haushälter rein. Die meisten Abgeordneten finden die Zahlensalate der Haushälter ähnlich mühsam wie der normale Wähler. Wichtig ist, dass eine Regierung nicht einfach selbst über Steuergelder verfügen darf. Der Bundestag muss zustimmen, sonst erhält die Regierung keinen Cent.

das Fernsehen, das ständig dabei ist. Denn zum Beispiel per Bundestags-TV auf Phönix können auch von draußen ganz viele zuschauen, wie im Bundestag gestritten wird. Manchmal gibt es tolle Redeschlachten, die als »parlamentarische Sternstunden« in die Geschichte eingehen. Ungewöhnlich sind auch jene Sitzungen, in denen der »Fraktionszwang« aufgehoben wird. Die Abgeordneten müssen sich dann nicht daran orientieren, worauf sich ihre Partei für die Abstimmung geeinigt hat, sondern können ausschließlich und ohne Rücksicht auf die Parteikollegen für sich selbst reden und entscheiden. Das ist meist der Fall, wenn es um sehr schwierige persönliche Entscheidungen geht, bei denen vielleicht auch Glauben und Religion eine große Rolle spielen, zum Beispiel Genforschung oder Sterbehilfe.

Oft aber sind die Debatten im Bundestag leider nur mäßig spannendes Wahlkampfgetöse – im Bundestag ist ja sozusagen immer Wahlkampf. Natürlich ist der Bundestag auch eine Bühne, um auf sich aufmerksam zu machen. Dafür dienen zum Beispiel auch Zwischenrufe. Da benehmen sich Politiker dann manchmal wie freche Schulkinder. Manche Politiker sind schon fast berühmt gewesen für ihre Flegeleien. Herbert Wehner zum Beispiel kassierte in 34 Jahren satte 58 Rüffel, zum Beispiel weil er den CDU-Mann Jürgen Todenhöfer als »Hodentöter« bezeichnete und Jürgen Wohlrabe als »Übelkrähe«. Der frühere CSU-Vorsitzende Theo Waigel nannte seinen FDP-Kollegen Graf Lambsdorff einen »adeligen Klugscheißer«. Und Joschka Fischer motzte gar den Bundestagsvizepräsidenten Richard Stücklen an: »Mit Verlaub, Herr Präsident, Sie sind ein Arschloch!« Dafür wurde er natürlich des Saales verwiesen.

Im Bundestag geht es also oft recht munter zu. Im Bundesrat, der allerdings auch seltener tagt und dann mehr wegschaffen muss, herrscht eine deutlich ruhigere Atmosphäre. Sitzungen von Land- und Kreistagen oder beispielsweise der Hamburger Bürgerschaft ähneln eher Bundestagsversammlungen. Da rufen ungezogene Hinterbänkler auch schon mal laut dazwischen und manchmal werden sogar richtige Störmanöver inszeniert. Für Sensibelchen mit schwachen Nerven ist die Welt der Politik definitiv ungeeignet!

Fegefeuer in der Fraktion

Im Bundestag (aber auch in darunterliegenden Parlamenten) können Politiker »Fraktionen« bilden. Die sind normalerweise mit den Parteien identisch, nur CDU und CSU haben eine gemeinsame Fraktion. Wer nicht in einer Partei ist, aber dennoch ein Bundestagsmandat hat (zum Beispiel durch Parteiaustritt nach der Wahl), kann keiner Fraktion angehören. Ein Fraktionsvorsitzender ist dafür zuständig, dass alle wissen, was sie zu tun haben. In den Ausschüssen sind jeweils alle Fraktionen sowie auch die fraktionslosen MdBs vertreten. Es ist nicht leicht, für jeden Abgeordneten einen Themenbereich zu finden, mit dem er sich beschäftigen will oder mit dem er sich auskennt. Die Fraktionen im Bundestag sind sehr selbstbewusst, gerade gegenüber ihren Führungsleuten in der Partei und auch gegenüber den Regierenden. Eine stolze Fraktion lässt sich nicht einfach von der Bundeskanzlerin sagen, wie sie gefälligst abzustimmen hat. Die Regierenden müssen ein Ohr dafür haben, was ihre Leute im Parlament so denken und wollen, sonst können sie eine peinliche Abstimmungsniederlage erleben. Auch werden ihnen in der Fraktion immer wieder strenge Fragen gestellt. Von CDU-Kanzler Konrad Adenauer stammt der Spruch: »Das Fegefeuer ist für mich, wenn ich in die Fraktion muss!«

Die Macht des Wortes

Richard von Weizsäcker war ein sehr beliebter Bundespräsident, obwohl er sich traute, den Deutschen auch Unangenehmes zu sagen, etwa zur deutschen Schuld am Zweiten Weltkrieg. Er war ein Präsident, der sehr gute Reden halten konnte. Obwohl er CDU-Mitglied ist, galt er als besonders unparteiisch, und er hat sogar scharfe Kritik an der »Machtversessenheit« der Parteien geübt.

Die britische Königin Elizabeth II. und Bundespräsident Richard von Weizsäcker beim Besuch der Queen in Bonn am 19. Oktober 1992.

Herr Bundespräsident, wofür brauchen wir eigentlich überhaupt einen Bundespräsidenten?

▶ **Wir leben in** unserer freiheitlichen Demokratie ja notwendigerweise in einem repräsentativen System. Das heißt, wir können uns nicht einfach wie die alten Germanen auf der Thing-Wiese versammeln, um ein Stammesoberhaupt direkt zu wählen. Bei uns laufen Abstimmungen in Parlamenten. Und dafür sind Parteien notwendig. Die Parteien kämpfen dort um ihre Ziele und um die Macht, diese Ziele umsetzen zu können. Dabei geraten sie aber immer wieder in Versuchung, mehr um die Macht und weniger um die Ziele zu kämpfen. So unentbehrlich Parteien sind, so notwendig sind zugleich parteiunabhängige Instan-

zen. Eines ist das Bundesverfassungsgericht und das andere ist das Staatsoberhaupt.

Kann der Bundespräsident denn tatsächlich unabhängig sein von Parteien?

▶ **Wenn er sein** Amt nicht unabhängig von Parteien wahrnimmt, dann taugt er für das Amt nicht! Gänzlich parteilose Präsidenten hat es bisher zwar noch nicht gegeben, könnte es aber auch geben. Warum nicht?

Also gibt man sein Parteibuch quasi ab, in dem Moment, in dem man Bundespräsident wird?

▶ **Gewissermaßen. Mir ist** die Unabhängigkeit der Amtsführung nie schwergefallen, und nach zehn Jahren im Amt hatte ich auch nicht den geringsten Wunsch, die Parteiunabhängigkeit wie einen Bademantel wieder abzulegen und mich wieder ins Parteigetümmel hineinzustürzen. Ich bin lieber unabhängig geblieben und so ist es bis zum heutigen Tag.

Das Volk mag es ja auch, wenn sich Politiker etwas abseits des Parteisystems stellen. Parteien haben inzwischen ja einen eher schlechten Ruf …

▶ **Ach, Parteien und** Politiker sind nicht besser als ihre Wähler. Wenn Menschen egoistisch und machtbesessen sind, dann macht die Demokratie aus ihnen keine selbstlosen Charaktere. Und Politiker sind eben auch ganz normale Menschen …

Sie haben den Parteien einmal vorgeworfen, »machtbesessen« und »machtversessen« zu sein …

▶ **Na ja, damit** ist gemeint: der Kampf um die Macht ist legitim. Aber er muss immer der Lösung politischer und sozialer Probleme dienen. Und das wird allzu oft umgedreht. Da geht es dann gar nicht mehr um Problemlösungen, sondern nur noch darum, seinen Machtvorsprung auszubauen oder die Aussicht auf Macht zu vergrößern. Weil die Menschen eben so sind, wie sie sind.

Haben die Parteien es denn zugelassen, dass Sie als Bundespräsident unabhängig waren, oder hat man versucht, sich einzumischen, sodass Sie sie abwehren mussten?

▶ **Solche Versuche habe** ich nie erlebt und habe dazu auch keine Veranlassung gegeben!

Das glauben wir Ihnen ja nicht so ganz. … Gab es nie Konflikte?

▶ **Nun, man kann** schon auch in innere Konflikte geraten. Angefangen zum Beispiel mit Personalentscheidungen. Der Bundespräsident unterschreibt ja die Ernennungsurkunden für Bundesminister und hohe Beamte – obwohl er ja gar nicht derjenige ist, der sie auswählt. Einmal ist es sogar vorge-

kommen, dass ein Bundespräsident die Ernennung eines Ministers abgelehnt hat! Das war also sogar möglich – wenn auch die krasse Ausnahme. Insofern unterschreibt man als Bundespräsident in der Regel auch Ernennungsurkunden für Leute, die man noch aus ganz anderen Zusammenhängen kannte, vielleicht mit ihnen im Clinch war. Das kommt vor.

Man muss also manchmal auch Ernennungsurkunden für Personen unterschreiben, die man persönlich gar nicht schätzt, was dann im Einzelfall ziemlich unangenehm sein kann …

▶ **Ja, es geht** beim Unterschreiben eben nur darum, ob die Ernennung in einem verfassungsmäßigen Sinne zu beanstanden ist. Persönliche Vorlieben und Meinungen dürfen dabei keine Rolle spielen. Auch beim Unterschreiben von Gesetzen geht es nur darum, dass der Bundespräsident bekundet, dass das Gesetz ordnungsgemäß zustande gekommen ist. Ob er sich selbst vielleicht ein anderes Gesetz gewünscht hätte, spielt dabei keine Rolle. Und auch die letztendlich verbindliche Entscheidung über die Verfassungsmäßigkeit liegt nicht beim Bundespräsidenten, sondern beim Bundesverfassungsgericht.

Und trotzdem ist das Unterschreiben von Urkunden und Gesetzen eine der wichtigsten Funktionen des Bundespräsidenten?

▶ **Immerhin kann man** die Unterschrift verweigern, was aber nur sehr selten vorgekommen ist. Ich habe auch mal ein Gesetz nicht unterschrieben, aus Verfassungsgründen. Und Bundespräsident Johannes Rau hat einmal das Zustandekommen eines Gesetzes ausdrücklich gerügt. Da ging es um das umstrittene Zuwanderungsgesetz, bei der Abstimmung hatte es einen Eklat im Bundesrat gegeben. Der Bundespräsident hat dann gesagt, er missbillige die Art und Weise des Zustandekommens und er unterschreibe es jetzt nur mit dem ausdrücklichen Ziel, dass das Gesetz dem Bundesverfassungsgericht zur Prüfung zugeleitet wird. Damit hatte er damals übrigens auch vollkommen recht.

Dieses Recht, Gesetze zu unterschreiben und auch zu prüfen, ob sie zweifelsfrei verfassungsgemäß zustande gekommen sind – das

ist aber doch wahrscheinlich nicht das, was diesen Job attraktiv macht, oder?

▶ **Über die Frage,** ob das Amt attraktiv ist oder nicht, habe ich nicht nachgedacht, bevor ich dort hineingewählt wurde. Man strebt dieses Amt doch nicht an! Man kann aber der Überzeugung sein, dass es ein notwendiges Amt ist.

Sind wir als Demokratie denn inzwischen nicht so stabil, dass man den Bundespräsidenten als Aufpasser eigentlich gar nicht mehr so braucht?

▶ **Ich glaube schon,** dass die Demokratie immer wieder der kritischen und heilenden Beobachtung bedarf. Nicht um aus uns allen Engel zu machen... Aber um darüber zu wachen, dass wir unsere Freiheit verantwortlich nutzen. Auch, um einer nachwachsenden Generation klarzumachen: Freiheit bewährt sich in der Verantwortung, die wir übernehmen. Diese Verantwortung ist für eine Bundeskanzlerin natürlich größer als für eine junge Abiturientin. Aber auch die Abiturientin wächst in etwas hinein, das auch sie angeht, sie steht da nicht außen vor. Daran muss immer wieder erinnert werden.

Der Bundespräsident wird nicht direkt vom Volk gewählt, was ihm Macht verleihen würde. Er darf Gesetze nur unterschreiben, aber nicht selbst machen. Kann der Bundespräsident denn trotzdem eine Form von Macht entfalten?

▶ **Nach unserer Verfassungsordnung** ist das, was wir herkömmlich unter »Macht« verstehen, ja stark orientiert an den schlechten Erfahrungen aus der Weimarer Republik. Dort hatte der Reichspräsident am Ende eine Macht, die dazu geführt hat, dass die Nationalsozialisten ans Ruder kamen. Der Reichspräsident hatte ganz zweifellos eine zu große Macht, das sollte bei der neuen Verfassung, beim Grundgesetz, unter keinen Umständen wiederholt werden. Es ist ja sogar damals über die Frage diskutiert worden, ob wir überhaupt einen Bundespräsidenten brauchen. Die Debatte ist dann aber sehr schnell abgestorben ...

... weil man ihn doch braucht?

▶ **Weil es überparteilicher** Instanzen bedarf. Zur freiheitlichen Demokratie gehört eben auf der einen Seite die Einsicht in die Notwendigkeit der Parteien und auf der anderen Seite die Überparteilichkeit. Das ist dringend notwendig! Und das muss der jeweilige Amtsinhaber dann auch entsprechend verkörpern.

Der Bundespräsident wird ja auch als der »würdevolle« Teil der Verfassung bezeichnet. Entgegen dem »mächtigen« Teil, also Parlament und Regierung. Der Bundespräsident soll also überparteilich sein, er soll würdevoll sein und er soll repräsentieren ...

▶ **Also »repräsentieren«, das** ist ein kleines Wort für eine größere Sache!

Wie meinen Sie das?

▶ **Ach, repräsentieren, das** klingt so, als würde man in erster Linie Gäste empfangen und bewirten. Nein, so ist es nicht! In erster Linie arbeitet man und denkt nach und bringt seine Gedanken in die öffentliche Diskussion ein.

Man ist also nicht nur dazu da, um Gäste zu bewirten – heißt das, dass man als Bundespräsident auch richtig Außenpolitik machen kann?

▶ **Also, ich hatte** rund 56 Staatsbesuche im Ausland gemacht und dabei natürlich immer auch die deutsche Außenpolitik vertreten. Viele dieser Reisen habe ich ja auch gemeinsam mit dem jeweiligen Außenminister gemacht. Ich war mit Hans-Dietrich Genscher wirklich sehr eng und war an den aktuellen Diskussionen und Ergebnissen der Außenpolitik ganz unmittelbar beteiligt. Auch in den Gesprächen mit den Medien. Da wurde ich dann ja auch nach der deutschen Haltung zu diesem oder jenem Thema gefragt, und dann konnte ich doch nicht sagen: Liebe Leute, dafür bin ich nicht zuständig! Selbstverständlich hab ich die Fragen immer alle beantwortet. Und selbstverständlich in meiner Tonlage und nicht »repräsentativ«! Die Außenpolitik war insgesamt sogar der überwiegende Teil meiner Tätigkeit als Bundespräsident.

Welche Rolle spielen in der Außenpolitik eigentlich persönliche Beziehungen? Kann man zum Beispiel hinter den Kulissen als Bundespräsident auch helfen?

▶ **Ja natürlich. Die** Beziehungen zu ausländischen Politikern sind unterschiedlich eng. Meine persönlich engste Beziehung war zum Beispiel die zum damaligen Staatspräsidenten Vaclav Havel in Prag. Ein wunderbarer Mann! Und dem konnte ich auch freundschaftlich helfen in der Zeit des politischen Umbruchs, als er zunächst noch mit halbem Bein im Gefängnis saß.

Sie konnten ihm Tipps geben oder ihn beschützen?

▶ **Ach, da gibt's** so Geschichten, die sind fast komisch … Er hat mich zum Beispiel mal angerufen und gesagt, ich soll ihm doch bitte einen vertrauenswürdigen Ingenieur schicken. Weil in seinem Büro noch lauter Abhörgeräte waren, und er brauchte jemanden, der die alle entdeckt und entfernt …

Was ist Ihrer Ansicht nach das wichtigste außenpolitische Thema heute und in Zukunft?

▶ **Die Welt ist** in einem starken und ziemlich schwer durchschaubaren Veränderungsprozess. Amerika ist nach wie vor das mächtigste Land. Es ist eine wirkliche Nation, die vom Präsidenten und der politischen Führung tatsächlich angeführt wird. In Europa ist dieselbe Art von Nation im Rückgang begriffen, weil zugleich eine Europäische Union entsteht. Dieser Umwandlungsprozess in Europa wird uns noch lange beschäftigen.

Fragt sich nur, ob man mit diesem europäischen Zusammenwachsen die Menschen politisch genauso unmittelbar berühren kann wie etwa mit den Themen »Versöhnung nach dem

Die musst du kennen: Deutsche Bundespräsidenten

Die ersten Bundespräsidenten waren **Theodor Heuss** (FDP, 1949–1959), **Heinrich Lübke** (CDU, 1959–1969), dessen oft unfreiwillig komische Reden etwas belächelt wurden, und **Gustav Heinemann** (SPD, 1969–1974), von dem der schöne Satz stammt: »Ich liebe nicht den Staat, ich liebe meine Frau«.
Danach kamen **Walter Scheel** (FDP, 1974 bis 1979), der gerne sang, und **Karl Carstens** (CDU, 1979–1984), der gerne wanderte.

Ein herausragender Bundespräsident war **Richard von Weizsäcker** (CDU, 1984 bis 1994), der sehr meinungsfreudig war und bei den Bürgern gleichermaßen respektiert und beliebt. Auf ihn folgte **Roman Herzog** (CDU, 1994–1999), der forderte, durch das Land müsse »ein Ruck gehen«. Für **Johannes Rau** (SPD, 1999–2004), der nach ihm das Amt bekleidete, ging damit ein Lebenstraum in Erfüllung. Dennoch blieb er eher unauffällig.
Der aktuelle Bundespräsident, seit 2004, heißt **Horst Köhler** (CDU) und war wohl selbst überrascht, als man ihm das Amt vorschlug. Er will im Mai 2009 für eine zweite Amtszeit kandidieren. Schon beim ersten Mal gewann er mit nur einer Stimme, und auch diesmal könnte es knapp werden. Köhler wurde in Polen geboren und war unter anderem Präsident des Sparkassenverbandes und Direktor des Internationalen Währungsfonds. Er gibt sich eher volksnah als präsidial.

Der erste Präsident nach dem Zweiten Weltkrieg: Theodor Heuss.

Krieg« oder »deutsche Wiedervereinigung«.

▶ **Ja, das ist** nicht leicht. Denn was wir vor allem zustandegebracht haben, den Binnenmarkt in Europa, der berührt zwar auch jeden Bürger in der ein oder anderen Weise, ist aber nicht jedem verständlich. Zum Beispiel spricht Europa in der Welthandelsorganisation WHO mit einer Stimme, das ist gut. Aber was die WHO und der europäische Vertreter dort tut und sagt, das ist für den normalen Bundesbürger im Alltag doch furchtbar weit entfernt …

… es berührt nicht die Herzen der Menschen …

▶ **Und doch müssen** wir sehen: Seit dem 1. Mai 2004 sind wir in einer Situation, wie es sie in der deutschen Geschichte nie zuvor gegeben hat. Wir haben ja neun Nachbarn. Nur die beiden Riesenreiche Russland und China haben mehr Nachbarn als wir. Und wir sind ein verhältnismäßig kleines Land, liegen aber in der Mitte Europas. Seit dem 1. Mai 2004 sind außer der Schweiz alle unsere Nachbarn Mitglieder der Europäischen Union. Und keiner hat mehr vor seinen Nachbarn Angst! Man hat Interessengegensätze und streitet sich darüber, aber es ist ein Frieden in diesem Europa entstanden, den es früher nie gegeben hat. Und das darf man niemals vergessen. Meine Kinder und Enkel mögen die Europäische Union für eine Selbstverständlichkeit halten. Aber das ist sie geschichtlich gesehen eben nicht. Und man muss das Bewusstsein dafür wach halten, damit wir alle verantwortlich damit umgehen, was erreicht worden ist an Freiheit und Frieden.

… dass wir eines Tages mit Europafähnchen so winken wie mit Schwarz-Rot-Gold, ist trotzdem schwer vorstellbar …

▶ **Vollkommen richtig. Aber** ich sage ja nicht, dass Europa auf dem Wege dazu ist, eine Nation zu werden wie alte herkömmliche Nationen, wie Amerika. Aber Sie können in einer Welt der offenen Grenzen gar nicht anders als lernen, zusammen zu handeln. Europa muss weiter zusammenrücken, eine gemeinsame Stimme finden. Und das dauert eben alles. Das ist der Vorteil eines alten Mannes – man weiß: es dauert, aber es kommt …

Es ist insgesamt schwerer geworden, sich für Politik zu begeistern. Eher scheint Politik im-

mer langweiliger zu werden. Auch die politischen Reden, die heute gehalten werden, sind oft nicht gerade aufregend …

▶ **Ja, es gibt** ja auch eine Tendenz, wonach die Bedeutung der Regierungsapparate gegenüber den Parlamenten gewachsen ist. Die großen Parlamentsdebatten sind immer mehr die Ausnahme geworden. Die letzte wirklich große Debatte, die wir noch im alten Westdeutschland geführt haben, war Anfang der Siebzigerjahre, als es um die Entspannungspolitik ging, um den Moskauer Vertrag und den Warschauer Vertrag. Da ging es ja in Wirklichkeit um die Anerkennung der Strafen für den Zweiten Weltkrieg und um die Einsicht, dass man mit diesen ehemaligen Kriegsgegnern wieder in Kontakt kommen muss. Das haben nicht nur die vielen Millionen Heimatvertriebenen, sondern auch ungezählte Westdeutsche damals als etwas empfunden, was sie unmittelbar angeht. Da wurde man als Abgeordneter auf der Straße angesprochen, was man dazu im Parlament gesagt hatte. Aber die Themen heute, etwa die Frage der Europäischen Entscheidungen für einen besseren Wettbewerb im europäischen Markt und der Verhinderung von Kartelleinflüssen – das können wir als normale Menschen oft nicht genügend durchschauen und können uns dafür dann auch nicht recht erwärmen.

Sie selbst haben am 8. Mai 1985, zum Tag des Kriegsendes, eine der berühmtesten Reden überhaupt gehalten.
War Ihnen damals eigentlich bewusst, welche Wirkung diese Rede haben würde, als Sie zum Mikrofon gingen?

▶ **Nein, überhaupt nicht.** Ich gebe zu: der Krieg, die deutsche Geschichte, war das zentrale Thema, um das mein Verstand und Herz kreisten. Es war das zentrale Thema meiner Generation. Ich war ja am ersten Kriegstag als Soldat in Polen einmarschiert usw., ich habe das alles miterlebt gehabt …

… Sie waren also innerlich bewegt, als Sie damals zum Mikrofon gingen …

▶ **Ganz gewiss. Es** ging darum, dass wir Rechenschaft ablegen, ob wir Deutsche verstanden haben, wo wir herkommen. Diesem Ziel diente die Ansprache. Es hat dann vor allem auch im

Ausland positive Reaktionen gegeben, mit denen ich so gar nicht gerechnet hätte. Es ging ja in erster Linie um Gedankengänge und eine Ansprache für mich und meine Landsleute.

Ist die Fähigkeit, gute Reden zu halten, das »Redenkönnen«, das wichtigste Instrument für einen Politiker?

▶ Das wichtigste vielleicht nicht, aber ein Politiker sollte schon sagen können, was er auf dem Kasten hat! Und auf dem Herzen ...

Eine Rede ist also gut, wenn sie auch emotional ist?

▶ Man sollte vor allem als Zuhörer niemals den Eindruck haben, hier wiederholt einer nur, was er schon immer sein ganzes Leben lang als sein Hobby oder seine Hauptrichtung betrachtet hat. Sondern es steht dem Amt gut an, wenn man über die laufenden Veränderungen spricht, mit denen man es zu tun hat, wenn man zu den wichtigen Fragen der Zeit etwas beiträgt.

Man hört häufig, dass es unter den Politikern heutzutage kaum noch mitreißende Redner gibt ...

▶ Gelegentlich gibt es die Frage, ob die heutige Politikergeneration positiv verglichen werden kann mit ihren Vorgängern. Wahr ist, dass früher immer wieder wirklich sehr schwerwiegende Entscheidungen getroffen werden mussten. Bezogen auf Westdeutschland zum Beispiel, ob man unmittelbar nach dem Krieg der amerikanischen Forderung folgen sollte, wieder eine Bundeswehr aufzustellen. Oder, als anderes Beispiel: der Umgang mit der RAF. Oder die erste große Ölkrise – wie man damit umgehen sollte. Oder denken Sie an den deutschen Wiedervereinigungsprozess ... Heute hingegen scheint vieles leichter und ist möglicherweise doch oft schwer. Es ist vielleicht sogar schwerer geworden, die Dinge wirklich beim Namen zu nennen.

Zum Beispiel?

▶ In einer Gesellschaft, der es im Vergleich zu früheren Zeiten materiell wirklich besser geht und bei der dennoch ein Gefühl sich ausbreitet, es ginge nicht gerecht zu - darüber kann man ja nicht einfach so hinweggehen! Oder die Frage,

inwieweit Verhaltensfreiheit die Menschen untereinander zu Grobheit und Gewalt verführt anstatt zu einem verantwortlichen Miteinander. Den Höhen und Untiefen unserer Zeit auf die Spur zu kommen, ist schwer geworden.

Es ist heute also schwerer, gute Reden zu halten, weil die Themen sich dafür weniger gut eignen?

▶ Darüber zu sprechen, was die Hauptaufgaben unserer Zeit sind, ist nach wie vor eine wichtige Aufgabe für Politiker. Gerade auch für den Bundespräsidenten, der ja unabhängig davon sein soll, was bei der nächsten Wahl populär ist. Wir haben zum Beispiel immer wieder die Schwierigkeit, dass Lösungen für Probleme erst langfristig zustande kommen. Damit meine ich: in einer längeren Zeit als der nächsten Legislaturperiode. Die Fraktionen in den Parlamenten sind aber nur für eine Periode gewählt und wollen dann wiedergewählt werden. Daher scheint es doch ihren Interessen zu widersprechen, an einem langfristigen Ziel zu arbeiten, das innerhalb einer Legislaturperiode noch keine Früchte abwirft. Die Politiker haben da die Versuchung, Mehrheiten zu bekommen, ich will nicht sagen: um jeden Preis, aber manchmal schon um einen zu billigen Preis.

Würden Sie jungen Leuten heute denn noch raten, Politiker zu werden?

▶ Ja!

Warum?

▶ Aus Freiheitsfreude! Die jungen Leute sollen die Freiheit benützen, um voranzuschreiten. Sie sollen die Freiheit gestalten und bewahren und dafür Verantwortung übernehmen.

Welche Eigenschaft braucht man dazu als Politiker vor allen Dingen?

▶ Zur verantwortlichen Freiheit gehören Grundsätze, die unverrückbar sind. Das ist das Gewissen. Man kann sich orientieren nach Mehrheiten oder nach Interessen und bei Interessenstreitigkeiten kann es auch Krach geben. Aber am Ende kommt man zu dem Punkt, da kann man sich nur nach seinem Gewissen entscheiden.

Wie wird man Politiker?

Und wie viele davon gibt es in Deutschland überhaupt? Was machen sie, wenn man sie nicht sieht? Und warum sitzen so viele Lehrer und Juristen in Regierungen?

Es könnte so einfach sein. Man studiert »Politologie« und wird Politiker. So einfach ist es aber nicht. Politologen sind nämlich Wissenschaftler, die sich mit Politik beschäftigen. Sie erforschen, wie Regierungen funktionieren, und schreiben lange Vorschläge, wie es besser gehen könnte. Politologen werden nur sehr selten Politiker. Vielleicht weil sie so genau wissen, was alles schiefläuft in der Wirklichkeit? Viele von ihnen finden letztlich einen Job als Journalisten. Beobachten und kritisieren kann nämlich angenehmer sein, als es selber zu machen. Auf alle Fälle ist Politiker kein Beruf wie jeder andere. Nur etwa 2400 Leute sitzen in Regierungen. Jeder Bürger zahlt dem Abgeordneten seines Wahlkreises im Bundestag knapp einen Euro jährlich; die Kosten für Mandatsträger in Landtagen liegen zwischen 89 Cent (Baden-Württemberg) und 4,37 Euro (Bremen) pro Bürger. Alle bekannten hauptberuflichen Politiker sitzen auch im Bundestag oder in Landtagen. Das heißt, weniger als 3000 Personen verdienen mit Politikmachen genug Geld, um davon zu leben.

In Parteien und Institutionen finden natürlich jede Menge Leute bezahlte Arbeit als Referenten, Assistenten, Sachbearbeiter. Und die haben gute Chancen, später als Politiker im Rampenlicht zu ste-

Nur wenige Handwerker sitzen im Bundestag. Josip Juratovic von der SPD hat Automechaniker gelernt.

hen. Aber auch sie beginnen im Normalfall in einem anderen Beruf. Insgesamt aber gibt es sicher mehr Schlachter, Taxifahrer, Sekretärinnen, Ingenieure oder Computerfachleute und Politologen, die von ihrem Beruf leben können, als Politiker.

Tatsächlich ist es so, dass die meisten Abgeordneten erst einmal einen anderen Beruf erlernen und meist auch ausüben. Machen wir mal die Probe und schlagen nach, was Abgeordnete des 16. Deutschen Bundestages für Berufe haben oder vor ihrer Amtszeit hatten. Damit die Auswahl auch wirklich zufällig ist, nehmen wir immer den alphabetisch letzten Mandatsträger jedes Buchstabens (die Abkürzung »a.D.« heißt »außer Dienst«):

- Hüseyin-Kenan Aydin, DIE LINKE: Gewerkschaftssekretär
- Martin Burkert, SPD: Gewerkschaftssekretär
- Gitta Connemann, CDU/CSU: Rechtsanwältin
- Detlef Dzembritzki, SPD: Bezirksbürgermeister a.D. (vorheriger Beruf: Erzieher)
- Anke Eymer, CDU/CSU: Rektorin a.D.
- Hans-Joachim Fuchtel, CDU/CSU: Rechtsanwalt
- Dr. Gregor Gysi, DIE LINKE: Rechtsanwalt, Fraktionsvorsitzender
- Christel Humme, SPD: Diplom-Ökonomin, Lehrerin
- Brunhilde Irber, SPD: Verwaltungsangestellte, Fremdsprachenkorrespondentin
- Josip Juratovic, SPD: Kfz-Mechaniker
- Undine Kurth, BÜNDNIS 90/DIE GRÜNEN: Diplom-Innenarchitektin

Gitta Connemann von der CDU hat Jura studiert und ist im bürgerlichen Beruf Rechtsanwältin.

- Dr. Michael Luther, CDU/CSU: Diplomingenieur
- Gesine Multhaupt, SPD: Lehrerin
- Dr. Georg Nüßlein, CDU/CSU: Diplomkaufmann
- Hans-Joachim Otto (Frankfurt), FDP: Rechtsanwalt und Notar
- Florian Pronold, SPD: Rechtsanwalt
- Peter Rzepka, CDU/CSU: Steuerjurist
- Joachim Stünker, SPD: Jurist, Vorsitzender Richter am Landgericht a.D.
- Dr. Axel Troost, DIE LINKE: Diplom-Volkswirt, Geschäftsführer
- Alexander Ulrich, DIE LINKE: Gewerkschaftssekretär (davor: Werkzeugmacher)
- Andrea Astrid Voßhoff, CDU/CSU: Juristin
- Jörn Wunderlich, DIE LINKE: Volljurist, Richter am Amtsgericht a.D.
- Brigitte Zypries, SPD: Juristin, Bundesministerin der Justiz

Man sieht: Eine Berufsausbildung schadet nicht, sie ist sogar erwünscht – denn dann haben Politiker wenigstens irgendwann mal »das echte Leben« kennengelernt. Und Berufseinsteiger, die sofort Berufspolitiker werden, machen ihre Erfahrungen eigentlich »am Leben vorbei«. Auffällig an den Biografien der Abgeordneten: Die meisten haben studiert.

Ruhekissen für ehemalige Abgeordnete?

Wer einmal im Bundestag gesessen hat, der hat für den Rest des Lebens ausgesorgt, glauben viele. Stimmt aber so nicht. Eine Menge Bundestagsabgeordnete haben ganz schön Probleme bekommen, als sie wegen schlechter Wahlergebnisse ihrer Partei aus dem Bundestag geflogen sind. Viele waren zu lang draußen, um in ihrem Beruf wieder Fuß zu fassen. Die wenigsten werden Bestsellerautoren oder erhalten Aufsichtsratsposten bei großen Unternehmen, zu denen sie vorher enge Kontakte knüpften. Eine ehemalige SPD-Abgeordnete machte 2007 sogar Schlagzeilen, weil sie putzen gehen musste. Andere beantragen Arbeitslosenhilfe, weil sie keinen Job mehr finden. Gut geht es einem hingegen, wenn man nicht nur einfacher Abgeordneter war, sondern Staatssekretär oder Minister. Dann gibt es auch nach dem Ausscheiden aus Amt und Parlament noch Geld. Auch Beamte, zum Beispiel manche Lehrer, haben es leichter, wenn sie den Bundestag verlassen. Sie können in ihren alten Job zurückkehren, ob man sie dort haben will oder nicht. Wegen dieser Unsicherheit, was aus einem wird, wenn man seinen Parlamentsjob verliert, entscheidet man sich auch schwer für den Job des Politikers, wenn man einen anderen guten Job hat. Viele Anwälte behalten deshalb ihre Rechtsanwaltspraxis nebenher, um nach ihrer Zeit im Bundestag dort wieder arbeiten zu können. Das geht relativ gut und ist auch ein Grund dafür, dass im Bundestag so viele Juristen und Beamte sitzen.

Erfolgsrezept für Politiker

Wer als Politiker erfolgreich sein will, braucht Ausdauer und Geduld. Sendungsbewusstsein. Den Wunsch, seine Vorstellungen und Ideale durchzusetzen und etwas »zu gestalten« – das antworten jedenfalls Politiker meistens auf die Frage, warum sie Politiker geworden sind. Man muss an Sitzungen teilnehmen und anfangs andere Kandidaten unterstützen. Man muss in Fußgängerzonen herumstehen, Flugblätter verteilen und mit Passanten plaudern. Man darf sich nicht zu schade sein, abends noch bei Bürgern zu klingeln und um deren Stimme bei der nächsten Wahl zu bitten. Man sollte gern und überzeugend reden können und darf nicht schüchtern sein. Man muss sich viele Fakten merken und darf sie nicht durcheinanderbringen. Das Leben ist im Grunde eine dauernde Klassenarbeit. Und man sollte Spaß daran haben, komplizierte Sachverhalte zu begreifen und Lösungen für verzwickte Probleme zu entwickeln, diese dann aber einfach und schmissig darzustellen.

Diese Eigenschaften sind ein weiterer Grund, dass in allen Parlamenten verhältnismäßig viele Lehrer und Juristen sitzen – das sind Leute, die sowieso gern anderen erzählen, wie et-

was ist. Juristen haben zudem gelernt, Gesetzestexte zu verstehen.

Der zweite Grund: Für Einsätze als Politiker muss man Zeit haben. Das heißt, man wird von der Arbeit beurlaubt oder reduziert die Stundenzahl, um zu regieren. Das ist nicht in allen Berufen gut möglich. Rechtsanwälte haben hier viele Freiheiten. Architekten auch, aber die verfügen meist nicht über so viel Sendungsbewusstsein. Lehrer, die im Regelfall vom Staat beschäftigt werden, können recht einfach freigestellt werden.

Politiker brauchen also Talent und müssen sich dann hocharbeiten. Vergleichbar ist das vielleicht mit Fußballspielern, die nicht nur gut kicken können müssen, sondern die auch noch Ausdauer und Zuverlässigkeit mitbringen sollten, und deren Gehalt und Erfolg auch vom Aussehen und der Schlagfertigkeit abhängt. Es gibt auch Politiker, gerade im kommunalen Bereich, die einfach Spaß daran haben, andere herumzukommandieren. Zum Beispiel lieben sie es, Posten verteilen zu können. Ihnen geht es gar nicht um Ideale, sondern darum, Chef zu sein, gefürchtet zu werden, sich durchzusetzen. Solche Typen gibt es überall, selbst im Zoo und im Zirkus. In der Politik sind sie allerdings besonders häufig anzutreffen.

Sagen Politiker immer die Wahrheit?

Viele Menschen haben das Gefühl, von Politikern sowieso nur allumfassend belogen zu werden. Politiker trauen sich tatsächlich oft nicht, ganz direkt zu sagen, was los ist. Weil sie zu Recht befürchten, dass ihnen diese Ehrlichkeit niemand dankt. Strategische Entscheidungen, Allianzen schmieden, Kompromisse schließen, taktisch reden – ja, das muss man als Politiker gut können. Und einen rosaroten Blick auf die eigene Position braucht man ebenfalls. Aber wenn Coca-Cola versucht, sich als Wellness-Drink zu positionieren, beschwert sich doch auch niemand. Politiker reden sich selbst eben auch schön. Wer das gar nicht kann – hm. Schwierig. Vielleicht doch

lieber Fußballtrainer oder Reitlehrerin werden? Den Großteil der Zeit verbringen sie in Sitzungen und Gremien, mit Rücksprachen und Aktenlesen. Die restliche Zeit geht für öffentliche Auftritte drauf. Darum sieht man viele Abgeordnete auch so selten: Nicht jeder hat Showtalent und absolviert einen Haufen Außentermine. Das kann sogar bedeuten, dass derjenige besonders viel zu tun hat oder besonders gute Arbeit macht. Muss es aber nicht. Politiker sind oft 14 Stunden am Tag im Einsatz, manchmal auch länger. Viele von ihnen pendeln außerdem zwischen ihrem privaten Wohnort (das ist dann meist auch ihr Wahlkreis) und Berlin oder der jeweiligen Hauptstadt des Bundeslandes. Das heißt, sie sehen ihre Familie und Kinder möglicherweise auch nur etwa alle zwei Wochen. All das sind Stressfaktoren, die schnell zu Erschöpfungszuständen führen können. Die große Mehrheit der Abgeordneten sind keine Faulpelze, sondern ziemlich viel im Dienst, oft auch an Wochenenden, und sie haben meist nur wenig Zeit für Hobbys und Privatleben.

Nicht viel besser ist es leider, in einem sogenannten Feierabend-Parlament wie der Hamburger Bürgerschaft zu sitzen. Die Abgeordneten dort gehen tagsüber ihrem ganz normalen Job nach und sollen abends noch regieren. Vorteil: Sie sind finanziell unabhängig von ihrer Partei und dem Staat und können daher frei entscheiden. Und sie wissen, was gerade in der Welt los ist. Nachteil: Es ist unheimlich anstrengend, Politik und Beruf zu vereinbaren. Und sie haben nicht so viel Zeit wie hauptberufliche Kollegen, sich mit einer Sache gründlich zu beschäftigen.

Warum also gehen kluge Leute in die Politik, wo sie noch dazu deutlich weniger verdienen als in einem großen Unternehmen? Weil Firmen zwar die Welt beeinflussen – niemand aber das Leben im Staat so konkret verändern kann wie die Regierung!

Einen Tag mal Bundeskanzlerin sein!

Es ist ein echter Stressjob, und noch dazu nicht wirklich gut bezahlt. Aber keiner im Land hat politisch mehr zu melden als die Bundeskanzlerin! Wie wäre es, mal einen Tag mit ihr zu tauschen?

Als Bundeskanzler muss man Frühaufsteher sein, ob man will oder nicht, denn es gibt viel zu tun! Bei Frau Merkel zum Beispiel klingelt immer schon um sechs Uhr der Wecker. Spätestens um acht Uhr ist sie im Büro, meistens kommt sie schon gegen sieben. Ihr erster fester täglicher Termin ist die »Morgenlage« um acht Uhr dreißig. Das machen alle Bundeskanzler so. Sie sitzen dann mit ihren engsten Mitarbeitern in ihrem Büro und bereiten sich auf den Tag vor. Sie besprechen also am Morgen die allgemeine Lage, daher der Begriff.

Die wichtigsten Mitarbeiter eines Kanzlers sind dabei nicht die Minister, wie man vielleicht denken könnte. Manche Minister kann ein Bundeskanzler sogar persönlich nicht mal leiden. Bei der Auswahl seines Kabinetts ist ein Bundeskanzler ja nicht ganz frei, denn es müssen alle möglichen Wünsche erfüllt werden, und bei einer Koalitionsregierung sind natürlich auch Mitglieder der anderen Partei dabei, mit denen ist man schon nicht so enge. Die wirklichen Vertrauten eines Kanzlers sind also ganz andere Leute. Bei Angela Merkel sitzen um 8.30 Uhr folgende Mitarbeiter im Zimmer:

Zunächst einmal ihre Büroleiterin Beate Baumann, vor der alle in Berlin einen Heidenrespekt haben. Mit ihr muss man sich gut stellen, wenn man was von der Kanzlerin will. Das hat Tradition, auch die Büroleiterinnen von Gerhard Schröder und Helmut Kohl waren sehr einflussreiche Frauen, an denen keiner vorbeikam. Frau Baumann ist für Angela Merkel sogar fast so etwas wie ihre beste Freundin, obwohl sich die beiden nicht duzen.

Der engste Kreis der Kanzlerin im Überblick

Kanzleramtsminister Thomas de Maizière: Das ist sozusagen der Chef ihres Hauses. Er leitet das ganze Kanzleramt, vertritt sie bei Verhandlungen und sorgt dafür, dass »der Laden läuft«. Das heißt, er kümmert sich um eine gute Zusammenarbeit mit den Ministerien und ist auch derjenige, der sich mit den Geheimdiensten in einem abhörsicheren Raum des Kanzleramts trifft, um geheime Informationen aus aller Welt zu besprechen. Natürlich erzählt er dann alles, was wichtig ist, auch der Kanzlerin.

Regierungssprecher Ulrich Wilhelm: Er spricht gegenüber der Presse für die Kanzlerin und versucht, ihre Sicht der Dinge der Öffentlichkeit möglichst positiv zu vermitteln. Fragt man Herrn Wilhelm, was das Wichtigste in seinem Job ist, dann antwortet er: »Ich muss immer gut informiert sein.« Das ist nämlich nicht selbstverständlich. Es gab auch schon Regierungssprecher, die wussten nicht viel mehr als die Journalisten, weil die Kanzler sie nicht ins Vertrauen zogen. Der

Regierungssprecher sollte aber ganz viel wissen – auch das, was die Kanzlerin öffentlich lieber nicht sagt. Regierungssprecher sollten allerdings die Journalisten auch nicht einfach anlügen, um Unangenehmes zu verbergen. Wenn nämlich die Journalisten den Regierungssprecher deswegen nicht mehr leiden können, ist das letztlich schlecht für einen Kanzler. Insofern stehen die Regierungssprecher immer ein bisschen zwischen den Stühlen.

CDU-Generalsekretär Ronald Pofalla: Schließlich gehören die Kanzler ja auch alle immer einer Partei an und stehen nicht über dem Bundestag. Deshalb ist es wichtig, dass es eine enge Verbindung zu ihrer jeweiligen Partei gibt; bei Frau Merkel ist das die CDU.

Planungschef Matthias Graf von Kielmannsegg: Er überwacht alle längerfristigen Vorhaben der Kanzlerin, zum Beispiel Pläne für neue Gesetze, und weiß auch, was andere (zum Beispiel Minister oder Ministerpräsidenten) darüber denken.

Keine Jobs für schwache Nerven

Als Erstes trägt in der Morgenlage immer der Regierungssprecher vor, was am Abend in den Fernsehnachrichten gesagt wurde und was die Morgenzeitungen schreiben, damit die Kanzlerin informiert ist über das, was in der Öffentlichkeit gesagt wird. Die Regierungssprecher müssen also mindestens genauso früh aufstehen wie die Kanzler, schließlich müssen sie bis 8.30 Uhr alle Zeitungen gelesen und ausgewertet haben. Überhaupt haben die engen Mitarbeiter eines Kanzlers ähnlich viel Stress wie der Chef bzw. die Chefin selbst. Keine Jobs für schwache Nerven!

In der Morgenlage werden auch die Termine des Tages besprochen, und was auf der Welt los ist. Wenn zum Beispiel in Amerika Wahlkampf ist, will die Kanzlerin wissen, wer da gerade die Nase vorn hat. Und wenn die Weltraumorganisation NASA meldet, dass es Wasser auf dem Mars gibt, dann interessiert das auch im deutschen Kanzleramt. Die Morgenlage mit ihren Vertrauten ist einer der wenigen Termine, wo die Kanzlerin ehrlich reden kann und auch zugeben darf, dass sie über irgendetwas wütend, unzufrieden oder unglücklich ist. Außerhalb dieser Runde muss sie damit sehr vorsichtig sein, sonst steht's direkt in der Zeitung, und das kann peinlich sein (»Merkel ist verzweifelt«).

Nach der Morgenlage bearbeitet die Kanzlerin häufig Post und E-Mails. Sie bekommt jeden Tag rund 1500 Briefe und 1000 E-Mails. Die beantwortet sie natürlich nicht alle alleine. Anfragen, ob man sie treffen kann, werden vorsortiert. Wenn der Präsident von Senegal fragt, ob sie mit ihm zum Mittagessen geht, kümmert sich die Abteilung »Außenpolitik« darum. Will ein Journalist sie interviewen, dann landet die Anfrage erst mal beim Regierungssprecher.

Als ganz normaler Bürger kann man der Kanzlerin natürlich auch eine E-Mail schreiben

Das Bundeskanzleramt mitten in Berlin. Hier arbeitet der deutsche Regierungschef, und manchmal übernachtet er hier sogar.

Der Regierungssprecher muss die Entscheidungen der Regierung dem Publikum »verkaufen«. Das übernimmt Ulrich Wilhelm für Angela Merkel.

und versuchen, sie zu treffen. Das ist allerdings schwierig; der Präsident von Senegal hat da bessere Chancen. Am ehesten begegnet man einem Kanzler noch in dessen Wahlkreis, bei Frau Merkel ist das Stralsund. Da hält sie Bürgersprechstunden ab, wie das jeder Bundestagsabgeordnete tut. Und einmal im Jahr gibt es in Berlin einen »Tag der offenen Tür«, da darf jeder Bürger ins Kanzleramt, und Frau Merkel ist auch da.

Auf ihrem Schreibtisch steht ein kleines Bild der russischen Zarin Katharina der Großen. »Weil sie eine tolle Frau war; sie hat viele Veränderungen in ihrem Land durchgesetzt und war sehr erfolgreich«, sagt die Kanzlerin. Das möchte Frau Merkel natürlich auch sein. Allerdings gibt es nur wenig, was ein Kanzler einfach so durchsetzen kann. Schon gar nicht in einer Großen Koalition. Da hatte es die russische Zarin bedeutend leichter...

Quasselstrippe KanzlerIn

Jeden Tag hat die Bundeskanzlerin ungefähr 7 bis 12 Termine. Und darüber hinaus natürlich Stunden, in denen sie Akten bearbeitet oder telefoniert. Als Kanzler muss man viel telefonieren, und zwar mit Leuten in aller Welt. Oft sind dann Dolmetscher dabei oder zugeschaltet. Man telefoniert also zu dritt. Kein schlechter Job – es ist bestimmt spannend, was man da alles so mitkriegt. Aber natürlich ist man dabei zur Verschwiegenheit verpflichtet, sonst fliegt man gleich wieder raus.

Als Kanzler muss man jedenfalls jeden Tag wahnsinnig viel quasseln: Entweder Reden halten, mindestens ein oder zwei am Tag, im Bundestag oder bei anderen Veranstaltungen. Oder man muss mit Leuten diskutieren, zum Beispiel mit unzufriedenen Parteifreunden, mit Gewerkschaftsfunktionären, mit Arbeitgeberverbänden, mit den Politikern anderer Parteien ... Angela Merkel hat jeden Tag mehrere Gäste, und ständig wird geredet. Deshalb sind Kanzler froh, wenn sie mal eine Stunde haben, in der sie einfach nur still nachdenken können. Dafür ist oft aber nicht viel Zeit. Frau Merkel macht das meist am Wochenende, wenn sie kocht oder in ihrem Ferienhaus im Garten arbeitet. Doch auch dann klingelt immer wieder das Telefon. Und ohne ihr Handy geht Frau Merkel sowieso nirgendwo hin. Sie muss immer erreichbar sein.

Sie muss für die Gäste mitdenken

Natürlich ist man als Kanzler auch unheimlich viel auf Reisen. Im Jahr 2007 zum Beispiel hat Angela Merkel 37 Auslandsreisen gemacht und war dabei in 24 Ländern. Besonders wichtig sind natürlich internationale Gipfeltreffen, die ziehen sich auch oft ins Wochenende hinein. Besonders anstrengend sind Reisen durch unterschiedliche Zeitzonen. Während des langen Flugs werden Akten studiert und das jeweilige Treffen (zum Beispiel mit dem US-Präsidenten) wird besprochen und vorbereitet. Wenn die Kanzlerin dann aus dem Flieger springt, kann sie sich nicht erst mal im Hotel aufs Ohr hauen und den Jetlag überwinden, sondern muss sofort hellwach sein und wichtige Gespräche führen. Und dabei möglichst auch noch frisch aussehen. Das gelingt nicht immer – dunkle Augenringe gehören bei jedem Kanzlergesicht dazu.

Wenn die Kanzlerin nicht im Ausland unterwegs ist, sondern in Deutschland, fährt oder fliegt sie immer zurück nach Berlin, selbst wenn es dann spätnachts wird. Lieber schläft sie nur wenige Stunden, aber dann wenigstens zu Hause in ihrem eigenen Bett. So versucht sie, ein bisschen private Normalität in ihrem Leben zu bewahren.

Zu den regelmäßigen Aufgaben als Kanzler gehört der Empfang von Staatsgästen. Dabei gibt es ganz genau vorgeschriebene Rituale, wer wo auf dem roten Teppich steht und wie man eine Militärformation abschreitet, wenn man jemanden »mit militärischen Ehren« empfängt, wie das heißt. Wahrscheinlich finden Kanzler und Staatsgäste das selbst ein bisschen lästig, aber es gehört halt dazu. Da jedes Land ein eigenes Zeremoniell hat, muss die Kanzlerin aufpassen, dass sie und ihre Gäste nichts Falsches machen. Einer ihrer ersten Gäste als neue Kanzlerin war der Ministerpräsident von Singapur. Und der lief dann prompt an der deutschen Fahne vorbei, weil er nicht wusste, dass er dort eigentlich stehen bleiben soll. Angela Merkel musste ihn dann hastig einholen, was im Fernsehen sehr lustig aussah. Seitdem geht sie immer ein bisschen schneller als ihre Gäste und zeigt ihnen so den Weg. Puh. Worauf man alles achten muss!

Was passiert in einer Kabinettssitzung?

Jeden Mittwoch ist Kabinettssitzung. Vorher trifft sie sich mit ihrem Vizekanzler, also Frank-Walter Steinmeier von der SPD. Auch ihr Vorgänger Gerhard Schröder traf sich immer vorab mit Joschka Fischer von den Grünen, der damals sein Stellvertreter war. Das ist wichtig: Man kann nicht nur so vor sich hinregieren, sondern muss sich mit der eigenen Partei und dem Koalitionspartner abstimmen. Die Inhalte dieser Treffen unter vier Augen sind vertraulich. Man spricht sich ab, bevor man in die große Runde geht. Denn am Kabinettstisch bleibt fast nichts geheim. Irgendwer tratscht immer, also bespricht man dort besser nichts allzu Heikles. Am Kabi-

nettstisch sitzen alle Minister und die Kanzlerin im Kreis. Früher hatte der Kanzler einen etwas größeren Stuhl, das hat Gerhard Schröder abgeschafft. Angela Merkel kann auch mithilfe einer Klingel notfalls für Ruhe sorgen, aber in der Regel genügt ein strafender Blick, wenn zum Beispiel zwei Minister miteinander tuscheln, während sie redet.

Natürlich muss ein Kanzler auch ordentlich essen. Das tut er oder sie aber nie allein. Mittagessen werden in der Regel genutzt, um Gäste zu empfangen. Insofern kann ein Kanzler nie schweigend in sich hineinschaufeln, sondern muss während der Mahlzeit weiter Politik machen und reden. Gegessen wird in der Regel im »Kanzlerwohnzimmer«, so heißt dieser Raum im Kanzleramt. Ein Kinderzimmer gibt es in der offiziellen Kanzlerwohnung übrigens nicht - aber welches Kind würde da auch schon wohnen wollen?! Frau Merkel hat jedenfalls auch keine Lust, in ihrem Büro zu wohnen. Sie lebt mit ihrem Mann lieber in ihrer Privatwohnung, ein paar Kilometer vom Kanzleramt entfernt. Das offizielle Kanzler-Wohnzimmer kann deshalb als Esszimmer für Gäste genutzt werden. Wenn allerdings richtig große Besuchsgruppen kommen, gibt es noch einmal einen extragroßen Bankettsaal. Der König von Saudi-Arabien zum Beispiel reist immer mit mindestens 100 Leuten an, lauter Prinzen und Gefolge. Für so viele Herren ist das Wohnzimmer von Frau Merkel dann doch zu klein.

Hier grinsen noch alle für den Fotografen. Wenn die Türen dann zu sind, geht's am Kabinettstisch zur Sache. Manchmal plaudert hinterher einer.

Mit Bodyguard im Supermarkt

Frau Merkel kocht übrigens auch gern selbst – nicht für Staatsgäste, aber für sich und ihren Mann. Wenn man den ganzen Tag reden und angestrengt nachdenken muss, kann Zwiebelschneiden sehr entspannend sein! Dafür geht sie auch selbst Einkaufen. Das ist sehr lustig, denn dann hält ihre ganze Wagenkolonne vor irgendeinem Berliner Supermarkt, und sie springt mit zwei Bodyguards aus dem Auto und läuft mit Einkaufskorb durch die Regalreihen. Die anderen Supermarktbesucher wollen dann natürlich gern mit ihr fotografiert werden: Ich und die Kanzlerin an der Käsetheke – toller Schnappschuss!

Für gemütliche Kochabende bleibt allerdings selten Zeit. Ein Kanzlertag endet häufig erst weit nach Mitternacht. 16 – 18 Stunden arbeiten am Tag sind normal, damit kommt sie locker auf eine 90- bis 100-Stunden-Woche. Das geht allen Kanzlern so. Für Privatleben ist kaum Zeit. Selbst im Urlaub sind sie im Dienst, und natürlich könnte ein Bundeskanzler niemals Ferien in Australien oder auf den Malediven machen, um mal richtig abzuschalten. Denn man darf es nie weit haben zum Büro. Schließlich könnte es ja einen Ministerrücktritt geben, oder irgendwo bricht Krieg aus oder oder oder ... Deshalb bleiben Frau Merkel und ihr Mann meistens in Deutschland oder Österreich und gehen wandern. Manchmal fahren sie auch nach Italien. Mehr geht nicht. Aber mehr will man vielleicht auch gar nicht, wenn man sowieso schon 37 Auslandsreisen im Jahr absolviert. Da sind Flugzeuge und Hotels nicht mehr sehr attraktiv.

Und verdient man bei dem ganzen Stress wenigstens ordentlich? Ja und Nein. Die Kanzlerin bekommt nach Angaben des Kanzleramts rund 19 000 Euro monatlich. Davon zahlt sie natürlich auch noch Steuern. Wenn man das jetzt mal als Stundenlohn umrechnet, bei geschätzt 380 bis 400 Arbeitsstunden im Monat, kommt man auf einen Arbeitslohn von knapp 50 Euro (»brutto«, also bevor man Steuern gezahlt hat). Das ist zwar deutlich mehr als die 5 bis 15 Euro pro Stunde, die eine Friseurin oder ein Dachdecker verdienen. Aber ein Fußballstar oder ein Top-Manager eines großen Konzerns kann über das Kanzlergehalt nur müde lächeln, denn die verdienen viele Millionen im Jahr und nicht »nur« 228 000 Euro. Dabei trägt ein Kanzler immerhin die Verantwortung für 80 Millionen Menschen, ist also auch ein Top-Manager!

Wegen des Geldes wird man nicht unbedingt Bundeskanzler, da gibt es lukrativere Jobs. Über eines aber können Kanzler nie klagen: über Langeweile. Jeder Tag ist anders und ständig steht man unter Strom. Wahrscheinlich kommen Kanzler deshalb auch mit so wenig Schlaf aus, weil sie irgendwie immer in einer »Extremsituation« sind und einen leicht erhöhten Adrenalinspiegel haben.

Die Kanzlerin mal nicht ganz so offiziell: Mit ihrem Mann Joachim Sauer am 15. Februar 2008 in Berlin auf der Premiere des Films »Katyn«.

Staatssekretäre und Minister

Wer glaubt, Minister hätten keine Ahnung, liegt gar nicht so falsch. Sie sollen vor allem gut aussehen und geschmeidig reden – das verlangt die Architektur der Macht. Die konkrete Sacharbeit wird derweil insgeheim von anderen gemacht: nämlich vor allem von ihren Sekretären.

Ministerien sind groß und es gibt ganz schön viele. Gesetzlich vorgeschrieben sind nur drei: das Bundesministerium der Verteidigung, der Justiz und der Finanzen. Klar: Man muss sich verteidigen können, man braucht Gesetze und irgendwer muss das alles bezahlen. Die übrigen Ministerien wurden mit der Zeit eingerichtet (und ändern sich auch mal). Im Moment gibt es 14 Stück:

- Auswärtiges Amt (Abkürzung: AA), auch »Außenministerium« genannt
- Bundesministerium des Innern (BMI)
- Bundesministerium der Justiz (BMJ)
- Bundesministerium der Finanzen (BMF)
- Bundesministerium für Wirtschaft und Technologie (BMWi)
- Bundesministerium für Arbeit und Soziales (BMAS)
- Bundesministerium für Ernährung, Landwirtschaft und Verbraucherschutz (BMELV)
- Bundesministerium der Verteidigung (BMVg)
- Bundesministerium für Familie, Senioren, Frauen und Jugend (BMFSFJ)
- Bundesministerium für Gesundheit (BMG)
- Bundesministerium für Verkehr, Bau und Stadtentwicklung (BMVBS)
- Bundesministerium für Umwelt, Naturschutz und Reaktorsicherheit (BMU)
- Bundesministerium für Bildung und Forschung (BMBF)
- Bundesministerium für wirtschaftliche Zusammenarbeit und Entwicklung (BMZ)

Die manchmal etwas eigenartige Themenmischung innerhalb der Ministerien hat keinen speziellen Grund, sondern ist mit der Zeit einfach so entstanden. Wenn ein neuer Bereich vergeben werden musste, hat man ihn eben dort angedockt, wo er am besten passte oder wo sich schon jemand mit dem Thema auskannte. Oder man führt gleich ein ganz neues Ministerium ein. So wurde fünf Wochen nach dem Atom-GAU in Tschernobyl 1986 das Bundesumweltministerium gegründet, das von 1994 bis 1998 übrigens Angela Merkel leitete. Ministerien können auch mal verkleinert oder zusammengelegt werden: So fusionierte man das 1949 gegründete Wirtschaftsministerium von 1971 bis 1972 mit dem Finanzministerium, dann wurde es wieder eigenständig und bekam 1998 vom Forschungsministerium den Bereich Technologie abgetreten. Dieses »Bundesministerium für Wirtschaft und Technologie« wurde von 2002 bis 2005 mit Teilen des bisherigen »Bundesministeriums für Arbeit und Sozialordnung« zusammengelegt zum Bundesministerium für Wirtschaft und Arbeit. Angela Merkel ließ die beiden Bereiche 2005 wieder trennen, so-

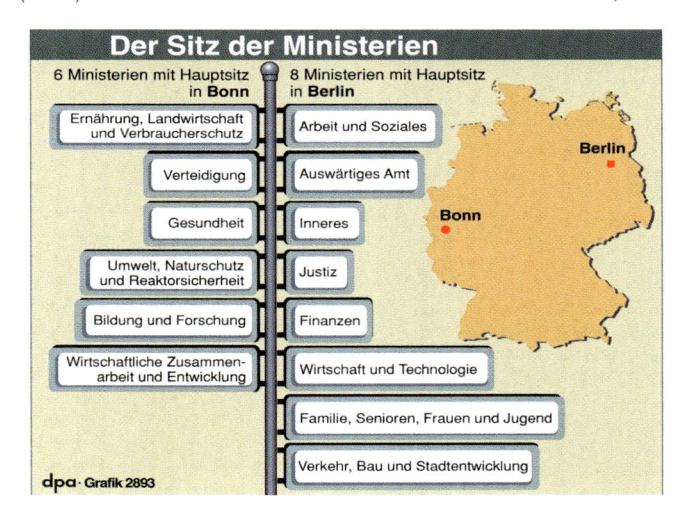

Der Sitz der Ministerien

6 Ministerien mit Hauptsitz in **Bonn**

- Ernährung, Landwirtschaft und Verbraucherschutz
- Verteidigung
- Gesundheit
- Umwelt, Naturschutz und Reaktorsicherheit
- Bildung und Forschung
- Wirtschaftliche Zusammenarbeit und Entwicklung

8 Ministerien mit Hauptsitz in **Berlin**

- Arbeit und Soziales
- Auswärtiges Amt
- Inneres
- Justiz
- Finanzen
- Wirtschaft und Technologie
- Familie, Senioren, Frauen und Jugend
- Verkehr, Bau und Stadtentwicklung

Berlin

Bonn

dpa · Grafik 2893

Nicht alle Ministerien sitzen in Berlin. Einige sind in der alten Hauptstadt Bonn geblieben.

dass es nun (wieder) »Wirtschaft und Technologie« und »Arbeit und Soziales« gibt – und somit auch wieder zwei Ministerposten, die in der Koalitionsverhandlung zu besetzen waren. Was ein Vorteil ist: Wer viele Posten verteilen kann, kann viele Leute glücklich und dankbar machen. In einer Großen Koalition, wo zwei Parteien »beglückt« werden müssen, ist das wichtig.

Der Kanzler (oder, im Moment eben: Die Kanzlerin) gibt den grundsätzlichen Kurs vor; die Minister können dann eigenverantwortlich zusehen, wie sie das Ziel erreichen. Kanzler und Minister bilden zusammen das »Kabinett« bzw. die Regierung. Oft denkt man ja, die »Regierung« wäre der Bundestag oder überhaupt der ganze politische Zirkus in Berlin, Bonn und Brüssel. Nein, die deutsche Regierung sind nur der Kanzler und die Minister. Und wenn das Kabinett tagt, sitzen alle Minister und auch Staatssekretäre mit der Kanzlerin zusammen und überlegen, welche Steuern sie als Nächstes erhöhen. Ha! War nur Spaß! Im Grundgesetz festgelegt ist das »Kollegialprinzip«: In wichtigen Streitfällen entscheidet die Regierung gemeinschaftlich, und der Minister muss sich dann kollegial verhalten und das Ergebnis vertreten, auch wenn es ihm nicht passt.

Die Minister werden meist nach »Proporz« ernannt. Das bedeutet, die Parteien, die eine Wahl gewonnen haben, müssen sich irgendwie einigen, wie die Posten besetzt werden. Bei einer Koalition müssen beide Parteien ungefähr so vertreten sein, wie es ihrem Wahlergebnis entspricht. Doch das Proporz-Prinzip geht noch viel weiter. Denn auch innerhalb einer Partei gibt es mächtige Gruppen, die zufriedengestellt werden wollen. Und damit das einigermaßen gerecht zugeht, nimmt man ein paar Frauen, ein paar Ostdeutsche, einen Bayern usw. Innerhalb einer Partei braucht man auch Leute mit verschiedenen Ansichten – die Verhältnisse (»Proportionen«) sollen ja gewahrt werden. Werden Ministerposten an Parteifreunde vom linken und vom rechten Lager vergeben, dann spricht man von »Flügelproporz«. Geht es hingegen darum, wo jemand herkommt, dann ist es »Regionalproporz«. So kann man natürlich auch mehrere Fliegen mit einer Klappe schlagen, wenn man jemanden aus dem gewünschten Eckchen der Partei und der richtigen Gegend Deutschlands findet. Das alles führt dazu, dass ein Minister sich zwar möglicherweise für sein neues Fachgebiet interessiert und vielleicht sogar Ahnung davon hat – mit etwas Pech aber auch nicht. Ministerinnen werden übrigens erst seit Ende der Neunziger so genannt, vorher war nur die männliche Bezeichnung vorgesehen: Frau Minister Sowieso.

Das ist aber okay, denn ein Minister hat sowieso kaum Zeit, sich inhaltlich um irgendetwas zu kümmern. Der Minister fährt rum, gibt Interviews, sitzt in Tagungen. Der Staatssekretär leitet in der Zeit das Ministerium. Er ist zugleich Vertreter des Ministers, zum Beispiel bei Urlaub oder Krankheit.

Ein Minister kann ein Mitglied des Bundestages sein, also ein gewählter Abgeordneter. Das ist aber nicht zwingend erforderlich. Im Grunde könnte also jeder jederzeit Minister werden. Normalerweise werden aber natürlich erfahrene Parteimitglieder hier mit einem tollen Posten belohnt. Es fällt ihnen dann auch leichter, für ihre Vorhaben Unterstützung bei ihren Parteifreunden in der Fraktion zu finden.

Okay, Staatssekretär. Aber was sind »Staatsminister«?

»Staatssekretär« klingt nicht so toll, deswegen forderte der ehemalige Minister Hans-Jürgen

Minister wider Willen

Nach der Wahl 2005 war schon praktisch beschlossene Sache, dass der damalige CSU-Chef und bayerische Ministerpräsident Edmund Stoiber ein extra für ihn zurechtgeschmiedetes Superministerium übernehmen sollte (das Ministerium für Wirtschaft und Technologie). Dann aber erklärte der SPD-Parteivorsitzende Franz Müntefering seinen Rücktritt. Das nahm Stoiber erleichtert zum Anlass, doch lieber in Bayern zu bleiben, weil sich »die Geschäftsgrundlage« geändert habe. Was aber wohl nur ein Vorwand war, eigentlich hatte Stoiber längst das ungute Gefühl, dass eine Aufgabe am Kabinettstisch in Berlin nicht so schön ist wie sein Job als Ministerpräsident Bayerns. Seinem Wirtschaftsministerium hatten Aufgaben aus dem für Müntefering vorgesehenen Arbeitsministerium zugeschoben werden sollen, und das klappte nun nicht. Nun musste schnell ein

neuer CSU-Mann gefunden werden, um die delikate Balance nicht zu stören. Und so wurde Michael Glos Minister für Wirtschaft und Technologie, obwohl es heißt, dass er dazu eigentlich gar keine Lust hatte, sondern lieber Verteidigungsminister geworden wäre. Aber das Leben ist ja kein Ponyhof. 2005 trat er brav sein Amt als Bundeswirtschaftsminister an – im Februar 2009 bat er um seine Entlassung.

CSU-Politiker Michael Glos als Wirtschaftsminister beim Besuch in einem Walzlagerwerk.

Wischnewski 1974 einen schmissigeren Titel. Daraufhin beschloss man, dass Außenminister Genscher seinen neuen Parlamentarischen Staatssekretär auch »Staatsminister« nennen dürfte. Das sollte vor allem auch im Ausland Eindruck machen, wo eine »secretary« oft nur eine Sekretärin ist. Andererseits: Die amerikanische Außenministerin Hillary Clinton führt die Bezeichnung »Secretary of State« und der dänische Regierungschef ist offiziell ein »Staatsminister«.

Wie auch immer, jedenfalls dürfen sich Parlamentarische Staatssekretäre im Auswärtigen Amt und im Kanzleramt »Staatsminister« nennen und sich insofern ein bisschen toller fühlen als die anderen. Nicht zu verwechseln sind die Staatsminister im Kanzleramt mit dem Kanzleramtsminister. Er ist der oberste Behördenleiter und tatsächlich etwas sehr viel Besseres als jeder Staatssekretär. Von denen gibt es auch noch zwei Arten, die man

unterscheiden muss: beamtete Staatssekretäre und Parlamentarische Staatssekretäre. Die beamteten Staatssekretäre sind die eigentlich wichtigen, die dem Minister das Haus leiten und ihn eng beraten, während die Parlamentarischen Staatssekretäre eine Art Schnittstelle zwischen Minister und Fraktion bilden sollen, im Grunde aber meist ohne großen Einfluss sind. Manchmal wird die Position auch zur Postenversorgung von geschätzten Parteikollegen genutzt. Die Parlamentarischen Staatssekretäre verlieren ihr Amt automatisch, wenn der Minister geht, weil sie keine Beamten sind. Sie sitzen zudem als Abgeordnete im Bundestag, manchmal sogar auf der Regierungsbank, wenn der Minister verhindert ist oder keine Lust hat. Vor allem sind die »Parlamentarischen« dafür zuständig, für ihren Minister die Fraktion bei Laune zu halten. Sie helfen dem Minister also dabei, seine Gesetzespläne mit den

ten sie gut 70 Prozent ihres bisherigen Gehalts als Übergangsgeld (aber nur höchstens drei Jahre lang) und danach eine Pension. Das ist bei den Parlamentarischen Staatssekretären nicht so. Entlassene Minister oder Staatssekretäre bekommen aber oft gut bezahlte neue Jobs bei internationalen Großkonzernen (zum Beispiel im Aufsichtsrat oder als Berater).

Und was machen die alle den ganzen Tag?

Die Staatssekretäre sind meistens diejenigen, die richtig Ahnung haben von dem, was in ihrem Fachbereich zu tun ist. Sie werden von den Abteilungsleitern darüber auf dem Laufenden gehalten, was in den verschiedenen »Referaten« los ist. So nennt man die verschiedenen Abteilungen in Behörden. Wer dort arbeitet, wird nicht gewählt und muss normalerweise bei einem Regierungswechsel auch nicht um den Job fürchten. Das mag auf den ersten Blick undemokratisch erscheinen, ist aber sinnvoll, weil man ja sonst alle vier Jahre viele tausend Stellen neu besetzen müsste und monatelang keiner wüsste, was zu tun ist. Solange die Mitarbeiter die Vorgaben der Chefs (also: der Minister und Staatssekretäre) befolgen, ist alles okay.

Ein großes Ministerium kann bis zu 100 Referate haben – dann gibt es sogar mehrere Staatssekretäre, die sich die Arbeit teilen.

Und was machen die nun den ganzen Tag? Dasselbe, was Chefs überall machen: Sie sitzen am Schreibtisch und lesen bergeweise dicke Akten. Sie entscheiden, was dem Minister auf den Schreibtisch gelegt wird. Zwischendurch sitzen sie in Sitzungen und besprechen das weitere Vorgehen mit den Mitarbeitern. Dann erklären sie dem Minister, was der wissen muss, und überlegen vielleicht auch, worauf er oder sie bei einer wichtigen Rede mal hinweisen oder womit er angeben könnte. Sie sprechen mit Leuten aus der Praxis, zum Beispiel Unternehmern, und überlegen, welche neuen Vorhaben der Minister ansto-

Abgeordneten im Bundestag abzusprechen, damit die auch brav mit Ja stimmen. Verglichen zu den beamteten Staatssekretären haben die Parlamentarischen nicht so viel Einfluss.

Wirklich mächtig sind hingegen die beamteten Staatssekretäre; sie gelten als die heimlichen Könige Berlins. Sie haben die meiste Ahnung und machen die meiste Arbeit, sie leiten für den Minister die ganze Behörde. Auch sie sind politische Beamte, die ihren Job verlieren können, wenn sich der Wind dreht. Ein CDU-Minister will in der Regel verständlicherweise keinen SPD-Staatssekretär an der Spitze seines Ministeriums haben. Also müssen auch beamtete Sekretäre bei einem Regierungswechsel ihren Platz räumen.

Wie viel Geld sie nach einem Rauswurf bekommen und ob sie noch weiter arbeiten müssen, das hängt davon ab, ob sie beamtete oder Parlamentarische Staatssekretäre waren. Beamtete Staatssekretäre können jederzeit in den einstweiligen Ruhestand versetzt werden. Dann erhal-

ßen könnte. Sie führen für den Minister Verhandlungen. Sie achten darauf, dass das Ministerium innerhalb einer Regierungskoalition eine wichtige Rolle spielt und genug Geld bekommt. Sie sprechen auch mit Journalisten und sorgen dafür, dass der Minister möglichst gut dasteht. Und dann warten sie wieder darauf, dass ihnen neue Akten gebracht werden, in denen sie nachlesen können, dass alles so läuft wie besprochen. Manchmal ist ein Staatssekretär für den Minister so ein enger Vertrauter, dass die beiden ein ganzes politisches Leben eng zusammenarbeiten. Für Franz Müntefering zum Beispiel war Kajo Wasserhövel, sein Staatssekretär im Arbeitsministerium, derart wichtig, dass er ihn zum SPD-Generalsekretär machen wollte. Als die Partei dagegen war, schmiss Müntefering 2005 seinen Zweit-Job als SPD-Chef hin.

Ein guter Staatssekretär oder Staatsminister macht seinem Vorgesetzten nicht das Rampenlicht streitig, sondern wirkt weitgehend lautlos im Verborgenen. Auch in einigen Bundesländern gibt es Staatssekretäre, die dann natürlich weniger verdienen und weniger zu sagen haben. Auf jeden Fall gehören die Staatssekretäre zum obersten Regierungspersonal und um ihre Posten wird fast genauso geschachert wie um die Ministerposten.

Die »Vertrauensfrage«

Wie Politiker versuchen, Gesetzeslücken zum Machterhalt auszunutzen – und was dabei alles schief gehen kann ...

Die »Vertrauensfrage« stellt der Kanzler dem Parlament (dem Bundestag), um herauszufinden, ob er sich des Vertrauens der Abgeordneten noch sicher sein kann. Wenn über die Hälfte ihm nicht das Vertrauen ausspricht, gibt es folgende Möglichkeiten:

- mit den Achseln zucken und einfach weiterregieren
- versuchen, eine neue Mehrheit/ Koalition zu finden
- zurücktreten; dann muss der Bundestag einen neuen Kanzler wählen
- den Bundespräsidenten um die Auflösung des Bundestages bitten (dann gibt es Neuwahlen)
- einen »Gesetzgebungsnotstand« beim Bundespräsidenten beantragen, den der Bundestag genehmigen muss

Bislang wurde in der Bundesrepublik die Vertrauensfrage fünf Mal gestellt; zwei Mal kam es zu Neuwahlen.

Mithilfe der Vertrauensfrage kann ein Kanzler testen, wie es um seine Regierungsmehrheit steht. Er darf dabei auch die Vertrauensfrage zusammen mit einer Sachfrage stellen und so versuchen, die Abgeordneten zu einer Zustimmung zu bewegen oder zumindest deutlich zu machen, wie wichtig ihm ein Thema

Mehrheit ist nicht gleich Mehrheit

Je nachdem, wie wichtig das Thema ist, um das es geht, sind im Bundestag verschiedene Mehrheiten nötig. Der Standard ist die »einfache Mehrheit« – das ist über die Hälfte der anwesenden Abgeordneten. In manchen Fällen ist die Zustimmung von zwei Dritteln der Anwesenden nötig. Die höchste Hürde sind zwei Drittel aller Mitglieder des Bundestages (egal, ob sie nun anwesend sind oder nicht). Das ist zum Beispiel für Grundgesetzänderungen vorgeschrieben. Als »Kanzlermehrheit« bezeichnet man die »absolute Mehrheit« – über die Hälfte aller Bundestagsmitglieder (ob anwesend oder nicht). So viele Stimmen braucht ein Kanzler nämlich, um gewählt zu werden, und die meisten Gesetze lassen sich mit dieser Mehrheit ebenfalls durchsetzen.

ist. Das tat zum Beispiel Gerhard Schröder 2001, als er den Einsatz von Bundeswehrsoldaten in Afghanistan mit der Vertrauensfrage bündelte. Das führte zu großen Problemen für die Abgeordneten der Grünen, die für Kanzler Schröder waren, aber gegen den Militäreinsatz. Acht von ihnen teilten ihre Stimmen: vier für Schröder und Bundeswehr, vier dagegen. Die CDU/CSU, die weitgehend für einen Militäreinsatz war, lehnte es hingegen ab, bei der Gelegenheit den SPD-Kanzler abzunicken.

Gewählt wird in Deutschland alle vier Jahre, und da der Kanzler nicht direkt gewählt wird, ist es im Grunde egal, ob dem die Lage der Dinge nun passt oder nicht – wenn ein Kanzler keine Mehrheit mehr findet, soll der Bundestag eben einen neuen wählen, wenn möglich. Dann muss nicht gleich das ganze Volk an die Urnen. Dass der Bundestag einen neuen Kanzler wählen darf, kann man natürlich auch nutzen, um einen Kanzler zu stürzen. Die Abgeordneten sprechen ihm ihr Misstrauen aus. Das »konstruktive Misstrauensvotum« ist sozusagen die Umkehrung der Vertrauensfrage. Allerdings muss das Misstrauensvotum »konstruktiv« sein (im Gegensatz zu »destruktiv« – zerstörerisch), es muss also gleich ein neuer Kanzler gewählt werden. Man will damit verhindern, dass Deutschland in eine Regierungskrise gerät, weil weit und breit kein Kanzler in Sicht ist. Ein solches Misstrauensvotum gab es zum Beispiel am 1. Oktober 1982: Die FDP trennte sich vom Koalitionspartner SPD und lief zur CDU über, damit hatte der SPD-Kanzler Helmut Schmidt keine Mehrheit im Parlament mehr, und der Bundestag wählte den neuen CDU-Kanzler Helmut Kohl.

Manchmal stellen Kanzler die Vertrauensfrage aber auch nur, weil sie Neuwahlen wollen, obwohl sie eine Regierungsmehrheit hatten und weiter regieren könnten: Helmut Kohl und Gerhard Schröder haben das getan.

Im ersten Fall war Kanzler Helmut Kohl gerade erst durch das »konstruktive Misstrauensvotum« an die Macht gekommen, er wollte aber, dass »das Volk zustimmt«, und er rechnete zudem mit einem guten Wahlergebnis. Also stellte er die Vertrauensfrage. Es war im Voraus abgesprochen, dass sich alle CDU- und FDP-Abgeordneten enthalten, anstatt ihm das Vertrauen auszusprechen. Dasselbe tat Gerhard Schröder 2005, wenn auch aus anderen Motiven. Er hatte tatsächlich große Mühe, sich seiner Leute sicher zu sein und zu regieren. Und so setzte er alles auf eine Karte und wollte Neuwahlen – in der Hoffnung, dass vielleicht doch mehr Bürger den bisherigen Kanzler behalten wollen, statt eine neue Kanzlerin zu bekommen. Das hätte ihn innerhalb seiner Partei wieder gestärkt. Allerdings verlor er die vorgezogene Wahl im Herbst 2005 dann doch noch knapp gegen Angela Merkel.

Rechnung nicht aufgegangen

Misstrauensvoten können auch scheitern. Willy Brandt wurde 1972 das Vertrauen des Parlaments ausgesprochen, obwohl seine Gegner sicher waren, ihn stürzen zu können. Sein Konkurrent, CDU-Mann Rainer Barzel, hätte rechnerisch eigentlich eine Mehrheit haben sollen bei seinem Misstrauensvotum gegen Willy Brandt. Allerdings waren wohl vom Geheimdienst der DDR Bundestagsabgeordnete bestochen worden, damit sie für Brandt stimmten und Barzel stoppten. Denn der DDR-Führung war Brandt mit seiner Ostpolitik lieber als ein CDU-Mann. Außerdem hatte man mit Günter Guillaume schon einen DDR-Spion im Kanzleramt platziert, da wollte man keinen Regierungswechsel in Bonn.

Trotz der Machtspielchen von Kohl und Schröder besteht der Zweck dieser Instrumente an sich darin, eine Regierung auch nach einer Kanzler-Krise

eben gerade ohne Neuwahlen die vollen vier Jahre regieren zu lassen.

Ähnliche Möglichkeiten gibt es auch in den einzelnen Bundesländern, so kam der Berliner SPD-Bürgermeister Klaus Wowereit 2001 nach einem Misstrauensvotum gegen seinen CDU-Vorgänger Eberhard Diepgen an die Macht.

Müssen sich Politiker besonders korrekt verhalten?

Wer glaubt zu wissen, was richtig für andere ist, muss natürlich mit gutem Beispiel vorangehen. Deshalb liegt die moralische Messlatte für Politiker – aber zum Beispiel auch für Lehrer und Pfarrer – höher.

Jeder muss sich an dem messen lassen, was er selbst predigt. Und speziell Politiker dürfen sich im Zeitalter von »Bürgerreportern« und You-Tube-Videos keinen Moment der Schwäche oder Unaufmerksamkeit leisten. Das gilt in dieser Intensität sicher nur noch für Showstars wie Britney Spears oder Paris Hilton: Kaum steigen die einmal ohne Unterhose aus dem Auto, geht das entsprechende Foto ja auch um die Welt. Mit dem Unterschied, dass sie genau das auch wollen, sonst würden sie ja ihre Slips nicht im Schrank liegen lassen. Politiker wollen auch, dass ständig ganz viel über sie berichtet wird. Der Schuss kann manchmal allerdings schwer nach hinten losgehen.

2001 hatte der damalige Verteidigungsminister Rudolf Scharping (SPD) mit seiner neuen Freundin im Swimmingpool auf Mallorca für Fotografen posiert (Schlagzeile: »Minister total verliebt«) – während Bundeswehrsoldaten kurz davor standen, in einen schwierigen und gefährlichen Einsatz auf den Balkan (Mazedonien) geschickt zu werden. Das war schlechter Stil, fand auch seine Partei. Scharping ging dann sehr schnell auch politisch baden. Man wollte ihn loswerden und ein Jahr später musste er seinen Job auch tatsächlich

abgeben. Sein Verhalten war ungeschickt und unsensibel – es war aber wenigstens nicht heuchlerisch.

Eine falsche Fassade ist bei einem Politiker noch viel schlimmer. Man sagt dazu: »Wasser predigen, aber Wein trinken«. Das wäre zum Beispiel der Fall, wenn ein Politiker predigt, dass alle bescheiden leben sollen, während er heimlich in einer großen Villa wohnt. Oder wenn ein stramm konservativer, katholischer Politiker gegen Frauen wettert, die abtreiben, weil er strikter Abtreibungsgegner ist – dann aber seine heimliche Geliebte dazu drängt, das gemeinsam gezeugte Kind abzutreiben, damit er keinen Ärger bekommt. Das ist ein besonders krasses (ausgedachtes) Beispiel.

Es kam aber auch gar nicht gut an, dass der CSU-Politiker Horst Seehofer sich in Zeitschriften gerne mit seiner Ehefrau und den gemeinsamen Kindern fotografieren ließ und öffentlich betonte, wie wichtig traditionelle Familienwerte für ihn sind. Dann kam aber heraus, dass er heimlich seit Jahren eine Geliebte in Berlin hat, die nun ein Kind von ihm bekam. Er ließ Geliebte und Ehefrau auch noch lange zappeln, für wen er sich entscheidet. Dass sich ein Mensch neu verliebt, ist dabei nicht das Problem. Das Problem ist, dass man an dem gemessen wird, was man öffentlich vertritt. Deshalb wiegen solche Fehltritte bei konservativen Politikern schwerer.

Als SPD-Kanzlerkandidat Gerhard Schröder seine Frau Hillu verließ und sich zu seiner neuen Freundin Doris Köpf bekannte, hat ihm das nicht geschadet. Er war eh schon mehrfach geschieden, die Ehe mit Doris ist bereits seine vierte. Er tat nie konservativ-streng und die meisten SPD-Wähler störte sein Privatleben auch nicht sonderlich. CDU-Sympathisanten sind da vielleicht etwas weniger begeistert, aber das ändert sich inzwischen auch zunehmend. Auch Frau Merkel ist ja geschieden. Und ihr Mann geht seinem eigenen Beruf als Professor nach, statt sich wohltätigen Stiftungen zu widmen, wie »Politikergattinnen« das oft tun.

Manchmal ist das Bemühen von Politikern, nur ja nicht moralisch anzuecken, auch total verkrampft. So fahren Spitzenpolitiker meistens nur in Urlaubsorte, von denen sie meinen, dass es nicht zu abgehoben wirkt. Bevorzugt bleiben sie gleich in Deutschland oder zumindest in der Nähe und lassen sich natürlich nicht in einer schicken Villa erwischen. Das käme wahrscheinlich sehr schlecht an. Insofern haben Politiker auch

nie wirklich Urlaub. Und ein schickes Hobby dürfen sie auch nicht haben, sonst sagen alle: Puh, der hat wohl zu viel Zeit und Geld!

Das größte Problem für Politiker ist aber nicht ihr Privatleben, sondern wenn sich herausstellt, dass sie mit Geld gemauschelt haben. Manchmal werden dann an Politiker auch sehr strenge Maßstäbe angelegt: Schwarz beschäftigte Putzfrauen zum Beispiel gibt es in Deutschland wahrscheinlich Millionen, kaum einer hat dabei ein großes Unrechtsgefühl. Doch wenn Politiker ihre Putzfrauen an der Steuer vorbei bar bezahlen, dann kann sie das den Job kosten, weil alle total empört sind, wenn es rauskommt.

Offene Worte sind politisch riskant

Manchmal sagen oder tun Politiker auch etwas spontan, ohne vorherzusehen, wie das auf andere wirkt und was sie damit auslösen:

Der CDU-Politiker Peter Gloystein, damals Wirtschaftssenator in Bremen, begoss zum Beispiel im Mai 2005 einen Arbeitslosen mit Sekt – angeblich als Scherz. Nicht lustig, fanden alle anderen, und der ehemalige Frankfurter Bankier erklärte nach nur acht Monaten im Amt seinen Rücktritt.

Der damalige SPD-Chef Kurt Beck wiederum geriet im Herbst 2006 in die Schlagzeilen, als er eine »Unterschichten«-Diskussion lostrat. Sachlich hatte er zweifellos recht: »Es gibt viel zu viele Menschen, die keinerlei Hoffnung mehr haben, den Aufstieg zu schaffen«, sagte er in einem Interview. »Sie finden sich mit ihrer Situation ab.« Früher hätte es in armen Familien das Bestreben gegeben, nach oben zu kommen, Erfolg zu haben. Dieser Ehrgeiz drohe heute verloren zu gehen. Beck: »Manche nennen es Unterschichtenproblem.«

Diese Situation ist für die SPD sehr schwierig, denn ihr brechen damit Wähler weg. Die Parteiphilosophie war immer: Mit Anstrengung, Bildung und ein bisschen Staatshilfe kann es jeder schaffen, von ganz unten hochzukommen. Wer das

PR-Katastrophe: Während deutsche Soldaten sich auf einen gefährlichen Einsatz vorbereiteten, turtelte Verteidigungsminister Scharping mit Freundin im Pool.

Viele freuen sich über ein warmes Essen bei der Armenspeisung im Kloster.

nicht glaubt, wählt auch nicht SPD. Und die Friedrich-Ebert-Stiftung ermittelte, dass das nicht eben wenige sind: acht Prozent der Bevölkerung, etwa 6,5 Millionen Bürger, lebten in »perpetuierter Hoffnungslosigkeit« (perpetuiert heißt: ständig). Damit sind auch Familien gemeint, in denen es als ganz normal empfunden wird, von Sozialhilfe zu leben, und man gar nicht mehr auf die Idee kommt, sein Leben selbst in die Hand zu nehmen und Arbeit zu suchen. Oft ist Alkohol im Spiel – ein Teufelskreis: Man säuft, um sich besser zu fühlen, aber weil man säuft, wird nie irgendetwas besser.

Trotzdem: »Unterschicht« galt als ein politisch unkorrekter Begriff für einen Sozialdemokraten, denn »Unterschicht« klingt nach »unten und oben« und damit Klassengesellschaft, und genau die wollen Sozialdemokraten ja überwinden. Also sollte man so etwas nicht sagen, und schon gar nicht über Leute, von denen man gern gewählt würde! Lieber sprechen Dampfplauderer von »neuen Armen«, von »sozial Schwachen« oder dem »abgehängten Prekariat« (von »prekär«, d.h. bedenklich, problematisch. Das sind Leute in sozial schwierigen Lebensverhältnissen.)

Ein anderer typischer Begriff ist »bildungsferne Haushalte«. Damit sind Familien gemeint, in denen die Eltern eine geringe (Schul-)Bildung haben, ihren Kindern nicht bei Schularbeiten helfen können und es auch nicht wichtig finden, dass die Kinder mehr lernen als sie selbst. Bei ausländischen Familien sind häufig geringe Deutschkenntnisse ein großes Problem. Unkorrekt würde man vielleicht von »ungebildeten Leuten« sprechen. Als Politiker sollte man aber viele Worte besser nie in den Mund nehmen.

»Einmal waschen und rasieren«

Sonst geht es einem wie Kurt Beck. Der legte Mitte Dezember 2006 noch mal nach, als er einen pöbelnden Arbeitslosen auf dem Weihnachtsmarkt in Wiesbaden anschnauzte: »Wenn Sie sich waschen und rasieren, haben Sie in drei Wochen einen Job.« Beck war wohlgemerkt nicht etwa privat auf Glühweinsuche, sondern mit Journalisten unterwegs.

Hartz-IV-Empfänger Henrico Frank wurde innerhalb von Stunden zum bekanntesten Arbeitslosen Deutschlands. Er wusch und rasierte sich und

Kurzfristig berühmt: Der Arbeitslose Henrico Frank erhielt vom SPD-Mann Kurt Beck gute Ratschläge zum Selbstmarketing. Und fand tatsächlich wieder Arbeit!

Becks Leute vermittelten ihm Jobangebote. Derweil protestierten Arbeitslose vor dem Landtag in Mainz. Natürlich gibt es Drückeberger, und Henrico Frank zeigte auch wirklich keine große Begeisterung über die neuen Arbeitsangebote. Aber das Hauptproblem besteht eindeutig darin, dass es in vielen Branchen weniger Arbeitsplätze gibt als Arbeitsuchende. Viele Arbeitslose fühlten sich deshalb von Beck persönlich angegriffen und verleumdet. Und die gesamte Presselandschaft hatte ein »Aufreger-Thema«, über das sie rauf und runter berichten konnte: Herrlich, wenn mal ein Politiker Klartext redet! Allerdings kein Wunder, dass Politiker das so selten tun, wenn man sich anguckt, wie Beck dafür bestraft wurde.

Becks Probleme in Sachen »Unterschicht« und »Rasier-dich-erst-mal« sind eben typische Beispiele für »political correctness«. Es gibt Dinge, die darf man vielleicht denken, sie mögen sogar richtig sein, man sollte sie aber – zumindest so – aus strategischen Gründen nicht laut sagen.

Man nennt das »political correctness« (abgekürzt: PC; deutsch: politische Korrektheit). Das ist ursprünglich ein amerikanischer Begriff oder eine »politische Pest aus den USA«, wie das Magazin »Focus« findet. Ursprünglich ging es darum, sprachliche Diskriminierung zu bekämpfen, um zum Beispiel so böse gemeinte Begriffe wie »Nigger« oder »Krüppel« zu verbieten. Aus der an sich korrekten Forderung nach der Gleichberechtigung von Mann und Frau entstanden dann auch bei uns

so sprachliche Bandwürmer wie »Mitarbeiterinnen und Mitarbeiter« oder »Bürgerinnen und Bürger«. Eigenartigerweise aber nie »Steuerhinterzieherinnen und Steuerhinterzieher«, oder ›Terroristinnen und Terroristen«. Ein bisschen albern wird es allerdings, wenn Blinde in den USA als »visually challenged« – etwa: »visuell herausgefordert« bezeichnet werden. Gut gemeint, aber absurd. Dass türkische und polnische Kollegen auf dem Bau plötzlich zu »Mitbürgern mit Migrationshintergrund« verrührt werden, ist manchmal schon ziemlich krampfig. Andererseits ist politisch korrekt sein auch korrekt: Dass die gezielt abwertende Bezeichnung »Multikultischwuchteln« in einer Patriotismusrede des damaligen CDU-Abgeordneten Henry Nitzsche nicht einfach durchgewunken wurde, sondern für einen Skandal sorgte, ist sicher ein direktes Ergebnis der PC-Bestrebungen. Nitzsche musste seine Partei jedenfalls zu Recht verlassen.

Nur einer, scheint's, darf denken und sagen, was er will: Exbundeskanzler Helmut Schmidt. Als der China-Fan mit 89 Jahren im Mai 2008 von Sandra Maischberger nach den gravierenden Menschenrechtsverletzungen im Land der Mitte befragt wurde, konterte er kettenrauchend: »Das ist doch nicht mein Bier.« Damit wollte er nicht sagen, dass ihm Menschenrechtsverletzungen egal sind, sondern dass der Westen sich nicht ständig in Chinas Politik einmischen und die Chinesen kritisieren soll. Politisch korrekt formuliert aber war es nicht. Tja – wer die Karriere hinter sich hat, kann endlich reden, wie ihm der Schnabel gewachsen ist.

Warum sind Populisten so populär?

Man kann »politische Unkorrektheit« aber auch bewusst einsetzen, um Aufmerksamkeit zu erzielen. Denn alle Politiker wollen populär sein. (»Populär« kommt von lateinisch »populus«: das Volk. Populär sein heißt also übersetzt: was beim Volk gut ankommt, was beim Volk beliebt macht.) Dagegen ist nichts zu sagen, schließlich sind wir das

Einfache Lösungen für schwierige Probleme: Mit schmissigen Parolen werben populistische Parteien wie die NPD um Zustimmung.

Volk, und die Politiker sollen sich doch bitte nach unseren Wünschen richten! Es gibt allerdings eine Grenze, bei der das Populäre populistisch wird. Wo liegt der Unterschied? Wenn Politiker versprechen, im Falle eines Wahlsieges die Mineralölsteuer zu senken (»Wir machen Benzin billig!«), ist das populär, man ist damit aber kein Populist. Wer populistisch redet, lockt nicht nur mit irgendeinem Versprechen, sondern mit gefährlich falschen Versprechungen, die weit über eine einzelne Steuersenkung hinausgehen. Typischerweise locken Populisten damit, dass es für Probleme vermeintlich einfach Lösungen gibt, weil sich die angeblichen Ursachen dieser Probleme einfach beseitigen ließen. Zum Beispiel: »Wenn wir alle Ausländer rauswerfen, gibt es für die Deutschen endlich wieder genug Jobs.« Das ist nicht nur volksverhetzend, unmenschlich und kriminell. Sondern es ist auch völliger Quatsch. Würden wir tatsächlich alle ausländischen Mitbürger rausschmeißen, würde unsere Wirtschaft zusammenklappen und jede Menge Arbeitsplätze gingen verloren. (Und wer ist in diesem Sinne überhaupt »Ausländer«? Auch diejenigen, die in Deutschland geboren wurden, perfekt deutsch können und einen Uniabschluss haben – aber einen italienischen Nachnamen?) Wir würden aus der Europäischen Union und sämtlichen anderen internationalen Organisationen geschmissen, weil man Länder, die sich so gewaltsam verhalten, da nicht haben will. Am Ende würde Deutschland verarmen.

Ein kurzer Blick in die Geschichte genügt: Der größte Populist von allen war Adolf Hitler. An den Spätfolgen seines Populismus leidet Deutschland heute noch. Aber in den Ohren mancher klingt solches Gerede trotzdem gut: Da ist ein Problem, dafür gibt es (angeblich) eindeutige Sündenböcke und eine einfache Lösung. Typisch für Populisten ist, dass sie als Persönlichkeit eine gewisse Ausstrahlung haben. Zum Beispiel, dass sie überdurchschnittlich gut aussehen, wie der stets braun gebrannte österreichische Rechtspopulist Jörg Haider, der sehr charmant auftreten konnte. Populisten »spielen« oft mit Aussagen, die man eigentlich nicht machen darf. Sie treten also bewusst »politisch unkorrekt« auf und nehmen gerade damit für sich in Anspruch, die einzig Ehrlichen zu sein. Marke: »Die anderen belügen euch ja nur, ich sag es, wie es wirklich ist.« Diese Eigenwerbung folgt genau den Gesetzen, die jeder Werbefachmann benutzt, um Waschmittel oder Autos zu verkaufen: Wecke Aufmerksamkeit! Sei ungewöhnlich! Gib den Konsumenten das Gefühl, dass es ihnen sofort rundum wunderbar gehen wird, wenn sie das Produkt kaufen!

Tatsächlich aber hat es noch kein Populist geschafft, seine Glücksversprechen umzusetzen. Komisch … wo doch angeblich alles so einfach ist?! Deshalb gilt: Wenn Politiker über »die da oben« schimpfen, obwohl sie selbst ganz dringend nach oben wollen, ist in jedem Fall Vorsicht geboten.

Wie ein Gesetz entsteht

Von taktischen Manövern, verwirrenden Verweisen und Abstimmungen gegen die eigene Überzeugung …

Eigentlich entsteht ein Gesetz so: Politiker in Berlin überlegen sich, was sie machen wollen, zum Beispiel: »Verpackungen müssen recycelt werden«. Die Idee dazu kann ein Minister haben, ein Bundestagsabgeordneter oder auch ein Bundesland. Dann wird das Gesetz in den Bundestag eingebracht und dort diskutiert (das heißt »1. Lesung«). Danach wird es in den Ausschüssen beraten. Dort treten Experten auf, und gleichzeitig reden viele

Lobbyisten auf die Abgeordneten ein, um klarzumachen, warum es gut oder schlecht ist, Verpackungen getrennt vom übrigen Müll zu sammeln. Schließlich wird das Gesetz in überarbeiteter Form wieder in den Bundestag eingebracht (»2. Lesung«), dann vielleicht noch mal ein wenig verfeinert, und schließlich in »3. Lesung« verabschiedet. Allerdings kann es trotzdem wieder auftauchen, nämlich wenn es durch den Bundesrat muss (weil

Ohne Druck kein Erfolg

Selbstverpflichtungen sind der Versuch der Betroffenen, ein Gesetz zu vermeiden. Nur: Wenn sie sich an die Vorgaben halten wollten, hätten sie ja auch nichts gegen eine echte Vorschrift. Deshalb kann man davon ausgehen: Selbstverpflichtungen werden praktisch nie eingehalten. Beispielsweise sollten auf der Hamburger Reeperbahn ab 20 Uhr keine Glasflaschen mehr verkauft werden, weil sie bei Schlägereien als Waffen eingesetzt wurden. Ein Test nach sechs Monaten ergab: Die überwiegende Mehrheit kümmerte sich nicht um die Vereinbarung.

das Gesetz die Zustimmung der Länder braucht). Erst wenn die Länder dann auch Ja sagen, kann es der Bundespräsident prüfen und unterschreiben – und dann tritt das Gesetz in Kraft. Damit ist aber oft auch noch nicht Schluss. Oft gibt es nämlich Gruppen, die sich so benachteiligt fühlen, dass sie vor dem Bundesverfassungsgericht gegen das Gesetz klagen. Erst wenn das Bundesverfassungsgericht »okay« sagt, ist ein Gesetz wirklich durch. Das Ergebnis kann dann ein System sein wie der »Grüne Punkt«.

Manchmal wird es in der Praxis aber noch viel schwieriger. Und die Entstehung eines Gesetzes ist geradezu absurd verwickelt. Wie zum Beispiel beim Nichtrauchergesetz. 3 300 Menschen sterben in Deutschland alljährlich am Passivrauchen, 130 000 am Rauchen. Das ist unbestritten. Und europaweit sind Rauchverbote sowieso schon üblich.

Okay, könnte man denken, alles easy. Die Regierung verbietet das Rauchen – und dann logischerweise auch den Verkauf von Zigaretten und Tabak. Andererseits: 14 Millionen Euro Tabaksteuer lässt man sich nur ungern entgegen. Ein absolutes Verbot fällt schon deshalb aus. Außerdem: Rauchen ist seit Jahrhunderten erlaubt, genau wie Alkohol, der auch sehr schädlich ist. Soll man das einfach so verbieten? Die Leute wissen schließlich selbst, dass es schädlich ist. Ist es nicht ihr Bier, wenn sie qualmen? Manche rauchen ja auch nur hin und wieder. Und wenn man es total verbietet, würde sich wahrscheinlich ein illegaler Schwarzmarkt bilden, und viele Raucher

wandeln sich von braven Staatsbürgern zu Kriminellen und pflanzen heimlich Tabak im Badezimmer an. Ein Totalverbot ist also keine Lösung. Deshalb suchte man einen Kompromiss: Die Nichtraucher sollen geschützt werden, ohne dass man das Rauchen und den Tabak komplett verbietet. So weit, so gut.

Über 20 Jahre lang debattierte man schon über den Nichtraucherschutz und zwischen 60 und 80 Prozent der Bevölkerung sind auch für Nichtraucherschutz. Doch nicht nur in Büros und öffentlichen Gebäuden sollte das Rauchen verboten werden, sondern auch in Gaststätten. Denn eine Selbstverpflichtung des Gaststättenverbandes hatte nichts gebracht: Nur 800 von 240 000 Restaurants waren rauchfrei.

Deshalb sollte nun endlich ein bundesweites Rauchverbot für alle öffentlichen Räume beschlossen werden: Einkaufszentren, Schulen, Behörden, Flughäfen, Restaurants, Büros, Kneipen. Nur zu Hause oder draußen an der frischen Luft dürfte gequarzt werden. Das ist auf den ersten Blick schlüssig. Aber: die Restaurantbesitzer sehen das anders. Sie finden, dass es ihre Sache ist, ob in ihrer Gaststätte geraucht wird oder nicht. »Braucht ja keiner kommen, den es stört«, sagen sie. Und sie fürchten um ihre Umsätze: Raucher gehen gerne aus, und wenn sie nicht rauchen dürfen, bleiben sie weg oder gehen früher nach Hause.

Die Politik ahnte, dass es nicht einfach würde mit den Rauchverboten. Der Gesetzentwurf wurde in eine kleine Arbeitsgruppe aus vier Abgeordneten und zwei Parlamentarischen Staatssekretären verwiesen und dort erstmal eine Weile zerredet. Ganz schnell lag da auch eine Liste mit Ausnahmevorschlägen auf dem Tisch. Sie stammte direkt von den Zigarettenherstellern selbst – aber ohne Absenderangabe. Naja, versuchen kann man es ja mal.

Es folgte, nach vielen Monaten Ausschussarbeit, der Einspruch des Bundesinnenministeriums: Die Bundesregierung könne Gaststätten gar keine Vorschriften machen – das sei Ländersache. Ätsch! Umsonst diskutiert! Zwar ist für den Gesundheitsschutz der Bund zuständig, aber anscheinend hört die Zuständigkeit vor der Kneipentür auf. Das Innenministerium bezog sich dabei allerdings auf ein Gutachten, das von der »Forschungsgesellschaft Gesundheit und Rauchen« im Auftrag der Tabakindustrie erstellt worden war. Gute Lobbyisten haben eben gute Drähte bis ganz nach oben!

Das Gesetzesvorhaben wurde also an die Regierungen der Bundesländer verwiesen, die zuständig für Gaststätten sind. Die Länder sind bei einem ersten Treffen auch recht gutwillig. Doch dann wird die Tabaklobby auf Länderebene aktiv: Der Verband der Cigarettenindustrie (VDC) sponserte eifrig und großzügig Sommerfeste von Ministerpräsidenten. Parallel werden Journalisten vom Zigarettenhersteller Reemtsma mit dem »Liberty Award« für freiheitliche Berichterstattung ausgezeichnet. Philip Morris wiederum lud zum »Parlamentarischen Abend« und British American Tobacco zu einer »Dialogveranstaltung«. Martina Pötschke-Langer vom Deutschen Krebsforschungszentrum in Heidelberg klagte: »In Deutschland hat die Tabaklobby bisher beste Arbeit geleistet.«

Natürlich ist es nicht so, dass Ministerpräsidenten wegen eines Sommerfestes Gesetze verzögern. Und natürlich darf Reemtsma im kulturellen Bereich stiften, und die preisgekrönten Dokumentationen waren auch sehr gut. Dennoch birgt die Vermengung von Politik, Journalismus und Wirtschaft eben auch Gefahren.

Am Ende wurden aber doch Nichtrauchergesetze erlassen – und zwar nicht nur eines, sondern gleich 16! Jedes Bundesland hat eigene Rauchverbote ausgesprochen, die zum Teil höchst unterschiedlich sind und zu verschiedenen Zeiten in Kraft traten.

Wenn man ein Gesetz erlassen will, gibt es viel zu beachten:

1. Wenn man etwas verbieten will, fühlen sich viele Gruppen sofort benachteiligt und ungerecht behandelt.
2. Kein Gesetz wird beraten, ohne dass Lobbyisten versuchen, Einfluss zu nehmen.
3. Es gibt selten eine wirklich gerechte Regelung, die alle glücklich macht.
4. Wenn der Föderalismus ins Spiel kommt, wird es noch schwieriger.

Welches Gesetz ist am wichtigsten?

Auch unter Gesetzen gibt es eine Hierarchie. Die wichtigsten Regeln stehen in der Verfassung (heißt in Deutschland Grundgesetz). Dort sind die Prinzipien des Staates festgeschrieben. Eine Verfassung ist sehr schwer zu ändern. Alle weiteren Gesetze müssen mit den Vorgaben im Grundgesetz in Einklang stehen. Darüber wacht das Verfassungsgericht. In Deutschland gab es 2003 insgesamt 2197 Bundesgesetze und 3131 Bundesrechtsverordnungen. Dazu kommen noch Gesetze und Verordnungen der 16 Bundesländer.

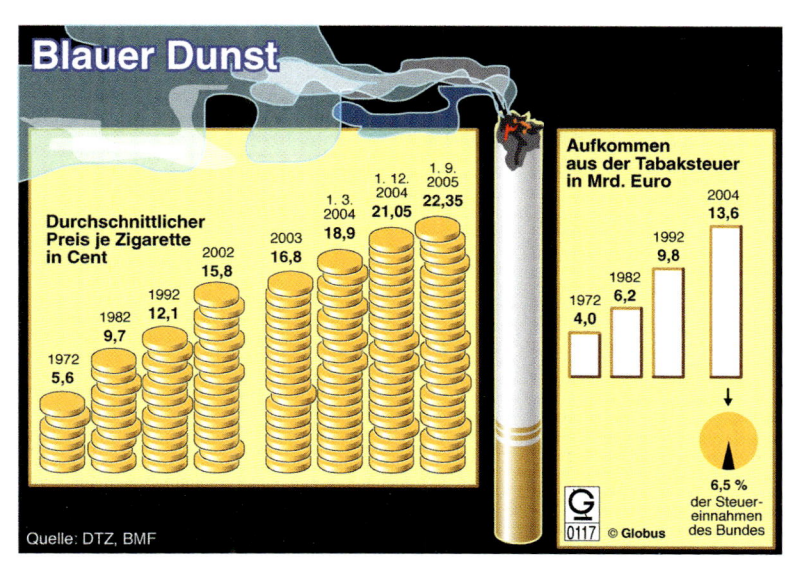

Blauer Dunst

Durchschnittlicher Preis je Zigarette in Cent

1972 5,6 — 1982 9,7 — 1992 12,1 — 2002 15,8 — 2003 16,8 — 1. 3. 2004 18,9 — 1. 12. 2004 21,05 — 1. 9. 2005 22,35

Aufkommen aus der Tabaksteuer in Mrd. Euro

1972 4,0 — 1982 6,2 — 1992 9,8 — 2004 13,6

6,5 % der Steuereinnahmen des Bundes

0117 © Globus

Quelle: DTZ, BMF

Zwar will der Staat, dass seine Bürger gesund bleiben und wenig rauchen, andererseits verdient er gut an der Tabaksteuer.

Trick 17 im Parlamentsgeschäft

Kurz vor der Landtagswahl in Bayern 2008 rieb man sich die Augen: Die CSU-Landesgruppe im Bundestag stimmt gegen eine Wiedereinführung der Pendlerpauschale.

Dabei hat sie dafür doch monatelang gestritten, es war ihr Hauptwahlkampfthema! Warum um Himmels willen sagt sie jetzt Nein? Weil der Gesetzesantrag dazu nicht von ihr kam – sondern von der Linkspartei, die ja gewissermaßen der natürliche Feind der CSU ist. Die Linke hat einen Antrag zur Wiedereinführung der Pendlerpauschale vorgeschlagen, der bis aufs Wort dem entspricht, was die CSU fordert.

Und warum kommt jetzt plötzlich ausgerechnet die Linkspartei damit? Die lacht sich ins Fäustchen, denn damit treiben sie die Konservativen von der CSU vor sich her: Eigentlich müsste die CSU dem Gesetzesantrag der Linken im Bundestag zustimmen – inhaltlich entspricht er schließlich genau ihrer Forderung. Doch natürlich möchte die CSU auf überhaupt gar keinen Fall gemeinsame Sache mit der Linkspartei machen! Außerdem würde sie sich damit gegen ihre beiden Koalitionspartner in der Bundesregierung stellen (CDU und SPD). Also stimmten die Bayern gegen den Antrag der Linkspartei, obwohl sie inhaltlich eigentlich dafür war. Natürlich schimpften die CSUler gewaltig über die Linkspartei (»durchsichtiges Manöver«), aber es hilft ihnen nichts: Am Ende müssen sie zähneknirschend etwas ablehnen, was sie eigentlich bejahen. Diesen Trick,

also einen Antrag im Parlament einzureichen, der exakt den Forderungen einer gegnerischen Partei entspricht, wenden parlamentarische Außenseiter öfter an. Damit kann man die anderen etablierten Parteien ärgern, man kann sie vorführen (»denen geht's ja gar nicht um die Inhalte«), man kann Unruhe in eine Koalition bringen und man kann auf populäre Themen aufspringen. Auch die Linkspartei ist schließlich im Wahlkampf und will den bayerischen Wählern zeigen: »Seht her, wir sind ja auch für eure Pendlerpauschale und würden gemeinsam mit der CSU für euch kämpfen, wenn die CSU uns nur ließe!«

> ## Wer stimmte wie?
>
> Wer im Bundestag wie entscheidet, kann man übrigens auf dem ZDF-Parlameter sehen: www.parlameter.zdf.de. Hier werden alle namentlichen Abstimmungen ausgewertet.

Das Merkwürdige ist allerdings, dass die Linkspartei für eine Pendlerpauschale stimmt, die ihrer eigenen Wählerzielgruppe eigentlich kaum etwas bringt. Die Pauschale setzt nämlich voraus, dass man einen Arbeitsplatz hat und dort auch genug verdient, um überhaupt Steuern zu zahlen (denn wer ganz wenig verdient, zahlt ja keine Steuern). Auf den Kreis typischer Linksparteiwähler (Arbeitslose, Hartz-IV-Empfänger, Mini-Jobber, Rentner, Schüler oder Studenten) trifft das aber nicht zu. Denen nützt die Pauschale also überhaupt nichts. Außerdem hat sich statistisch gezeigt, dass im Durchschnitt auch Kleinverdiener selten lange Wege zum Arbeitsplatz haben. Sie wohnen oft nah an ihrem Arbeitsplatz: zum Beispiel der Fabrikarbeiter in der Wohnsiedlung nur wenige Kilometer vom Autowerk entfernt. Dagegen sehr profitieren von der Pendlerpauschale

kann ein Bankmanager, der im vornehmen Königstein im Taunus wohnt und jeden Tag mit dem Mercedes nach Frankfurt fährt. Grundsätzlich entlasten solche Steuerpauschalen Besserverdiener stärker: Wird das zu versteuernde Einkommen kleiner, weil man die Pendlerpauschale abziehen darf, spart so jemand viel mehr Steuern als einer, der ohnehin schon wenig verdient. Insgesamt ist die Pendlerpauschale also eine Steuererleichterung nicht für die »kleinen Leute«, sondern für Angestellte in der Mitte und weiter oben. Für Leute, die zum Beispiel ein Eigenheim im Grünen haben, statt in den Hochhäusern in den Innenstädten zu wohnen. Ist doch komisch, dass sich die sozialistische Linkspartei ausgerechnet für die bürgerlichen Vorortbewohner so stark macht... Aber es ist eben Wahlkampf, da ist jeder Trick erlaubt, und die Pendlerpauschale ist nun mal bei den Wählern populär. Denn die wenigsten wissen, wem sie tatsächlich welchen Nutzen bringt. Und jeder, der auch nur wenige Euro durch die Pendlerpauschale bekommen hat, will sie zurückhaben – da ist es dem einzelnen egal, wie sich ihre Kosten von 2,5 Milliarden Euro jährlich auf die Bevölkerung verteilten, und wer am meisten profitiert.

Zuschuss für die Fahrt zur Arbeit?

Die Pendlerpauschale ist eine Steuererleichterung für Menschen, die lange Fahrten zur Arbeit haben. Man bekommt pro Kilometer Geld vom Staat zurück. Je länger der Weg zur Arbeit ist, umso mehr Geld bekommt man. Die Pendlerpauschale wurde 2007 stark gekürzt. Dass die Pendlerpauschale in Bayern ein gutes Wahlkampfthema ist, liegt übrigens auch daran, dass Bayern eher dünn besiedelt ist, es gibt viele ländliche Gebiete, und so fahren die Leute weitere Strecken zu ihren Arbeitsplätzen in den Städten und Gewerbegebieten.

Der damalige CSU-Parteichef Erwin Huber setzte sich im Wahlkampf 2008 für die Pendlerpauschale ein.

Politik ohne Mandat: Lobbyisten und Interessenverbände

Außerhalb der Regierung gibt es starke Kräfte in Berlin: Lobbys und Verbände, sogenannte NGOs (Nichtregierungs-organisationen). Manche sind gefährlich, andere gelten als gute Geister. Dennoch ist zu befürchten: Geld regiert die Welt – zumindest manchmal. Ein Blick in das Dickicht der Macht.

Wer hat das noch nicht versucht? Nach einer schlechten Klassenarbeit zum Lehrer gehen und versuchen, die Note doch noch rauszureißen. Weil zu wenig Zeit war oder man die Frage ganz anders verstanden hatte.

Oder die Eltern legen ein gutes Wort bei Onkel Karl ein, damit man in dessen cooler Firma das Schulpraktikum absolvieren kann.

Das ist klasse. Wenn's um einen selber geht. Bei allen anderen ist es natürlich ungerecht.

In der Politik sieht's ganz genauso aus. Da versuchen Interessenvertreter aller Art, Einfluss auf die Abgeordneten zu nehmen. Früher standen sie dazu in der Lobby (der Vorhalle des Parlamentsgebäudes) herum und warteten auf Gesprächspartner – deswegen nennt man den Job »Lobby-Arbeit« und die Leute »Lobbyisten« (gesprochen: Lobby-isten«, mit zwei I's nacheinander).

Heute werden für solche »Hintergrundgespräche« natürlich Termine vereinbart, nachdem man sich ganz entspannt auf einem Firmenempfang kennengelernt hat, aber das Prinzip ist gleich. Lobbyisten sind dabei nicht nur Leute mit Geld und Zigarre, die in Hinterzimmern hocken und sich persönliche Vorteile verschaffen wollen. Lobbyisten sind zum Beispiel auch Umweltschützer wie Greenpeace, die sich für bestimmte Interessen engagieren. Und dagegen ist doch im Grunde auch nichts einzuwenden, oder? Firmen und Verbände versuchen, ihre Vorschläge durchzusetzen – das ist doch okay in einer Demokratie. Grundsätzlich schon. Aber nicht, wenn dabei die »Spielregeln« (= Gesetze) unterlaufen werden. Und das kann ganz schön schnell passieren. Denn Abgeordnete zum Beispiel sind ja eigentlich nur ihrem Gewissen verpflichtet. Und außerdem vielleicht noch der Parteidisziplin. Aber sonst nichts und niemandem. Was aber passiert, wenn ein Abgeordneter gut befreundet ist mit einem hohen Manager? Dann trifft er sich abends mit dem mal zu einem Glas Wein, und sie reden, wie das Freunde eben so machen, auch ein wenig über Politik. Wenn dann der Manager-Freund seine Sorge über ein bestimmtes Gesetz zum Ausdruck bringt oder vielleicht auch erklärt, wenn eine neue Vorschrift erlassen würde, dann müsste die Firma vielleicht ein paar hundert Mitarbeiter entlassen..., dann wird der Politiker doch gutwillig über diese Einwände nachdenken. Wegen der engen persönlichen Beziehung wiegen sie für ihn schwerer als die Wünsche anderer Leute. Das ist menschlich – aber riskant. Denn vielleicht unterschätzt er die Bedeutung anderer Interessen, zu deren Vertretern er nicht so ein gutes Verhältnis hat.

Lobbyismus gab es schon immer und überall: In Amerika, 1877, versuchten Lobbyisten, den neu gewählten Präsidenten Rutherford B. Hayes im Weißen Haus zu treffen.

Das »Beraterhonorar«

Zahlungen der Wirtschaft an Politiker werden oft unter dem Begriff »Beraterhonorar« verbucht. Beratung kann ja vieles sein, das muss man so genau nicht definieren. Ob es Schmiergeld ist oder tatsächlich eine Leistung erbracht wurde, die bezahlt wird, lässt sich dann letztlich schwer sagen. Manchmal könnte es auch Dankbarkeit sein, für die Gunst, die einem ein Politiker in der Vergangenheit erwiesen hat.

Viele Journalisten fanden es jedenfalls verdächtig, dass der Abgeordnete Helmut Kohl, nachdem er nicht mehr Kanzler war, 600 000 D-Mark (knapp 300 000 Euro) »Beraterhonorar« von dem Medienunternehmer Leo Kirch bekam. Leo Kirch gehörte der TV-Sender Sat1 und Helmut Kohl hat sich immer sehr für Privatfernsehen eingesetzt. Manche hatten deshalb den Verdacht, dass diese 600 000 Mark eine Art Dankeschön waren. Helmut Kohl hat das aber als »Verleumdung« zurückgewiesen. Dennoch: Zu viel Nähe zwischen Politik und Wirtschaft weckt Misstrauen. Daher lohnt es sich grundsätzlich immer, bei sogenannten Beraterhonoraren einmal näher hinzuschauen ...

Helmut Kohl (r.), der ehemalige Siemens-Chef Heinrich von Pierer (M.) und der TV-Investor Leo Kirch.

Meldepflichtige Geschenke

Richtig gefährlich wird es, wenn solche Beziehungen absichtlich zur Einflussnahme gepflegt werden. Deshalb müssen beispielsweise Geschenke im Wert von über 150 Euro an Mitglieder der EU-Kommission gemeldet werden. Wenn jemand dann aber eine Kiste mit 12 Flaschen Wein kriegt, von denen jede genau 149 Euro kostet, dann sind das doch wohl 12 nicht meldepflichtige Geschenke unter 150 Euro ...

Oder eine Firma spendet einer bestimmten Partei große Summen für den Wahlkampf. Das darf sie im Rahmen der gesetzlichen Regelungen – aber wo ist die Grenze zur politischen Einflussnahme? Denn keine Partei würde es wohl nicht gerne sehen, dass die großzügige Spende nächstes Mal bei der Konkurrenz landet ...

Gefährlich ist es auch, wenn Abgeordnete zugleich zum Beispiel im Aufsichtsrat einer Firma sitzen. Das kommt oft vor und hat auch viele Vorteile, weil die Politiker so direkt Einfluss auf die Wirtschaft nehmen können. Theoretisch. Praktisch ist es eher die Wirtschaft, die Einfluss auf die Politik nimmt. VW beispielsweise soll Abgeordneten Geld gezahlt haben, ohne dass die dafür wirklich etwas Konkretes geleistet haben. Wofür haben sie also neben ihrer staatlichen Abgeordnetendiät noch Geld vom VW-Konzern bekommen? Selbst wenn es nie offen ausgesprochen wurde: Natürlich kann man vermuten, dass der Konzern dafür erwartet, dass diese Politiker im Sinne von VW handeln und nicht (nur) auf die Stimme ihres Gewissens hören. Man nennt so etwas übrigens verschämt »Pflege der politischen Landschaft«.

Mittlerweile sind die Verbindungen zwischen Wirtschaft und Politik so eng, dass von Politikern oft Fachleute aus den jeweiligen Firmen zu Rate gezogen werden, um bestimmte Probleme überhaupt verstehen zu können. Die machen dann natürlich gleich Lösungsvorschläge, die ihnen gut in den Kram passen. Manchmal werden auch Gesetzestexte direkt von der Wirtschaft ganz konkret vorgeschlagen. Natürlich können die Abgeordneten auch dagegenstimmen oder den Text ändern. Doch dazu müssten sie sich mit der Sache genauso gut auskennen wie die Spezialisten in den Unternehmen oder Verbänden. Je komplizierter etwas ist, desto sinnvoller erscheint es daher einerseits, auf die Fachleute zu hören. Es ist auch ihr gutes Recht, Politikern ihre Argumente vorzutragen und zum Beispiel Zahlen zu präsentieren. – Andererseits: Wie sichert man am Ende die Neutralität der Entscheidung?

Lobbyarbeit: Legal und unbemerkt

Eines der heißesten Themen der letzten Jahre war die Reform der Krankenversicherung, weil es da um viele Hundert Milliarden Euro geht. Und tatsächlich haben sich rund um das zuständige Gesundheitsministerium in Berlin 430 Lobbyverbände niedergelassen, die versuchen, das jeweilige Interesse ihrer Auftraggeber durchzusetzen. In Berlin agieren, schätzt man, rund 4500 Lobbyisten; in Brüssel sollen es zwischen 10 000 und 25 000 sein.

Dabei muss man unterscheiden zwischen grundsätzlicher Interessenvertretung, die meist durch Verbände wahrgenommen wird, und konkretem Lobbying. Wirtschaftsverbände vertreten gebündelt die Wünsche zahlreicher Mitglieder. Lobbyisten wollen im Normalfall nur punktuell ein Ziel erreichen. Als starke Lobbyisten gelten beispielsweise die vier Energieerzeuger Eon, RWE, Vattenfall und EnBW. Sie profitieren von hohen Preisen in ihren Versorgungsgebieten. Denn die Energiemärkte wurden zwar offiziell liberalisiert und für den Wettbewerb geöffnet – tatsächlich wartet man aber noch auf den großen Wettbewerb, der die Preise drücken soll. Die Energiekonzerne haben enge Verbindungen zur Politik, natürlich auch weil Energiefragen für die gesamte Bevölkerung sehr wichtig sind. Lustigerweise gibt es da auch ganz neue Interessenverbindungen: Die Atomwirtschaft zum Beispiel ist sehr angetan vom Klimaschutz. Ihr Argument: Wer den CO_2-Ausstoß reduzieren will, der sollte auf Atomkraft setzen statt auf Kohle und Öl, denn Atomkraftwerke dampfen kein Kohlendioxid in die Luft. Also ist die Atomlobby sehr interessiert an Themen wie Erderwärmung, Ozonloch usw.

Selbst wenn eine Lobby ganz legal agiert, bleibt ihr Handeln meist unbemerkt. Und das aus gutem Grund. Mehr politische Transparenz wird zwar oft gefordert, eine Meldepflicht für Lobbyisten. Doch wie heißt es so schön: »Im Dunkeln ist gut Munkeln.« Wichtige Gespräche finden auf Sektempfängen und bei Dinnereinladungen statt; Drohungen werden nicht ausgesprochen, sondern nur angedeutet; Entgegenkommen wird signalisiert, aber nicht versprochen. Alle großen Firmen und Verbände haben mittlerweile Büros in Berlin. Und das hat seinen Sinn, denn formal und offiziell darf ja niemand Politik machen außer den Volksvertretern. Je unauffälliger eine Lobby also arbeitet, desto größer ihre Chance, Erfolg zu haben, weil niemand sich offiziell distanzieren muss. Genau hier liegt aber das Pro-

Diese Aktivisten von Greenpeace sind mit der Haltung der Elektrizitäswerke zu sauberer Energieerzeugung nicht einverstanden: Protestaktion in Frankfurt am Main.

'st Wolfgang Clement ein Lobbyist der Energiewirtschaft? Der Streit darüber endete mit Clements Austritt aus der SPD.

blem, denn in der Demokratie ist größtmögliche Transparenz der Entscheidungsfindung gewünscht. Und manchmal kann man nur etwas vermuten, aber nicht belegen. Zum Beispiel verhinderten in den Neunzigerjahren die damaligen Ministerpräsidenten Hans Eichel, Wolfgang Clement und Gerhard Schröder eine Arzneimittel-Positivliste, die viele Medikamente von der Erstattung durch die Krankenkassen ausgenommen hätte. In den von ihnen regierten Bundesländern lagen die Zentralen der Pharmakonzerne Bayer, Merck, Hoechst und Wellcome. Zufall? Vielleicht. Vielleicht auch nicht. Vielleicht hat die Pharmalobby angedeutet, dass genau in diesen Bundesländern Arbeitnehmer in der Pharmaindustrie entlassen werden müssten, wenn die Umsätze wegen dieser Liste zurückgehen. Vielleicht wussten die Ministerpräsidenten das auch von ganz allein, und die Pharma-Leute haben ihnen dazu nur noch die passenden Zahlen geliefert, und die Argumente, warum dieses oder jenes Medikament ganz willkürlich gestrichen wurde. Vielleicht.

Und auch wenn ein ehemaliger Wirtschaftsminister wie Wolfgang Clement nach dem Abgang aus der Politik einen schönen Job beim Energiekonzern RWE bekommt, kann man dagegen nichts sagen. Doch seine Partei SPD war 2008 richtig wütend, als er in den hessischen Wahlkampf eingriff und öffentlich davon abriet, SPD zu wählen – weil die für eine falsche Energiepolitik stünde. Die hessische SPD war nämlich gegen Kohlekraftwerke und gegen Atomkraft. Und das muss jemand, der für den Energiekonzern RWE arbeitet, natürlich ablehnen. Dass Clement deshalb vor seiner eigenen Partei warnte, wurde ihm als Verrat vorgeworfen. Allerdings war Clement da nicht mehr aktiver Politiker und in Gesetzgebungsprozesse eingebunden.

Auch Bürger können zum Ziel werden

Bleibt also die Frage: Wie soll man kontrollieren, ob jemand bei Abstimmungen seinem Gewissen folgt oder Gefälligkeiten erwidert? Die Lösung wäre eine Politik im luftleeren Raum, ohne Kontakt zur Außenwelt. Nur wären die Ergebnisse wahrscheinlich noch viel fragwürdiger.

Vielfach sorgt eine solche Lobby für die Durchsetzung eines Einzelziels, das zuvor den meisten gar nicht präsent war. So hat eine Frauenlobby dafür gesorgt, dass Frauen und Männer bei Rentenversicherungen heute gleich hohe Beiträge zahlen. Bis vor wenigen Jahren verwiesen Versicherungen darauf, dass Frauen meist älter werden, also müssten sie mehr einzahlen, weil sie auch länger Rente ausgezahlt bekommen. Für beide Vorgehensweisen kann man gute Gründe finden. Mittlerweile empfindet man aber die unterschiedlichen Beiträge als Diskriminierung, sodass jetzt (statistisch) Männer auch ein wenig die Rente der Frauen mitfinanzieren. Ein Erfolg für den entsprechenden Interessenverband, für den bestimmt keine Partei es riskiert hätte, die männliche Hälfte ihrer Wähler zu verschrecken.

Eine Lobby muss sich übrigens nicht direkt an die Politiker wenden, sondern kann auch die Bürger selbst ansprechen und versuchen, sie zu beeinflussen. Das »Bürgerkonvent«, die »Initiative Neue Soziale Marktwirtschaft« oder das »Konvent für Deutschland« beispielsweise schalten bergeweise Anzeigen, um »die Uneinsichtigkeit der Bevölkerung« (so Wirtschaftsprofessor Meinhard Miegel) zu bekämpfen. Arbeitslosenhilfe, Sozialhilfe usw. müssten reduziert werden. Die Initiative Neue Soziale Marktwirtschaft wird übrigens von den Arbeitgebern der Metall-Industrie finanziert. Das wissen aber viele Leute gar nicht, sondern denken, dass seien unabhängige Leute, die da immer wieder neue Studien veröffentlichen.

Überhaupt: Mit Studien und Experten ist das so eine Sache. Neutral sind die eigentlich nie, obwohl sie so wirken. Und wenn ein Ministerium ein neues Gesetz auf den Weg bringen will, dann beauftragt es dafür Experten, die eine Studie erstellen, die die jeweilige Meinung des Ministers fachmännisch unterstützen, zum Beispiel »Atomkraft ist gefährlich«. Es gibt auch Experten, die Atomkraft für ungefährlich halten, aber die würde ein Umweltminister, der selbst Atomkraftgegner ist, natürlich in diesem Fall nicht beauftragen. Auch die vielen Professoren, die als »Wirtschaftsweise« oft im Fernsehen auftreten, sind keineswegs von höherer Weisheit umhüllt, sondern haben ganz konkrete politische Ansichten, die zum Beispiel eher marktwirtschaftlich-liberal oder eher sozialdemokratisch sind. Das ist auch in Ordnung. Man sollte es nur wissen: Es gibt keine neutralen Experten.

In der Europäischen Union ist es übrigens nicht anders. Mindestens 15 000 Lobbyisten arbeiten in Brüssel. Nirgendwo ist es für Interessengruppen, Verbände und große Unternehmen so wichtig, auf Gesetze Einfluss zu nehmen, denn die gelten dann ja gleich europaweit! Mindestens 60% aller die Wirtschaft betreffenden Gesetze haben ihren Ursprung in Brüssel, schätzen Fachleute. Deshalb ist dort fast jeder Berufsstand mit irgendwelchen Lobbyisten vertreten. Vom Autobauer bis zum Kirmes-Schausteller. Wenn Daimler-Benz zum Beispiel verhindern will, dass in Europa für große Autos mehr Abgassteuer bezahlt werden muss, dann schickt der Konzern seine Leute nach Brüssel, wo sie mit möglichst vielen Abgeordneten essen gehen und ihnen dabei eindringlich erklären, warum ein solches Gesetz gar nicht gut wäre (für Daimler, für die Autobauer, für Europa und überhaupt). Ein geschickter Lobbyist wird natürlich nie sagen, dass es ihm nur um die eigenen Interessen geht, nein! Es geht immer um das Wohl aller.

NGOs und INGOS

Nicht immer wird Lobbyarbeit negativ bewertet. Im Gegenteil: Die sogenannten NGOs (Abkürzung für: non-governmental organisations; Nichtregierungsorganisationen) genießen zum Teil sogar einen exzellenten Ruf, und mancher fragt sich, warum wir nicht einfach von ADAC, Greenpeace, Amnesty International, dem Roten Kreuz und Ärzte ohne Grenzen regiert werden, statt von SPD, CDU und Grünen. Internationale NGOs werden »INGO« abgekürzt. Das ist einfach: Weil jeder dieser Verbände nur ein Kernziel kennt, für

das er sich stark macht. Regierungspolitik besteht aber eben gerade daraus, verschiedene notwendige Maßnahmen aus den unterschiedlichsten Bereichen unter einen Hut zu bringen.

So hat Ärzte ohne Grenzen sicher nichts gegen Umweltschutz, würde aber das Geld wohl eher in ein Krankenhaus investieren. Greenpeace hingegen ist wohl wenig begeistert vom alles überschattenden ADAC-Mobilitätswunsch; wenn es um umweltfreundliche Autos geht, könnten die beiden Clubs aber möglicherweise eine gemeinsame Basis finden. Amnesty setzt sich ein gegen Folter und für die Menschenwürde – auch wichtige Ziele. Aber wichtiger als ein Krankenhaus? Oder eine Umgehungsstraße? Oder das 3-Liter-Auto?

Ein Gleichgewicht zwischen Zielen herzustellen, die zumindest aus finanziellen Gründen nicht alle erreichbar sind, würde den NGOs in ihrer derzeitigen Form nicht gelingen. Und würden sie versuchen, es möglichst vielen recht zu machen und zu allen möglichen Themen eine Position zu haben – dann wären sie wie die Parteien, die wir schon haben.

Je weniger Leute, desto mehr Power

Weltweit gibt es über 7000 NGOs, Tendenz stark steigend. Eine international agierende NGO kann viele Millionen im Jahr umsetzen – Greenpeace beispielsweise hat mehr Geld zur Verfügung als das Umweltprogramm der Vereinten Nationen. Diese Summen stammen allerdings oft zu großen Teilen aus staatlichen Mitteln. So übernehmen beispielsweise Großbritannien und die Europäische Union ein Viertel der jährlichen Kosten von etwa 160 Millionen Dollar für die Hungerhilfe-Organisation Oxfam.

Der wichtigste Kritikpunkt an derartigen Verbänden ist die fehlende Transparenz. Auch wenn Politik oft langsam geht und nicht immer alles so sau-

ber funktioniert wie es soll, so sind doch eindeutige Kontrollmöglichkeiten vorgesehen. Das ist bei den NGOs nicht der Fall; eigentlich machen die einfach, was sie wollen. Deshalb kommt es zum Beispiel auch immer wieder zu Spendenskandalen, weil erst viel zu spät auffällt, dass irgendein Vereinsvorsitzender Geld verschleudert hat. NGOs sind oft wichtige Ideengeber und können starken politischen Druck aufbauen. Demokratisch legitimiert (also gewählt) sind sie aber nicht; viele sind auch intern nicht demokratisch strukturiert, sondern erinnern eher an eine Monarchie oder Diktatur. Auch eine inhaltliche Abhängigkeit von zahlungskräftigen Einzelspendern kommt vor.

Für Erleichterung in diesem Dschungel der Einflussnahme sorgt die Clubtheorie des Wirtschafts-Nobelpreisträgers James M. Buchanan. Er sagt: Menschen treten nur so lange in »Clubs« ein, wie sie einen Vorteil davon haben. Wobei ein Club in seinem Sinne jede Form von Gruppe ist. Der ADAC beispielsweise bietet Pannenhilfe an, deswegen werden Autofahrer Mitglied. Der »Club Deutschland« bietet ein immer noch recht stabiles Sozialsystem – wem das nicht gefällt, der wandert vielleicht nach Neuseeland aus. Der »Club Europäische Union« verspricht Handelsvorteile und politischen Schulterschluss für seine Mitgliedsstaaten. Und wenn sich Entwicklungen zeigen, die vielen nicht gefallen, treten sie aus und gründen einen neuen, exklusiven Club, der ihre Interessen besser vertritt. Dabei gilt: Je kleiner eine Gruppe und je einheitlicher ihr Interesse, desto besser kann sie sich organisieren. Deshalb demonstrieren zum Beispiel Arbeitnehmer einer Branche für höhere Löhne, was dann auch von der jeweiligen Gewerkschaft organisiert wird. Aber es demonstrieren nie »die Arbeitslosen« oder »die Steuerzahler«, denn davon gibt es jeweils zu viele mit zu vielen unterschiedlichen Interessen.

Warum reden die so komisch?

Es ist sowieso nicht einfach, Politik zu verstehen. Aber die Beteiligten selbst helfen dabei auch nicht immer. Manchmal fragt man sich, was »die da oben« überhaupt meinen.

Es gibt einen ganz wichtigen Grund, warum Politiker so komisch reden: Sie sind den ganzen Tag umgeben von Leuten, die genauso reden! Das ist, als ob junge Mädchen den ganzen Tag im Reitstall sind. Abends reden sie immer noch von Trensen und Oxern und Cavalletti; Eltern und Geschwister haben dann Mühe, das Fachchinesisch der Pferdefreundin zu verstehen. So ist das in der Politik auch. Man hat allgemein wenig Kontakt mit Leuten, die sich nicht mit den gleichen Sachen auskennen. In den Ministerien werden die Minister von Fachleuten »gebrieft«. Das heißt, die Fachleute erklären ihnen, worum es im Wesentlichen geht. Und so geht es dann den ganzen Tag weiter. In Ausschüssen werden Experten angehört usw.

Die Gesundheitsministerin zum Beispiel redet ständig mit Vertretern der Pharmaindustrie und mit Ärzten. Es gibt dabei ein bestimmtes Fachvokabular, bei dem dann alle wissen, worum es geht. Zum Beispiel »Kopfpauschale« oder »Gesundheitsfonds«. Monatelang haben die Ministerin und die Fachleute daran gearbeitet und darüber diskutiert. Dass andere Menschen keine Ahnung haben, was damit gemeint ist und wie das funktioniert, können sie sich dann offenbar nur noch schwer vorstellen. Und wenn man den ganzen Tag in diesen Fachbegriffen redet, ist es anscheinend schwer, wieder umzuschalten und die Fachbegriffe in normale Sprache zu übersetzen. Manchmal ist es auch so, dass Minister selbst nicht so ganz sicher sind, ob sie alles verstanden haben, was in ihrem Ministerium so vor sich geht. Das sind ja sehr viele schwierige und komplizierte Themen. Also halten sie sich lieber streng an das, was ihnen die Fachleute aufgeschrieben haben, um nur ja nichts Falsches zu sagen. Etwas Falsches zu sagen und dumm dazustehen, ist für einen Politiker nun mal tödlich. Volkes Häme ist ihm dann nämlich sicher.

Ehrlichkeit ist riskant und oft banal

Außerdem versuchen Politiker ständig, Niederlagen und Unangenehmes schönzureden. So »verliert« man heute Wahlen nicht mehr, sondern »das Wahlergebnis bleibt hinter unseren Hoffnungen zurück«; der Staat ist auch nicht pleite, sondern »der Haushalt weist negative Deckungsreserven auf«. Und wenn sich das Volk gefälligst mal ein bisschen zusammenreißen und nicht immer nur rumquengeln soll, heißt es: »Ein Ruck muss durch das Land gehen!« Denn Politiker haben ja nicht die Möglichkeit, sich bei Unzufriedenheit ein neues Volk zu wählen.

Besonders beliebt ist auch das Jammern über den »Reformstau« – den es ja gar nicht geben dürfte, wenn alle ihren Job täten. Gerne wird auch eine »Mentalitätsveränderung« gefordert, die natürlich beim Volk stattfinden soll. Heißt: Ihr müsst euch dran gewöhnen, wie es ist. Sehr schöner Talkshow-Konter auch: »Diese Frage

Die Jusos (Junioren der SPD) kündigten im Wahlkampf 2005 ironisch eine Abschiedstournee der Kanzlerin samt ihrer »Kopfpauschale« an. Dabei wusste kaum jemand: Was verbirgt sich hinter dem Schlagwort?

stellt sich so nicht.« Bei einer Rede auf dem SPD-Parteitag am 13. Mai 2007 spricht der damalige SPD-Chef Kurt Beck zum Beispiel davon, »wie die soziale Dimension des Lebens realistisch und nicht nur illusionistisch in die Zukunft getragen werden kann.« Hä? Was meint er bloß damit? Schwer zu sagen. Wahrscheinlich meint er damit, dass man ehrlich darüber reden sollte, wie viel Sozialstaat Deutschland sich tatsächlich leisten kann. Was also finanzierbar ist und was einfach zu viel Geld kostet. Aber zu sagen, »das können wir uns nicht leisten«, würde irgendwie unschön klingen, ziemlich negativ und auch etwas banal.

Politiker wollen aber bedeutsam klingen, wenn sie wichtige Reden halten. Das kann man verstehen. Wenn aber selbst einfache Aussagen in geschwurbelte Sätze gepackt werden, dann versteht der Zuhörer sie irgendwann nicht mehr. Und langweilt sich. Ein anderes Beispiel: Verteidigungsminister Franz Josef Jung (CDU) spricht im Zusammenhang mit den Kämpfen in Afghanistan oft über »selbsttragende Sicherheit« und »Exit-Strategien«. Das soll heißen: Wenn die afghanischen Polizisten und Soldaten irgendwann selbst für Sicherheit und Ordnung in ihrem Land sorgen können, dann können die deutschen Soldaten da auch wieder raus (Exit heißt ja Ausgang, also aus etwas herauskommen). Nur ist bis auf weiteres niemandem klar, wann das jemals sein wird. Also

will ein verantwortlicher Politiker dieses Problem (keiner weiß, wann wir da jemals wieder rauskommen) lieber nicht allzu deutlich ansprechen. Gerade wenn es um Krieg geht, wird sprachlich viel verschönert. Als würde er dadurch weniger blutig. So sagte der Verteidigungsminister zum Beispiel in einer Talkshow am 20.5.07: »Bei Kampfhandlungen ist darauf zu achten, dass die Zivilbevölkerung nicht einbezogen wird, weil das kontraproduktiv ist«. Im Klartext hieß das eigentlich: die amerikanischen Militärs sollten sich mehr Mühe geben, die afghanischen Dörfer so zu bombardieren, dass dabei keine unschuldigen Frauen und Kinder getötet werden, denn damit bringt man die Bevölkerung gegen alle Ausländer auf, auch gegen die deutsche Bundeswehr.

Tatsächlich ist Krieg immer furchtbar grausam. Es gibt keine humanen Bomben, und es gibt keinen »Hightech-Krieg« mit »Präzisionswaffen«, in dem nur Bösewichte getötet werden. Wenn Krieg geführt wird, dann sterben auch unschuldige Menschen, oder sie werden schrecklich verletzt. Politiker haben Angst davor, dass sie dafür verantwortlich gemacht werden, und sie haben Angst, dass die Wähler Angst bekommen und gegen den Krieg protestieren. Also versuchen sie, sich hinter einer möglichst trockenen, unblutigen Sprache zu verstecken. Dann klingt alles nicht so schrecklich, wie es ist.

Unterhaltsamer Stunk

Wenn bei Streitigkeiten in einer Partei (bei der es sich ja meist um einen Konflikt zwischen Personen handelt) ein Politiker fordert, dass man jetzt endlich »zurück zu den Sachthemen« kehren müsse, kann man sicher sein, dass der Streit noch eine ganze Weile weitergeht. »Zurück zu den Sachthemen« ist eine typische Floskel. Denn wer das fordert, sagt meist brav das Standardsprüchlein auf, weil sich das so gehört, beteiligt sich tatsächlich aber selbst munter weiter am Zank. Übrigens wird auch gern behauptet, dass »der Wähler von uns erwartet, dass wir uns endlich wieder auf die Sachthemen konzentrieren«. Das ist jedoch gar nicht unbedingt wahr. Wähler sind auch nur Menschen und finden ein bisschen Stunk zwischen Personen durchaus unterhaltsam. Dagegen sind Sachthemen ja oft sehr trocken und unverständlich.

Oft steckt hinter dem Beschönigen auch schlicht die Sorge, dass andere einem übel nehmen, was man sagt. Und Politiker dürfen nicht zu viele Menschen vor den Kopf stoßen, sonst bleiben sie nicht mehr lange im Amt. Sie müssen also immer auf der Hut sein. Gerade die internationale Politik ist oft eine heikle Sache. Man kann nicht einfach mal eben so andere Nationen beleidigen. Damit würde man dann auch seinem eigenen Land schaden. Der deutsche Verteidigungsminister Jung will zum Beispiel das amerikanische Militär nicht direkt öffentlich kritisieren. Also redet er verschwurbelt drum herum. Er versucht, etwas zu sagen, was die Deutschen gerne hören (»ganz schlimm, dass bei einem amerikanischen Bombardement so viele unschuldige Menschen gestorben sind«), und zugleich versucht er, es so zu sagen, dass man in Washington nicht sauer wird (»die feigen Deutschen soll nicht rummäkeln, sondern lieber selber was gegen Terroristen in Afghanistan tun«).

Politiker reden also auch oft um den heißen Brei herum oder unverständlich, weil sie sich nicht in die Nesseln setzen wollen. Die beste Aussage, das sollte inzwischen klar sein, ist gar keine. Daher passt auf wirklich jede Nachfrage der beliebte Start: »Es gibt leider keine einfachen Antworten mehr in einer immer komplizierter werdenden Welt ...« – für den geübten Fernsehzuschauer das eindeutige Signal zum Weiterzappen.

Was geht es den Staat an, ob und wie viele Kinder die Leute kriegen?

Die Deutschen bekommen immer weniger Nachwuchs – und wer morgen die Renten bezahlen soll, weiß auch keiner. Aber ist mehr Kindergeld die Rettung?

164 Euro pro Kopf und Monat kriegen Eltern für die ersten beiden Kinder, für das dritte gibt's 170 Euro und ab dem vierten Kind sind es sogar 195 Euro. Bei zehn Kindern macht das satte 1863 Euro im Monat. Ohne auch nur aufzustehen!

Aber warum gibt es überhaupt Kindergeld? Und: Was bringt es?

Eingeführt wurde das Kindergeld 1936, also unter den Nazis. Damals gab es für Arbeiter und Angestellte, die weniger als 185 Reichsmark im Monat verdienten, ab dem fünften Kind 10 Reichsmark Zuschuss. Sinn der Sache war eindeutig, das Kinderkriegen sachlich wie symbolisch zu belohnen, denn die Nazi-Deutschen wollten die Welt erobern – und dazu brauchten sie Leute!

Ab 1954 gab es auch in der Bundesrepublik Kindergeld und andere Unterstützungsmaßnahmen, z.B. fuhren Kinder vielköpfiger Familien zum halben Preis mit der Bahn. Gut 180 Millionen Euro jährlich werden mittlerweile für ehe- und familienbezogene Leistungen fällig: Das schließt Steuerersparnis durch »Ehegattensplitting« ebenso ein wie Kindergeld, Erziehungsgeld, Elterngeld, beitragsfreie Mitversicherung von Kindern in der Krankenkasse usw.

Warum das alles? Einzigartig in Deutschland ist jedenfalls Artikel 6 im Grundgesetz. Dort steht: »Ehe und Familie stehen unter dem besonderen Schutz der staatlichen Ordnung.« Das heißt: Der Staat hat sich verpflichtet, Eheleuten und Familien zu helfen. Wahrscheinlich liegt das daran, dass es bis vor etwa 40 Jahren noch als vollkommen normal angesehen wurde, wenn man heiratete und Kinder bekam, der Mann ging arbeiten und die Frau blieb zu Hause. Die Zahlungen waren also eine Art Wohlverhaltensprämie. Da Frauen in der Nachkriegszeit gezwungenermaßen viele Männerpositionen besetzt hatten und oft auch eine eigene Arbeit ausübten, wollte man vielleicht auch die »Rückkehr zur Normalität« unterstützen und die Frauen zurück an den Herd locken. Das wird heute als überholt betrachtet. Außerdem könnte es genau der falsche Weg gewesen sein. »Länder mit hoher Frauenerwerbsquote haben ein höheres Bevölkerungswachstum. Dies bekräftigt die Annahme, dass Frauen finanzielle Sicherheit und Autonomie brauchen, bevor sie ein Kind wollen. Den Fuß in den Arbeitsmarkt zu bekommen, ist die beste Garantie für beides«, sagt Professor Michel Godet, Bevölkerungsexperte am Pariser Conservatoire National des Arts et Métiers. In Frankreich werden Familien vor allem mit zwei und mehr Kindern umfassend gefördert – und die Geburtenrate liegt deutlich höher als in Deutschland. Bietet man den Frauen ein stabiles und angenehmes soziales Umfeld, von staatlicher und unternehmerischer Seite ebenso wie im persönlichen Alltag, bekommen sie anscheinend auch gerne (mehr) Kinder. Das ist nachvollziehbar.

Kanzler Konrad Adenauer sagte Anfang der Sechziger Jahre noch: »Kinder kriegen die Leute immer« – das war allerdings auch deshalb so, weil es damals noch keine Antibabypille gab. Warum das Kinderkriegen finanziell belohnt wurde, war daher unklar – politisch betrachtet mochte es auch eine Art Bestechungsversuch sein: Wir geben euch Geld, also wählt ihr uns nächstes Mal wieder.

Die klassische Familie – Vater, Mutter und zwei Kinder – ist auf dem Rückzug. Der Staat versucht, den Deutschen wieder Mut zum Kinderkriegen zu machen.

»Eins ist sicher: die Rente«, warb Arbeitsminister Norbert Blüm (CDU) in den Achtzigern. Das hat sich leider als völlig falsch erwiesen. Die heute ausgezahlten Renten sind die Beiträge der im Augenblick arbeitenden Bevölkerung – und deren Renten werden in Zukunft wieder von der nächsten Generation gezahlt. Das geht so lange gut, wie es mehr Arbeitnehmer als Rentner gibt. Werden aber immer weniger Kinder geboren ... dann wackelt das Rentensystem. Und nicht nur das! Tatsächlich ist die Zahl derer, die Geld verdienen und Steuern zahlen, immer kleiner geworden im Vergleich zu denen, die nicht arbeiten, sondern vom Staat Geld bekommen, also Rentner, Arbeitslose, Sozialhilfeempfänger usw. Es wird deshalb immer schwerer, den Sozialstaat zu finanzieren. Also müssen rechnerisch heute wieder mehr Babys her, die nach Möglichkeit irgendwann einen Beruf finden und nicht noch mehr Geld kosten. Auch deshalb gibt es Familien- und Bildungspolitik.

Doch die Deutschen kriegen nun mal immer weniger Kinder. 1960 hatte jede Frau zwischen 15 und 45 im Schnitt noch 2,3 Kinder, heute sind es nur noch 1,3. Deshalb wurde die Familienförderung aufgestockt, direkt wie indirekt: Bessere Betreuungsmöglichkeiten, bessere Schulen, flexiblere Arbeitszeitmodelle sollen es möglich machen, Kinder zu haben und genug Geld zu verdienen. Und die Kinder wiederum sollten aufgrund ihrer tollen Ausbildung mehr Geld verdienen als die Eltern und Deutschland richtig nach vorne bringen.

Nach vielen Jahren der Orientierungslosigkeit hat die Familienpolitik also wieder ein Ziel: Eltern finanziell entlasten, damit sie sich nicht aus Geldgründen gegen Kinder entscheiden. Immerhin kostet ein Kind bis zur Volljährigkeit im Durchschnitt etwa 120 000 Euro (für Essen, größere Wohnung, Kleidung, Möbel etc.). Nachwuchs nützt der gesamten Gesellschaft, die finanzielle und zeitliche Belastung bleibt aber bei den Eltern. Das soll ausgeglichen werden. Aktuell versucht das Familienministerium, nicht in erster Linie an die kaufmännische Vernunft oder vaterländische Leistungsbereitschaft zu appellieren, sondern zu zeigen, wie toll es ist, Kinder zu haben.

Frauen in der Politik

Gerhard Schröder bezeichnete 1998 nach seinem Wahlsieg die Ministerin für »Familie, Frauen, Senioren und Jugend« als »Ministerin für, äh: Frauen und Familie und Gedöns«. Später tat es ihm leid, dass er so herablassend gewesen war. Denn die Familienpolitik ist längst ein politisch hochbrisanter Bereich. Ein Glück für die amtierende Regierung also, dass die aktuelle Amstinhaberin Ursula von der Leyen so populär ist.

»Wir müssen jungen Frauen Mut machen.«

Warum gibt es immer noch so wenige Frauen in der Politik/in wichtigen Ämtern?

▶ **Es sind wenige,** aber es werden mehr. Und das Wichtigste ist: Es gibt keine Felder mehr, in denen Frauen per se die Kompetenz abgesprochen wird. Das Bundeskanzleramt war vor Angela Merkel eine reine Männerdomäne. In Spanien nimmt eine hochschwangere Verteidigungsministerin eine Truppenparade ab. Das wäre vor 20 Jahren noch undenkbar gewesen. Aber wir sollten nicht die Augen davor verschließen, dass in Führungspositionen, in den Parlamenten oder in den Stadträten immer noch deutlich weniger Frauen als Männer sind.

Liegt das an den Männern, an den Frauen, am System?

▶ **An allen ein** bisschen. In den Schulen und Universitäten gibt es inzwischen ebenso viel Jungen wie Mädchen, am Berufsanfang sind Frauen wie Männer gleichermaßen in den Führungspositio-

nen zu finden. Aber dann kommt das, was wir die »gläserne Decke« nennen, an die viele junge Frauen stoßen. Kinder werden geboren. In Deutschland war typisch, dass Männer mehr arbeiten, wenn sie Vater wurden, und von den Frauen wurde erwartet, dass sie zumindest für mehrere Jahre aus ihren Berufen aussteigen. Oft hatten Frauen nur die Wahl: entweder Kinder oder Beruf. Manche haben ihre Berufe aufgegeben, manche auf Kinder verzichtet. Unser Land hat das mit dem hohen Preis der Kinderlosigkeit bezahlt und gleichzeitig viele gut ausgebildete Frauen als Fachkräfte verloren. Heute sind junge Menschen damit nicht mehr zufrieden. Junge Väter wollen vom Leben ihrer Kinder mehr mitbekommen, sie wollen als Vater da sein und verlangen mehr Zeit für ihre Kinder in der Arbeitswelt. Junge Mütter wollen den Kontakt zu ihrem Beruf halten. Damit eröffnen sich neue Perspektiven für beide, und ich bin sicher, dass in der nächsten Generation die Führungspositionen gleichmäßiger verteilt sind.

In der Politik kommt noch etwas erschwerend dazu. Politisches Engagement beginnt nach Feierabend. Für viele junge Frauen ist daran gar nicht zu denken. Sie finden den Weg in die Politik erst nach der Familienphase. Seiteneinsteigerinnen haben es aber schwerer als Leute, die viele Jahre Zeit haben, politische Erfahrung zu sammeln und

Netzwerke zu knüpfen. Üblicherweise beginnen politische Laufbahnen auf kommunaler Ebene. Das kommt einerseits Frauen entgegen, die die Lebenswirklichkeit der Familien vor Ort gut kennen und meistens wissen, wo der Schuh wirklich drückt. Andererseits werden Konflikte in den Orts- und Kreisverbänden häufiger mit dem Säbel ausgetragen als mit dem Florett. Wer sich gegen Platzhirsche durchsetzen will, darf auch Konfrontation nicht scheuen.

Könnte man etwas dagegen unternehmen, und wenn ja, was?

▶ **Wir müssen politisch** interessierte junge Frauen ermutigen, früh Kontakt zur Politik zu suchen. Dafür müssen sie wissen, wo sie einsteigen können und welche Perspektiven sie haben. Es gibt ja viele Mädchen und junge Frauen, die sich in Jugend- und Studentenparlamenten engagieren. Der Bruch kommt meistens mit der Familienphase. Während die Väter politisch aktiv bleiben, wenn Kinder kommen, klinken sich Frauen häufig aus. Also heißt es auch hier: umdenken. Nicht mehr darüber reden, was mit Kindern alles nicht geht, sondern dafür sorgen, dass es mit Kindern geht. Wer mehr weibliche Politiker will, muss an der Vereinbarkeit von Politik und Familie arbeiten. Praktisch heißt das beispielsweise, Ratssitzungen so zu terminieren, dass Eltern teilnehmen können. Es lohnt sich nachzufragen, ob sie Hilfe bei der Kinderbetreuung in der Zeit brauchen. Es heißt auch zum Beispiel akzeptieren, dass Mütter (ich wünsche mir auch Väter!) mit politischem Amt das Schützenfest mit ihren Kindern eröffnen können. Dann sind die Reden vielleicht nicht ganz so lang, aber die Zeremonie dafür unterhaltsamer gestaltet. Es geht! 2007 hat zum ersten Mal eine Staatsministerin in der Bundesregierung ein Kind bekommen. Das hatte es noch nie gegeben, und ein paar Juristen mussten erst einmal nachdenken, was das alles für Fragen aufwirft. Darf sie ihr Amt behalten (warum eigentlich nicht?). Kann sie Elternzeit nehmen? Alle diese Diskussionen sind notwendig und gut. Denn sie stellen Kinder wieder in den Mittelpunkt unseres Lebens!

Welche Vorteile brächten mehr Frauen in der Politik?

▶ **Politik soll die** Interessen aller vertreten! Frauen bringen ihre Sichtweisen in die Politik ein, ihnen liegen andere Themen am Herzen, sie finden neue Lösungen. Sie machen sicher nicht alles besser, aber sie machen es anders. Das macht Politik vielfältiger, sicher auch lebensnaher, weil mehr Menschen sich angesprochen fühlen. Wenn die Hälfte der Menschheit weiblich ist, sollten ihre Belange also auch den gebührenden Raum einnehmen. Umgekehrt gilt aber dasselbe! Ich erlebe manchmal, wie junge Väter mit pragmatischen Ansichten frischen Wind in Altherrenrunden bringen. Wir brauchen alle: die Frauen ebenso wie die Männer, aber auch die Jungen ebenso wie die Älteren. ■

Wo geht's hier zur sozialen Hängematte?

Alle Menschen sind doch gleich viel wert. Wäre es dann nicht gerecht, wenn jeder genug Geld zum Leben bekäme? Was soll daran unfair sein?!

Das Konzept ist ganz einfach: Jeder, vom Baby bis zum Greis, bekommt monatlich eine feste Summe, die Rede ist oft von 250 Euro, manchmal auch von 750 bis 1 000 Euro. Alle anderen Sozialleistungen werden gestrichen. Es gibt keine Rente, keine Sozialhilfe, kein Arbeitslosengeld. Das spart Geld und Aufwand, immerhin zahlen heute 37 verschiedene Behörden 155 verschiedene Sozialleistungen aus. Das ganze heißt »bedarfsunabhängige Grundsicherung«, Bürgergeld oder »social flat«. Meist soll bei der Gelegenheit auch gleich das Steuerrecht reformiert werden, ebenfalls zu einer einfachen Einheitssteuer von rund 15 % für alle und alles. Viele dieser Vorschläge gehen zurück auf den US-Ökonomen und Nobelpreisträger Milton Friedman.

Vorteil: Es würden in der Verwaltung große Kosten eingespart, weil man nicht mehr herausfinden müsste, wer wie bedürftig ist. Der Millionär bekäme die Grundsicherung genauso wie der Arbeitslose.

Nachteil: Ungerechtigkeit. Heutzutage bekommt jemand, der lange gearbeitet hat, mehr Arbeits-

Ein Jahr ohne Arbeit

Langzeitarbeitslos ist, wer länger als ein Jahr keinen Job hat. Je länger man arbeitslos ist, desto schwieriger wird es, wieder einen neuen Job zu finden. Wer 10 Jahre nicht mehr gearbeitet hat, den will nämlich kaum ein Chef mehr haben, weil man dann kaum noch weiß, wie das ist, morgens aus dem Haus zur Arbeit zu gehen, und weil man auch vieles verlernt hat.

osengeld als jemand, der nur kurze Zeit in die Arbeitslosenversicherung eingezahlt hat. Wer hohe Rentenbeiträge hatte, kriegt später auch mehr Rente. Das finden die meisten Leute auch gerechter. Sonst hätte man ja auch gar keinen Anreiz, mehr in die Rentenversicherung einzuzahlen.

Und das wichtigste Gegenargument: Wenn alle automatisch genug Geld zum Leben erhielten, dann ginge ja vielleicht keiner mehr arbeiten! Und wenn keiner mehr arbeitet, ist ganz schnell kein Geld mehr für die Auszahlung der Grundsicherung da! Und die unangenehmen, schlechter bezahlten Jobs würde erst recht keiner mehr machen. Schon heute ist es allerdings so, dass es sich manchmal finanziell kaum lohnt, arbeiten zu gehen. Manchmal ist es wirklich so, dass Leute für 40 Stunden Arbeit die Woche nur 100 Euro mehr im Monat bekommen, als wenn sie zu Hause bleiben und von der Kombination aus Arbeitslosengeld, Kindergeld, Sozialhilfe und Wohngeld leben. Das nennt man die »soziale Hängematte«, weil es sich Menschen in dieser Situation halbwegs gemütlich machten, statt zu arbeiten. Und da jeder innerhalb der Europäischen Union wohnen kann, wo er will, war es sogar möglich, sich bei gleichem Monatseinkommen in Spanien die Sonne auf den Bauch scheinen zu lassen, statt daheim zu arbeiten.

Um solche Situationen zu vermeiden, wurden zahlreiche neue Regelungen erlassen, die als »Hartz-Gesetze« oder »Agenda 2010« bekannt sind.

Die wichtigste Änderung: Nach etwa einem Jahr Arbeitslosigkeit gibt's deutlich weniger Zuschuss als bisher. Manche Menschen strengen sich deshalb jetzt mehr an, einen neuen Job zu finden. Auch deshalb, meinen Wirtschaftsfachleute, seien die Arbeitslosenzahlen deutlich zurückgegangen. Andererseits sind die Kürzungen für viele Menschen sehr hart, gerade auch für Alleinerziehende und Langzeitarbeitslose.

Die Agenda-Reformen

Im Jahr 2003 erfolgte unter dem SPD-Kanzler Gerhard Schröder eine große Reform als Teil der »Agenda 2010«. Die Regelungen, mit denen Arbeitsmarkt und Sozialleistungen neu gestaltet wurden, entwarf eine Expertengruppe unter der Leitung von Peter Hartz, der damals ein wichtiger Manager beim VW-Konzern war. Darum nennt man sie »Hartz-Gesetze«. Das bekannteste betrifft die Sozialhilfe, die heute »Arbeitslosengeld II« heißt und meist »Hartz IV« genannt wird. Sie beträgt (Stand Januar 2009) für jemanden, der alleine lebt, 351 Euro. Wenn man Kinder hat, kriegt man mehr, außerdem kommt noch Wohngeld hinzu. Eine Hartz-IV-Familie mit zwei Kindern kann so bis zu 1800 Euro Zuschüsse im Monat erhalten. Das klingt nach viel, aber mit vier Personen ist das ganz schön knapp, da muss man jeden Cent umdrehen. Um den gleichen Betrag mit Arbeit einzunehmen, bräuchte der Vater oder die Mutter einen Monatslohn von mindestens 1900 Euro; in vielen Berufen verdient man aber weniger. Wer »Hartz IV« bezieht, kann zu einem sogenannten »Ein-Euro-Job« verpflichtet werden, in dem man aber nicht etwa nur einen Euro Gehalt bekommt, sondern mindestens einen Euro pro Arbeitsstunde extra.

Hartz-IV-Empfänger mit »Ein-Euro-Job« bekommen mindestens einen Euro pro Stunde zusätzlich ausgezahlt.

Unterstützung vom Staat

Ende 2006 war jeder zehnte Einwohner in Deutschland auf existenzsichernde Zahlungen des Staates angewiesen. Insgesamt bezogen 8,3 Millionen Menschen solche »Transferleistungen« vom Staat, den Steuerzahler hat das rund 46 Milliarden Euro gekostet. Den größten Teil davon, nämlich 40 Milliarden, erhielten die 7,3 Millionen Empfänger von Hartz-IV-Leistungen.

Hartz IV bekommt man, wenn man länger als ein Jahr arbeitslos ist.

Als »relativ arm« (das heißt als arm im Verhältnis zu den anderen) gilt, wer weniger als die Hälfte des Durchschnittseinkommens zur Verfügung hat. In Deutschland ist man arm, wenn man als Alleinstehender weniger als 780 Euro (nach Steuern) im Monat hat. Als reich gilt man, wenn einem alleine mehr als 3400 Euro monatlich zur Verfügung stehen. Als »absolute Armut« bezeichnet man es, wenn sich jemand nicht mal mehr etwas zu essen kaufen kann (das trifft vor allem auf diejenigen Menschen in Entwicklungsländern zu).

Beide Eltern bei der Arbeit (oder arbeitslos), keine Betreuung und noch nicht mal das Geld für das Essen in der Schulkantine – in Deutschland wächst die Kinderarmut.

Besonders schlimm ist das für ihre Kinder. Jedes zehnte Kind in Deutschland lebt in relativer Armut. Das sind 1,5 Millionen!

Und jeder kann sich leicht vorstellen: Wenn Eltern und Kinder arm sind, ist die Chance, eine super Ausbildung zu kriegen oder eine tolle Lehrstelle und später richtig reich zu werden, eher gering.

Die Arbeitgeber beklagen, dass sie nach wie vor nicht genug Möglichkeiten haben, Mitarbeiter schnell einzustellen, wenn viel zu tun ist, und leicht zu kündigen, wenn weniger Aufträge vorliegen. Wenn der Kündigungsschutz nicht so streng wäre, sagen sie, würden sie mehr Leute einstellen, weil sie dann nicht fürchten müssten, die nicht mehr loszuwerden, wenn die Geschäfte später vielleicht einmal schlechter laufen. Deswegen lassen sie lieber die schon vorhandenen Arbeitnehmer Überstunden machen. Also müsste es ihrer Meinung nach noch mehr Arbeitsmarktreform geben. Die Gewerkschaften hingegen finden, dass sich die Lage der Arbeitnehmer schon genug verschlechtert habe. Auch weil es immer mehr »Mini-Jobs« gibt, die sozialversicherungsfrei sind. Das heißt, man bekommt das ganze (kleine) Gehalt ausgezahlt und muss davon keine Rentenbeiträge abführen. Dann gibt's später aber auch keine Rente – in 20 Jahren werden also vermutlich zahllose Minijobber Sozialhilfe oder Wohngeld benötigen.

Deutschland und seine Schulden

Etwa 1,5 Billionen Euro Schulden hat Deutschland. 18 000 Euro pro Kopf, inklusive Rentner und Babys. Bundesfinanzminister Karl Schiller trat 1972 wegen zwei Milliarden Euro Neuverschuldung zurück. Heute sind mehrere Hundert Euro neue Schulden pro Sekunde (!) ganz normal.

Staaten machen Schulden, weil sie mehr ausgeben, als sie einnehmen. Das ist leicht zu begreifen. Einen Großteil dieser Schulden machen sie aber bei den eigenen Bürgern: Er bietet »Bundesschatzbriefe« und »Kommunalobligationen« an, die ähnlich funktionieren wie ein Sparbuch. Man gibt der Bank Geld, kassiert Zinsen und kriegt nach einer bestimmten Zeit sein Geld wieder zurück. Problem dabei: Wenn der Staat die alten Bundesschatzbriefe auszahlen muss, ist das geliehene Geld längst ausgegeben. Was tun? Neues Geld borgen, mit dem man das alte zurückzahlt!

Mittlerweile sind so hohe Schulden aufgelaufen, dass die alljährliche Neuverschuldung nicht einmal mehr reicht, um die Zinsen für die alten Schulden zu zahlen. Und ein Schuldenabbau scheint praktisch unmöglich. Würde Deutschland jedes Jahr 13 Milliarden Euro zurückzahlen (die ja erst mal irgendwo herkommen müssen), wären wir nach 100 Jahren immer noch nicht schuldenfrei. Wenn Politiker davon sprechen, dass sie »die Staatsverschuldung zurückführen«, dann meinen sie damit nicht, dass sie Schulden zurückzahlen. Sondern nur, dass sie weniger neue Schulden aufnehmen.

Etwa 60 % der Schulden werden innerdeutsch aufgenommen. Davon zwei Drittel bei Banken, ein Drittel bei Unternehmen und Privatpersonen. Die übrigen 40 % des Geldes kommen aus dem Ausland. Das ist wichtig, weil die Zinsen für diese Leihgaben logischerweise ins Ausland gehen. Zinsen, die an deutsche Bürger oder Unternehmen gezahlt werden, bleiben mit etwas Glück im Land und sorgen dafür, dass die Firmen wachsen und mehr Arbeitsplätze schaffen oder dass die Privatleute sich mehr kaufen und so indirekt auch mehr Arbeitsplätze schaffen. Zinsen, die ins Ausland gehen, nützen dort, aber nicht hier.

Warum aber leiht der Staat sich überhaupt Geld? Weil Steuererhöhungen so schwer durchzusetzen sind. Und weil jeder gern etwas verspricht, was dann auch bezahlt werden muss.

Die Schuldenuhr des Bundes der Steuerzahler in Wiesbaden zeigt, wie hoch die aktuelle Staatsverschuldung ist und wie schnell sie steigt. Am 18. Dezember 2008 waren es über 1,5 Billionen Euro.

Der Staat als Unternehmer

Viele Fachleute sagen, dass Schuldenmachen im kleinen Rahmen sogar ganz gut ist für die Wirtschaft. Oft angeführt wird hier der Brite John Maynard Keynes (1883–1946), der davon ausging, je mehr investiert würde, desto mehr Gewinn würde am Ende herauskommen. Denn von dem geliehenen Geld baut der Staat vielleicht Straßen oder Krankenhäuser. Er beschäftigt und bezahlt also Arbeiter. Das ist gut. Und das, was gebaut wird, nützt dann allen, und so können die Menschen mehr verdienen und schließlich mehr Steuern zahlen, mit denen dann die Schulden beglichen werden. Dumm nur, dass Politiker viele Jahre lang lieber Geld ausgegeben haben, als zu sparen. Das hat Keynes sich nicht so vorgestellt. Er war nämlich dafür, dass in den Zeiten, in denen die Wirtschaft gut läuft und der Staat viele Steuern einnimmt, gespart wird für die schlechten Zeiten. Nur in den schlechten Zeiten sollte der Staat Geld in die Wirtschaft pumpen und dafür notfalls Schulden machen.

Dass Deutschland hoch verschuldet ist, liegt auch daran, dass die Kosten für die Wiedervereinigung völlig unterschätzt wurden – sie mussten aber, nachdem man damit angefangen hatte, irgendwie bezahlt werden. Und nun haben wir eben den Salat.

Offiziell begrenzt wird das Schuldenmachen durch verschiedene Gesetze und durch Regeln der Euro-Länder. Jedes Jahr muss in Deutschland ein neuer Finanzhaushalt aufgestellt werden, bei dem Einnahmen und Ausgaben gegenübergestellt werden. Das »Haushaltsdefizit« (das Geld, das fehlt) darf nicht höher sein als 3 % des »Bruttoinlandsproduktes« (das ist der Wert aller in einem Jahr im Inland produzierten Waren). Die Gesamtverschuldung darf dabei nicht höher sein als 60 % dieses »Bruttoinlandsproduktes«.

Das klingt alles gut. Nur gibt es reichlich Möglichkeiten, sich die ganze Sache schönzurechnen. Deswegen sind diese Vorschriften zwar eine Bremse, aber kein unüberwindliches Hindernis.

Ist hier jemand schuldenfrei?

Übrigens haben fast alle Länder der Welt viele Schulden. Die Entwicklungsländer in Afrika sowieso, aber auch die sogenannten Industrienationen wie Japan und die USA (jeweils etwa 4,5 Billiarden Euro), oder eben Deutschland. Und bei wem haben sie die? Oft gegenseitig beieinander, oder bei privat geführten Großbanken in ebenfalls verschuldeten Staaten. Aber die Zinsen zahlen sie immerhin sehr zuverlässig. Deshalb haben kein Staat und keine Bank ein Interesse daran, knallhart das geliehene Geld zurückzufordern. Denn wenn der erste Staat zugibt, eigentlich pleite zu sein, geraten auch die anderen ins Wanken, wie Dominosteine oder ein Kartenhaus. Vorerst besser ist es, einfach immer weiter voneinander Zinsen zu kassieren und zu hoffen, dass es irgendwie schon gut ausgehen wird.

Allerdings stehen die Staatsschulden nicht einfach so auf dem Papier. Sie haben Folgen, die jeder Bürger spürt. Wenn der Staat sich viel Geld leiht, dann steigt der Preis für Geld, also die Zinsen. Und das merkt dann auch jeder Bürger, der zum Beispiel ein Haus bauen will und dafür einen

Interessierte Passanten verfolgen auf Bildschirmen der UBS-Bank in Zürich die Entwicklung der Aktienkurse in der Finanzkrise 2008.

Kredit braucht, und jeder Unternehmer, der eine neue Maschine kaufen will und sich dafür Geld leihen möchte. Eine hohe Staatsverschuldung kann dadurch die Wirtschaft bremsen, anstatt sie anzukurbeln. Wenn Staaten sogar so heftig verschuldet sind wie einige Dritte-Welt-Länder, dass ihnen eigentlich kaum noch einer wirklich Geld leihen will, müssen sie horrend hohe Zinsen dafür zahlen. Das tun sie dann auch, denn sie brauchen ja das Geld, um überhaupt noch zahlungsfähig zu bleiben, also zum Beispiel wenigstens Polizei und Armee zu bezahlen. Doch vor lauter Schulden und Zinszahlungen bleibt ihnen dann überhaupt kein Spielraum mehr, Geld für anderes auszugeben. Hoffnungslos überschuldet zu sein, ist daher auch für Staaten keine gute Sache.

Kann Deutschland pleitegehen?

Die Bundesregierung hat in der Finanzkrise im Herbst 2008 eine Garantie gegeben für die rund 1,6 Billionen Euro, die deutsche Sparer bei Banken liegen haben. Eine unvorstellbare Summe! Zwar ist es nur eine Garantie, aber was passiert, wenn der Staat das Geld tatsächlich auszahlen müsste – würde Deutschland dann pleitegehen? Kann ein Staat überhaupt pleitegehen? Ja. Ein Staat kann pleitegehen. Er verschwindet zwar nicht wie eine Firma, die schließen muss, wenn sie bankrott ist. Aber auch ein Staat kann pleite sein, selbst wenn er weiterexistiert. Was heißt das? Zunächst kann jeder Staat ziemlich viel Schulden machen. Entweder druckt er Geld – das führt aber zu Inflation und Verarmung. Oder er leiht sich Geld. Dafür gibt er »Anleihen« heraus und die werden dann von anderen Staaten oder von Banken oder von Privatleuten gekauft. Man vertraut darauf, dass der Staat brav seine Schuldzinsen zahlt und eine solche Anleihe inso-

fern ein gutes, sicheres Geschäft ist. Eben weil Staaten so selten pleitegehen. Doch irgendwann können die Schulden zu hoch sein, so hoch, dass der Staat nicht mehr in der Lage ist, seine Zinsen zu zahlen. Es sind einfach zu viele Zinsen und zu hohe Zinsen. So wie ein Privatmann, der seine Kredite nicht mehr zahlen kann. Das spricht sich dann international auch herum, dass man diesem Staat besser kein Geld mehr gibt, weil man es vermutlich nie wiedersieht und auch die Zinsen nicht mehr gezahlt werden. Wenn das passiert, ist der Staat pleite. Er ist nicht mehr kreditwürdig, er bekommt kein Geld mehr. Er kann jetzt nur noch selbst Geld drucken, doch dafür bekommt er zum Beispiel keine Waren aus dem Ausland, weil niemand mehr die Währung dieses Staates akzeptiert. Keiner glaubt mehr daran, dass dieser Staat noch aus den Miesen kommt. Dann ist Schluss – der Staat ist bankrott. Argentinien ging das so, es erklärte sich 2001 bankrott und stellte alle Zahlungen an ausländische Gläubiger ein. Auch Deutschland war schon mal pleite, nämlich nach dem Ersten Weltkrieg, 1923, und nach dem Zweiten Weltkrieg, 1948. Im Zweifelsfall hilft dann nur noch ein radikaler Neuanfang, mit neuer Währung, neuer Regierung, internationalem Entschuldungsprogramm. Bis sich der Staat erholt, werden viele Jahre vergehen, die für die Bürger nicht angenehm sind. »Den Gürtel enger schnallen« ist dann wörtlich zu nehmen. Viele verlieren ihr Vermögen, das sie über Jahrzehnte angespart haben, viele verarmen. Dass Deutschland in absehbarer Zeit nochmal pleitegeht, ist aber höchst unwahrscheinlich. Dafür sind wir heute zu reich – und zu friedlich.

Wissen Reporter mehr, als sie schreiben?

Welche Themen kommen in die Nachrichten?
Welche Medien sind politisch relevant? Und wie geht »Agenda-Setting«?

Ja, Journalisten und Reporter wissen oft mehr, als sie schreiben. Im Prinzip wollen Journalisten natürlich immer alles berichten, was sie wissen, und noch lieber enthüllen sie etwas, was kein anderer weiß. Das ist übrigens auch wirtschaftlich gut, denn eine Zeitung, die etwas Aufregendes berichtet, verkauft sich besser. Also muss es Gründe haben, wenn Journalisten etwas verschweigen:

- Sie wissen etwas, können es aber (noch) nicht beweisen.
- Sie würden mit der Veröffentlichung jemandem so schaden, dass sie das nicht verantworten wollen.
- Sie können mit der Nicht-Veröffentlichung jemanden dazu bewegen, ihnen wichtigere Informationen zuzuspielen (»ich schreib nichts über dich, wenn du mir dafür mehr über diese andere Sache erzählst«).
- Sie wollen nicht das Vertrauen eines Informanten missbrauchen, weil sie versprochen haben, ihn nicht zu zitieren oder über eine bestimmte Sache nicht zu schreiben.

Wenn etwas nicht veröffentlicht wird, obwohl es viele Leute interessieren würde, handelt es sich oft um das Privatleben von Politikern. Oder es geht um Krisen, bei denen das Leben von Geiseln oder Entführungsopfern auf dem Spiel steht. Es wird dann zum Beispiel von der Polizei um ein »Nachrichtenmoratorium« gebeten. Die wichtigsten Chefredakteure werden zwar informiert, aber gebeten, dass sie in ihren Zeitungen oder Sendern (noch) nichts darüber berichten. So lief es beispielsweise, als der Hamburger Multimillionär Jan Philipp Reemtsma entführt worden war. Er kam nach 33 Tagen gegen Zahlung von 30 Millionen Mark (rd. 15 Mio. Euro) frei – erst danach erfuhr die Öffentlichkeit davon. Kontakt zu den Entführern nahm man übrigens mithilfe von codierten Kleinanzeigen in der »Hamburger Morgenpost« auf. Und recherchiert wurde von Journalisten auch in der Nicht-Berichtsphase sehr wohl. So scheiterte beispielsweise eine Geldübergabe, weil erst einmal Reporter abgeschüttelt werden mussten.

Auch bei Geiselnahmen im Ausland ist es üblich, dass nicht alles sofort gemeldet wird, damit das Außenministerium in Ruhe verhandeln kann. Etwas anderes sind Meldungen über das Privatleben von Politikern. So war zum Beispiel schon lange branchenbekannt, dass der Berliner Bürgermeister Klaus Wowereit (SPD) mit einem Mann zusammenlebte, bevor er sich selbst zum Schwulsein öffentlich bekannte. Auch über seinen Hamburger Amtskollegen Ole von Beust (CDU) wusste man das in Politiker- und Journalistenkreisen.

Der Berliner Bürgermeister Klaus Wowereit und sein Lebensgefährte Joern Kubicky: »Wowi« sprach selbst offen über seine Homosexualität.

Aber niemand schrieb darüber. Weil es keinen Grund dafür gab. Solange sie sich nicht politisch erpressen lassen, ist es ihre Privatsache.

Und wieso wurde es dann doch bekannt? Der FDP-Politiker Guido Westerwelle besuchte irgendwann öffentliche Termine mit seinem Lebensgefährten. Wowereit informierte offensiv die eigene Partei, um es hinter sich zu haben und nicht von Boulevardblättern unter Druck gesetzt zu werden. Er sagte am Ende einer öffentlichen Rede: »Und übrigens: Ich bin schwul – und das ist auch gut so.« Ole von Beust wurde von seinem damaligen Koalitionspartner und Innensenator Ronald Schill damit bedroht, ihn zu outen; Schill unterstellte ihm eine Affäre mit dem damaligen Justizsenator. Das empfand sogar die »Bild«-Zeitung als »dreckige Homo-Erpressung im Rathaus«. Von Beust feuerte zwar Schill, bestätigte seine Homosexualität aber nicht. Das tat erst sein Vater wenig später in einem Interview.

Insidern ebenfalls längst bekannt war, dass Gerhard Schröder, damals Regierungschef in Niedersachsen, sich von seiner dritten Frau Hillu getrennt hatte und es eine neue Freundin gab – die 19 Jahre jüngere Doris Köpf, damals selbst »Focus«-Journalistin.

Ob die Medien nicht früher berichteten, weil sie es nicht so wichtig fanden oder weil sie einen Gerichtsprozess fürchteten – wer weiß? Es gilt jedenfalls als »ungeschriebenes Gesetz«, nicht ohne Rücksprache über das Privatleben von Politikern zu berichten. Diese Regel weicht allerdings zunehmend auf – auch in dem Maße, in dem Politiker selbst mit ihrem Privatleben an die Öffentlichkeit gehen. Sehr ausführlich wurde zum Beispiel über das Seehofer-Baby berichtet, also über das 2007 geborene uneheliche Kind des CSU-Ministers Horst Seehofer, der sich zum Zeitpunkt der Berichterstattung um den Posten des CSU-Chefs bewarb. Diese Babyberichte galten in der Medien- und Politikbranche als Tabubruch. Im Wesentlichen waren es auch nur »Bild« und »Bunte«, die selbst berichteten – aber alle anderen berichteten eifrig darüber, dass berichtet wurde! So kann man nämlich indirekt auch tratschen und dabei gleich noch so tun, als sei man ganz empört über das Getratsche der anderen. Ob der »Verrat« tatsächlich von politischen Gegnern Seehofers kam oder in Wahrheit eine Initiative der Geliebten war, die ihn nach all den heimlichen Jahren zu einem Bekenntnis zwingen wollte – wer weiß? Spätestens seit der Seehofer-Geschichte gilt das alte Gesetz jedenfalls nicht mehr ganz so strikt, dass Privates privat bleibt.

Oft hat ein Informant einen persönlichen Vorteil davon, dass er eine Nachricht über Journalisten ans Tageslicht bringt. Das muss nicht heißen, dass sie deshalb nicht veröffentlicht werden darf. Aber Journalisten müssen sich dennoch immer fragen: Wer verrät mir welche Info wann warum? Denn in der Regel »enthüllen« Journalisten ja nicht von sich aus etwas, sondern es wird ihnen »offenbart«: von Leuten, die Bescheid wissen. Das kann auch ganz schön eklig sein, wenn Leute auspacken, nur um einem Konkurrenten zu schaden. Als Politik-Journalist hat man es manchmal auch mit ziemlich intriganten Leuten zu tun. Aber selbst die genießen dann »Informantenschutz«, d.h., man darf sie nicht verraten!

Welche Themen kommen in die Nachrichten?

»Warum sind die Nachrichten immer so negativ?«, werden Nachrichtenredakteure oft gefragt. Okay, da ist was dran. Die meisten bemühen sich aber redlich, in jeder Sendung auch Positives zu bringen. Ehrlich! Doch das ist nicht immer einfach und dafür gibt es Gründe. Zum einen sollen wir Journalisten ja kritisch sein und nicht eine Art Werbeagentur für Politiker, nach dem Motto: »Guten Abend, meine Damen und Herren, heute war die Kanzlerin wieder ganz toll!«. Der Journalist Dagobert Lindlau hat dazu mal gesagt: »Der Ruf nach dem Positiven im Fernsehjournalismus ist ähnlich berechtigt wie die Forderung an einen Klempner, sich doch bitte nicht andauernd nur um die paar tropfenden Wasserhähne zu kümmern, sondern endlich auch um die Millionen, die einwandfrei funktionieren. Letzteres ist eben schlicht und einfach nicht sein Beruf.« Vielmehr ist es Aufgabe von Journalisten, die Machthaber und die Amtsträger zu kontrollieren – und das geht nur, wenn man Missstände anprangert.

Außerdem ist das Negative oft spektakulärer und kommt auch deshalb leichter in die Nachrichten. Ein altes Beispiel dafür ist die Regel: »Hund beißt Mann« ist langweilig – »Mann beißt Hund« ist interessant. Unschön ist leider beides... Flugzeugabstürze sind natürlich schlimm. Aber wäre es eine sendenswerte Nachricht, dass auch an diesem Tage wieder weltweit Tausende von Flugzeugen erfolgreich gestartet und gelandet sind? Oder könnte man eine Nachrichtensendung beginnen mit der Meldung: »Alles normal in Berlin, kein Minister ist zurückgetreten«? Wen interessiert das? Niemanden.

Nachfolgend eine Liste von Kriterien, nach denen Journalisten Nachrichten auswählen:

Ein Ereignis muss neu sein: Die News von gestern sind weniger interessant als die von heute. Ich will doch wissen, was los ist! Zeitungen haben es da schwerer, die müssen ja erst mal gedruckt werden. Also lese ich in der Zeitung von heute, was gestern geschah. Das macht aber die Zeitung nicht uninteressanter. Eine gute Zeitung erzählt mir, warum etwas geschehen ist. So viele Einzelheiten kann man in einer Fernsehnachricht meistens nicht unterbringen.

Ein Ereignis ist ungewöhnlich: Siehe »Mann beißt Hund«. Dabei ist oft auch das Ausmaß des Ungewöhnlichen wichtig. Ein kleines Hochwasser am Rhein wird kein großer Aufreger sein. Aber wenn halb Ostdeutschland unter Wasser steht, dann ist das natürlich ein Top-Thema.

Ein Ereignis ist wichtig: Da kann natürlich jeder anderer Meinung sein, was wichtig ist und was nicht. Aber sicher ist doch der Rücktritt eines Bundeskanzlers für Deutschland ein bisschen wichtiger ist als die Frage, wer bei »Deutschland sucht den Superstar« ausgeschieden ist.

Das Ereignis ist wirklich so passiert: Damit ist gemeint, dass man wahrhaftig berichten muss. Das ist schwer, weil Journalisten auch oft belogen werden oder Dinge so kompliziert sind, dass es nicht nur eine klar erkennbare Wahrheit gibt, sondern mehrere Deutungsmöglichkeiten. Zum Beispiel, wer einen Krieg angefangen hat, oder wer die Schuld daran trägt, dass ein Politiker zurücktritt. Für Journalisten gilt daher die Zwei-Quellen-Regel: Wenigstens zwei voneinander unabhängige und glaubwürdige Personen erzählen das gleiche (zum Beispiel »Minister will zurücktreten«). Dann kann man einigermaßen sicher sein, dass da nicht nur irgendjemand irgendwas behauptet.

Ein Ereignis geschieht in unserer Nähe: Über einen Flugzeugabsturz in Deutschland wird größer und ausführlicher berichtet als über einen Flugzeugabsturz in China. Das ist halt weit weg und betrifft uns damit weniger... Der Begriff »Nähe« hat sich aber geändert. Früher hätte man gesagt: »Ob in China gerade ein Sack Reis umgefallen ist, interessiert hier niemanden«. Heute hängt

Eiserne Regel: TV-Sender müssen immer interessante Bilder liefern, sonst schaut keiner zu.

die Welt wirtschaftlich so eng zusammen, dass die Reisernte in China uns durchaus betreffen kann. Wenn nämlich die Chinesen bei einer schlechten Ernte mehr Reis im Ausland kaufen müssen und die Preise für Reis daraufhin weltweit steigen, merken wir das bei uns im Supermarktregal am Ende auch. Dann essen wir vielleicht mehr Kartoffeln. Über solche Zusammenhänge sollen Nachrichten und Zeitungen natürlich auch berichten.

Beim Fernsehen kommt hinzu: **Von einem Ereignis muss es Bilder geben**, sonst kann man nur sehr schlecht darüber berichten. Umgekehrt führt diese Regel dazu, dass manchmal über Ereignisse berichtet wird, die eigentlich gar nicht wirklich wichtig sind – aber es gibt so schöne, spannende Bilder. Schwupps, taucht das Ereignis in den Nachrichten auf. Ist das schlecht? Kommt drauf an. Wenn man es entsprechend einordnet, kann es auch ganz schön sein, einen glücklichen Buckelwal im Fernsehen zu zeigen, der sich verirrt hatte und den Weg zurück ins Meer fand. Der Wal wurde »Bucki« genannt und bewegt zwar nicht das Weltgeschehen, aber interessant ist sein Schicksal trotzdem. Man guckt gerne hin und lernt nebenher auch noch etwas über Wale. Wenn aber im deutschen Fernsehen Bilder gezeigt werden, wie sich in Amerika ein Verbrecher mit der Polizei ein Wettrennen liefert und sein Auto schließlich gegen eine Wand kracht – tja. Das ist dann eigentlich nur reißerisch-unterhaltsam, hat aber überhaupt keine inhaltliche Bedeutung für uns hier in Deutschland.

Welche Medien muss man kennen?

In Deutschland gibt es unglaublich viele Zeitungen und Zeitschriften, aber nur wenige sind politisch relevant. Dasselbe gilt für die zahllosen Radio- und TV-Sender. Die meisten politischen Medien zitieren sich übrigens gegenseitig, sodass man sie nicht alle im Auge behalten muss.

Tageszeitungen:
- Bild (Deutschlands größtes und sehr umstrittenes Boulevardblatt, politisch konservativ), www.bild.de
- Die Welt (liberal bis konservativ), www.welt.de
- Frankfurter Allgemeine Zeitung (FAZ) (konservativ), www.faz.net
- Süddeutsche Zeitung (liberal), www.sueddeutsche.de
- Tagesspiegel Berlin (liberal), www.tagesspiegel.de
- tageszeitung (taz) (links bis grün), www.taz.de

Wochenzeitungen und Magazine:
- Spiegel (sozialliberal, inzwischen zunehmend liberal-konservativ), www.spiegel.de
- Focus (eher konservativ), www.focus.de
- Stern (sozialliberal), www.stern.de
- Die Zeit (liberal), www.zeit.de

Radio:
- Deutschlandfunk, www.dradio.de
- Die Landesrundfunkanstalten und ihre »Informationswellen« wie zum Beispiel HR info (Hessischer Rundfunk) oder Bayern fünf aktuell (Bayerischer Rundfunk) oder WDR 5 (Westdeutscher Rundfunk)

TV-Nachrichten:

- heute + heute journal (ZDF), www.heute.de
- tagesschau + tagesthemen (ARD), www.tagesschau.de
- RTL aktuell + RTL Nachtjournal (RTL), www.rtlnews.de

Politische Infoseiten, Portale:

- www.politik.de
- www.polixea.de
- www.spindoktor.de

Die Presse wird oft als die »vierte Macht« im Staat bezeichnet. Die ersten drei Mächte sind die Gesetzgebung (Legislative/Parlament), die Vollziehung (Exekutive/Regierung) und die Rechtsprechung (Judikative/Gerichte). Eindeutig kommt der Presse eine Kontrollfunktion zu. Journalisten informieren nicht nur, sie kritisieren auch und klären auf. Deshalb gilt in demokratischen Ländern auch die Pressefreiheit: Es darf nichts vor Veröffentlichung zensiert werden. Und Journalisten haben ein »Zeugnisverweigerungsrecht«: Sie müssen ihre Quellen und Informanten nicht preisgeben. Natürlich dürfen sie trotzdem nichts schreiben oder senden, was falsch ist. Das ist allerdings manchmal eher theoretisch. Denn natürlich wird auch Falsches geschrieben und gesendet ... Weil die Autoren es nicht besser wussten oder weil sie es nicht besser wissen wollten. Journalisten sind schließlich auch nur Menschen wie alle anderen auch.

Kanzler lieben Gummistiefel!

Man sollte Politikern nicht unterstellen, dass sie Katastrophen ausnutzen. Aber politisch nützlich können solche Krisen trotzdem sein, weil man sich als Macher und Helfer zeigen kann. Beim Elbhochwasser 2002 marschierte Gerhard Schröder in Anglerstiefeln und Friesennerz

markig überflutete Straßen entlang – und holte sich so den entscheidenden Sympathievorsprung für die folgende Bundestagswahl. Das war für ihn ein Vorteil, klar. Aber man stelle sich vor, er wäre nicht in die Hochwassergegend gekommen. Dann hätten die Leute gesagt: Der Kanzler kümmert sich nicht um uns. Grundsätzlich zeigen sich Politiker natürlich gerne »nah bei den Menschen« und kleiden sich dann auch zünftig, um zu belegen, dass sie nicht abgehoben sind, sondern wissen, wie es im wahren Leben aussieht. Deshalb sind Landwirtschaftsminister so oft zu sehen, wie sie auf der Landwirtschaftsmesse »Grüne Woche« in Würste beißen oder Wein trinken. Oder sie treten auf Bauernhöfen auf und lassen sich beim Wasserschöpfen, Mistschaufeln oder als Geburtshelfer für Lämmchen ablichten. Dabei tragen sie natürlich zünftige Jacken und Gummistiefel. Journalisten

Politik in Gummistiefeln: Mit seinem entschlossenen Auftreten während der Flutkatastrophe 2002 vermittelte Gerhard Schröder (in grüner Regenjacke) dem Publikum einen besonders zupackenden Eindruck.

Großes Staatstheater – wie Politik verkauft wird

Wie mächtig die Presse tatsächlich ist und wie Politiker sie manipulieren können, darüber streiten die Gelehrten. Beim sogenannten »Agenda Setting« geht es darum, welche Themen von der Öffentlichkeit als aktuell wichtig wahrgenommen werden. Einig sind sich Wissenschaftler darüber, dass die Medien keinen so großen Einfluss darauf haben, was das Publikum über einzelne Themen denkt, sehr wohl aber darauf, worüber es sich überhaupt Gedanken macht – also was von den Menschen als wichtig empfunden wird. Dabei hat das Fernsehen eher einen kurzfristigen »Scheinwerfer-Effekt«, Printmedien wirken langsamer, aber dauerhafter. Und natürlich beeinflussen sich Zeitungen und Fernsehen gegenseitig: Um sich ihre Meinung zu bilden, lesen die Fernsehleute, was die Zeitungsleute schreiben. Und die Zeitungsleute gucken Fernsehen und sagen sich: Oho, wenn das Fernsehen so groß darüber berichtet, dann ist das ja wohl wirklich sehr wichtig. Mithilfe dieses »Agenda Settings« können Politiker, Unternehmen und Interessenverbände versuchen, über die Medien ein Thema, das ihnen wichtig ist, in das allgemeine Bewusstsein zu rücken. Sie reden zum Beispiel in diskreten Gesprächskreisen mit Journalisten darüber, sie laden Journalisten zu Pressekonferenzen ein oder sie erwähnen es ständig in Interviews. Diese Technik lässt sich auch verwenden, um Fragen auszuweichen, die man

Die Kanzlerin mal sehr gewagt: Angela Merkels Outfit beim Besuch in Norwegen (hier mit dem Ministerpräsidenten Jens Stoltenberg und seiner Frau) erregte in den Medien viel Aufsehen.

bezeichnen derartige Auftritte spöttisch als einen »Gummistiefeltermin«.

Den ersten großen Auftritt dieser Art hatte der damalige Hamburger Polizeisenator Helmut Schmidt, der später Bundeskanzler wurde. Bei der schweren Sturmflut 1962 rief er beherzt über persönliche Kontakte Bundeswehrsoldaten zu Hilfe, obwohl er das eigentlich nicht durfte. Er selbst war ebenfalls vor Ort. Schmidt erwarb sich so den Ruf als »Macher« und gilt noch heute als einer der besonnensten, zupackendsten Politiker der deutschen Geschichte.

Ähnlich beliebt wie Gummistiefel sind bei Politikern übrigens Fußballschuhe. Das allerdings nur bei männlichen Politikern, die auch einigermaßen schießen und dribbeln können. Aber selbstverständlich sucht auch Angela Merkel die Nähe zu Fußballspielern. Der Volkssport ist nun mal eine tolle Gelegenheit, sich volksnah zu zeigen. Als Merkel während der Fußball-WM 2006 groß im Bild zu sehen war, wie sie außer sich vor Freude über ein deutsches Tor aufsprang und laut jubelte, hat sie auf jeden Fall ganz viele Sympathiepunkte gesammelt. Auch als sie im April 2008 mit tiefem Ausschnitt zur Eröffnung der Oper in Oslo erschien, gingen die Bilder um die Welt. Hatte sie sich absichtlich extra-weiblich gestylt, um ihr biederes Image aufzuhübschen, oder war es Zufall? Wie auch immer, ein paar Tage lang wurde über Merkels Kleiderwahl diskutiert, was sie sehr menschlich wirken ließ.

nicht so recht beantworten kann oder will – ein unangenehmes Thema wird dann von einem selbst gewählten neuen abgelöst. Das ist ungefähr so, als wenn man im Bio-Unterricht in der Schule ein Referat schreiben soll über Hühner. Wenn man sich darauf aber nicht vorbereitet hat und wenig über Hühner weiß, sich dafür aber gut auskennt mit Regenwürmern, dreht man die Sache um und erzählt: »Das Huhn ist ein Tier, das gerne Regenwürmer frisst. Der Regenwurm ...« Und dann berichtet man lang und breit über Regenwürmer. Man nennt so etwas »Agenda Cutting«. Und wenn Politiker ungeplante Ereignisse nutzen, um sich positiv darzustellen, zum Beispiel bei einer Naturkatastrophe, dann heißt das ganz lässig »Agenda Surfing«.

Erst das Thema, dann die Medien?

Unklar ist allerdings, in welcher Richtung die Mechanismen funktionieren. Manche Forscher sind der Meinung, die Medien würden kontrollieren, mit welchen Themen sich ihre Leser/Zuschauer beschäftigen. Andere glauben, die Medieninhalte spiegelten die Themen wieder, mit denen sich das Volk auseinandersetzt. Wahrscheinlich ist es beides. Auch die Konsequenzen des Agenda-Setting sind umstritten: Mehr Berichterstattung kann zu einer überdurchschnittlich schnellen und dann anhaltenden Konzentration auf das neue Thema führen – oder zu einer Übersättigung und desinteressiertem Abwinken. Deswegen ist selbst unter Politikern umstritten, wie nützlich zum Beispiel Talkshow-Auftritte sind.

Wahrscheinlich ist es mal so und mal so.

Der »Medienkanzler« und TV-freundliche Inszenierungskünstler Gerhard Schröder soll gesagt haben, zum Regieren brauche man nur »Bild«, »BamS« (Bild am Sonntag) und »Glotze«. Das ist sicher so nicht ganz richtig – aber fast. Denn das sind die Medien, die die meisten Menschen erreichen. Die Bild-Zeitung wird wahrscheinlich von ca. 13 Millionen Menschen gelesen. Eine Nachrichtensendung wie die Tagesschau schauen mindestens 5 Millionen Menschen. So viele Leser haben Tageszeitungen wie die FAZ oder die Süddeutsche natürlich bei Weitem nicht.

Für Politiker ist es unheimlich wichtig, wie sie im Fernsehen »rüberkommen«. Manche wirken einfach schon deshalb gut, weil sie das richtige Amt dafür haben. Außenminister zu sein ist zum Beispiel relativ dankbar. Man redet immer diplomatisch, man ist immer für große und wichtige Dinge (wie Krieg und Frieden) zuständig und andere berühmte und mächtige Menschen schütteln einem respektvoll die Hand. Man muss sich als Außenminister auch nicht unbeliebt machen, indem man Steuern erhöht oder im Bundestag rumschimpft – was anderen Ministern nicht erspart bleibt. Außenminister ist also ein sehr »telegenes« Amt und deshalb waren sie alle, von Genscher über Kinkel und Fischer bis Steinmeier, immer sehr beliebt in der Bevölkerung.

Die meisten Bundeskanzler sind deshalb auf ihre Außenminister immer ein bisschen neidisch und stehlen ihnen gerne mal die Show. Angela Merkel kann das besonders gut: sie schaffte es so sogar, zur »Miss World« zu werden. Diesen ironisch gemeinten Titel bekam sie von Journalisten verliehen, nachdem sie für Deutschland eine ganze Reihe großer internationaler Gipfeltreffen veranstaltet hat-

Husch, husch ins Körbchen: Der berühmte XXL-Strandkorb für alle Staats- und Regierungschefs der G8-Gruppe beim Gipfeltreffen 2007 in Heiligendamm gefiel den Fotografen.

te. Ständig war sie mit den Mächtigen dieser Welt zu sehen und alle lobten sie als exzellente Gastgeberin. Merkel und ihre Berater sorgten auch für schöne Fernsehbilder: Für ein Gipfeltreffen an der deutschen Ostsee wurde zum Beispiel ein XXL-Strandkorb hergestellt, der so breit war, dass acht Staats- und Regierungschefs dort reinpassten. Das Bild wurde in der ganzen Welt gezeigt, alle lachten und sahen nach guter Laune und einem erfolgreichen Gipfeltreffen aus. Und wer saß zufrieden lächelnd in der Mitte? Eine Frau. Angela Merkel. Die Leute, die sich hinter den Kulissen solche Inszenierungen ausdenken, nennt man »Spin-Doktoren«, weil sie einem Thema den richtigen »spin« (engl. Dreh) geben.

In anderen politischen Ämtern ist es schwieriger, eine gute Figur zu machen. In der Opposition zum Beispiel gibt es nicht so viele schöne Bilder-Termine, bei denen man sich als »Macher« zeigen kann. Man »macht« ja eigentlich auch nichts, sondern meckert die meiste Zeit rum. Das ist wichtig in der Demokratie, doch damit Aufmerksamkeit zu erregen, ist schwieriger, als wenn man die Gummistiefel anzieht und Flutopfer besucht. Und Aufmerksamkeit ist das, was ein Politiker am meisten braucht. Man sagt: Er muss »wahrgenommen« werden.

»Wirklichkeit« lässt sich in Szene setzen

Die Wahrnehmung durchs Fernsehen kann sehr verzerrt sein. Denn Bilder werden inszeniert. Sehr wichtig ist zum Beispiel der Hintergrund, vor dem ein Politiker spricht. Als der schwarze US-Präsidentschaftskandidat Barack Obama bei seinen Wahlkampfauftritten Ansprachen hielt, standen hinter ihm immer ganz viele weiße Fans und applaudierten. Zufall? Wohl kaum. Sein Wahlkampfteam hatte alle Beteiligten entsprechend platziert. Die Bildbotschaft lautet: Obama ist zwar schwarz, aber auch die Weißen finden ihn gut.

Das ist wichtig in einem Land, in dem es nach wie vor viele Vorurteile wegen der Hautfarbe gibt.

Es gehören aber auch ganz persönliche Eigenschaften dazu, um im Fernsehen sympathisch zu wirken. Vor allem muss man gut reden können: eher kurze Sätze, eher prägnant, auch witzig sein hilft. Wenn Franz Müntefering sagt: »Besser heißes Herz als Hose voll«, dann versteht jeder sofort, was er meint. Sein parteiinterner Konkurrent Kurt Beck sprach bei Fernsehauftritten hingegen häufig sehr verschachtelt und etwas unverständlich, und dazu noch mit deutlichem rheinland-pfälzischem Dialekt, was nicht überall in der Republik gut ankommt. Muss sich ein Politiker also verbiegen? Ein bisschen ja. Aber wenn er sich zu sehr verbiegt, merkt man ihm oder ihr das schnell an, weil das dann alles so auswendig gelernt klingt, was aus dem Politikermund kommt.

Wie jemand wirklich ist, kann man im Fernsehen jedenfalls nur schlecht mitbekommen. Man sieht es dort eben doch nur aus der Ferne! Es gibt tatsächlich Leute, und nicht nur Politiker, die wirken im Fernsehen supernett und lustig, haben immer ein flottes Sprüchlein auf den lächelnden Lippen. Doch hinter den Kulissen sind die in Wahrheit gar nicht so nett, sondern unfreundlich und arrogant. Andere erscheinen auf dem Bildschirm blass und spröde oder streng, aber wenn man sie persönlich trifft, können das unheimlich freundliche Zeitgenossen sein, mit denen man gerne ein Bier trinkt. Sie blühen regelrecht auf, wenn die Fernsehkameras aus sind. Das sollte man immer im Hinterkopf behalten, wenn man über Menschen urteilt, die man nur vom Bildschirm her kennt... egal ob es Politiker, Schauspieler, Musiker oder Moderatoren sind: Zwischen Image und Realität, zwischen Schein und Sein, können Welten liegen.

Insider-Vokabeln zum Mitreden

Wer sich im politischen Berlin bewegt, also unter Politikern und Hauptstadtjournalisten, sollte ihre Sprache verstehen. Sie benutzen nämlich ein ganz eigenes Vokabular, eine Art Slang. Manche Begriffe findet man dann auch in Zeitungen oder im Fernsehen wieder. Gut, wenn man dann gleich weiß, worum es geht! Man kann dabei übrigens auch eine Menge darüber erfahren, wie Politik funktioniert …

Alphatier Der Begriff stammt aus der Tierwelt. Alpha ist der erste Buchstabe des griechischen Alphabets – das Alphatier ist der Anführer einer Herde. Häufig männlich, es gibt aber auch weibliche Alphatiere, zum Beispiel die Leitstute einer Pferdeherde. Das Alphatier will führen und schafft es, seinen Willen durchzusetzen (notfalls auch mit Gewalt), und duldet keine Nebenbuhler. In der Politik ist es praktisch unmöglich, die Karriereleiter richtig weit hochzukommen, wenn man kein Alphatier ist. Dabei scheint das Alphatier-Gen ein bisschen angeboren zu sein. Es gibt Menschen, die von klein auf Anführer sind, im Kindergarten, in der Fußballmannschaft oder bei der Wahl zum Klassensprecher. Da ist es ja auch fast immer so, dass die Mehrheit der Klasse instinktiv sehr schnell weiß, wer überhaupt dafür infrage kommt und wer nicht. Als typisches Alphatier gilt Exkanzler Gerhard Schröder, ein lautstarker Anführer und ziemlicher Macho. Aber auch Frau Merkel ist ein Alphatier, das knallhart seinen Willen durchsetzt und Macht ausübt; sie macht das allerdings in einem etwas anderen Stil, weniger direkt, weniger laut, aber deshalb nicht weniger durchsetzungsfähig, wenn's drauf ankommt. Ganz interessant ist auch, dass manche Politiker ausdrücklich behaupten, sie seien keine Alphatiere, weil sie dafür angeblich nicht genug Machtwillen und Ehrgeiz hätten. Komischerweise haben das ausgerechnet Politiker gesagt (Horst Seehofer, Christian Wulff), von denen man eigentlich genau das Gegenteil annahm, nämlich dass sie sogar extrem ehrgeizig sind. Tun sie vielleicht nur so harmlos? In der Tierwelt kommt das durchaus vor, dass sich zum Beispiel Schimpansen scheinbar zurückhaltend in der Gruppe unterordnen, um dann im richtigen Moment doch zuzuschlagen und die Führungsposition zu beanspruchen. Jedes Alphatier muss wissen: zeigt es Schwäche und verliert das Vertrauen der Herde, dann wird es verjagt. Übrigens: Auch unter Journalisten gibt es Alphatiere. Von denen schreiben die Betatiere dann gerne ab.

Agenda-Politik Bezeichnet alle politischen Maßnahmen, die im Zusammenhang mit der Agenda 2010 standen. Das waren Reformen auf dem Arbeitsmarkt und in der Sozialpolitik, die von SPD-Bundeskanzler Schröder und seinen Anhängern durchgesetzt wurden, die in der SPD aber sehr umstritten waren. Die SPD leidet immer noch an der ungeliebten Agenda-Politik. Für Schröder wurde sie am Ende zum Desaster, weil der Eindruck entstand, ausgerechnet ein Sozialdemokrat würde arme Menschen noch ärmer machen. Die meisten Wirtschaftsexperten sind heute der Ansicht, dass die Agenda-Politik gut war und dem Land insgesamt geholfen hat. Aber da gehen die politischen Meinungen weit auseinander. Und diejenigen, die jetzt weniger Geld haben, können daran natürlich überhaupt nichts gut finden.

Ist dieser Mann ein Alphatier? Christian Wulff von der CDU sagt »Nein«. Dafür hat er es als niedersächsischer Ministerpräsident schon ganz schön weit gebracht.

Anden-Pakt So heißt eine Clique männlicher CDU-Politiker. 1979, als sie noch viel jünger waren, machten sie eine gemeinsame politische Reise nach Südamerika. Die Anden sind die längste Gebirgskette der Erde und reichen von Venezuela über Kolumbien, Ecuador, Peru, Bolivien und Argentinien bis Chile. Damals haben die jungen Männer sich auf der Reise so gut verstanden, dass sie beschlossen, weiterhin in Kontakt zu bleiben, sich gegenseitig zu helfen und nie gegeneinander zu kämpfen. Dieser Pakt ist ein Beispiel für Karrierenetzwerke: man kennt sich lange und hilft sich. Lange Zeit war der Anden-Pakt fast so etwas wie eine Geheimgesellschaft, man traf sich unter Ausschluss der Öffentlichkeit. Mitglieder sind zum Beispiel der hessische Ministerpräsident Roland Koch und Bundesverteidigungsminister Franz-Josef Jung.

Angie (englisch ausgesprochen: Ändschi). Spitzname von Angela Merkel, den ihre Parteikollegen ihr gegeben haben. Bei Parteitagen (also den großen Konferenzen der Partei) und Wahlkampfauftritten wurde sogar häufig der alte Rocksong »Angie« von den »Rolling Stones« gespielt, wenn Angela Merkel die Halle betrat. Das ist also »ihr Lied«, das Stimmung machen soll, so wie bei Boxern immer persönliche Songs erklingen, wenn sie vor einem Kampf die Halle betreten. Von Leuten, die Angela Merkel nicht mögen, wird »Angie« aber auch bewusst respektlos verwendet, als spräche man über ein kleines dummes Mädchen.

Basis-Arbeit So nennen Politiker es, wenn sie sich mit einfachen Parteimitgliedern treffen, zum Beispiel im Ortsverein oder Ortsverband ihrer Partei in ihrem Wahlkreis. Das ist die kleinste, unterste Organisationseinheit einer Partei. Die Politiker versuchen dann dort »unten« die Basis von den Entscheidungen »oben« in Berlin zu überzeugen und herauszufinden, was »die Basis« gut findet und was nicht. Schließlich müssen die »unten« später bei Parteitagen zustimmen, wenn wichtige Beschlüsse gefasst werden. Also muss man als hoher Politiker die Stimmung kennen und, wenn nötig, beeinflussen.

BPK Abkürzung für »Bundespressekonferenz«. Das ist sozusagen der Verein, in dem alle Berliner Parlamentskorrespondenten Mitglied sind. Sie haben sich auch deshalb zusammengeschlossen, um gegenüber der Politik stärker zu sein. So lädt die BPK auch Politiker zu Pressekonferenzen ein – und dann darf nicht der Politiker entscheiden, welche Fragen er beantwortet, sondern die Journalisten führen bei diesen Konferenzen Regie. »Das hat den Vorteil, dass kein Frager benachteiligt wird, dass nach Reihenfolge der Meldung aufgerufen wird, dass die Pressekonferenzen erst zu Ende sind, wenn die letzte Frage gestellt ist, dass kritische und unbequeme Fragen gestellt werden können und beantwortet werden müssen«, erklärt Werner Gößling, der Vorsitzende der Bundespressekonferenz. Umgekehrt halten sich aber auch die Journalisten in der BPK an gewisse Benimmregeln und nicht jeder darf einfach so Mitglied werden. Den Konferenzraum der BPK sieht man übrigens oft im Fernsehen, wenn davon die Rede ist, dass ein Politiker »vor die Berliner Presse getreten ist«: Dort sitzen dann immer die ganzen Berliner Journalisten und schreiben eifrig in ihre Notizbücher, während vor-

ne an einem breiten Tisch der Politiker sitzt. Die Bundespressekonferenz veranstaltet auch den berühmten Bundespresseball, bei dem einmal im Jahr Politiker und Journalisten miteinander tanzen und feiern und tratschen, ohne dass am nächsten Tag gleich alles in der Zeitung steht. So ein Betriebsausflug muss halt auch mal sein …

Büchsenspanner In früheren Jahrhunderten nannte man Gewehre »Büchsen«. Sie mussten vorbereitet (gespannt) werden, bevor man damit schießen konnte. Das haben bei der Jagd dann die Jagdburschen für die adligen hohen Herren erledigt. Auf die Politik bezogen heißt das, dass Parteichefs es anderen überlassen, Informationen gezielt zu streuen oder Gegner scharf zu beschießen, während sie sich selbst scheinbar vornehm zurückhalten. Der Gegner kann übrigens auch aus der eigenen Partei stammen. Die Büchsenspanner zielen vor allem auf die Medien, in denen sie ihre Sicht der Dinge unterbringen möchten. Gerne auch aus dem Hinterhalt, in dem sie zum Beispiel in Hintergrundkreisen Gerüchte streuen oder jemanden schlecht machen (zum Beispiel »unter uns gesagt: er trinkt ja sehr viel Rotwein und kennt die Aktenlage häufig nicht«). Im extremsten Fall organisieren Büchsenspanner eine regelrechte Treibjagd, bis der Gegner »tot« ist (im übertragenen Sinne).

Durchstechen Eine Information »durchstechen« heißt, dass man Vertrauliches gezielt weitergibt – häufig, um jemandem zu schaden. Später will es dann keiner gewesen sein, und es sieht fast wie ein Versehen aus, dass die Öffentlichkeit davon erfahren hat. Aber tatsächlich steckte Taktik dahinter. Eine Ministerin äußert sich zum Beispiel am Kabinettstisch, und einen Tag später steht in der Zeitung was sie gesagt hat, dabei war das nie für die Öffentlichkeit vorgesehen. Wenn viel durchgestochen wird, ist das meist ein Zeichen dafür, dass es in einer Regierung oder einer Partei viel Streit und Misstrauen gibt. Wer sich gut versteht, hält dicht!

Einfärben In der Regel vergehen ja immer einige Jahre, bis es einen Regierungswechsel gibt und eine andere Partei an die Macht kommt. Die CDU hat zum Beispiel mit Helmut Kohl 16 Jahre lang regiert. In dieser Zeit wurden in den Ministerien alle wichtigen Posten mit Mitarbeitern und Beamten besetzt, die der CDU nahestanden, also »schwarz« waren. Nach dem Machtwechsel zu Rot-Grün trafen die neuen Minister in allen Ministerien sowie im Kanzleramt auf lauter CDU-und FDP-Leute. Die mögen fachlich gut gewesen sein, kamen aber halt aus der »falschen« Partei. Für einen Minister ist es jedenfalls schwierig, den Mitarbeitern seines Vorgängers zu vertrauen (obwohl es das auch immer wieder gibt, vor allem wenn es sich um gute, erfahrene Fachleute handelt). Also versucht in der Regel jeder Minister, möglichst viele Mitarbeiter auszutauschen gegen Leute aus seiner eigenen Partei. Er »färbt« das Haus um: aus schwarz macht er rot oder umgekehrt. Das nennt man Einfärben. Im Beamtenjargon nennt man das auch »reinrassig besetzen«, was aber ein eher übler Begriff ist. Natürlich dauert das Einfärben einige Zeit. Man kann ja nicht alle Leute von heut auf morgen rauswerfen. Und nach dem nächsten Machtwechsel geht das Ganze dann von vorne los.

Einflüsterer Sind ähnlich wie Büchsenspanner Leute aus der zweiten Reihe, die die Medien mit Informationen füttern, ihnen also etwas »zuflüstern«, um Stimmung zu machen. Damit Politiker gut oder schlecht wirken oder damit über ein bestimmtes Thema viel berichtet wird. Über Schröders Agenda 2010 wurde zum Beispiel im Vorfeld viel geflüstert, so wussten alle Journalisten: da kommt was Großes. Weil Medien immer scharf auf Informationen sind, die ihnen im vertraulichen »Flüsterton« zugeraunt werden, womöglich noch mit dem Zusatz »aber sag nicht, von wem du es hast«, ist die Chance groß, dass das Einflüstern klappt. Mit dem Begriff Einflüsterer können aber auch Leute gemeint sein, die einem Politiker nahestehen und ihn beeinflussen, ihm also etwas »einflüstern«. Wahlkampfmanager zum Beispiel sind wichtige Einflüsterer. Aber auch Lobbyisten aus der Wirtschaft sind Einflüsterer, die den ganzen Tag in Berlin unterwegs sind, um Politiker zu beeinflussen. Das tun sie diskret und leise – im Flüsterton eben. Insofern wird in Berlin ständig geflüstert.

Einpeitscher Der Begriff kommt ursprünglich aus dem englischen Parlamentarismus. Die »Whips« (Peitschen) nennt man im Unterhaus die Mitarbeiter der Fraktionsführer. Sie sorgen dafür, dass die Abgeordneten-Herde zusammenbleibt, damit bei wichtigen Abstimmungen keiner abweicht. Manchmal hilft da im Konfliktfall gutes Zureden, damit sich auch ein Hinterbänkler ernst genommen fühlt. Manchmal muss man aber auch knallhart sein und drohen, also »die Peitsche schwingen«. Die Aufgabe des Einpeitschers haben im deutschen Bundestag die »Parlamentarischen Geschäftsführer«. Die hat jede Partei. Sie sind direkt nach dem Fraktionschef die wichtigsten Männer und Frauen, sorgen für Geschlossenheit und bestimmen auch über Tagesordnungen und Rednerlisten. Einfache Abgeordnete müssen sich also mit ihnen gut stellen, sonst kommen sie nicht zum Zuge. Umgekehrt müssen die Parlamentarischen Geschäftsführer aber auch ein Ohr haben für die Sorgen und Vorbehalte der Abgeordneten, damit zum Beispiel ein Bundeskanzler erfährt, was seine Leute im Parlament wirklich über ihn denken.

Fundis gegen Realos: Was bei anderen Parteien der »rechte« und »linke« Parteiflügel sind, waren bei den Grünen »Fundis und Realos«. Sie lieferten sich in den Achtziger- und Neunzigerjahren geradezu legendäre Kämpfe. Auf der einen Seite die linken Fundamentalisten (»Fundis«), die auf keinen Fall ihre politischen Ideale für Kompromisse verraten wollten. Auf der anderen Seite die pragmatischen Realos, die der Ansicht waren, dass es klüger ist, seine Ideale der Realität anzupassen. Während die Fundis sich also schwer damit taten, überhaupt bei einer Regierung mitzumachen, weil sie Angst hatten, sich dafür verbiegen zu müssen, fanden die Realos, dass gerade das Mitregieren eine Chance ist, um Dinge zu verändern. Der größte Realo von allen war Joschka Fischer, der so realistisch war, dass sich manche fragten, ob er überhaupt Ideale hatte. Einer seiner Gegenspieler war Jürgen Trittin. Der war zwar nie ein echter Fundi, wurde aber so verrechnet, wenn es um die Besetzung von Posten ging. Vor allem war Trittin immer Fischers persönlicher Konkurrent. Ein echter Fundi war zum Beispiel Christian Ströbele (das ist der mit der wilden weißen Haarmähne, der immer Fahrrad fährt). Heute spielt der Kampf zwischen Fundis und Realos inhaltlich nicht mehr so eine große Rolle bei den Grünen, obwohl immer noch darauf geachtet wird, dass es zwei Parteichefs gibt, einen aus jeder Richtung. Und dabei immer mindestens eine Frau (zum Beispiel die Fundi Claudia Roth)! Fundis und Realos gibt es übrigens auch bei der Partei »Die Linke«. Der Linken stehen vermutlich all die Kämpfe noch bevor, die die Grünen bereits hinter sich gebracht haben. Spätestens wenn man irgendwo mitregiert, kann man nämlich gar nicht mehr Fundi bleiben.

Gerüchteküche Damit ist Tratsch gemeint, nur dass politischer Tratsch meist nicht so harmlos ist wie der Tratsch, den sich Nachbarn oder Schulkameraden erzählen. Immerhin geht es dabei um Leute, die dieses Land regieren oder regieren wollen. Gerüchte sind wie Salz in der Suppe: ohne wäre sie fad, doch ist das Salz erstmal drin im Topf, kriegt man es nicht mehr raus. In der Berliner Gerüchteküche kocht und dampft es immer, weil ständig irgendwer irgendwas über irgendwen erzählt. Köche gibt es

in der Gerüchteküche unüberschaubar viele. Das Kochen von Gerüchten, der Polit-Tratsch, macht Spaß und kann sehr informativ sein. Wenn die Gerüchteküche allerdings »brodelt«, wird es für die betroffenen Politiker gefährlich. Dann ist schwer was los in der Politik, die Ereignisse überschlagen sich und die »Meute« ist im Jagdfieber. Es werden alle möglichen Informationen ausgetauscht, die sich zum Teil widersprechen, zum Teil gezielt falsch sind, zum Teil aber auch wahr. Zum Beispiel kochte die Gerüchteküche wie verrückt in den Tagen kurz vor der erzwungenen Rücktrittserklärung des bayerischen Ministerpräsidenten Edmund Stoiber.

Giftliste Manchmal müssen sich Politiker entscheiden, etwas Unpopuläres zu tun. Das machen sie sinnvoller Weise direkt nach einer Wahl, wenn sie der Wähler dafür nicht gleich bestrafen kann, indem er sein Kreuzchen bei einer anderen Partei macht. Die Politiker beschließen also, dass sie Steuern erhöhen müssen oder »Leistungen kürzen«. Damit sind Subventionen für Unternehmen oder Sozialhilfen für Bürger gemeint, also Geld, das der Staat auszahlt. Die einzelnen Maßnahmen werden dann auf einer »Giftliste« veröffentlicht. Sie heißt so, weil alles, was darauf steht, die Bürger »giftig« macht und Politikern schaden kann.

Girls Camp Als »Mädchenlager« wird leicht spöttisch Angela Merkels engster Beraterstab bezeichnet, der überwiegend aus Frauen besteht. Zu diesen Vertrauten zählen insbesondere ihre Medienberaterin Eva Christiansen und ihre Büroleiterin Beate Baumann. Frau Baumann ist nach Merkel vermutlich eine der einflussreichsten Frauen in der Politik, die aber völlig unerkannt über die Straße gehen kann. Dass Angela Merkel so eng mit einer Reihe Frauen zusammenarbeitet und zugleich vielen Männern eher misstraut, fanden manche Männer in der CDU gerade anfangs sehr beunruhigend. Sie fühlten sich ausgeschlossen. »Girls Camp« war insofern nicht nett, sondern eher kritisch gemeint.

Hausmacht Ein Politiker hat in seiner Partei eine »Hausmacht«, wenn er gut »verdrahtet« ist. Das heißt: er kennt unheimlich viele Leute gut, er wird von sehr vielen Parteimitgliedern loyal unterstützt und kann sich auf sie im

Streitfall verlassen. Umgekehrt verdanken sie ihm natürlich auch einiges und erhoffen sich von ihm die Durchsetzung ihrer gemeinsamen Ziele und Ansichten. Eine Hausmacht muss man sich aufbauen, die erwirbt man sich nicht über Nacht. Wer keine eigene Hausmacht hat, hat es schwer, sich in der Partei durchzusetzen. Deshalb gibt es auch nur selten erfolgreiche Quereinsteiger oder parteilose Minister.

Hinterbänkler Das sind Abgeordnete, die im Bundestag in den hinteren Reihen sitzen. Das sind die einfacheren Stühle, ohne eigene Tische. Offiziell herrscht im Bundestag zwar freie Platzwahl, aber in den vorderen, komfortableren Reihen sitzen die wichtigen Parteipolitiker, zum Beispiel die Fraktionschefs. Die sind dann bei Debatten auch im Fernsehen zu sehen. Die Hinterbänkler sieht man kaum. Sie sind der Öffentlichkeit eher unbekannt und in der Partei vergleichsweise unwichtig. Doch Vorsicht! Hinterbänkler können sehr unangenehm werden, wenn sie um ihren Sitz im Parlament fürchten, weil die Politik der ranghöheren Politiker nicht erfolgreich ist. Dann setzen sie ihre Parteichefs unter Druck, verweigern sich bei Abstimmungen und Ähnliches. Manchmal sind sie auch so unglücklich mit ihrem Unbekanntsein, dass sie irgendwelche komischen Sachen sagen, nur um von den Medien beachtet zu werden. Das kann dann peinlich für alle werden. Zum Beispiel schlug mal jemand vor, Mallorca zu kaufen und zum 17. deutschen Bundesland zu erklären. Die Journalisten amüsieren sich und drucken es, die Leser amüsieren sich und lesen es, und vielleicht merken sie sich dabei den Namen des komischen Politikers, der das gefordert hat. (Es war der CSU-Politiker Dionys Jobst im Jahr 1993.) Oder auch nicht.

Hintergrund Wenn ein Parlamentskorrespondent sagt, »Ich hab heut Abend einen Hintergrund«, dann meint er damit ein vertrauliches Treffen mit Kollegen. Politische Journalisten tun sich zusammen und gründen sogenann-

te »Hintergrundkreise«. Sie treffen sich regelmäßig und laden zu ihren Treffen Politiker ein. Man verspricht sich gegenseitig, dass alles, was in diesem Kreis besprochen wird, vertraulich ist, also nicht in der Zeitung erscheint oder im Fernsehen erzählt wird. Der Politiker kann dann offen reden und Sachen sagen, die er sonst nicht sagen würde. Um diese Kreise wird immer ein ziemliches Geheimnis gemacht und sie haben ulkige Namen, z. B. »U 30« (weil die Mitglieder bei der Gründung des Kreises noch alle unter 30 Jahren waren) oder »Wohnzimmer« (weil die Treffen immer in den privaten Wohnzimmern der Mitglieder stattfinden, was ungewöhnlich ist). Die meisten Kreise tagen möglichst unbeobachtet in Hinterzimmern von Kneipen. Früher in Bonn hat das mit den Vertraulichkeiten zwischen Politikern und Journalisten auch gut geklappt, und so wurde in den »Hintergründen« tatsächlich ausgepackt und Brisantes erzählt. Die Journalisten wussten dann unheimlich viel, durften es aber nicht schreiben. In Berlin hat sich das geändert. In den Hintergründen wird kaum noch »Geheimes« erzählt, und so haben sie für die journalistische Arbeit stark an Bedeutung verloren.

Junge Wilde So nannte man in den Neunzigerjahren eine Gruppe von jüngeren CDU-Politikern, die weniger konservativ waren und sich auch mal trauten, gegen den mächtigen Parteichef Helmut Kohl aufzumucken. Was ihnen nicht geschadet hat: so wurden die Medien aufmerksam und sie wurden prominent. Aus einigen Jungen Wilden wurden später Ministerpräsidenten: Peter Müller im Saarland zum Beispiel, Roland Koch in Hessen oder Christian Wulff in Niedersachsen.

K-Frage Das ist die Abkürzung für die »Kanzlerkandidaten-Frage«, also die Frage, wer sich vor Bundestagswahlen in einer großen Partei durchsetzt und zum Kanzlerkandidaten gekürt wird. Meist konkurrieren darum mehrere Alphatiere. Man versucht übrigens, diese Entscheidung möglichst lange herauszuzögern. Denn sobald einer offiziell Kandidat ist, wird er vom politischen Gegner in seine Einzelteile zerlegt und bei jeder Gelegenheit scharf angegriffen. Auch kann der Gegner dann seine Wahlkampftaktik auf den Kandidaten abstellen, weil er nun weiß, mit wem er es zu tun hat. Das ist wie mit der Mannschaftsaufstellung im Fußball. Die bleibt ja auch immer möglichst lang geheim. Die K-Frage stellt sich in der Regel nur Oppositionsparteien. Wer bereits Bundeskanzler ist, wird normalerweise auch Spitzenkandidat im nächsten Wahlkampf.

Kabinettsdisziplin Wer im Kabinett sitzt, gehört zur Regierung und muss die Regierungspolitik dann auch mit verantworten und kann nicht ständig dagegen stänkern. Das wäre ja auch unglaubwürdig. Als Minister am Kabinettstisch muss man mit anderen Ministern Kompromisse schließen, man muss mit dem Finanzminister um Geld verhandeln, kurzum: man muss realistisch sein und eine gewisse Loyalität gegenüber dem Regierungschef zeigen. Das ist die Kabinettsdisziplin. Für einen Kanzler kann es insofern ein kluger Schachzug sein, einen starken Landespolitiker nach Berlin zu holen, an den Kabinettstisch, um ihn damit zu schwächen. »In die Kabinettsdisziplin einbinden«, nennt man das. Er oder sie kann danach nicht mehr »gegen Berlin« wettern oder lauter Sachen fordern, die nicht bezahlbar sind. Der frühere Ministerpräsident Edmund Stoiber hat das 2005 sehr schnell gemerkt und ist hastig zurück nach Bayern geflüchtet. Zuletzt hat der damalige SPD-Chef Kurt Beck es vorgezogen, Ministerpräsident in Mainz zu bleiben, statt in der Großen Koalition unter Angela Merkel Wirtschaftsminister oder Ähnliches zu werden.

Käseglocke Das sind diese Dinger aus Glas, unter denen man Käse luftdicht frisch hält, ohne dass es in der Küche riecht. Mit der »Berliner Käseglocke« meint man, dass Politiker und Journalisten in Berlin wie unter einer Glasglocke quasi luftdicht abgeschlossen aufeinanderhocken und die Welt außerhalb kaum noch wahrnehmen. Dass viele Menschen in Deutschland sich überhaupt nicht dafür interessieren, welchen Halbsatz welcher Politiker zu welchem Medienvertreter gesagt hat, können sie sich schwer vorstellen, denn genau das ist ihre Welt. Sie kreisen um sich selbst und spielen miteinander ein ganz eigenes Spiel. Ein Spiel, bei dem es um Taktik und Raffinesse geht, um Andeutungen und Wortspiele, und darum, wer am meisten weiß und wer wen am besten kennt. Kluge Köpfe treffen dort aufeinander, die das Weltgeschehen analysieren und sich kenntnisreiche Streitgespräche mit schnellen Wortwechseln liefern. Wer da intellektuell und sprachlich nicht mithalten kann, wird schnell belächelt. Das ist ein bisschen grausam und macht Provinzpolitikern oftmals richtig Angst. Andererseits: Wer das große Rad drehen will, auf der Weltbühne agieren, eine Nation regieren, der muss sich auch in der Berliner Käseglocke zurechtfinden, sonst wird das nix.

Im Drei-Sterne-Restaurant von Harald Wohlfahrt (r.) ist klar, wer Koch und wer Kellner ist. Kanzler Schröder definierte so das Verhältnis zwischen sich und Joschka Fischer.

Angela Merkel (in Rot), damals Familienministerin, traf 1991 in den USA die Präsidentengattin Nancy Reagan. Merkels Spitzname zu dieser Zeit lautete »das Mädchen«; heute nennen Journalisten und Politiker sie »Mutti«.

meist den Kürzeren zieht. Joschka Fischer, der genauso ein Alphatier ist wie Gerhard Schröder, war über den demütigenden Spruch des Kanzlers natürlich stinksauer. Zumal er wusste, dass Schröder recht hatte: Der Kanzler ist der mächtigere von beiden.

Mädchen Angela Merkel wurde von Kohl in ihrer Anfangsphase als Ministerin als »das Mädchen« bezeichnet. Tja. Später hat dieses »Mädchen« das Startsignal zu seiner innerparteilichen Entmachtung gegeben. Heute sitzt Merkel im Kanzleramt und wird »die Mutti« genannt. Daraus kann man die Lehre ziehen: Unterschätze niemals blass wirkende Politiker. Das scheinbar naive Mädchen aus dem Osten mit Rüschenbluse und Topfhaarschnitt ist heute die mächtigste Frau der Republik. Und Christian Wulff zum Beispiel, der in Niedersachsen Oppositionsführer gegen den damaligen Ministerpräsidenten Gerhard Schröder war, wurde als »Schwiegersöhnchen« verspottet und galt als furchtbar langweilig und fade. Heute ist er Ministerpräsident und der starke Mann in Hannover – ihm wird sogar zugetraut, eines Tages Frau Merkel zu entmachten. (Und seit er eine neue Freundin und eine neue Frisur hat, sieht er auch gar nicht mehr so brav aus.)

Kettenhunde loslassen Kettenhunde sind aggressive Hunde, die an einer Kette gehalten werden, bis man sie loslässt, damit sie jemanden beißen. Ein Politiker »lässt seine Kettenhunde los«, wenn mit seiner Billigung Parteikollegen so richtig lospoltern und über politische Gegner öffentlich ganz böse Sachen sagen. Sie bellen und beißen sozusagen im Auftrag ihres Herrn. Solche Kettenhunde werden manchmal auch als »Wadenbeißer« bezeichnet. Das Herrchen (oder Frauchen) selbst knurrt zufrieden und bleibt während der Keilerei vornehm im Hintergrund.

Koch und Kellner Das ist ein Spruch von Kanzler Gerhard Schröder, mit dem er sein Verhältnis zu seinem Koalitionspartner und Außenminister Joschka Fischer klärte: Er, Schröder, sei der Koch (der bestimmt, was gegessen wird) und der Außenminister sei nur der Kellner (der das Gericht serviert). Er bezog das auch auf die Außenpolitik, in der herrscht nämlich Konkurrenz zwischen Außenministerium und Kanzleramt. Eine Konkurrenz, bei der ein Außenminister

Männerfreundschaften

Spätestens seitdem Angela Merkel als erste Frau Kanzlerin geworden ist, sind die sogenannten Männerfreundschaften ein bisschen aus der Mode gekommen. Eine berühmte Männerfreundschaft gab es in den Achtzigerjahren zwischen CDU-Chef Helmut Kohl und CSU-Chef Franz-Josef Strauß. Sie konnten sich auf den Tod nicht ausstehen und inszenierten deshalb stundenlange Spaziergänge, auf denen sie sich angeblich »unter Männern« aussprachen, zum Wohle ihrer Parteien. Da sah man die beiden starken Männer der Union in Freizeitkleidung nebeneinander hergehen und sich scheinbar prächtig unterhalten. Es wurde dabei viel gelacht und Schultern geklopft. Zumindest solang die Kamera dabei war. Sie sagten, dass sie eine »Männerfreundschaft« führten, in der man sich natürlich auch mal haut und boxt, also Konflikte aushält (was Frauen in ihren Freundschaften angeblich nicht so gut können). Natürlich wusste schon jeder, dass die zwei Spitzenpolitiker erbitterte Konkurrenten waren.

Eine andere Männerfreundschaft war die zwischen den SPD-Politikern Gerhard Schröder und Oskar Lafontaine. Auch sie gingen spazieren und ließen sich zusammen mit ihren Frauen auf einem schönen Aussichtsplatz fotografieren, ebenfalls in Freizeitkleidung und kumpelig lachend. Zwischen sie passe angeblich »kein Blatt Papier«, versicherten sie, so eng seien sie miteinander. Tatsächlich waren sie damals schon Feinde. Die Idee war, dass Schröder Kanzlerkandidat ist, weil er mehr Wähler überzeugt, und Lafontaine Parteichef ist, weil die Sozialdemokraten ihn lieber mögen. Lafontaine bekam dann nach der Wahl den zweitwichtigsten Posten im Kabinett – er wurde unter Schröder Finanzminister. Nach kurzer Zeit warf er aber das Handtuch, verließ auch die Partei und stieß damit alle Sozialdemokraten, die ihn so gern gemocht hatten, böse vor den Kopf. Manche meinen, dass Oskar Lafontaine Jahre später nur deshalb eine neue Partei gegründet hat, weil er sich an Schröder persönlich rächen wollte. Inzwischen schadet er damit nicht mehr Schröder, sondern der ganzen SPD, deren Chef er selbst mal war. Lafontaine sagt natürlich, dass er das aus politischer Überzeugung tue. Also: Von Männerfreundschaften in der Politik ist meist nicht viel zu halten.

Mehrheiten »organisieren«

Das ist eine Aufgabe für die Einpeitscher der Regierungsparteien. Sie müssen zusammen mit den Fraktionschefs dafür sorgen, dass bei Abstimmungen über Gesetze genug Abgeordnete anwesend sind und zustimmen. Das kann manchmal ziemlich schwierig sein, denn Abgeordnete sind nicht nur Stimmvieh, die zu allem brav Ja sagen. Manchmal muss man innerhalb einer Koalition dann auch Deals machen: »Ihr stimmt bei Gesetz X zu, weil das für unsere Partei wichtig ist, und dafür bekommt ihr im Gegenzug demnächst das Gesetz Y, das ihr euch so wünscht, da machen wir dann mit«.

Meute Herablassend gemeinter Begriff für Journalisten, die in Berlin politischen Informationen hinterherjagen.

Neue Mitte Wahlkampfslogan der SPD im Bundestagswahlkampf 1998, den sie gewann – so wie vorher der sozialdemokratische Brite Tony Blair die jahrzehntelange Vorherrschaft der britischen Konservativen beendet hatte. Schröder hat ihm das ein bisschen nachgemacht. In England hieß das »Der dritte Weg«, the third way. Blair meinte damit eine politische Richtung, die weder kapitalistisch noch sozialistisch sein sollte. Als Spitzenkandidat der britischen Labour-Partei (übersetzt: »Arbeiter-Partei«) bewegte er seine Partei damit weg von sehr linken, sozialistischen Positionen auf einen dritten Weg. In eine »Neue Mitte« sozusagen. Mitte klingt immer gut, Mittelweg (dritter Weg) auch: von allen Seiten das Beste, etwas Neues, aber nichts Extremes. Die meisten Menschen sehen sich gerne in der Mitte. Auch SPD-Spitzenkandidat Gerhard Schröder drückte seine Partei politisch mehr nach rechts, also mehr in Richtung Mitte, und machte sie damit für bürgerliche, konservativere Wähler wähl-

bar. Er tat das vor allem aus der Überzeugung, dass Wahlen »in der Mitte« gewonnen werden. Dass man also nur erfolgreich sein kann, wenn man nicht nur für linke Wähler, sondern für alle wählbar ist. In der »Neuen Mitte« sollten die Sozialdemokraten etwas marktwirtschaftlicher und reformfreudiger werden und sich stärker am Gedanken der Leistungsgesellschaft orientieren. Auf Dauer hat das allerdings nicht gut geklappt. Heute ist bei der SPD von der »Neuen Mitte« keine Rede mehr. Tony Blair wiederum hat in Großbritannien einen Nachahmer bei der konservativen Partei gefunden. Deren junger Spitzenmann David Cameron schiebt gerade seine konservative Partei deutlich nach links. Mehr zur Mitte also.

Pakete schnüren Wenn ein politischer Kompromiss gefunden werden muss, dann macht man das häufig, in dem man »ein Paket schnürt«. Das ist natürlich nicht wörtlich gemeint, niemand hantiert mit Kartons und Paketschnur. Sondern im übertragenen Sinne: man verbindet zum Beispiel zwei Gesetzesvorhaben miteinander. Man macht an einer Stelle ein Zugeständnis und bekommt dafür an anderer Stelle eine Gegenleistung. Beide Parteien bekommen damit etwas, und beide müssen zugleich etwas akzeptieren, was ihnen nicht gefällt. Über beides wird gleichzeitig abgestimmt, man stimmt also für ein »Paket«, und so kommen Gesetze durch, die einzeln nicht akzeptiert worden wären, weil es dafür keine Mehrheit gegeben hätte.

Parteifreund In der Politik nennt man gern folgende Steigerung: »Freund, Feind, Parteifreund«. Soll heißen: Die Parteifreunde heißen nur Freunde, sind in Wahrheit aber oft die schlimmsten Feinde. Innerhalb einer Partei gibt es nun mal Konkurrenz um die wichtigsten Posten. Während man mit Gegnern

Bernhard Vogel (CDU, im Bild links) und sein älterer Bruder Hans-Jochen Vogel (einst Kanzlerkandidat der SPD) verstehen sich bestens. Vielleicht gerade deswegen, weil sie keine »Parteifreunde« sein müssen.

anderer Parteien ganz offen streitet und konkurriert, muss man das innerhalb einer Partei anders machen: Verdeckt und die Form wahrend. Man kann zu einem Parteikollegen nicht öffentlich sagen: Du bist ein Idiot, ich bin besser! Damit würde man der ganzen Partei schaden, sozusagen die eigene Familie beleidigen, und nach außen wirken wie ein zerstrittener Haufen. Also wird nicht offen gekämpft, sondern es wird intrigiert. Manchmal fallen sich dann auch Leute in den Rücken, die zugleich öffentlich immer so tun, als seien sie dicke Kumpel. Parteifreunde sind in der Regel nun mal keine echten privaten Freunde, sondern in erster Linie Arbeitskollegen. Und bei denen hört die Freundschaft ja auch schnell auf, wenn es darum geht, wer eine Gehaltserhöhung bekommt oder wer seinen Job verliert. Es gibt Politiker, die behaupten, dass es in der Politik überhaupt keine Freundschaften gibt. Andererseits gibt es durchaus Politiker, die auch privat mit »Parteifreunden« befreundet sind, oder sogar mit Mitgliedern anderer Parteien. Man kann ja durchaus befreundet sein, auch wenn man politisch unterschiedliche Meinungen vertritt! So wohnen in Bonn zum Beispiel ein Grüner (Cem Özdemir) und ein FDP-Politiker (Mehmet Gürcan Daimagüler) zusammen in einer WG. Und die Brüder Bernhard Vogel (CDU) und Hans-Joachim Vogel (SPD) machten in gegnerischen Parteien Karriere, ohne dass daran der Familienfrieden zerbrach.

Salon-Sozi Spöttisch gemeinter Begriff für einen sozialistischen oder sozialdemokratischen Politiker, der gern besonders radikal linke Positionen vertritt, zugleich aber auch in der High Society eine gute Figur macht, sich also in den schicken Wohnzimmern (»Salons«) wohlhabender Leute wohlfühlt, dort mühelos mit Unternehmern und Managern plaudert und auch ganz selbstverständlich genauso teure Anzüge trägt wie sie und Champagner trinkt. Manche finden, dass das nicht zusammenpasst, und nennen solche Politiker deshalb »Salon-Sozi«.

Schwergewicht Leute, die etwas zu sagen haben, die wichtig und einflussreich sind. Mit ihrem Körpergewicht hat der Begriff nichts zu tun, auch kleine, dünne Menschen können politische Schwergewichte sein.

Seeheimer Kreis In jeder Partei und vor allem in den großen Volksparteien gibt es verschiedene Flügel und Gruppen. Leute, die sich nahestehen und eine ähnliche Auffassung haben, kleine Vereine innerhalb des großen Vereins SPD, sozusagen. In der CDU gibt es das natürlich auch. In der SPD gibt es seit vielen Jahrzehnten eine Gruppe Parlamentarier, die sich »Seeheimer Kreis« nennen. Sie sind eher rechts, also konservativer als andere SPDler, und achten zum Beispiel darauf, dass die Sozialdemokraten vom linken Parteiflügel die Realitäten der Marktwirtschaft nicht ganz aus den Augen verlieren. Wie jeder Verein pflegen die Seeheimer bestimmte Rituale, man trifft sich in bestimmten Kneipen, macht jeden Sommer ein Spargelessen und Ähnliches. Es gibt noch andere solcher Cliquen innerhalb der SPD, zum Beispiel die »Netzwerker«, zu denen sich eher jüngere SPDler zusammengeschlossen haben, und die

Großreptilien in den Rheinwiesen? Im Juni 2001 war das eine wunderbare Nachricht für das Sommerloch: Ein Schiffer wollte auf einer kleinen Insel bei Rüdesheim ein Krokodil gesichtet haben.

leiden unsere Politiker sogar unter den Sommerlöchern anderswo: Nach deutschenfeindlichen Sprüchen des italienischen Tourismus-Staatssekretärs sah Kanzler Schröder sich 2003 gezwungen, den eigenen Italien-Urlaub abzusagen.

Sponti Mit Spontaneität hat das nur bedingt zu tun. Nicht jeder Sponti ist tatsächlich auch ein total spontaner Mensch... Der Begriff kommt aus den siebziger Jahren. Einige der sogenannten Achtundsechziger wurden Spontis genannt, weil sie darauf setzten, dass sich das Volk »spontan« und »massenhaft« zu einer linken Revolution versammeln würde. Wegen dieser Spontaneität würde man keine Partei brauchen, um den Kommunismus einzuführen. Bekannt wurden die Spontis vor allem durch ihre lustig-absurden Sponti-Sprüche, mit denen sie auf sich aufmerksam machten, z.B.: »Gestern standen wir noch vor einem Abgrund. Heute sind wir schon einen großen Schritt weiter«. Rückblickend wurde der Begriff »Spontis« dann verallgemeinert und meint damit ganz generell Leute, die damals an Demos und Straßenkämpfen teilnahmen. Die Achtundsechziger sind heute Senioren, aber als sie jung waren, haben sie Westdeutschland tatsächlich schwer aufgemischt, mit Studentenrevolten, wilden Wohngemeinschaften usw. Sie waren für mehr Freiheit, wollten das Spießertum der fünfziger Jahre beenden und warfen ihren Eltern vor, sich nicht ehrlich mit der rechtsradikalen Nazi-Vergangenheit auseinanderzusetzen. Deshalb waren sie auch alle sehr links, viele träumten vom kommunistischen Paradies, auf jeden Fall wollten sie die Welt verbessern. Die Achtundsechziger waren ein bisschen so wie heute die Globalisierungsgegner. Nur dass Deutschland damals kein bisschen liberal war und der Protest der jungen Leute insofern richtig riskant war. Die

»Parlamentarische Linke«. Der Name »Seeheimer Kreis« kommt daher, dass sie in den späten Siebzigerjahren regelmäßig in einem Gebäude in dem hessischen Ort Seeheim tagten.

Sommerloch Das Sommerloch ist ein Problem für Journalisten und eine Chance für unbekannte Hinterbänkler. Während der Parlamentsferien im Sommer gibt es nur wenige innenpolitische Nachrichten. Es gibt keine Parlamentsdebatten, keine Kabinettssitzungen, keine Parteitage. Der ganze Bereich »Innenpolitik« ist leer: ein Loch eben! Zeitungen und Fernsehsender möchten aber nicht nur über andere Länder berichten, sondern auch über Innenpolitik, und überlegen angestrengt, wie sie die nachrichtenarme Sommerloch-Zeit überbrücken können. Zum Beispiel mit Sommerinterviews, dann reisen Journalisten an die Urlaubsorte von Politikern, die auf diese Weise bequem die Chance haben, sich bürgernah darzustellen und ausführlicher als sonst zu Wort zu kommen. Das nutzt also beiden, dem Politiker und den Medien. Manchmal kann man das Sommerloch auch mit dem Ungeheuer von Loch Ness füllen, das immer dann auftaucht, wenn auf der Welt sonst nichts los ist. Oder mit Krokodilen, die angeblich im Rhein gesichtet wurden. Mit Stimmen, die in Zahnarztpraxen aus dem Spucknapf schallen; mit dackelfressenden Killer-Welsen; mit Forderungen nach einer Ehe auf Zeit, die alle sieben Jahre automatisch geschieden wird. Und wenn es ganz hart kommt,

ein Störfeuer eben. Solche Störfeuer verhindern zum Beispiel, dass ein politischer Kompromiss geschlossen werden kann. Dahinter stehen oft Machtkämpfe: Die Störenfriede wollen verhindern, dass bestimmte Leute Erfolg haben. Hinter dem angeblichen Störfeuer können aber auch ernsthafte inhaltliche Bedenken stehen. »Jetzt muss Schluss sein mit den ewigen Störfeuern«, ist insofern auch eine beliebte Parole, um Kritiker abzuwürgen. Damit erweckt man den Eindruck, die »Störer« würden der ganzen Partei schaden oder einer anderen großen Sache und sollten deshalb besser still sein.

Straßenkämpfe damals waren tatsächlich Revolten und nicht nur Ritual. Auf den Studentenführer Rudi Dutschke wurde sogar ein Attentat verübt. Aus einigen Spontis wurden gewalttätige Terroristen, die bis in die Achtzigerjahre hinein Politiker ermordeten. Andere Achtundsechziger hingegen wurden Politiker. Joschka Fischer zum Beispiel schaffte es bis zum Außenminister.

Stones In Anlehnung an die »Rolling Stones« ist das der Spitzname für die beiden SPD-Minister Steinbrück und Steinmeier. Die beiden haben nicht nur beide einen »Stein« im Namen (deshalb »Stones«), sondern auch eine ähnliche politische Grundhaltung. Sie gehören zu den eher »rechten« SPDlern und wurden beide schon lange als mögliche Konkurrenten zum damaligen SPD-Chef Kurt Beck gehandelt. Im Herbst 2008, als Steinmeier zum Kanzlerkandidaten gekürt wurde, schmiss Beck den SPD-Vorsitz hin. Und Stone Steinmeier legte als neuer starker Mann los – »Start me up«, um es mit den Rolling Stones zu sagen.

Störfeuer Immer wenn man denkt, jetzt ist Ruhe in der Partei (oder Koalition), kommt wieder einer um die Ecke und äußert laute Kritik oder fordert etwas, womit Verhandlungen erschwert werden. Das ist lästig, das ist störend -

Testballon steigen lassen Man lässt einen Testballon steigen, um zu sehen, wie der Wind steht. Auf die Politik bezogen heißt das: Man will ausprobieren, wie eine Meinung, ein Thema, eine Person, eine Idee oder eine Strategie ankommt. Dafür sucht man sich ein paar Journalisten und setzt die Sache in Umlauf. Mal sehen, wie so die Reaktionen ausfallen. Was sagen Parteifreunde dazu, was sagt der politische Gegner dazu, was schreiben die wichtigsten Journalisten in ihren Kommentaren? Wichtig ist, dass das Thema zunächst nicht »zu groß gefahren wird« und man ein bisschen vage bleibt. Schließlich soll es ja nur ein Test sein. Kommt etwas gut an, dann lohnt es sich, daraus zum Beispiel ein richtiges Wahlkampfthema zu machen oder ein konkretes Gesetzesvorhaben auf den Weg zu bringen.

Unter drei »Unter drei« ist eine Verabredung, die Politiker und Journalisten miteinander treffen können. Wenn der Politiker sagt: »Wir reden unter drei«, dann heißt das so viel wie: »Ich erzähl euch das jetzt nur, wenn ihr versprecht, dass ihr es nicht weitererzählt. Wenn ihr euch nicht daran haltet, erzähl ich euch nie wieder was!«. Unter drei bedeutet, dass man kein Wort schreiben oder senden darf über das, was man da erzählt bekommt. Es ist nur für den Hinterkopf gedacht, um eine Situation besser einschätzen zu können, aber nicht für die Öffentlichkeit. »Unter drei« wird zum Beispiel oft in Hintergrundkreisen geredet. Eine andere Verabredung lautet »Unter zwei«. Dann darf man alles schreiben oder im Radio erzählen, man darf nur nicht verraten, von wem man es hat. In diesen Fällen wird dann gerne auf sogenannte Regierungskreise verwiesen, oder der Journalist sagt, »wie ich aus dem Ministerium erfahren habe«, ohne Namen zu nennen. Das macht ein Politiker, wenn er zwar will, dass Dinge geschrieben werden, aber nicht als die Quelle dafür erwähnt werden möchte. Schließlich gibt es noch die Sprachregel »Unter eins«. Das ist der Normalfall, so geht es in jeder Pressekonferenz zu – außer es wird anders angekündigt. Alles, was gesagt wird, ist offen gesagt und darf so auch berichtet werden. Die Bezeichnung geht zurück auf Paragraf 16 der Statuten der 1949 gegründeten Bundespressekonferenz, der Organisation der rund 900 bundespolitischen Korrespondenten in Berlin und Bonn. Die Mitteilungen auf den Pressekonferenzen erfolgen: unter 1. zu beliebiger Verwendung oder unter 2. zur Verwertung ohne Quelle und ohne Nennung des Auskunftsgebenden oder unter 3. vertraulich. Diese Unterteilung in eins, zwei, drei wurde schon im Ersten Weltkrieg verwendet, als es darum ging, die Journalisten über den Kriegsverlauf zu informieren. Sie hat Vor- und Nachteile. Einerseits ist es ja gut, wenn man »Geheimnisse« erfährt. Man sieht dann manches mit anderen Augen und weiß, was wirklich los ist hinter den Kulissen. Andererseits werden Journalisten mit solchen Vertraulichkeiten auch manipuliert. Denn unter dem Siegel der Verschwiegenheit kann man ihnen natürlich auch alles Mögliche er-

zählen, um sich selbst in ein gutes Licht zu setzen und die Meinung des Journalisten zu beeinflussen. Außerdem ist es als Journalist auch blöd, wenn man über vieles Bescheid weiß, aber nichts davon den Wählern erzählen darf. Dann ist man selbst zwar schlau, aber die Bürger bleiben ahnungslos. Und zu guter Letzt darf man auch nicht vergessen, dass dieses »Wir reden jetzt mal vertraulich« auch eine eigentümliche Form von Nähe schafft. Es schmeichelt natürlich auch ein bisschen, wenn ein wichtiger Politiker mit einem ein Glas Wein trinkt und einen ins Vertrauen zieht. Doch Nähe und Eitelkeit sind gefährliche Gefühle. Als Journalist sollte man sich von ihnen so gut es geht fernhalten.

Zurückrudern Wenn Politiker etwas gesagt oder getan haben, was ihnen heftige Kritik einbringt, dann müssen sie abwägen, ob sie trotzdem bei ihrer Haltung bleiben, oder ob es klüger ist nachzugeben. In diesem Fall korrigieren sie sich dann in den darauffolgenden Tagen: Sie seien »falsch verstanden« worden, sie hätten sich »missverständlich ausgedrückt«, man könne das natürlich auch »in abgeschwächter Form« durchdenken usw. Im Politjargon nennt man das »Zurückrudern«. Man rudert sozusagen ans sichere Ufer zurück, nachdem man sich zu weit vorgewagt hat. Das ist zwar immer ein bisschen peinlich für den Zurückruderer, aber letztlich besser, als mit einem leckgeschlagenen Kahn unterzugehen.

Trockenübungen machen fit für den realen Einsatz. Auch Politiker müssen manchmal »zurückrudern«, wenn sie etwas Unpassendes gesagt haben. Immer noch besser als unterzugehen.

Höhenrausch in der Todeszone

An der Spitze stehen, Macht ausüben und dem Volk Gutes tun: Das wollen alle Politiker. Aber tatsächlich zu regieren, ist ein knochenharter Job.

Der frühere Außenminister und Grünen-Chef Joschka Fischer hat mal gesagt: Kanzler sein, das sei die »Todeszone« der Politik. Der Begriff Todeszone kommt eigentlich aus der Bergwelt und meint den Bereich auf den Achttausendern, wo nichts mehr wächst, weil der Sauerstoff knapp und die Luft extrem dünn ist. Dort weht ein eisiger Wind und jeder Fehltritt führt sofort zu einem tödlichen Absturz. Wer sich da hintraut, muss ein ziemlich furchtloser Extrembergsteiger sein, der genau diesen Nervenkitzel sucht. Und damit vergleicht der Politiker Fischer das Bundeskanzleramt: Nach so hoch oben kämen nur die Stärksten. Die die Last ertragen, die dann auf ihren Schultern liegt; die sich durch harte politische Kämpfe durchgeboxt und gegen Feinde behauptet haben. Dort oben, wo die Luft so dünn sei, würden nur wenige überleben. Als er selbst die politische Karriereleiter hochkletterte, sei er an lauter Politikern vorbeigekommen, die es nicht geschafft hatten, die »tot und festgefroren in ihren Seilen hingen«. Und diejenigen, die es nach ganz oben geschafft haben, müssen natürlich mit der Gefahr leben, jederzeit wieder abzustürzen – beziehungsweise gestürzt zu werden. Das ist nicht nur im Kanzleramt so, sondern in allen politischen Spitzenämtern, auch für Ministerpräsidenten oder Parteichefs kann die Luft sehr dünn werden. Aber ganz oben, wenn es um Kanzleramt und Kanzlerkandidatur geht, weht der Wind noch etwas eisiger. Und das hat eben nicht nur mit der Last der Verantwortung zu tun, sondern auch damit, was man an Kämpfen bestehen und an Kritik aushalten muss.

Leichen pflastern jeden Weg

Gerhard Schröder musste gegen Oskar Lafontaine kämpfen. Angela Merkel hat auf dem Weg nach oben Helmut Kohl vom Gipfel geschubst, weil sie sich als Erste traute, dem in eine Parteispendenaffäre verwickelten Altkanzler zu sagen, dass es auch ohne ihn geht und er der Partei nicht länger schaden soll. Das muss man erst mal bringen. Später hat sie ihren Parteikonkurrenten Friedrich Merz am Wegesrand zurückgelassen. Was der ihr vermutlich bitter nachträgt, so wie Lafontaine keine Gelegenheit auslässt, sich an Schröder zu rächen. Kein Politiker kommt glatt und harmonisch nach so hoch oben. Auch der immer so zurückhaltend auftretende Frank-Walter Steinmeier, der höchst diplomatische Außenminister, hat auf dem Weg zur Kanzlerkandidatur jemanden aus dem Weg räumen müssen: Kurt Beck, der nun als typisches Opfer der Todeszone »in den Seilen hängt«. Allerdings: Weder Schröder noch Merkel noch Steinmeier wären dort angekommen, wo sie sind, wenn sie dafür innerhalb ihrer Partei keine Mehrheiten ge-

Als Exkanzler Kohl in eine Parteispendenaffäre verwickelt war (hier sitzt er vor dem Untersuchungsausschuss), stieß ihn Angela Merkel kühn vom CDU-Thron.

habt hätten. Und die Parteimehrheiten wiederum orientieren sich stark daran, was die Wähler wohl wollen.

»Wer gewinnt für uns Wahlen?«, auf diese Frage läuft es immer wieder hinaus, und diese Frage steht auch hinter jedem Sturz vom Gipfelkreuz. Wenn die eigenen Leute nicht mehr daran glauben, dass man Wahlen gewinnt, dann kappen sie die Seile und stoßen einen herunter. Ohne mit der Wimper zu zucken.

Das, was Spitzenpolitiker »wegstecken«, hinterlässt natürlich Spuren – auch im Gesicht. Die Fotografin Herlinde Koelbl hat das mit ihrer Langzeitstudie »Spuren der Macht« beeindruckend dokumentiert (»Spuren der Macht. Die Verwandlung des Menschen durch das Amt. Eine Langzeitstudie«, Knesebeck-Verlag).

Sie begleitete Politiker wie Schröder, Fischer und Merkel über acht Jahre und machte immer wieder große Porträtfotos von ihnen. Als sie noch ziemlich am Anfang standen, unterhalb der Todeszone sozusagen, und dann ein paar Jahre später, als sie am Gipfel angekommen waren. Da hatten sich bei allen tiefe Falten ins Gesicht gegraben, tiefer als bei anderen Menschen in so einem Zeitraum. Spitzenpolitiker altern offenbar im Zeitraffer. Be-

Macht macht müde: Die Fotografin Herlinde Koelbl dokumentierte, wie die politische Arbeit Menschen verändert, zum Beispiel an Joschka Fischer.

sonders bei Bundeskanzler Schröder war das auffällig: »Von der Jugendlichkeit, vom offenen Gesicht des ersten Porträts wurde er maskenhafter, die Augen wurden stumpfer. Im Jahr der Bundestagswahl wurde sein Gesicht ganz hart. Man sah ganz deutlich die Spuren des Kampfes«, erinnert sich Herlinde Koelbl. Und wieder hat es Joschka Fischer besonders drastisch ausgedrückt. Zur Fotografin Koelbl sagte er: »Politiker, das sind die Menschen mit den schmalen Lippen. Weil man so viel wegstecken muss. Runterschlucken muss.« Zwischenzeitlich sah er auch selbst ziemlich schmallippig aus.

Allein auf dem Gipfel

An der Spitze ist man außerdem ziemlich einsam. Da gibt es nur noch wenige, denen man vertrauen kann und die auch auf dem Weg nach unten noch bei einem bleiben. Politische Freundschaften sind

Pofalla

Huber

Hintze

Merkel

Rüttgers

eher Zweckgemeinschaften. »Fairness? Können Sie abhaken«, bekannte Angela Merkel zur Fotografin Koelbl und gab auch zu, dass sie nicht mehr so offen sei wie früher.

Da fragt man sich natürlich: Wenn es so hart und einsam ist da oben – warum wollen dann trotzdem so viele dahin? Das ist ein bisschen so, als würde man einen Leistungssportler fragen, warum er sich jeden Tag so schindet. Jeden Tag bis zur Schmerzgrenze trainieren, statt in der Freizeit rumzugammeln oder in die Disco zu gehen – was für ein furchtbar diszipliniertes Leben, gerade als junger Mensch! Doch dieses harte Leben scheint sich ja auch sehr zu lohnen: für die berauschendbefriedigenden Augenblicke des Sieges, für die Begeisterung an der eigenen Leistungsfähigkeit, die Selbstbestätigung, den Applaus und die Anerkennung, für die intensiven, extremen Gefühle, wenn man die Goldmedaille vor Augen hat. Das ist bei Spitzenpolitikern ähnlich und ja keineswegs verwerflich. Man darf ihnen auch unterstellen, dass sie alle als junge Politiker aus Überzeugung und Idealismus heraus angefangen haben. Später kam das Gefühl hinzu, selbst ganz besonders geeignet zu sein, um die eigenen Überzeugungen umzusetzen – zum Wohle aller. Dafür aber muss man Macht gewinnen. Und an dieser Stelle setzt eine eigentümliche Dynamik ein: Am Ende kann es nämlich passieren, dass es gar nicht mehr so sehr um Überzeugungen geht, sondern nur noch um die Macht als solche. Um das Gewinnenwollen und darum, den Konkurrenzkampf gegen andere zu bestehen, sich nicht wegschubsen zu lassen. Und es geht dann auch sehr um die eigene Person und die mit der Öffentlichkeit verbundene Zuwendung. Der Journalist Jürgen Leinemann hat über viele Jahrzehnte in Bonn und Berlin Politiker aus allernächster Nähe beobachtet. Und er meint, dass fast alle Spitzenpolitiker unter einer Art »Höhenrausch« leiden. Im wahren Gebirge ist die gefährliche Höhenkrankheit für Bergsteiger ja etwas sehr Unangenehmes. Manchmal äußert sie sich aber auch als Höhenrausch, dann ist der Bergsteiger eigentlich sehr krank, fühlt sich aber ganz euphorisch und großartig, hat Glücksgefühle und Halluzinationen. Leinemann erklärt in seinem Buch »Höhenrausch – die wirklichkeitsleere Welt der Politiker«, so ginge es vielen Politikern auch. Sie seien wie im Rausch, ständig unter Strom und süchtig nach dem Gefühl von Macht und der Aufmerksamkeit, die ihnen ständig zukommt. Sie sind daran gewöhnt, dass dauernd Kameras auf sie gerichtet sind, dass man ihnen zuhört, Tausende in einer Halle, Millionen vor den Fernsehern hängen an ihren Lippen. Und selbstverständlich gewöhnt man sich in so einer Position auch daran, dass einem viele Mitarbeiter zur Verfügung stehen, ein ganzer Tross, der immer um einen herum ist. Selbst das Autofahren verlernt man in hohen politischen Ämtern, denn man wird natürlich immer gefahren. Das Gefühl, im Mittelpunkt zu stehen,

wichtig zu sein, Entscheidungen zu treffen – dieses Gefühl macht richtiggehend süchtig. Es ist auffällig, wie viele Politiker von »Entzugserscheinungen« sprechen, wenn sie aus der Politik ausscheiden. Der frühere Bundespräsident Johannes Rau hat mal gesagt, Politik sei wie Nüsse knabbern: Wenn man einmal damit anfange, könne man nicht mehr aufhören. Und wer ganz oben auf den Gipfeln steht, will offenbar nie wieder heruntersteigen. Vielleicht, weil verglichen damit das Leben im Tal so öde erscheint.

Wer darüber voll Häme lästert, sollte allerdings für eine Sekunde innehalten und sich fragen, warum weltweit Millionen Jugendliche davon träumen, bei einem »Superstar«-Contest zu gewinnen ...

Gibt es in Deutschland noch Spione?

»Vertrauen ist gut, Kontrolle ist besser«, sagt man. Geheimdienste weltweit halten sich an dieses Motto – sie überwachen auch heute noch Freund und Feind gleichermaßen

Sein Name ist Bond. James Bond. Er ist der bekannteste Spion der Welt. Dabei agiert Bond normalerweise gar nicht als Spion, der nämlich Informationen beschafft, sondern stoppt »im Auftrag seiner Majestät« von den Geheimdienst-Kollegen ausgespähte Bösewichte.

Obwohl der »Kalte Krieg« zwischen der Sowjetunion und den USA vorbei ist, sind immer noch mehrere Hunderttausend Mitarbeiter für Nachrichtendienste aller Nationen im Einsatz. In Zeiten islamistischen Terros sind vor allem Spione mit Arabisch- und Islam-Kenntnissen sehr gefragt.

Nur selten jedoch ist ihr Alltag so spannend wie der des britischen Doppel-Null-Agenten. Die meisten von ihnen sitzen nämlich in irgendwelchen Büros und durchforsten

ganz legale Quellen: Radiosendungen, Presseveröffentlichungen, das Internet. Nur wenn sie Gefahr befürchten, dürfen sie zu anderen Mitteln greifen, von elektronischer Überwachung bis zur Einschleusung von verdeckten Ermittlern. Dabei sind ihnen zumindest in Deutschland an sich enge Grenzen gesteckt, auch wenn die gerade deutlich erweitert wurden. Bloß: Geheimhaltung ist das Geschäft von Geheimdiensten, und obwohl

Im Alltag eines Nachrichtendienstes geht es viel langweiliger zu als bei James Bond (hier Daniel Craig in der Rolle).

Wie kommt man an Informationen?

Meist ist es viel einfacher, an Informationen zu kommen, als man denkt. Man kann Leute ganz schlicht dafür bezahlen, dass sie plaudern. Man kann sich bei Konferenzen mit ihnen anfreunden, an der Bar zusammen etwas trinken und sie aushorchen. Man kann sie bespitzeln und mit ihren Geheimnissen erpressen (Bordellbesuche, Geliebte, Steuerbetrug usw.). Man kann Mitarbeiter aus konkurrierenden Firmen abwerben. Die wissen viel auswendig und können vor ihrem letzten Tag auch noch Kopien von interessanten Unterlagen machen. Man kann Zimmer im Haus gegenüber mieten und Richtmikrofone auf Konferenzräume oder Chefbüros richten. Man kann dem Reinigungspersonal ein paar Tausend Euro für das Kopieren von ein paar Ordnern zahlen. Man kann an PCs sogenannte »Keylogger« installieren, die zum Beispiel auch Passwörter aufzeichnen, mit deren Hilfe man später von außen

Zugriff auf das Computernetzwerk hat. Man kann Viren auf Smart-Handys überspielen und diese zu Dauersendern umprogrammieren. Man kann das Servicepersonal bestechen und bei der nächsten Wartung einen Chip in das Kopier-/Scan-/Faxgerät einbauen lassen, der immer heimlich eine zweite Kopie anfertigt und versendet. Man kann Handy- und Schnurlostelefongespräche abhören und man kann wichtige Leute beschatten und ihre laut geführten Telefonate in der Bahn oder der Flughafenwartehalle auswerten. Auf diese Weise erhält man viele Informationen, die einzeln wertlos sind, insgesamt aber ein umfassendes Bild ergeben.

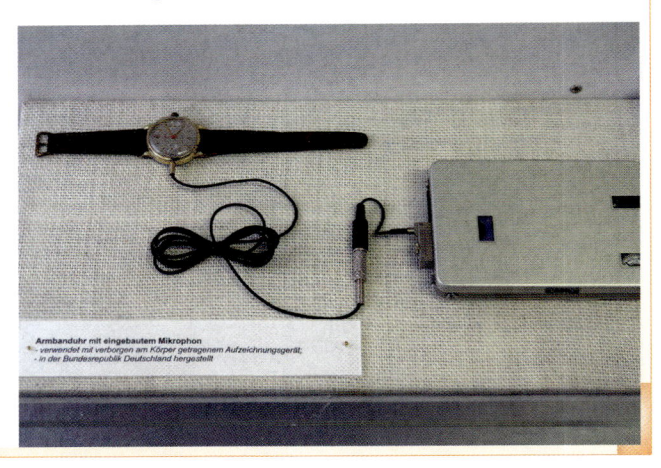

Ein raffiniertes Spionagewerkzeug im Agentenfilm-Stil zeigt das Berliner Stasi-Museum: Armbanduhr mit eingebautem Mikrofon.

sie offiziell vom Parlament überwacht werden, kann es immer wieder mal vorkommen, dass einige »kleine« Regelverletzungen – natürlich im Dienste des Vaterlandes – unter den Tisch fallen. Das ist tatsächlich wie in jedem guten Agentenkrimi: Wer die Bösen besiegen will, darf sich nicht von Vorschriften behindern lassen. Meinen wohl manche Geheimdienstler. Das allerdings ist gefährlich, denn wo unkontrolliert ermittelt wird, wird es schnell kriminell. Unkontrollierte Kontrolle ist außerdem ein typisches Merkmal brutaler Überwachungsstaaten. Das war in Deutschland schon zwei Mal der Fall: unter den Nazis, wo

»Blockwarte« überall nach dem angeblich Rechten sahen, und in der DDR, wo Stasi-Mitarbeiter schnüffelten.

In Deutschland gibt es derzeit eine ganze Reihe Behörden, die nachrichtendienstliche Mittel legal einsetzen:

- Das Zentrum für Nachrichtenwesen der Bundeswehr dient der Gewinnung militärisch relevanter Informationen über andere Staaten, vor allem natürlich in Krisengebieten.
- Das Bundesamt für Verfassungsschutz soll die Verfassung schützen und achtet daher darauf, ob jemand innerhalb Deutschlands unsere

Demokratie stürzen will – das können linksgerichtete Terroristen sein wie in den Siebzigern die Rote Armee Fraktion (RAF), oder rechte Neonazis, ob als Schlägertrupp oder Partei. Auch die Beobachtung möglicher terroristischer Vereinigungen, vor allem mit fanatischislamistischem Hintergrund, gehört zum Job. Ebenso versucht der Verfassungsschutz, im Blick zu behalten, was ausländische Geheimdienste so treiben, vor allem wenn es ihnen darum geht, die Demokratie in Deutschland ins Wanken zu bringen. Der Verfassungsschutz darf aber nicht selbst eingreifen, er hat keine Polizeifunktion.

- Das Bundeskriminalamt (BKA) hat ähnliche Aufgaben wie der Verfassungsschutz, ist also im Einsatz gegen Terroristen aller Art, befasst sich außerdem aber mit Waffenhandel, Sprengstoffdelikten, Rauschgiftkriminalität, Geldwäsche, Drogenhandel und Wirtschaftskriminalität. Allein beim BKA arbeiten über 4500 Leute.
- Der Bundesnachrichtendienst (BND) hat 6000 Mitarbeiter. Er soll Informationen über andere Länder beschaffen, vor allem über Politik, Wirtschaft, Militär, Wissenschaft und Technik. Der BND erstellt Berichte, die für außenpolitische Entscheidungen der Regierung wichtig sind.
- Das Bundesamt für Sicherheit in der Informationstechnik ist dafür da, dass die auf Computern gespeicherten Daten sicher sind. Sie verschlüsseln Regierungsinformationen und knacken die Codes anderer Länder.
- Die Landesbehörden für Verfassungsschutz sind sozusagen die kleinen Brüder des Bundesamtes für Verfassungsschutz. Sie beobachten zum Beispiel kleine radikale Gruppen oder beschäftigen sich mit der Frage, wer nun eigentlich alles für die Stasi spioniert hat.

- Der Militärische Abschirmdienst soll Spionage innerhalb der Bundeswehr verhindern oder aufdecken. Wichtiges Mittel dafür ist die Sicherheitsüberprüfung: Wer geheime Dokumente zu Gesicht bekommen soll, wird vorher vom Abschirmdienst gründlich überprüft.
- Das Zollkriminalamt gehört zum Zollfahndungsdienst. Es beschäftigt sich mit Steuerhinterziehung, Geldwäsche, Drogenschmuggel, Waffenhandel und grenzüberschreitendem Subventionsbetrug.

Die Ermittlungsbereiche der Behörden überschneiden sich teilweise deutlich. Grundsätzlich sollen sie zusammenarbeiten und einander über aktuelle Entwicklungen informieren. Das klappt aber nicht immer. Da gibt's auch durchaus Konkurrenzverhalten unter den Diensten. Zugleich hat das parallele Vorgehen auch eine Backup-

Spionage ganz unpolitisch

Ein großes Spionage-Feld sind auch Wirtschafts- und Wissenschaftsspionage; sie findet nicht nur zwischen Unternehmen statt, sondern auch im staatlichen Auftrag. Angeblich sind etwa 50% aller Firmen betroffen. Manchmal überwachen Firmen auch unliebsame Dritte, beispielsweise dokumentierte die Telekom 2005 und 2006 Mitarbeitertelefonate mit kritischen Journalisten. Und der Lebensmittelkonzern Lidl schnüffelte ebenfalls den eigenen Mitarbeitern nach. Das ist natürlich verboten.

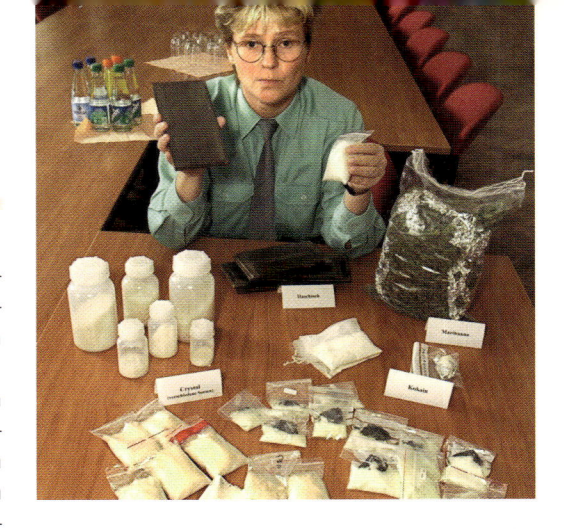

und Kontrollfunktion: Wenn die einen Nachrichtenleute gerade pennen, passen die Kollegen vielleicht auf und können einen Anschlag doch noch verhindern.

Solange es die DDR gab, war natürlich in Deutschland jede Menge los, geheimdienstmäßig. Die beiden deutschen Staaten belauerten sich eifrig gegenseitig. Nicht nur das Ministerium für Staatssicherheit (MfS) der DDR hatte haufenweise Spione in Westdeutschland – umgekehrt ließen sich BRD-Nachrichtendienste auch von Ostdeutschen auf dem Laufenden halten, die allerdings oft selbst wieder MfS-Informanten waren (also »Doppelagenten«). Dafür floss zum Teil viel Geld, ein paar Hundert Euro im Monat waren auf jeden Fall drin. Gebracht haben die Informationen selten etwas. Die BRD wurde trotz aller Ermittlungsarbeit vom Mauerbau vollkommen überrascht, und Ex-DDR-Spionagechef Markus Wolf schrieb in seinen Memoiren entnervt: »Fast alles Papier, das die Nato produziert, mit Stempeln ‚Geheim' und ‚Cosmic' versieht und das wir mit hohem Aufwand beschaffen, ist bei näherem Hinsehen nicht einmal gut, um an einem stillen Örtchen verwandt zu werden.«

Ein echter Nachrichtendienst hat stets nur die Gewinnung von Informationen zum Ziel, ein Geheimdienst hat auch Polizeibefugnisse. Oft sind

die Geheimdienste vor allem damit beschäftigt, mithilfe der Informationen aus dem Ausland zu ermitteln, welche der eigenen Leute selbst als Spione für den Gegner tätig sind. Das alles ist ziemlich mühsam.

Zu den bekanntesten Geheimdiensten der Welt gehören:

- die CENTRAL INTELLIGENCE AGENCY (CIA) der USA, die allein etwa 200 000 Mitarbeiter beschäftigt und im Jahr 30 Milliarden Dollar verschlingt;
- der SECRET INTELLIGENCE SERVICE (SIS) in Großbritannien; er wird oft auch als »MI 6« bezeichnet und ist der (imaginäre) Arbeitgeber von James Bond;
- der russische KGB – den es allerdings offiziell nicht mehr gibt. Stattdessen unterhalten die Russen mehrere höchst aktive Aufklärungs- und Sicherheitsdienste: FAPSI, FPS, FSB (Inlandsnachrichtendienst), FSO, GRU (Auslandsnachrichtendienst), SWR;
- MOSSAD und SHIN BETH in Israel. Der israelische Geheimdienst ist besonders legendär. »Wenn der Mossad es nicht schafft, dann schafft es keiner«, heißt es in Geheimdienstkreisen. Das ist kein Wunder, schließlich fühlt sich Israel von seinen feindlichen Nachbarn permanent umzingelt und muss darum immer besonders auf der Hut und gut informiert sein.

Sie alle bedienen sich, wie die deutschen Kollegen, im Grunde derselben Methoden: Abhören

von Telefonaten, Abfangen von Briefen und E-Mails, Aushorchen von Mitarbeitern, Einschleusen von eigenen Leuten an wichtige Positionen (oft als Assistent oder Sekretärin, im Ausland vor allem getarnt als Botschaftsmitarbeiter), elektronische Überwachung, zum Beispiel durch Aktivierung eines Laptop-Mikrofons. Viele Telefonate von Anschlüssen Verdächtiger werden auch automatisch überwacht und mitgeschnitten, wenn Worte wie »Bombe« oder »Freiheit« und »Palästina« fallen.

In Deutschland neu eingeführt wurde die Vorratsdatenspeicherung: Ein halbes Jahr lang ist nachzuvollziehen, wer wann welche Telefonate geführt und Internetverbindungen aufgebaut hat. Verschärfungen, beispielsweise gegen den Einsatz von Anonymisierungs-Software, sind bereits in Planung. So will man nachträglich Verbrechern auf die Spur kommen können. Ob sich in einem solchen Fahndungsnetz nicht auch viele Unschuldige verheddern, ist die Frage. Viele Bürger empfinden es als unangenehm, dass man beim Reisepass neuerdings seinen Fingerabdruck ab-

gibt. So was hat man doch früher nur von Kriminellen verlangt!

Zudem ist es schwer, derartige Datenmengen vor Missbrauch zu schützen, warnen die Datenschützer. Richtige Kriminelle allerdings, die alles daransetzen, nicht erwischt zu werden, nutzen ohnehin schon lange beispielsweise anonyme Prepaid-Handykarten, die sie bar bezahlen.

Bis zu 500 russische Agenten sollen übrigens auch heute noch in Deutschland aktiv sein. »Obwohl sich das politische Verhältnis zwischen der Russischen Förderation und der Bundesrepublik Deutschland seit Jahren positiv entwickelt, halten die Aufklärungsaktivitäten der russischen Nachrichtendienste mit Zielrichtung Deutschland unvermindert an«, hieß es vor noch nicht allzu langer Zeit in einem Bericht des Verfassungsschutzes.

Wie gefährlich es – bei aller Heimlichtuerei – unter Agenten manchmal zugeht, zeigte sich Ende 2006: Damals wurde der ehemalige KGB-Spion Alexander Litwinenko in London mit radioaktivem Polonium-210 vergiftet, angeblich von seinem früheren Arbeitgeber.

Hauptstadt Berlin, Zweithauptstadt Bonn

Wer für die Regierung arbeiten will, sollte gern reisen. Denn das Pendeln zwischen Bonn und Berlin ist immer noch der Standard.

Jede Woche pendeln 5000 Regierungsmitarbeiter zwischen Berlin und Bonn. Der Grund: Ihre Ministerien haben Dienstsitze in beiden Städten.

Berlin ist mit 3,4 Millionen Einwohnern die mit Abstand größte Stadt Deutschlands und sogar die zweitgrößte Stadt in der Europäischen Union. Bonn hat etwa 300 000 Einwohner und liegt am Rhein. 1989 fiel überraschend die Mauer zwischen West- und Ostberlin. 1990 trat die DDR der Bundesrepublik bei, Berlin wurde (wieder) deutsche Hauptstadt. Heiß wurde in dieser Zeit darüber dis-

Bundestagsvizepräsidentin Anke Fuchs gab im Juli 1999 auf einem Containerbahnhof in Köln symbolisch das Abfahrtszeichen für den ersten Frachtzug mit parlamentarischem Umzugsgut.

Umzug Bonn - Berlin
Erster parlamentarischer Zug
5. Juli 1999

kutiert, ob das gesamtdeutsche Parlament und die Ministerien weiterhin in Bonn bleiben sollten. Obwohl Bonn ursprünglich nur ein Provisorium war. Am 20. Juni 1991 um 21.48 Uhr wurde abgestimmt. Es war knapp: 320 Bundestagsabgeordnete wollten in Bonn bleiben, 337 entschieden sich für Berlin. 1999 erfolgte der Umzug. Sechs Ministerien aber blieben in Bonn: Verteidigung; Ernährung, Landwirtschaft und Verbraucherschutz; wirtschaftliche Zusammenarbeit und Entwicklung; Umwelt, Naturschutz und Reaktorsicherheit; Gesundheit; Bildung und Forschung. Sie haben einen Zweitsitz in Berlin. Die übrigen Ministerien haben ihren Hauptsitz in Berlin – und einen Zweitsitz in Bonn. Und über 20 Bundesbehörden zogen, sozusagen als Ausgleich für die Abwanderung wichtiger Gremien nach Berlin, aus Berlin nach Bonn, darunter das Amt für Militärkunde, der Holzabsatzfonds, das Bundesinstitut für Sportwissenschaft. Uff! Was für eine Umzieherei!

In den sechs geteilten Ministerien sitzen nun gut 10 000 Mitarbeiter am Rhein, knapp 9000 an der Spree. Für eine halbe Milliarde Euro wurde ein Daten-Highway zwischen Berlin und Bonn angelegt, der Videokonferenzen ermöglicht. Damit alle wissen, was gerade zu tun ist, sind dennoch 66 000 Reisen hin und her erforderlich, pro Jahr. Kosten: zehn Millionen Euro. Seit dem Umzug sind so 194 Millionen Euro aufgelaufen. Würde man die Pendelei abschaffen und alle Behörden nach Berlin holen, spart das 41 Mio. Euro, errechnete der CDU-Abgeordnete Jochen-Konrad Fromme. Der Umzug allerdings würde wohl mit fünf Milliarden Euro zu Buche schlagen. Das rechnet sich anscheinend nicht. Auch wenn gerade viele ranghohe (=teure) Mitarbeiter bis zu einem Drittel ihrer Arbeitszeit mit Fliegen, Bahnfahren und Wartezeiten bei Terminen vergeuden.

In Berlin sind gute Jobs in Bundesbehörden rar. Viele junge Leute bewerben sich daher gezielt in Bonn – in der Hoffnung, dass irgendwann alle so genervt vom Pendeln sind, dass doch noch ganz nach Berlin umgezogen wird. Die Rechnung könnte aufgehen.

Was unterscheidet Richter und Politiker?

Richter ist doch eigentlich ein noch viel besserer Beruf als Politiker! Oder? Man darf machen, was man will, und abgewählt wird man auch nicht. Dafür kann man aber nicht so viel mitbestimmen.

Richter sind diejenigen, die darauf achten, ob die Gesetze eingehalten wurden. In Deutschland gibt es eine Menge verschiedener Gerichte: Arbeitsgerichte, Finanzgerichte, Amtsgerichte, Sozialgerichte, Verwaltungsgerichte und Verfassungsgerichte. Die meisten Streitigkeiten kann man bei einem Gericht in der Nähe klären lassen. Wenn einer der beiden Prozessgegner mit dem Urteil nicht einver-

Beamte

Bis in die Sechzigerjahre hinein waren Richter Beamte, ebenso wie Lehrer oder Polizisten. Auch Mitarbeiter von Staatsfirmen wie Post, Bahn, Telekom waren früher Beamte. Heute gilt das nur noch für Leute mit »hoheitlichen Aufgaben«: Immer wenn der Staat als Staat auftritt und zum Beispiel Zoll oder Steuern kassieren will. Beamte sind unkündbar und müssen daher weder Bürger noch Vorgesetzte fürchten. Nachteil: Beamte sind auch dann unkündbar, wenn sie schlechte Arbeit leisten. Bei ausgebrannten Lehrern zum Beispiel ein großes Problem. Beamte bekommen ein etwas niedrigeres Gehalt als in einer vergleichbaren Position in einem privatwirtschaftlichen Unternehmen, aber ihr Arbeitsplatz ist sicher. Dafür dürfen sie dann auch nicht mit ihrem Dienstherrn herumzanken, beispielsweise haben Beamte kein Streikrecht. Der Staat soll sich auf sie verlassen können, als Gegenleistung für diese Verlässlichkeit werden sie besonders geschützt.

standen ist, kann normalerweise Beschwerde eingelegt und die ganze Sache bei einem höherrangigen Gericht mit erfahreneren Richtern noch mal überprüft werden.

Gerichte für verschiedene Themenbereiche gibt es vor allem deshalb, weil die Leute, die dort arbeiten, sich dann spezialisieren können und wirklich etwas von ihrem Fachgebiet verstehen.

Außerdem müssen Richter immer fair sein. Deswegen dürfen sie zum Beispiel keine Prozesse ihrer eigenen Verwandten entscheiden. Sie sollen sachlich unabhängig sein, das heißt, sie dürfen entscheiden, wie sie es für richtig (= rechtmäßig) halten. Sie dienen sozusagen den Gesetzen, aber kein Chef darf ihnen das Ergebnis vorschreiben! Sie können auch nicht versetzt oder entlassen werden, nur weil jemandem ihre Arbeitsweise nicht passt. Anders als hohe Mitarbeiter in Ministerien wechseln selbst wichtige Richter deshalb nicht nach einer Bundestagswahl. Allerdings wird bei der Besetzung wichtiger Posten, zum Beispiel beim Bundesverfassungsgericht, darauf geachtet, dass an einem Gericht alle politischen Parteien vertreten sind. Insofern mischen sich die Parteien in die Besetzung von Richterämtern ein, obwohl die Judikative eigentlich vollkommen unabhängig sein soll.

Aber was ist eigentlich mit Politikern, die ja die Gesetze selbst erlassen, und mit den Richtern? Müssen die sich auch an Gesetze halten? Oder können sie die ganz einfach schnell für ungültig erklären? Nein, natürlich nicht. Gesetze gelten für alle! Damit die Arbeit im Parlament nicht andauernd böswillig durch unrichtige Strafanzeigen unterbrochen werden kann, gibt es zwar die »politische Immunität«. Das heißt: Parlamentsmitglieder dürfen nicht während ihrer politischen Tätigkeit verhaftet

Richter sind unabhängig. Sie dürfen nicht mal vom Staat – ihrem eigenen Arbeitgeber – unter Druck gesetzt werden.

werden. Damit soll verhindert werden, dass politische Gegner eine Partei im Parlament arbeitsunfähig machen, indem sie lauter Strafanzeigen gegen deren Abgeordneten stellen. Dann wären die komplett mit der Polizei beschäftigt und nicht mehr mit der Politik. Abgeordnete dürfen deshalb aber nicht einfach machen, was sie wollen. Sie stehen nicht über dem Gesetz, sondern müssen sich sehr wohl an alle Gesetze halten – wenn sie das nicht tun, wird die Immunität aufgehoben, was im Falle strafbarer Handlungen bzw. einem entsprechenden Verdacht auch schon vorgekommen ist. Sie ist nur ein Schutz vor erfundenen Anzeigen.

Auch Regierungschefs und Diplomaten genießen diese Immunität, aber auch sie können für Fehlverhalten sehr wohl zur Verantwortung gezogen werden. Es ist schwieriger und dauert länger, geht aber. Für Richter gibt es keine Sonderregelungen. Vor dem Gesetz stehen sie da wie jeder andere Bürger auch.

Aber es gibt Richter, die tatsächlich Gesetze für ungültig erklären können: die beim Verfassungsgericht. Ihre Aufgabe besteht darin, festzustellen, ob eine einzelne Vorschrift in der vorliegenden Form erlaubt ist. Denn manchmal werden ja auch in Berlin Fehler gemacht und ein Gesetz enthält dann einen Fehler. Oder die Politiker wünschen eine Regelung, die aber gegen die Verfassung der Bundesrepublik verstößt.

Allerdings erlässt das Verfassungsgericht dann kein neues Gesetz, sondern sagt nur, was alles so nicht geht und fordert die Politiker auf, es bitte schön besser hinzukriegen. Danach machen sich die Ausschüsse und Abgeordneten wieder brav an die Arbeit. Meistens dauert es ein paar Jahre, bis dann das Gesetz in der korrekten Fassung fertig ist. So hat das Bundesverfassungsgericht 2008 zum Beispiel entschieden: Es darf nicht sein, dass beim Rauchverbot die Wirte von kleinen Kneipen anders behandelt werden als die Wirte von großen Restaurants, die einen extra Raucherraum einrichten können. Diese »Ungleichbehandlung« sei nicht in Ordnung, da müsse die Politik sich etwas anderes einfallen lassen. Das Gericht hat aber nicht gesagt, wie die Politik sich entscheiden soll, zum Beispiel Rauchen überall erlauben oder überall verbieten.

Wer hat also letztlich mehr zu sagen, Richter oder Politiker? Ganz eindeutig die Politiker. Denn sie geben den Richtern die Gesetze vor, in deren Sinne sie zu entscheiden haben. Und selbst wenn einmal ein Gesetz kippt, dann liegt es bei den Abgeordneten, ein neues zu beschließen.

Jeder kann sein Recht bekommen

Der Bundestag hat sich ein schönes Gesetz ausgedacht. Aber dann kommt das Bundesverfassungsgericht und spielt einfach nicht mit. Und außerdem gibt es unheimlich viele Vorschriften und verflixt viele verschiedene Gerichte. Was soll das alles bringen?

Interview mit Dr. Amadeus Hasl-Kleiber, Persönlicher Referent des Bundesverfassungsgerichts-Präsidenten Prof. Dr. Dres. h.c. Hans-Jürgen Papier

Wie entsteht ein Gesetz?

▶ Gesetze können in der Bundesrepublik Deutschland vom Bund einerseits und von jedem der 16 Bundesländer andererseits erlassen werden. Der Bund darf Gesetze nur erlassen, soweit das Grundgesetz dies ausdrücklich vorsieht. In allen übrigen Fällen – auch wenn sie nicht ausdrücklich im Grundgesetz genannt sind – sind die Länder zuständig. Darüber hinaus sind viele öffentliche Stellen befugt, in ihrem Bereich Satzungen oder Verordnungen zu erlassen. Das sind zum Beispiel die Ortssatzungen der Gemeinden für die Benutzung und Bezahlung ihrer öffentlichen Einrichtungen, wie etwa der Abwasserentsorgung.

Gemeindesatzungen gelten nur in der jeweiligen Gemeinde; Landesgesetze gelten nur im jeweiligen Land; Bundesgesetze gelten in der gesamten Bundesrepublik.

Die Einteilung Deutschlands in Bundesländer wird »Föderalismus« genannt. Dieses wichtige Prinzip soll der Unterschiedlichkeit der einzelnen deutschen Regionen von Schleswig-Holstein bis Sachsen und von Nordrhein-Westfalen bis Mecklenburg-Vorpommern Rechnung tragen und verhindern, dass es zu einer zu mächtigen Zentralgewalt kommt. Aus diesem Grund gibt das Grundgesetz den Ländern auch das Recht, über den »Bundesrat« Einfluss auf die Bundesgesetzgebung zu nehmen. Viele Bundesgesetze bedürfen der Zustimmung des Bundesrates – sind also (vereinfacht gesagt) auf die Zustimmung auch von Länderseite angewiesen. Der Föderalismus führt so zu einer Balance der politischen Machtverteilung.

Zum Gesetzgebungsverfahren: Beim Erlass von Bundesgesetzen müssen die Verfahrensvorschriften des Grundgesetzes, beim Erlass von Landesgesetzen müssen die Verfahrensvorschriften der jeweiligen Landesverfassung beachtet werden. Gemeinsam ist dabei allen Verfahren, dass die Gesetze – also die verbindlichen Regeln, die im Einzelfall anzuwenden sind – nicht von der Regierung und auch nicht von den Gerichten erlassen werden, sondern einzig und allein vom jeweils zuständigen Parlament: also im Bund dem Bundestag (unter Mitwirkung des Bundesrates in der Form, die das Grundgesetz vorsieht) und in den Bundesländern dem jeweiligen Landtag.

In der Praxis werden die meisten Gesetzentwürfe von der Bundesregierung oder den jeweiligen Landesregierungen erarbeitet – beschließen kann auch solche Gesetze aber immer nur das jeweils zuständige Parlament.

Warum haben wir so viele Gerichte?

▶ **Der Staat des** Grundgesetzes verleiht dem einzelnen Menschen eigene Rechte, und zwar sowohl im Verhältnis zu anderen Menschen als auch im Verhältnis zum Staat selbst. Kein Mensch ist rechtlos oder darf rechtlos gestellt werden – ein Privileg, das in der längsten Zeit der menschlichen Geschichte leider keineswegs selbstverständlich war. Im Gegenzug ist jeder verpflichtet, seine Rechte nicht gewaltsam durchzusetzen, sondern sich bei Streitigkeiten zur Feststellung und ggf. zur Durchsetzung seiner Rechte an die zuständigen Gerichte zu wenden – man spricht vom staatlichen Gewaltmonopol. Die unmittelbare Folge dieses Systems ist aber, dass die Justizbehörden auch tatsächlich eingerichtet werden müssen, um den Menschen auch in der Realität eine Anlaufstelle im Fall von Streitigkeiten zu geben – und solche Streitigkeiten gibt es im wirklichen Leben in Fülle. Dabei sind die Streitigkeiten so vielfältig und kompliziert wie das Leben selbst – das ist auch der Grund dafür, dass sich die Gerichte spezialisieren. Beispielsweise kann jeder Verträge abschließen, und bei jedem Vertrag kann es zu Streitigkeiten kommen, etwa über den Zahlungsanspruch eines Malermeisters, der nach Ansicht seines (zahlungsunwilligen) Kunden ungleichmäßig gestrichen hat:

Gesetze werden in den Parlamenten wie dem Deutschen Bundestag beschlossen. Deswegen heißen die Parlamente auch »Legislative«, also etwa »gesetzgebende Einrichtung«.

Ein derartiger Fall wird von den Zivilgerichten entschieden. Wird einem Arbeitnehmer oder einer Arbeitnehmerin gekündigt, beispielsweise weil im Betrieb Stellen gestrichen wurden, können sich schwierige Fragen stellen, ob es fair war, gerade dieses Arbeitsverhältnis und nicht das eines Kollegen oder einer Kollegin zu beenden: auf solche Fragestellungen sind die Arbeitsgerichte spezialisiert. Gibt es Streitigkeiten zwischen einem Bürger und dem Finanzamt, entscheiden die hierfür spezialisierten Finanzgerichte; bei Unklarheiten über die Höhe von Arbeitslosengeld, Renten oder Krankenversicherungsbeiträgen die Sozialgerichte.

Schließlich gibt es spezielle Vorschriften und deshalb auch Zuständigkeitsregelungen für das Strafrecht. Und für die übrigen Fälle, in denen sich der Bürger der Staatsgewalt gegenübersieht, sei es nach einem Polizeieinsatz, bei der Nichterteilung einer Baugenehmigung, aber auch bei der Frage, ob ein Nachbar verlangen kann, dass die Genehmigung für einen Flughafen oder ein Atomkraftwerk aufgehoben wird, sind die Verwaltungsgerichte zuständig.

Können Richter Gesetze für ungültig erklären?

▶ **Das Bundesverfassungsgericht kann** Bundes- und Landesgesetze sowie sonstige Vorschriften für nichtig erklären, wenn diese mit dem Grundgesetz nicht vereinbar sind. Die Landesverfassungsgerichte können Landesgesetze für nichtig erklären, wenn diese mit der jeweiligen Landesverfassung nicht in Einklang stehen. Im Übrigen sind Gerichte und Behörden sowohl an Bundes- als auch an Landesgesetze gebunden und können diese nicht für ungültig erklären. Allerdings sind die Gerichte berechtigt, dem Bundesverfassungsgericht rechtlich zweifelhafte Gesetze zur Überprüfung vorzulegen. Das Bundesverfassungsgericht kann dann die Gültigkeit am Maßstab des Grundgesetzes klären. Nur wenn Bundes- oder Landesgesetze gegen das Recht der Europäischen Gemeinschaften verstoßen, gelten etwas andere und recht komplizierte Regeln.

Müssen Politiker sich auch an Gesetze halten?

▶ **Selbstverständlich ja. Es** besteht allerdings die Besonderheit, dass beim Verdacht des Verstoßes gegen eine Strafvorschrift eine Strafverfolgung gegen Abgeordnete durch die Staatsanwaltschaften erst möglich ist, wenn das Parlament das genehmigt hat. Diese sog. »Immunität« soll verhindern, dass die Unabhängigkeit der Parlamentarier durch Repressalien der Strafverfolgungsbehörden untergraben wird. Im Übrigen genießen die Abgeordneten »Indemnität«, d.h., sie dürfen zu keiner Zeit wegen ihrer Abstimmung

Die deutschen Gerichte stöhnen unter der Last von immer mehr Verfahren. Auch dieser Mitarbeiterin des Deutschen Sozialgerichts in Berlin steht noch viel Arbeit bevor.

oder einer (nicht-verleumderischen) Äußerung im Bundestag oder in einem Ausschuss des Bundestags zur Verantwortung gezogen werden.

Dürfen Richter wählen?

▶ **Richter dürfen wählen** und können in den Bundestag oder einen Landtag gewählt werden. Allerdings können sie nicht ein Richteramt ausüben und gleichzeitig Mitglied in einem Parlament sein.

Warum sind Gerichte politisch unabhängig und wie wird das gesichert?

▶ **Richter sind bei** der Entscheidung über einen konkreten Einzelfall nicht an Weisungen der Regierung – beispielsweise eines Ministers – oder des Parlaments gebunden. Vielmehr sind sie einzig und allein an das Gesetz gebunden. Auf diese Weise wird insbesondere dem Grundsatz, dass vor dem Gesetz alle Menschen gleich sind und nach einheitlichen Maßstäben behandelt werden, Rechnung getragen. Diese Unabhängigkeit wird dadurch gesichert, dass mit der Ernennung zum Richter jegliche Weisungsbefugnis hinsichtlich des Inhalts richterlicher Urteile endet; auch ist eine Entlassung oder Dienstenthebung des gesetzlich zuständigen hauptamtlichen Richters gegen seinen Willen nur durch eine (unabhängige) richterliche Entscheidung möglich. Ein weiteres Sicherungsmittel der richterlichen Unabhängigkeit ist die weitgehende Haftungsfreistellung für die Folgen von Urteilen.

Sinn der richterlichen Tätigkeit ist es letztlich, Streitigkeiten nach Möglichkeit zu beenden – Folgestreitigkeiten, etwa zur Frage des Schadener-satzes für eine angeblich unrichtige richterliche Entscheidung, sollen über die gesetzlich vorgesehenen Rechtsmittel (bspw. Berufung, Revision) hinaus nach Möglichkeit vermieden werden und sind grundsätzlich auf schwerwiegende Fälle begrenzt, in denen eine Straftat vorliegt.

Wer hat mehr zu sagen, Politiker oder Richter?

▶ **Auch wenn die** Verfassungsgerichte Gesetze aufheben können, die die Politiker im Parlament beschlossen haben, so gibt es doch einen ganz erheblichen Unterschied: Gerichte – auch Verfassungsgerichte – können nur tätig werden, wenn und soweit ein Fall an sie herangetragen wird (»wo kein Kläger, da kein Richter«). Demgegenüber können die Parlamente aus eigener Initiative Themen an sich ziehen und sich im Rahmen ihrer Gesetzgebungskompetenz mit praktisch jedem Problem beschäftigen. Auch die Politiker, die die Regierung – also die Spitze der Verwaltung – stellen und damit zum behördlichen Gesetzesvollzug berufen sind, können sich in der Regel im Rahmen ihrer gesetzlichen Zuständigkeiten »von Amts wegen« mit Fällen befassen - man denke beispielsweise an die Polizei und die jeweils vorgesetzten Innenminister. Dieses weitgehende Befassungsrecht bedeutet eine ganz maßgebliche Gestaltungsmöglichkeit in einer unbegrenzten Vielzahl von Fällen. Dabei zeigt sich deutlich, dass der Einfluss der Richter ganz anderer Art ist als der Einfluss der Politik – die Politik macht die Gesetze und bestimmt, wie sie vollzogen werden. Die Gerichte überprüfen, ob die Gesetze bei ihrem Vollzug eingehalten werden – auch von denjenigen, die sie erlassen haben. ■

Warum gibt es Gewerkschaften?

Gewerkschaften setzen sich für die Interessen der Arbeitnehmer ein – höhere Löhne, bessere Arbeitsbedingungen. Was also unterscheidet sie von einer politischen Partei?

Die Ziele von Gewerkschaften sind eng begrenzt. Ihnen geht es nur um Arbeitsbedingungen in der jeweiligen Branche (zum Beispiel Bau, Erziehung und Wissenschaft, Polizei, Textil und Bekleidung). Umweltschutz, Bildungspolitik, Wehrpflicht – auch alles interessante Themen, aber unwichtig für die Gewerkschaft. Das hat klare Vorteile: Wer nicht noch alles Mögliche andere berücksichtigen muss, kann sein eines Ziel viel besser und eindeutiger vertreten.

In den meisten Berufen gibt es »Tarifverträge« – das heißt, Arbeitgeber und Gewerkschaften vereinbaren ein bestimmtes Gehalt (einen Tarif) für eine bestimmte Arbeit. Sie verhandeln das untereinander. Der Staat soll sich da eigentlich raushalten. Mit Verhandlungsgeschick kann ein Mitarbeiter dann für sich selbst später sogar noch mehr rausholen.

Gewerkschaften sparen Arbeitgebern Arbeit

Weniger als im Tarifvertrag festgelegt, darf eine Firma nicht zahlen – vorausgesetzt, sie gehört zur »Tarifgemeinschaft«, wird also vom Arbeitgeberverband mitvertreten. Wer das nicht will, kann aus dem Verband austreten. Das hat aber Nachteile. Denn die Gewerkschaften sind für Arbeitgeber zwar lästig, weil sie immer so viel fordern. Aber wenn man sich mal geeinigt hat, dann gilt es auch für alle. Die Alternative wäre, dass jeder Arbeitgeber mit jedem einzelnen Mitarbeiter einen eigenen Vertrag aushandelt. Das kostet unheimlich Zeit und Mühe und theoretisch kann dann auch jederzeit eine Gruppe Mitarbeiter plötzlich streiken. Wenn man sich aber mit der Gewerkschaft geeinigt hat, dann herrscht zumindest so lange Ruhe für alle Beteiligten, bis ein neuer Tarifvertrag ausgehandelt wird.

Wenn Tarifverträge neu verhandelt werden, kommt es manchmal zu Arbeitsniederlegungen (Streiks), weil die Gewerkschaften zeigen müssen, wie wichtig ihre Mitglieder für eine Firma sind. Das ist dann aber geplant und kommt nicht plötzlich von einem Tag auf den anderen. Die Arbeitgeber können sich ein bisschen darauf einstellen. Die streikenden Arbeitnehmer bekommen als Gewerkschaftsmitglieder weiter ihr Gehalt, auch wenn sie nicht arbeiten. Dafür gibt es die »Streikkasse«. Ohne die könnten viele Arbeitnehmer es sich gar nicht leisten, ihre Interessen wirkungsvoll zu vertreten.

Sozialdemokraten und Gewerkschaften sind traditionell eng miteinander vernetzt. Auch Die Linke sieht sich als »Arbeiterpartei«. Gewerkschaften vertreten aber auch die Job-Interessen von Leuten, die ansonsten politisch nicht engagiert sind.

Einen weiteren wichtigen Unterschied zu den Parteien gibt es: Die Gewerkschaftsmitglieder arbeiten in der Firma, von der sie Änderungen verlangen. Sie haben daher ein sehr großes Interesse daran, eine tragfähige Lösung zu finden. Denn nur wenn es ihrem Arbeitgeber auch weiterhin gut geht, können die gewünschten Lohnerhöhungen auch wirklich ausgezahlt werden. Die Ziele von Arbeitnehmervertretern sind meist konkreter als die Pläne von Parteistrategen. Deswegen gibt es auch für jedes Berufsfeld einen eigenen Verband. Denn die Arbeiter der Metallindustrie haben ganz andere Probleme als Eisenbahner, Briefträger, Piloten, Köche oder Kellner. Viele Gewerkschaften sind wiederum Mitglied im Deutschen Gewerkschaftsbund (DGB), der sich ganz grundsätzlich für Arbeitnehmer einsetzt.

Ich will mich politisch engagieren – aber wie und wo?

*Alle großen Parteien haben Jugendorganisationen.
Doch wie kriegt man raus, bei welcher man gut
aufgehoben ist? Und welche Möglichkeiten gibt es noch?*

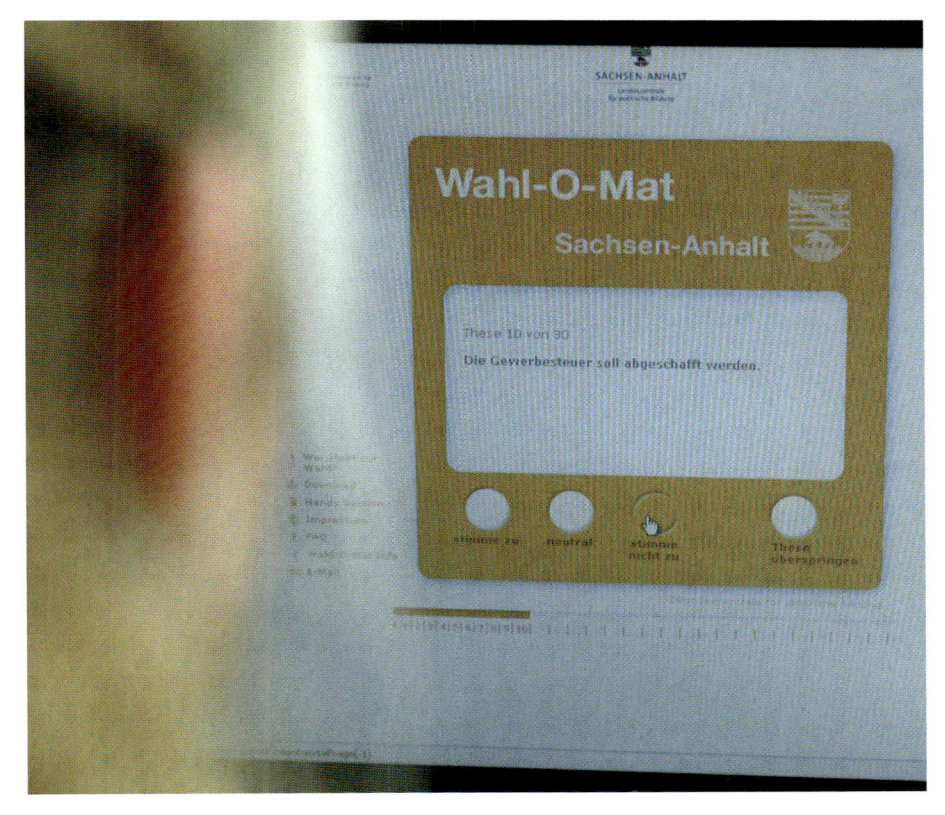

Im »Wahl-O-Mat« der Bundeszentrale für politische Bildung kann man die eigenen Positionen zu 30 Fragen angeben und bekommt dann die passende Partei empfohlen.

Eine erste Anlaufstelle ist die Bundeszentrale für politische Bildung (bpb). Sie gehört zum Innenministerium und hat die Aufgabe, unparteiisch über Politik in Deutschland zu informieren. Sie soll also nicht etwa Werbung für die amtierende Regierung oder eine bestimmte Partei machen, sondern für die Demokratie als solches. Dazu richtet sie u. a. vor Landtags- und Bundestagswahlen einen »Wahl-O-Mat« ein.

Die Parteien werden dafür vorab nach ihrer Meinung zu aktuellen Problemen befragt. Der Benutzer wählt im Internet aus, wie er selbst die Sache sieht, und bekommt dann eine Liste mit Übereinstimmungen.

Dieser Dienst bleibt online, auch wenn gerade keine Wahl ist. Man kann also den letzten »Wahl-O-Mat« des eigenen Bundeslandes aufrufen und den Test machen. Es gibt auch Offline-Versionen und sogar einen Wahl-O-Mat fürs Handy. Die Homepage zum Tool insgesamt ist: www.wahl-o-mat.de. Als Auswertung erhält man eine Liste von Parteien, die der eigenen Meinung am nächsten kommen. Die älteren Versionen stehen im "Archiv". Gesammelt werden Parteieninfos auch auf www.werstehtzurwahl.de. Außerdem gibt es in jedem Bundesland eine »Landeszentrale für politische Bildung«; die Adressen findet man im Internet unter: www.tinyurl.com/landeszentralen-bpb

Interview mit Arne Busse, Fachbereich »Politikferne Zielgruppen« der Bundeszentrale für politische Bildung

Wozu ist die bpb überhaupt gut? Warum bleibt es nicht jedem selbst überlassen, sich für Politik zu interessieren (oder eben nicht) und sich ggf. zu informieren?

▶ Natürlich gibt es keinen Zwang, sich für Politik zu interessieren oder sich politisch zu engagieren. Wenn man aber über sein eigenes Leben und seine Zukunft mitbestimmen will, braucht man vor allem eines: Kenntnisse und eine eigene Meinung. Mit ihrem überparteilichen und sachlich fundierten Angebot hilft die bpb dabei, sich beides anzueignen. Darüber hinaus zeigen die vielfältigen Angebote der bpb (Bücher, Broschüren, Internet, CD-ROMS, Computerspiele), welche Möglichkeiten politischer Beteiligung es gibt und dass diese lohnenswert sind: von Wahlen bis zu weniger formalen Beteiligungsmöglichkeiten wie Bürgerinitiativen, lokalem Engagement in Jugendorganisationen u. Ä.

Was sind »politikferne Zielgruppen« und mit welchem Ziel und in welcher Form wenden Sie sich an diese?

▶ Es handelt sich hierbei um junge Menschen, die mit schlechten oder gar keinen Schulabschlüssen arbeitslos sind oder in unsicheren, in der Regel niedrig bezahlten Arbeitsverhältnissen beschäftigt sind. Sie finden kaum Zugang zu politischen Fragestellungen bzw. lehnen »die Politik« aufgrund erheblicher Unzufriedenheit mit ihrer sozialen, aber auch kulturellen Lage häufig pauschal ab. Unser Ziel ist es, diese Jugendliche für Politik zu interessieren. Sie sollen erfahren, dass Politik nicht »da oben« stattfindet, sondern mit ihrem Leben und Alltag zu tun hat und diese beeinflusst. Da diese Jugendlichen neue Medien sehr intensiv nutzen, arbeitet der Fachbereich in den Bereichen TV und Computerspiele, aber auch mit jugendgemäßen Publikationen und Veranstaltungen. Wir entwickeln z.B. zusammen mit der Fernsehproduktionsfirma von DSDS eine Idee für eine neue Nachrichtensendung, sind an der Konzeption von PC-Lernspielen beteiligt oder starten eine neue Publikationsreihe, die die Inte-

ressen und Vorlieben Jugendlicher in den Mittelpunkt stellt (www.bpb.de/wasgeht).

Einerseits müssen Sie sich bestimmt politisch neutral verhalten. Andererseits sind deutliche Worte/Meinungen ja gerade für junge Menschen sehr wichtig. Wie meistern Sie diesen Spagat?

▶ Junge Menschen (nicht nur junge natürlich) wollen vor allem seriös und ehrlich informiert werden. Diesem Wunsch kommt die bpb ohne Probleme nach, dies ist Grundlage ihrer Arbeit. Davon unterscheiden sollte man das Bedürfnis junger Menschen nach jemandem, der stellvertretend für sie ihre Meinung und ihre Gefühle zum Ausdruck bringt. Diese Rolle kann die bpb nicht übernehmen, will sie auch gar nicht, da sie ja eher die Menschen selber zum »Sprechen« bringen will. Dazu können dann natürlich auch Menschen, politische Köpfe, prominente Menschen gehören, die »deutliche Worte/Meinungen« vertreten.

Bestimmte politische Ansichten – z. B. ganz rechts außen – werden auch von der bpb nicht mehr neutral behandelt, sondern klar missbilligt. Wo ist die Grenze? Wenn »Die Linke« gewählt wird, ist sie dann automatisch legitimiert? Und was passiert, wenn die DVU gewählt wird?

▶ Die politisch ausgewogene Haltung und die politische Wirksamkeit der Arbeit der bpb werden von einem aus 22 Mitgliedern des Deutschen Bundestages bestehenden Kuratorium kontrolliert, so steht es im Erlass über die bpb. Diesem gehören alle im Bundestag vertretenen Parteien an. Dieses Gremium gilt es zu respektieren, schließlich vertreten seine Mitglieder als gewählte Bundestagsabgeordnete den Willen der Wählerinnen und Wähler. Da die bpb überparteilich ist, unterliegt sie natürlich keiner Verpflichtung zur öffentlichen Verbreitung oder gar Vertretung parteipolitischer Positionen, unabhängig davon, ob diese Partei im Bundestag vertreten ist oder nicht. Maßstab der Haltung der bpb zu einzelnen Parteien ist immer das Grundgesetz. Zusätzlich lässt sich die bpb auch immer durch ausgewiesene Fachwissenschaftler und -wissenschaftlerinnen beraten. Natürlich wollen wir aber nicht einem produktiven Streit aus dem Wege gehen:

Wenn ein Thema kontrovers in der Öffentlichkeit diskutiert wird, greifen wir diese Kontroverse auch auf und lassen die verschiedenen Positionen zu Wort kommen.

Sie müssen viel wissen und es dann herunterbrechen für junge Leute, die in Ihrem konkreten Feld ganz besonders wenig Interesse haben. Ist das nicht furchtbar frustrierend? Was motiviert Sie?

▶ Die Annahme, dass junge Menschen, insbesondere bildungsferne Jugendliche und junge Erwachsene, kein Interesse an Politik hätten, ist in ihrer Pauschalität nicht richtig. Sie sind meistens sehr interessiert. Nur erschließt sich ihnen meistens nicht, was politische Diskussionen und Entscheidungen mit ihrer Alltagswirklichkeit zu tun haben. Wenn es gelingt, ihnen hier Verbindungen zu schaffen, ihren gelebten Alltag mit »hoher« Politik zu verknüpfen, und man erlebt, dass »der eine oder andere Groschen« fällt, dann ist das genug Motivation. Frustration kommt auch schon deshalb nicht auf, weil man zwar um die Schwierigkeit der Zielsetzung und Aufgabe weiß, aber aus meiner Sicht die Beteiligung aller Menschen an unserer Gesellschaft und die Schaffung der Voraussetzungen hierfür alternativlos ist. ■

Online findet man schnell Anschluss

Auf den Internetseiten der Jugendorganisationen kann man dann nachschlagen, wann das nächste offene Treffen in der Nähe stattfindet. Es lohnt sich, einfach mal hinzugehen. Denn die Parteiziele sind das eine – ob man sich mit den Leuten vor Ort gut versteht, ist das andere. Wenn beides passt, super. Wenn nicht, dann lohnt es sich, auch mal beim Zweit- und Drittplatzierten des Wahltests vorbeizuschauen. Und keine Angst: Anders überlegen kann man es sich immer, auch langjährige Mitglieder oder sogar Bundestagsabgeordnete treten aus Parteien aus und in andere ein. Das ist ja gerade das Tolle an der Demokratie: Man hat die Freiheit, sich für das zu engagieren, was man gerade für richtig hält. Und die Freiheit, es sich anders zu überlegen oder sich überzeugen zu lassen, dass eine neue Lösung besser ist.

Auch wenn man ganz sicher weiß, dass man nicht Politiker werden will, lohnt es sich übrigens, zu den Jugendorganisationen zu gehen. Weil man Leute kennenlernt, die ähnlich ticken wie man selbst. Weil es Spaß macht, auch im Kleinen zu versuchen, die Welt ein wenig besser zu machen. Und weil man automatisch versteht, wie so eine Demokratie und das Spiel mit der Macht funktionieren. Das schadet nie, auch nicht später im Job.

Bei der Bundeszentrale für politische Bildung (bpb) kann man Infomaterial bestellen, oft kostenlos: www.bpb.de

Über aktuelle politische Themen informieren kann man sich auf einigen Webseiten: Auf www.tivi.de/fernsehen/logo/start/ bieten ARD und ZDF Nachrichten speziell für junge Menschen. Das Jugendportal des Deutschen Bundestages findet sich auf www.mitmischen.de, die Bundeszentrale für politische Bildung unterhält die Seiten www.fluter.de.

Wer sich nur über eine bestimmte Sache beschweren oder eine Idee einreichen will, hat auch noch einige andere Möglichkeiten. Die Bundestagsabgeordneten zum Beispiel kommen aus einzelnen Wahlkreisen – und kennen sich dort aus. Sie sind daher der erste Ansprechpartner für Vorschläge oder Fragen. Post- und E-Mail-Adressen stehen im Internet auf www.bundestag.de/mdb/wkmap/index.html (man muss nur die eigene Postleitzahl eingeben, dann werden alle passenden Volksvertreter angezeigt). Öffentlich nachlesbare Fragen lassen sich auch auf www.abgeordnetenwatch.de abschicken. Hier bekommt man vor allem grundsätzliche Informationen über die jeweiligen Ansichten. Jeder Bundesbürger hat zudem das Recht, eine sogenannte Petition zu stellen – und eine Antwort darauf zu erhalten. Wenn also zum Beispiel

vor einer Schule keine Ampel steht und der nächste Zebrasteifen verdammt weit weg ist, kann man gezielt vorschlagen, das zu ändern. Man kann eine solche Petition einfach an die eigene Landesregierung schicken, die kümmert sich dann darum, wer zuständig ist. Fragen, die ganz Deutschland betreffen, gehen an den Bundestag. Auch online kann man Petitionen einreichen: www.demokratieonline.de. Die Themen reichen von durchdachten Reformen des Steuerrechts bis zu Beschwerden über die Absetzung von Fernsehserien.

Für alles, was nur oder vor allem Kinder angeht, und als grundsätzlicher Ansprechpartner für Kinder und Jugendliche wurde außerdem 1988 die Kinderkommission des Bundestages eingerichtet. Sie ist nicht für Einzelfälle zuständig; wenn sich die Eltern also scheiden lassen und keine Einigung über das Sorgerecht hinbekommen – das ist kein Fall für die Kinderkommission. Wohl aber macht sie sich stark für Themen, die alle jungen Leute angehen. Und wann immer Kinder von einem Gesetz direkt betroffen sind (von Umweltschutz über Schulausstattung bis Straßenbau), ist sie auch am Ball. Kontakt über www.kinderkommission.de.

Trotz allem kann man was bewegen

Die Chefs der Partei-Jugendorganisationen im Härtetest

Philip Mißfelder

Mitglied des Bundestages und Bundesvorsitzender der Jungen Union

Was hat Sie dazu gebracht, sich politisch bei der JU zu engagieren?

▶ In meiner Schule waren alle Lehrer dermaßen links und haben nur auf die CDU und Helmut Kohl geschimpft, dass ich schon aus Protest die CDU gut fand.

Nerven diese ganzen demokratischen Vorgänge und Gremien nicht ganz gewaltig?

▶ Es gibt zu viele Gremien und zu lange Sitzungen – manchmal wünsche ich mir, die Sitzungen würden im Stehen abgehalten, dann wären sie auch schneller vorbei.

Franziska Drohsel

Bundesvorsitzende der Jusos

Krieg. Die Gleichstellung von Männern und Frauen ist noch lange nicht erreicht. Ich wollte mich nicht nur darüber beschweren, was nicht gut läuft, sondern den Teil, den ich dazu beitragen kann, dass unsere Gesellschaft besser wird, auch wirklich beitragen. Deshalb habe ich angefangen, mich politisch zu engagieren, und deshalb kämpfe ich auch heute noch für eine Gesellschaft, in der alle Menschen in Freiheit und Gleichheit leben können.

Nerven diese ganzen demokratischen Vorgänge und Gremien nicht gewaltig?

▶ **Demokratische Vorgänge gehen** manchmal wirklich lange, weil man vorher mit vielen Beteiligten sprechen muss, damit man gemeinsam, im Idealfall mit allen eine bestimmte Sache machen oder sich für eine bestimmte Position aussprechen kann. Das dauert und ist oft mühselig, aber eine andere Möglichkeit sehe ich nicht, als dass sich alle Menschen über eine Sache verständigen und dann durchgesetzt wird, was die Mehrheit – möglichst viele gemeinsam – richtig findet. Und das braucht seine Zeit. ◼

Was hat Sie dazu gebracht, sich politisch bei den Jusos zu engagieren?

▶ **Es gibt viele** Dinge in unserer Gesellschaft, die ich kritisiere. Es gibt eine massive soziale Ungleichheit, sodass viele Menschen in Armut leben und soziale Ausgrenzung erfahren. Es gibt Rechtsextremismus, Rassismus, Antisemitismus und Nationalismus. Auf der Welt gibt es in vielen Ländern

---

Jan Philipp Albrecht

Bis 2008 Bundesvorstandssprecher
GRÜNE JUGEND

Was hat Sie dazu gebracht, sich politisch bei der Grünen Jugend zu engagieren?

▶ **Ich bin zu** den Grünen gegangen, weil ich – ganz klassisch – irgendwie die Welt verbessern wollte. Bewegt haben mich vor allem Umweltfragen und Fragen von Demokratie und Bürgerrechten. Ganz konkret beeinflusst war ich von dem ersten Atommülllager Deutschlands, das sich unweit meiner Heimatstadt Wolfenbüttel befindet, sowie vom Kosovo-Krieg 1999, den ich zum Anlass nahm, mich bei den Grünen für eine bessere Friedenspolitik einzusetzen. Ich gründete eine Friedensinitiative und organisierte Demonstrationen zu Afghanistan- und Irakkrieg. Auch die Organisation von Schülerdemos gegen Rechtsextremismus hat mich zur Politik und zur Grünen Jugend gebracht, die ich in meinem Ort allerdings erst selbst gründen musste.

Nerven die ganzen demokratischen Vorgängen und Gremien nicht gewaltig?

▶ **Nein, überhaupt nicht.** Eher im Gegenteil. In der Grünen Jugend – meines Erachtens der basisdemokratischste Verband in der Bundesrepublik – habe ich gelernt, dass Demokratie etwas Gutes ist. Allein die Auseinandersetzung und der ständige Streit um die besseren Ideen und Argumente lässt eine lebendige und damit funktionierende Demokratie zu. Meines Erachtens braucht es viel mehr an »demokratischen Vorgängen und Gremien«, damit politische Entscheidungen – gerade auf europäischer und internationaler Ebene – wieder legitim werden. Ich selber sehe also, dass diese Vorgänge und Gremien ihre Berechtigung haben – auch wenn es komplizierter und langwieriger ist, als die »Top-Down-Entscheidung« eines Einzelnen. ◼

Johannes Vogel

Bundesvorsitzender der Jungen Liberalen

Was hat Sie dazu gebracht, sich politisch bei den JULIs zu engagieren?

▶ **Ich habe mich** immer dafür interessiert, wie sich Politik auch auf das eigene Leben auswirkt. Ende 1998 wollte ich dann endlich selber darauf Einfluss nehmen und die Dinge verändern, beispielsweise das absurde Festhalten an der Wehrpflicht, die Einführung des Großen Lauschangriffs und unser damaliges Staatsbürgerschaftsrecht von vorgestern. Meine ersten lokalen Forderungen waren die Einführung eines Jugendparlamentes in Wermelskirchen und einer Nachtbusverbindung für Jugendliche nach Köln.

Nerven diese ganzen demokratischen Vorgänge und Gremien nicht gewaltig?

▶ **Klar nervt die** Schwerfälligkeit der Gremien, aber das ist der Preis der Demokratie. Die beste Reaktion hierauf ist doch, die Parteigremien – gerade vor Ort – zusammen mit möglichst vielen anderen jungen Menschen aufzumischen. Die Erfolge bleiben auch nicht aus: Vor Kurzem konnte ich im Kreistag nach langem Kampf endlich meine Hand für die Einrichtung des besagten Nachtbusses heben. Hat lange gedauert, aber immerhin! ◼

Julia Bonk

Bundessprecherin der Linksjugend und Mitglied des Landtages in Sachsen

Was hat Sie dazu gebracht, sich politisch in der Linksjugend zu engagieren?

▶ **Aktiv wurde ich** bei der Schülervertretung. Wir haben Demos für mehr Demokratie, längeres gemeinsames Lernen oder gegen den Irakkrieg organisiert. Bei der Linken habe ich als Landtagsabgeordnete kandidiert, um ein linkes Projekt zu stützen und junge Leute in die Politik reinzubringen. Das macht auch Spaß. Ich will im Jugendverband auch mit anderen jungen linken Leuten Projekte machen gegen Überwachung, den Abbau sozialer Sicherheit und für mehr Freiräume.

Nerven die ganzen demokratischen Vorgängen und Gremien nicht gewaltig?

▶ **Die andere Welt,** die möglich ist, in seiner eigenen Arbeit auszudrücken und selbst schon als Linke zu gestalten, ist nicht nur einfach. Rederecht für alle, demokratisch entschiedene Projekte oder das Finden von Antworten auf neue Probleme und alte Ungerechtigkeiten braucht ein bisschen Ausdauer. Aber hey, wenn wir es richtig machen – ändert sich was! ■

Die fünf wichtigsten aktuellen politischen Probleme in Deutschland

Lange Zeit ging es Deutschland richtig gut. Deshalb sind manche Warnsignale nicht beachtet worden. Und nun sind manche Schwierigkeiten schon ganz schön groß geworden. Welche – und was wird unternommen?

Kosten stabilisieren und/oder Löhne steigern

Wenn Dinge mehr kosten als letztes Jahr, nennt man das Inflation. Wenn die Inflation über 3 % steigt, gibt es Ärger mit der Europäischen Union, denn das darf in Ländern mit Euro-Währung eigentlich nicht passieren. Ein bisschen Inflation ist nicht schlimm, solange die Einkommen in ähnlichem Maß steigen. Denn Inflation heißt: Geld ist weniger wert. Gespartes Geld verliert an Wert, weil man dafür weniger kaufen kann als früher. Das heißt: die Preise steigen. Wenn die Löhne jedoch unverändert bleiben, dann wird man immer ärmer. Man kann sich für das gleiche Geld ja weniger leisten, vielleicht nicht mehr in den Urlaub fahren usw. Wodurch wieder mehr Leute weniger verdienen. Das ist eine Abwärtsspirale. Haben immer mehr Leute immer mehr Geld und geben es auch aus, nennt man das Aufschwung. Das ist natürlich der Wunsch jeder Regierung. Es wäre allerdings total falsch, wenn die Regierung dafür einfach mehr Geld druckt und es unters Volk schmeißt: Hurra! Euros für alle! Wenn dem Geld nämlich kein tatsächlicher wirtschaftlicher Wert entspricht, etwa weil alle mehr gearbeitet und produziert haben, dann ist es nur Papier. Und niemand ist wirklich reicher geworden. Stattdessen steigen die Preise noch mehr, weil sich alle auf dem Papier reicher fühlen und ganz viel kaufen wollen. Die Preise steigen immer weiter, der Wert des Geldes verfällt noch mehr, am Ende gibt es so absurde Zahlen wie: ein Kaffee kostet eine Million Euro. Geld muss leider verdient werden, man kann es nicht herbeizaubern und verschenken.

Bei den wenigsten Menschen liegt das Geld so locker auf dem Tisch. Die meisten müssen mit jedem Euro rechnen und hoffen, dass der Geldwert stabil bleibt.

Soziales Gefälle vermindern, Arbeitslosigkeit senken

Viele Menschen in Deutschland beziehen ihr Selbstwertgefühl aus ihrem Beruf bzw. ihrem Gehalt (oder dem ihres Partners). Keinen Job zu bekommen, ist schon deshalb eine traurige Sache. Außerdem nimmt der Abstand zwischen Reich und Arm immer weiter zu. Das kann zu Frustration und Gewalt führen – Überfälle, Einbrüche usw. Deshalb ist es wichtig, dass es möglichst wenig Menschen wirklich schlecht geht. Aber eine immer bessere Technik sorgt dafür, dass immer weniger Mitarbeiter gebraucht werden. Zum Beispiel tanken wir selber, deshalb gibt es keine Tankwarte mehr. In manchen Supermärkten gibt es heute schon Selbstbedienungskassen, damit fallen die Kassiererinnen weg. Und Autos werden zum Teil von Robotern gebaut und nicht mehr von Menschen. Dadurch wird vieles billiger, weil Maschinen meist weniger kosten als Menschen. Aber es gehen auch jede Menge Jobs verloren.

Deshalb entstand die Idee, dass man die verbliebene Arbeit anders verteilt, damit mehr Leute Jobs haben. Doch wenn alle nur noch halbtags arbeiten, hätten zwar vielleicht alle halbe Jobs – aber auch nur das halbe Geld. Eine wirklich gute Lösung weiß im Moment keiner.

Auf jeden Fall kann der Staat in einer Marktwirtschaft Arbeitsplätze nicht befehlen. Das kann er in einer Planwirtschaft, doch dann sind die meisten der Jobs gar keine wirklichen Arbeitsplätze, sondern staatliche Beschäftigungstherapien. So etwas gibt es in Deutschland auch, das nennt man »Zweiten Arbeitsmarkt«. Da stellt der Staat Arbeitslose ein, damit sie in Schwung bleiben, etwas Neues lernen und auch nicht nur frustriert zu Hause hocken und es dann immer schwerer haben, überhaupt jemals irgendwo richtige Arbeit zu finden. Diese Jobs (»Arbeitsbeschaffungsmaßnahmen«) werden aber von Steuergeldern bezahlt und nicht von Unternehmen.

Gesundheitspolitik und Reform der Krankenkassen

Superlangweilig und grässlich kompliziert, aber vielleicht das wichtigste aktuelle Projekt. Menschen werden immer älter und brauchen daher länger ärztliche Betreuung. Das ist teuer. Außerdem ist medizinisch immer mehr möglich. Das ist toll – aber auch teuer. Deswegen steigen die Kosten der Krankenkassen ständig – und damit die Beiträge. Außerdem gibt es ein verzwicktes Ausgleichssystem, und es gibt private und gesetzliche Krankenkassen, wobei die gesetzlichen nicht etwa dem Staat gehören. Puh. Nun hat die große Koalition zwei unvereinbare Lösungsvorschläge – Bürgerversicherung und Gesundheitsprämie – gemixt und erhofft sich dadurch eine Genesung der Ge-

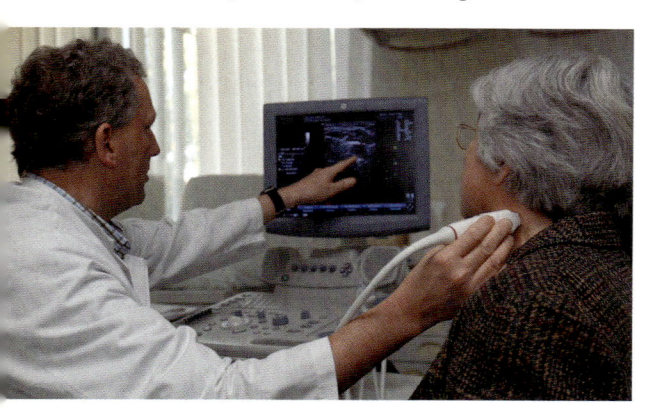

sundheitspolitik. Schön wär's, aber vermutlich muss die nächste Regierung gleich die nächste Reform austüfteln. Das ist wichtig, weil jeder Deutsche eine Kranken- und Pflegeversicherung haben muss. Dadurch ist man abgesichert, aber die Beiträge betreffen eben auch jeden.

Altersversorgung langfristig sichern

Anfangs hat die Rentenversicherung die Beiträge der Arbeitnehmer direkt an die aktuellen Rentner ausgezahlt. Vorne rein, hinten raus, alles okay. Dass jeder sich darauf verlassen kann, später selbst Rente zu bekommen, nennt man den »Generationenvertrag«. Nun gibt es aber immer mehr Rentner, und sie werden immer älter, und es gibt immer weniger Arbeitnehmer. Die Beiträge, die heute kassiert werden, reichen schon nicht mehr für die Renten, die im Moment ausgezahlt werden müssen. Deshalb gibt es den Vorschlag, das ganze auf »Kapitaldeckung« umzustellen, also auf die Sparvariante. Jeder kriegt das eigene Geld mit Zinsen wieder raus. Gute Idee. Nur: Wie sollen in der Zwischenzeit die Renten gezahlt werden? Niemand weiß es. Deshalb mischt man jetzt die beiden Modelle (»großer Topf« und »persönliches Sparschwein«) und sagt außerdem den Leuten, dass sie sich bloß nicht allein auf die staatliche Rente verlassen sollen, die wird so niedrig sein,

dass man damit nur knapp über die Runden kommt. Die Rentendebatte ist mühsam, zugegeben, aber sie betrifft die meisten Bundesbürger, denn wer angestellt arbeitet, muss in die Rentenversicherung einzahlen.

Zukunftssichere Bildungspolitik

Wer mehr weiß als jemand anders, kriegt (wahrscheinlich) den besseren oder besser bezahlten Job. Das gilt national, aber auch international. Und wenn es in Deutschland total viele unheimlich gut ausgebildete Fachleute gibt, dann erfinden die tolle Sachen, die sich weltweit gut verkaufen. Das bringt Geld ins Land und schafft Arbeitsplätze. Einfache Arbeiten, zum Beispiel Schrauben sortieren, kann hingegen jeder – und in vielen anderen Ländern machen Leute das auch für so niedrige Löhne, dass kein Mensch in Deutschland davon leben könnte. Deshalb ist es wichtig, dass junge Menschen möglichst schnell möglichst gut ausgebildet werden. Aber wie soll man's bezahlen? Schulgeld, Unigebühren, verkürztes Gymnasium, Lehrplanwirrwarr – im Moment werden viele Ideen erprobt, aber was nun wirklich Erfolg bringt, ist noch unklar.

Europapolitik

Jetzt ist keine Pinkelpause!

»Europa« ist ein Abschaltthema, das weiß jeder Journalist. Wenn die Rede auf Brüssel oder Straßburg kommt, stehen die Zuschauer auf und gehen auf die Toilette oder holen sich ein Bier. Rechtzeitig zu Sport und Wetterbericht sind sie zurück.

Doch in den EU-Gremien werden bereits die meisten Gesetze erlassen – und die Fördermaßnahmen der Europäischen Union ermöglichen es jungen Leuten und Berufseinsteigern, günstig und einigermaßen einfach ins Ausland zu gehen. Das ist interessant und kann sogar Spaß machen. Genau wie Europapolitik.

Was bringt die Europäische Union?

Die EU nützt offenbar mehr, als sie nervt – nur darum gibt es sie. Und sonst würden ja auch nicht immer mehr Länder danach drängeln, selbst Mitglieder werden zu dürfen. Also ist eigentlich ganz klar: Europa ist gut. Sonst wäre es ja umgekehrt und die Mitgliedsstaaten würden lieber wieder austreten.

Inzwischen sind die meisten europäischen Länder in der EU. Die wichtigste Ausnahme ist wohl die Schweiz, die zwar mittendrin liegt, aber trotzdem nicht mitmachen will. Aber immerhin: Das sogenannte »Schengener Abkommen« (benannt nach dem Ort Schengen, wo die ersten Staaten es anerkannten) haben auch die Schweizer 2005 unterzeichnet. Darin ist geregelt, wie man ohne große Kontrollen von einem Land ins andere reist. Früher musste man bei der Fahrt über die Grenze immer anhalten und seinen Pass vorzeigen. Das ist heute nicht mehr nötig.

So etwas mag nach einem unwichtigen Beispiel klingen, aber wer mal in der Urlaubszeit im heißen Pkw stundenlang vor dem Schlagbaum warten musste, ist dankbar dafür. Außerdem nützen solche Reiseerleichterungen nicht nur Privatleuten, sondern auch Firmen, deren Lastwagen mit Waren so ebenfalls schneller ans Ziel kommen, und damit auch billiger.

Daran zeigen sich gleich zwei Dinge:

1. Die meisten europäischen Fortschritte nützen der Wirtschaft.
2. Die EU ist als durchlässiges, offenherziges System gedacht: Sogar Staaten, die gar nicht in der Union sind, können bei Einzelmaßnahmen gern mitmachen, wenn es allen hilft.

Dass die Schweiz bereit war, die Grenzkontrollen einzustellen, verdeutlicht außerdem, wie groß das politische Vertrauen in die EU mittlerweile ist. Denn die Schweizer wollen natürlich keine Verbrecher, Drogenhändler oder Terroristen bei sich im Land haben. Um das zu vermeiden, haben sie bisher selbst die Einreisenden kontrolliert. Nun setzen sie darauf, dass von den anderen Ländern an den europäischen Außengrenzen so genau geprüft wird, dass sie sich keine Sorgen machen müssen, wer zum Beispiel in Ungarn über die Grenzen kommt und dann weiter in die Schweiz fährt.

Wenn Europa so toll ist, warum ist das nicht jedem klar?

Dafür gibt es mindestens zwei Gründe. Erstens: Der Nutzen für Einzelpersonen zeigt sich einfach im Alltag. Das ist zum Beispiel der Fall, wenn man für den Spanien-Urlaub kein Geld mehr tauschen muss, sondern in Euros zahlen kann. Oder wenn man eben ohne große Grenzkontrollen durch die Gegend gondeln darf. Oder wenn Überweisungen innerhalb Europas billiger werden. Von solchen Vorteilen wissen wir sehr wohl. Aber dass die entsprechenden Gesetze von der EU stammen und nicht aus Berlin – wen interes-

Wo man früher anhalten und einen Ausweis zeigen musste, herrscht heute freie Fahrt. Die offenen Grenzen innerhalb der Europäischen Union machen es möglich.

siert's? Zweitens: Die EU will absichtlich die nationalen Identitäten erhalten. Amerikaner, zum Vergleich, sehen sich zuerst einmal als US-Bürger, in zweiter Linie als Texaner, New Yorker oder Kalifornier. Wir hingegen betrachten uns als Deutsche, Italiener oder Polen – und nicht in erster Linie als Europäer. Da fühlen wir uns sogar noch eher einer bestimmten Region oder Stadt zugehörig. Das ist auch so gewollt, die Unterschiede werden als Teil der vielfältigen europäischen Kultur angesehen. Aber deswegen ist kaum jemandem so richtig klar, wie sehr Politik und Leben inzwischen durch die EU bestimmt werden. Wir sehen sozusagen den Wald (das vereinte Europa) vor lauter Bäumen (einzelnen Staaten) nicht. Tatsächlich ist es so, dass die EU-Staaten längst eine richtige gemeinsame Regierung haben, auch wenn die nicht so heißt.

ren Mitgliedsstaaten – ist unser wichtigster Handelspartner.

- Die Teilnehmerstaaten kontrollieren sich gegenseitig. Damit alle Vorteile haben, muss jeder zuverlässig seinen Teil beitragen. Ein freundliches, konstruktives, zuverlässiges Miteinander wird konkret belohnt, zum Beispiel durch Einsparungen und Vereinfachungen. Das hat zu über 50 Jahren Frieden in den EU-Staaten geführt – das gab es vorher nicht!

- Alle EU-Staaten haben sich zu gemeinsamen Werten verpflichtet, dazu gehört Rechtsstaatlichkeit oder auch die Achtung der Menschenwürde. In der EU wurde zum Beispiel auch überall die Todesstrafe abgeschafft. Gemeinsame Moral vereint.

- Gemeinsam hat Europa weltweit eine viel größere wirtschaftliche Chance. Einzeln könnten die Staaten gegen Riesen wie Indien oder China noch schlechter bestehen. Man kann Wohlstand politisch nicht retten, aber unterstützen. Das hebt den Lebensstandard aller.

- Finanzielle Unterstützung als Starthilfe für schwache Regionen. Wenn alles klappt, verdienen die Menschen dort hinterher mehr

Welche Vorteile bietet die EU konkret?

- Zunächst mal hat die EU vor allem wirtschaftliche Vorteile. Weil die Grenzen fielen und es keine Zölle mehr gibt, entstand ein riesiger gemeinsamer Marktplatz, auf dem gerade deutsche Firmen viele Waren anbieten und verkaufen. Die EU – also die ande-

Die Europäische Union ist im Lauf ihrer Geschichte immer größer geworden. Hier freuen sich junge Tschechen über den Beitritt ihres Landes am 1. Mai 2004.

Geld und können bei anderen Leuten mehr kaufen, womit die wieder mehr verdienen. Länder wie Portugal, Spanien oder Irland sind durch die EU von armen Ländern zu wohlhabenden Ländern geworden, was dann wieder auch uns Deutschen nutzt. Denn man hat besser reiche als arme Nachbarn.

- Deutschland wurde durch die EU wieder in die europäische Zivilisation zurückgeholt, aus der sich unser Land unter Hitler herausgebombt hatte.
- Vergünstigungen für Firmen innerhalb der EU. Damit die Werke nicht in Billiglohnländern wie China oder Bangladesch gebaut werden, sondern trotz allem noch, wenn nicht in Deutschland, dann wenigstens in Slowenien oder Bulgarien. Besser als nichts.
- Die EU ist die größte Handelsmacht der Welt und kann daher zum Beispiel beim weltweiten Umweltschutz Druck machen.

- Gleiches gilt in außenpolitischen Fragen, damit die USA nicht weiter allein »Weltpolizei« spielen können. Allerdings tut sich die EU gerade hier sehr schwer, weil bisher nie alle Mitgliedstaaten einer Meinung waren.
- EU-intern ist es leichter, grenzüberschreitenden Umweltproblemen (zum Beispiel Luft- oder Wasserverschmutzungen) auf die Spur zu kommen und sie zu bekämpfen.
- Die EU will für mehr Wettbewerb sorgen. Auch durch den Euro lassen sich Preise gut vergleichen, und wenn ein Händler sieht, dass eine Ware in Spanien viel billiger ist als in Deutschland, kauft er sie halt dort. Das senkt insgesamt die Preise und ist somit gut für Verbraucher. Die EU-Kommission in Brüssel achtet dabei darauf, dass sich große Unternehmen nicht heimlich absprechen oder Monopole entstehen.
- Zusammenarbeit bei der Verbrechensbekämpfung und bei der Verhinderung von Terroranschlägen. Sinnvoll, weil die Planung und Vorbereitung ja nicht am Tatort erfolgen müssen, sondern möglicherweise grenzüberschreitend ablaufen. Terroristen in Köln können sich leicht mit Terroristen in Spanien verständigen und gemeinsam etwas planen. Also muss auch die europäische Polizei zusammenarbeiten.

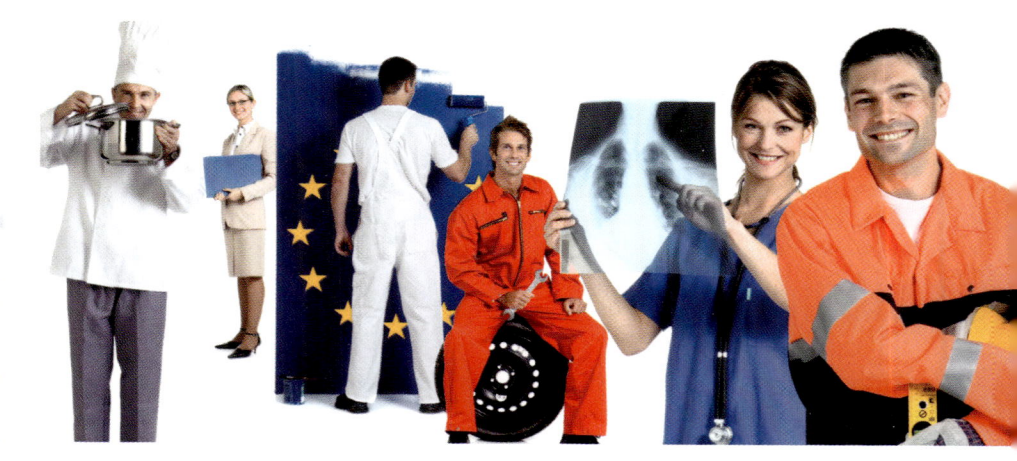

Arbeiten ohne Grenzen: In der EU kann man sich Wohn- und Arbeitsort aussuchen.

- Die Flugsicherheit wurde durch einheitliche Standards erhöht. Zugleich sanken durch Konkurrenz die Preise: Weil in Europa die Märkte geöffnet wurden, konnten die vielen Billigfluglinien entstehen, mit denen sich viele Bürger heute Flugreisen leisten können.
- Jeder kann innerhalb der EU leben und arbeiten, wo er will. Noch vor 20 Jahren war es viel schwieriger, ins Ausland zu gehen – und wenn man nur mal ein Semester anderswo studieren oder ein Praktikum machen wollte, lohnten sich Aufwand und Kosten kaum.
- Besserer Verbraucherschutz durch strengere Regeln für Hersteller. Einheitliche Richtlinien zur Lebensmittelqualität. Einheitlicher Tierschutz.
- Reisen ohne Anträge und Grenzkontrollen. In den Euro-Ländern spart man sich zudem den Geldumtausch.
- Wer sich in seinem Heimatland ungerecht behandelt fühlt, kann vor dem Europäischen Gerichtshof klagen – so setzen sich mit der Zeit EU-weit Standards durch.

Klingt nicht schlecht. Und welche Nachteile hat die EU?

- Sie ist langsam und unbeweglich. Meist kann man sich nur auf den »kleinsten gemeinsamen Nenner« verständigen. Denn bei allen wichtigen Entscheidungen müssen deutliche Mehrheiten erzielt werden. Das heißt: Wenn eine Maßnahme richtig und wichtig wäre, aber einigen nationalen Einzelinteressen nicht in den Kram passt, ist sie in Europa nicht durchsetzbar.
- Schlechte Produkte, die in irgendeinem Land zugelassen werden, dürfen überall verkauft werden. Beispiel: Billige Sitzerhöhungen aus Styropor aus dem Baumarkt. Sie werden nicht durch den Sicherheitsgurt fixiert und können bei einem Unfall leicht unter dem Kind herausrutschen. Dadurch sind schwere Verletzungen

möglich. Aber die Dinger sind erlaubt – weswegen Eltern annehmen, dann wären sie ja wohl auch sicher. Ähnlich ist es mit genmanipuliertem Obst und Gemüse. Das ist eben erlaubt, da kann die deutsche Regierung nichts machen, selbst wenn sie wollte.
- Die Osterweiterung der EU war sinnvoll, um dort Frieden zu schaffen, und eröffnete auch neue Märkte, auf denen deutsche Unternehmen Waren verkaufen können. Die Länder werden aber hohe finanzielle Zuschüsse von der EU bekommen. Geld, das zumindest kurzfristig anderswo fehlt.
- Ziel der EU ist eine Angleichung der Lebensqualität in allen Mitgliedsstaaten. Das führt einerseits zu steigenden Löhnen – damit aber auch zu steigenden Preisen. Wie lange dieser Kreislauf noch gut geht, ist umstritten.
- Es entsteht durch die neue Bewegungsfreiheit auch eine sogenannte »Billigkonkurrenz«. Einerseits finden wir es prima, dass es preiswerte Putzfrauen aus Polen bei uns gibt. Andererseits schimpfen deutsche Handwerker, wenn ihnen die Ehemänner dieser Putzfrauen, die billigen polnischen Fliesenleger, Aufträge wegschnappen. So hat vieles zwei Seiten ...
- Konzerne können innerhalb der EU leichter zu unangenehm mächtigen Kraken heranwachsen.
- Bei aller Zusammenarbeit: Fachleute warnen, dass die Gefahr von Verbrechen und vor allem Terroranschlägen durch die EU eher steige als sinke. Denn bei den zahlreichen Kontrollen früher sei die Chance, erwischt zu werden, eben doch höher gewesen.
- Oft erlässt die EU Richtlinien, und wie die einzelnen Länder das vorgegebene Ziel erreichen, entscheiden die Regierungen dort. Das

führt dann zu einem lustigen Regelchaos, weil zwar EU-weit ungefähr das Gleiche gilt, aber eben nicht genau das Gleiche. Ein Beispiel dafür sind die deutlich voneinander abweichenden Strafen für Verkehrsverstöße (Alkohol am Steuer, zu schnell fahren etc.). Zugleich soll der grenzüberschreitende Einsatz von Polizisten ermöglicht werden – die dann im Detail jedoch gar nicht genau wissen können, welche Gesetze vor Ort gelten.

- Obwohl regionale und lokale Eigenheiten geschützt werden sollen, führt die immer stärkere wirtschaftliche Vernetzung automatisch dazu, dass Dialekte aussterben und sich einige Sprachen wie Englisch, Deutsch oder Französisch als allgemein akzeptierte Handelssprachen einbürgern. Und dass man zwar überall ein Glas Nutella kriegt, oder Gurken im Normmaß – aber weniger Produkte, die vor Ort hergestellt werden. Solche Angleichungen sind finanziell nützlich, für die Umwelt und die Kultur aber schade.

- Als Bürger hat man leicht das Gefühl, dass man in der EU gar nicht richtig mitbestimmen kann. Da sitzen lauter unbekannte Leute in unbekannten Gremien, die Dinge entscheiden, nach denen wir uns dann richten müssen. Diese »Bürgerferne« zeigt sich dann auch am Desinteresse der EU-Bürger an den Wahlen zum europäischen Parlament. Die Wahlbeteiligung in Deutschland lag 2005 unter 50 Prozent; am höchsten war sie mit gut 90 Prozent in Belgien, am niedrigsten mit gut 16 Prozent in der Slowakei.

Warum ist ausgerechnet Brüssel die Hauptstadt Europas?

Jeder kennt Bilder vom »Atomium«, einem Eisenkristall in 165-milliardenfacher Vergrößerung. Es steht in Brüssel. Überhaupt ist Belgiens Hauptstadt eine Reise wert – schon weil es dort sensationell gute Pommes Frites geben soll. Aber: Wieso schlägt hier zugleich das Herz der EU?

Was zu meckern? Dafür gibt's den EU-Ombudsmann

Wer einfach nur EU-Frust loswerden will, kann das beim Europa-Ombudsmann tun, sogar online (www.ombudsman.europa.eu/home/de/default. htm) – ihm schreiben 20 000 Menschen im Jahr. Deswegen hat der Beschwerdebeauftragte mehrere Mitarbeiter, die tatsächlich allen diesen Anfragen nachgehen. Und wenn die Probleme nachvollziehbar sind, kümmert sich jemand darum, dass Fehler korrigiert oder Änderungsanträge gestellt werden. Konkrete Verbesserungsvorschläge werden ebenfalls gern genommen. Wie beim Bundestag kann man auch in Europa eine Petition einreichen, am einfachsten online (www.europarl. europa.eu/parliament/public/staticDisplay.do?id= 49&language=DE).

Eine offizielle »Hauptstadt« Europas gibt es nicht, weil es ja gar keinen Europa-Staat gibt. Dennoch sagt man oft, »Brüssel hat das so entschieden«, wenn die Europapolitik gemeint ist. Genauso wie »Berlin« eben für die Bundespolitik steht. Allerdings kommen viele wichtige Entscheidungen auch aus Straßburg, denn dort sitzt der Europäische Gerichtshof für Menschenrechte – hier kann sich im Grunde jeder Bürger über alles beschweren, was ihm nicht passt: Jährlich werden über 40 000 Klagen hier eingereicht. Und auch der Europarat hat hier seinen Hauptsitz.

Die belgische Hauptstadt Brüssel jedoch ist Heimat der meisten EU-Gre-

mien (Europäischer Rat, Europäische Kommission, Ministerrat, Ausschüsse des Europäischen Parlaments) und damit sozusagen die faktische Hauptstadt Europas. Dazu kam es, wie so oft, im Grunde zufällig, weil keiner einen besseren, mehrheitsfähigen Vorschlag hatte. Entscheidend war wohl wieder mal der Proporz: Brüssel lag in keinem der drei großen Gründerstaaten Deutschland, Frankreich, Italien. Paris, Rom oder damals noch Bonn hätten die beiden anderen sicher als ungerecht empfunden. Außerdem war Brüssel mehrsprachig (deutsch, französisch, niederländisch; außerdem flämisch sowie regionale Dialekte) und lag schön mittig im damaligen Westeuropa. Ein wunderbarer Kompromiss also – typisch Europa. Typisch auch, dass einige Gremien woanders hinkamen, was wieder mal das Ergebnis politischer Proporz-Entscheidungen ist: Der Lösung können alle zustimmen, sie tut keinem zu sehr weh und gibt jedem etwas – aber so richtig auf den ersten Blick erkennbar sinnvoll ist sie nicht. So geht's mit vielen Entscheidungen in Europa. Doch bevor man sich darüber lustig macht, sollte man mal ein Experiment machen: Wie lange braucht man, damit sich eine Schulklasse von 27 Leuten darauf einigt, wie künftig die Unterrichtsstunden verteilt werden, und zwar so, dass wirklich alle zufrieden sind, jeder Einzelne der 27?! Viel Spaß dabei … am Ende ahnt man vielleicht ein bisschen, wie es bei den Europäischen Gipfeln zugeht und dass sich das Gestreite und Gemurkse nicht immer ganz verhindern lässt.

Insider-Vokabeln zum Mitreden

Beichtstuhl Ein Begriff aus der europäischen Politik. Bei EU-Gipfeln versucht jedes Land, seine eigenen Interessen durchzusetzen, deshalb gibt es immer ein großes Geschacher. Derjenige, der das Treffen als Gastgeber organisiert, muss herausfinden, wo mögliche Kompromisse liegen. Dazu muss er vertrauliche Gespräche mit jedem einzelnen Staats- und Regierungschef führen. Er nimmt sie dafür »in den Beichtstuhl« und fordert sie auf, unter vier Augen so ehrlich zu sein wie in der Kirche die Katholiken gegenüber dem Pastor im Beichtstuhl. Nur so kann man rauskriegen, wo die Kollegen bereit sind, anderen Ländern entgegenzukommen. Der Beichtstuhl ist in dem Fall nur ein Bürozimmer, man geht nicht gemeinsam in die Kirche.

Blauer Brief In der Schule bekommt man einen blauen Brief, wenn man so schlechte Noten hat, dass man versetzungsgefährdet ist. Darüber sollen die Eltern dann rechtzeitig informiert werden. Früher wurde diese Mitteilung auf amtlichem bläulichem Briefpapier gedruckt, deshalb heißt das so. Im Brüssel-Jargon ist damit gemeint, dass ein Land eine Verwarnung des Zentralbankchefs bekommt, wenn es zu viele Schulden macht. Wenn also zu befürchten ist, dass es die gemeinsamen Obergrenzen für die Verschuldung nicht einhält, die sogenannten Maastricht-Kriterien (s. u.). Wer dagegen verstößt, bekommt erst aus Brüssel eine Warnung (eben den blauen Brief), und wenn sich die Lage nicht bessert, kann notfalls auch eine Geldstrafe verhängt werden.

Eurokraten Rund 35 000 Beamte arbeiten für die europäische Bürokratie und werden spaßhaft Eurokraten genannt. Den Beamten in der Kommission wird nachgesagt, dass sie sich selbst als die eigentlich Mächtigen in Brüssel ansehen, weil sie oft viel länger im Amt sind als ihre Chefs, die Kommissare, die immer nur ein paar Jahre bleiben. Diesen Beamten sei es sozusagen »egal, wer unter ihnen regiert«.

Familienbild Bei jedem internationalen Gipfeltreffen stellen sich die Staats- und Regierungschefs für das sogenannte Familienbild auf. Vorher wird genau festgelegt, wer wo steht. Am Ende sind dann alle auf einem Foto zu sehen. Das erinnert einen daran, wie bei echten Familientreffen (zum Beispiel bei Hochzeiten oder runden Geburtstagen) die Onkel und Tanten und Cousins vom Fotografen hin und her dirigiert werden, bis sie alle aufs Bild passen.

Finalität Der Begriff kommt von »Finis«, lateinisch: das Ziel. In Europa ist damit gemeint: Wo soll's hingehen mit der EU? Wie soll sie am Ende aussehen, in welchen Grenzen soll sie liegen? Soll sie ein Gebilde werden wie die Vereinigten Staaten von Amerika, oder viel weniger? Dazu gibt es sehr unterschiedliche Ansichten, deshalb wird immer wieder über die »Finalität Europas« diskutiert. Das klingt mit Fremdwort immerhin viel besser als die schlichte Frage: »Wohin soll die Reise gehen?«

Gipfel Hat nichts mit Bergen zu tun, sondern bezeichnet die Treffen der Staats- und Regierungschefs, der höchsten Politiker also. Man sagt auch, dass es Treffen »auf höchster Ebene« sind, daher der Vergleich mit Bergen.

Eine Familie aus lauter Männern? Auf diesem »Familienbild« eines europäischen Gipfeltreffens im März 2008 sieht man, dass auch in der EU-Spitze Frauen in der Minderheit sind.

Lange Nächte Bei fast jedem Gipfeltreffen, bei dem es um schwierige Entscheidungen geht und Kompromisse gefunden werden müssen, gibt es mindestens eine lange Nacht. Da wird nicht gefeiert, sondern die Staats- und Regierungschefs verhandeln bis in die frühen Morgenstunden miteinander, während draußen vor der Tür die Journalisten warten. Dabei geht es drinnen hoch her. Legendäre Schreiereien hat es da schon gegeben. Die britische Premierministerin Margret Thatcher hat mal mit ihrer Handtasche auf den Tisch geschlagen und geschrien: »I want my money back!« Und Gerhard Schröder hat mal Tony Blair angebrüllt. So etwas kommt immer wieder vor. Irgendwann kommen die Politiker dann völlig übermüdet herausgetorkelt. Letztlich geht es dabei um zweierlei: Zum einen sind diese langen Nächte ein Kräftemessen – wer hält am längsten durch? Man kann seine Mitstreiter auch müde verhandeln! Zum anderen ist das Ganze auch ein Ritual fürs Volk: Die jeweilige eigene Bevölkerung soll das Gefühl haben, ihr Regierungschef hätte wirklich alles gegeben und knallhart im Interesse seines Landes verhandelt.

Lissabon Ist natürlich die Hauptstadt von Portugal. Im Euro-ABC ist damit aber der Vertrag von Lissabon aus dem Jahr 2007 gemeint – und die ganzen Reformbemühungen, die darin festgehalten wurden. »Lissabon« ist sozusagen zum Ersatzbegriff für »neue Verfassung für Europa« geworden.

Maastricht-Kriterien In der niederländischen Stadt Maastricht haben die EU-Länder nach einer langen Gipfelnacht einen Vertrag geschlossen, in dem sie festlegten, wie sie es mit dem Geld halten. Es wäre nämlich schlecht, wenn die einen brav sparsam sind und ordentlich haushalten, während die anderen die Kohle nur so raushauen – und am Ende müssten alle für die Schulden aufkommen. Das ist wie in einer Familie oder Ehe: Wenn man zusammenlebt und gemeinsame Konten hat, muss man sich einigen, wie man mit seinem Geld umgeht. Und in der EU gibt es ja sogar eine gemeinsame Währung. In Maastricht wurde zum Beispiel festgelegt, dass es eine Obergrenze gibt für neue Schulden. Wer dagegen verstößt, wird erst ermahnt und dann bestraft (mit einer hohen Geldbuße).

Nationale Tickets Wenn es heißt, dass hohe Beamte in der EU auf »nationalen Tickets laufen«, dann ist damit gemeint, dass die Mitgliedsländer untereinander aushandeln, wer welche Posten besetzt. Eifersüchtig wachen die Regierungen nämlich darüber, dass ihre jeweiligen Landsleute bei der Besetzung der Brüsseler Spitzenjobs nicht zu kurz kommen.

Poolbilder Hat nichts mit Swimmingpool zu tun! Pool heißt auf Englisch auch »Zusammenschluss«. Bei internationalen Großereignissen wie Gipfeltreffen darf nicht jeder Fernsehsender jeder Nation seine eigenen Bilder drehen. Die Bilder werden vielmehr »gepoolt«: ein oder zwei Kamerateams werden stellvertretend für alle ausgewählt, und die filmen dann, wie sich die Staats- und Regierungschefs im Konferenzraum begrüßen oder sich zum Gruppenbild aufstellen. Dieses Filmmaterial wird dann an alle anderen interessierten Fernsehsender weitergegeben, sozusagen vervielfältigt. Deshalb sieht man dann im Fernsehen auch überall die gleichen Bilder! Einerseits wird das natürlich aus praktischen Gründen gemacht, weil sonst Hunderte Kamerateams kreuz und quer durch einen Raum laufen und nicht nur die Politiker, sondern auch einander stören würden. Andererseits bedeutet das »Poolen« von Bildern, dass die Bilder natürlich noch besser zu kontrollieren sind, als das bei solchen Gipfeltreffen eh schon der Fall ist. Da wird nichts dem Zufall überlassen, Politik wird inszeniert. Wenn man dann auch noch genau weiß, wann wie viele Kamerateams anwesend sind und dass alle Stationen das Gleiche senden, hilft das bei dieser Inszenierung natürlich sehr.

Sherpa Sherpas heißen die Einheimischen im Himalaya, die Bergsteigern helfen, weil sie sich in den Bergen gut auskennen und ihnen auch noch das ganze Gepäck auf den Mount Everest tragen. Die politischen Sherpas sind Mitarbeiter der Regierungschefs, in Deutschland also des Kanzleramts, die für ihren Chefs die Europäischen Gipfeltreffen vorbereiten. Ein politischer Sherpa muss dabei sogar auf Kleinigkeiten achten. Der Sherpa von Helmut Kohl zum Beispiel hatte dafür zu sorgen, dass am großen Tisch, um den alle Teilnehmer bei sol-

chen Gipfeln sitzen, der Stuhl für Herrn Kohl breit genug war, damit er mit seiner Körperfülle da bequem reinpasste und sich nicht peinlich reinquetschen musste – was womöglich von irgendwelchen Fernsehleuten auch noch gefilmt worden wäre.

Echte Sherpas im Einsatz. Angehörige dieses Bergvolkes im Himalaya arbeiten oft als Lastenträger für Bergsteiger. In der Europapolitik schleppen »Sherpas« – im übertragenen Sinn – die Lasten ihrer Chefs.

Die Moral folgt dem Geld

Der französische Schriftsteller und Abgeordnete Victor Hugo hatte schon 1849 auf einen Anti-Kriegs-Kongress gehofft: »Der Tag wird kommen, an dem ein Krieg zwischen Paris und London, zwischen Petersburg und Berlin, zwischen Wien und Turin unmöglich erscheinen wird.« Und »nach dem Zweiten Weltkrieg sehnte sich Europa nach Frieden, Stabilität und Wohlstand«, heißt es in einem offiziellen EU-Infotext. Das sei der Hauptgrund für den Beginn einer »supranationalen« Zusammenarbeit gewesen. Supranational heißt »überstaatlich«. Das bedeutet, die EU kann Regeln erlassen, an die ihre Mitglieder (die Staaten) sich halten müssen. Sie ist den einzelnen Staaten übergeordnet.

Der wahre Motor war (und ist) jedoch nicht die Moral, sondern der Mammon: Es ging ums Geld! Im Grenzgebiet Deutschland/Frankreich wird viel Bergbau betrieben, hier kann man Kohle fördern und damit Stahl schmelzen. Der französische Außenminister Robert Schumann schlug den Deutschen vor, Produktion, Vermarktung und Verkauf gemeinsam zu betreiben. Am 9. Mai 1950 lud er alle anderen euro-

päischen Länder ein, mitzumachen. Italien, die Niederlande, Belgien und Luxemburg waren dabei; 1951 gründeten die sechs die Europäische Gemeinschaft für Kohle und Stahl – auch »Montanunion« genannt (»Montanindustrie« ist ein anderes Wort für Bergbau).

1957 gründeten die Mitgliedsstaaten der Montanunion eine groß angelegte Europäische Wirtschaftsgemeinschaft, kurz EWG. In den »Römischen Verträgen« vereinbarten sie eine Zusammenarbeit in der Verkehrs-, Landwirtschafts- und Sozialpolitik. Außerdem wollten sie den Handel untereinander vereinfachen, indem sie die Zölle abschafften und die Wechselkurse zwischen den verschiedenen Währungen stabilisierten. Zugleich gründeten sie die »Euratom«, um gemeinsam von

Eine Verladestelle für Kohle im Ruhrgebiet in den Fünfzigerjahren. Aus einer internationalen Vermarktungsgemeinschaft für Kohle entwickelte sich später die EU.

Wie kam es überhaupt zur EU?

Nach dem Zweiten Weltkrieg taten sich die Exfeinde Deutschland und Frankreich zusammen, um gemeinsam Kohle abzubauen und Stahl zu schmieden. Aus einem Verband zur Handelserleichterung wurde ein politischer Global Player.

Die Europäische Union besteht aus derzeit 27 Mitgliedern (in Klammern die offizielle Abkürzung):

Belgien (BE), Bulgarien (BG), Dänemark (DK), Deutschland (DE), Estland (EE), Finnland (FI), Frankreich (FR), Griechenland (GR), Irland (IE), Italien (IT), Lettland (LV), Litauen (LT), Luxemburg (LU), Malta (MT), Niederlande (NL), Österreich (AT), Polen (PL), Portugal (PT), Rumänien (RO), Schweden (SE), Slowakei (SK), Slowenien (SI), Spanien (ES), Tschechien (CZ), Ungarn (HU), Vereinigtes Königreich (England+Wales+Schottland+Nordirland) (GB), Republik Zypern (CY).

Die beiden wichtigsten Nicht-EU-Mitglieder sind die Schweiz und Norwegen. Insgesamt gehören der EU rund eine halbe Milliarde Menschen an. Das sind zwar nur halb so viele wie die Einwohnerzahl von China (1,3 Mrd.), aber fast doppelt so viel wie die Einwohnerzahl der USA (290 Mrd.)

Vor jedem Beitritt eines weiteren Landes wird geklärt, ob das Land die Voraussetzungen für eine »Clubmitgliedschaft« erfüllt.

fossilen Brennstoffen auf Atomenergie umzusteigen, was man damals für eine ganz geniale Sache hielt. Über Risiken und den zu erwartenden Atommüll machte sich damals niemand Gedanken.

Das Nachkriegs-»Wirtschaftswunder« war voll in Fahrt und den EWG-Staaten ging es immer besser. Das war ja auch der Sinn der Sache gewesen. Weil man vermutete, in wirtschaftlicher Stabilität würden die Staaten friedfertiger miteinander umgehen, war man offen für Neueintritte: 1973 kamen Dänemark, Großbritannien und Irland dazu; 1981 Griechenland; 1986 Portugal und Spanien; 1995 Finnland, Schweden, Österreich. Zugleich war seit den Fünfzigerjahren der Ost-West-Konflikt entbrannt und man schloss sich auch deshalb in Westeuropa enger zusammen. Ein gemeinsamer Feind (der große kommunistische Nachbar Russland bzw. die Sowjetunion und die kommunistischen Bündnispartner) ließ alle schneller zusammenrücken.

Höher, schneller, weiter

1993 wurde die EWG umbenannt in EG (Europäische Gemeinschaft), aus der Wirtschafts- wurde (auch) eine Wertegemeinschaft. Dennoch blieben finanzielle Vorteile der größte Anreiz für alle Aktionen. In die EG eingeschmolzen wurde die Montanunion. EG und Euratom bilden heute eine Säule der 1993 gegründeten Europäischen Union (kurz: EU).

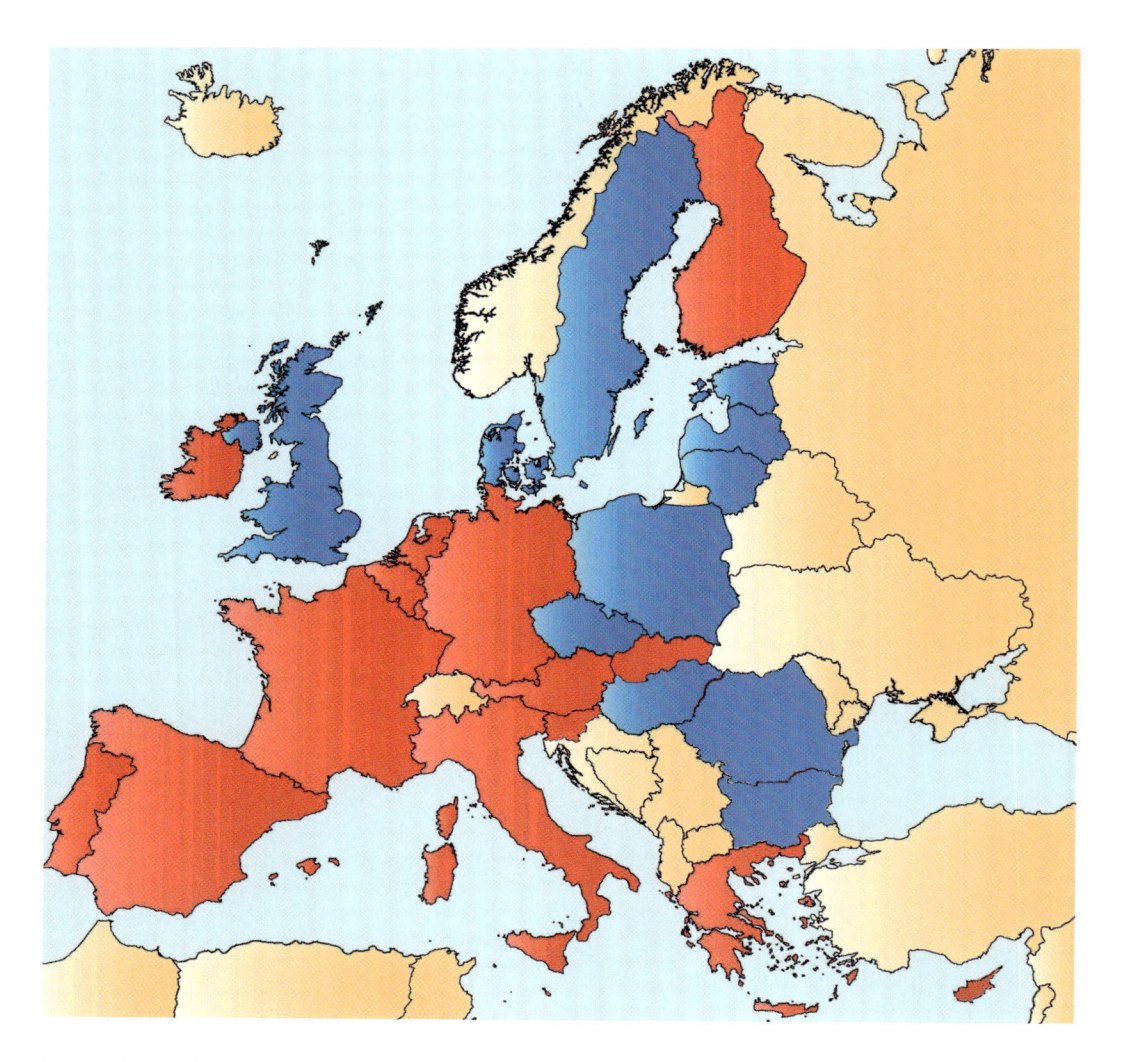

Die beiden anderen Säulen sind die »Gemeinsame Außen- und Sicherheitspolitik« (GASP) und die »Polizeiliche und justizielle Zusammenarbeit in Strafsachen« (PJZS).

2004 und 2007 wurden eine Reihe osteuropäischer Staaten und der griechische Teil Zyperns in die EU aufgenommen. Die Türkei, die gern Mitglied werden würde, um Handelserleichterungen zu nutzen, darf (noch) nicht, weil dort zahlreiche EU-Prinzipien nicht eingehalten werden. Zum Beispiel kommt es immer noch zu Menschenrechtsverletzungen, Frauen sind nicht gleichberechtigt, das Justizsystem ist fragwürdig. Oft wird zudem eingewandt, dass die Türkei a) islamisch geprägt sei, und damit nicht zur europäisch-christlichen Welt passe, und b) sowieso auch ganz einfach gar nicht in Europa liegt.

Rot sind die EU-Länder, in denen mit dem Euro gezahlt wird, blau die Mitgliedsstaaten, in denen es auch nach dem 1. Januar 2008 noch eigene Währungen gibt.

Der Euro wurde im Jahr 1999 auf dem Papier und drei Jahre später, 2002, als Bargeld eingeführt. Mit ihm zahlen kann man in 21 Staaten, von denen 15 zur EU gehören. Die neue Währung ist insofern ein typisches EU-Projekt: Einerseits machen nicht alle mit (und werden dazu auch nicht gezwungen), andererseits steht die Einzelmaßnahme auch anderen Ländern offen, die nicht zur EU gehören. Sie müssen sich nur ebenfalls an die entsprechenden Regeln halten, beim Euro also zum Beispiel bestimmte wirtschaftliche Erfolge.

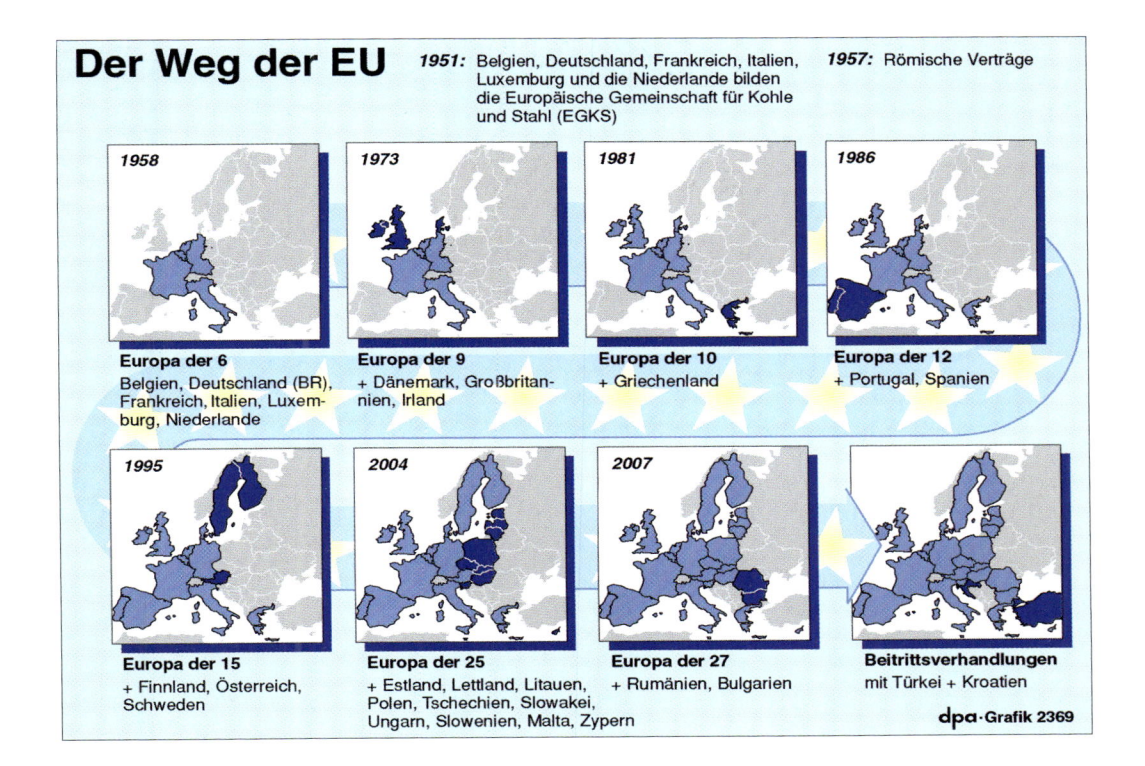

Der Weg der EU

1951: Belgien, Deutschland, Frankreich, Italien, Luxemburg und die Niederlande bilden die Europäische Gemeinschaft für Kohle und Stahl (EGKS)

1957: Römische Verträge

1958 — Europa der 6
Belgien, Deutschland (BR), Frankreich, Italien, Luxemburg, Niederlande

1973 — Europa der 9
+ Dänemark, Großbritannien, Irland

1981 — Europa der 10
+ Griechenland

1986 — Europa der 12
+ Portugal, Spanien

1995 — Europa der 15
+ Finnland, Österreich, Schweden

2004 — Europa der 25
+ Estland, Lettland, Litauen, Polen, Tschechien, Slowakei, Ungarn, Slowenien, Malta, Zypern

2007 — Europa der 27
+ Rumänien, Bulgarien

Beitrittsverhandlungen
mit Türkei + Kroatien

dpa·Grafik 2369

Wer ist der Präsident Europas?

»Europa? Wen soll ich denn da anrufen?« Das hat angeblich mal der damalige amerikanische Außenminister Henry Kissinger gesagt. Und da hat er nicht ganz unrecht: Wer ist denn Mr oder Mrs Europe? Eine offizielle Europa-Regierung gibt es nicht. Also kann es auch keinen Regierungschef geben, ob nun Präsident oder Kanzler. Gibt es aber doch!

Ja, wir haben tatsächlich einen Europa-Präsidenten, er wird jedoch nicht gewählt und hat das Amt nur sechs Monate inne. Es dürfen nämlich alle mal Präsident sein, damit sich bloß keiner benachteiligt fühlt – typisch Europa! Deshalb wechseln sich im halbjährlichen Rhythmus die Regierungschefs der Mitgliedsstaaten reihum ab. Anfang 2007 war die deutsche Kanzlerin Angela Merkel Vorsitzende des Europäischen Rates. 2009 sind nacheinander Tschechien und Schweden dran, danach Spanien und Belgien (2010), Ungarn und Polen (2011), Dänemark und schließlich Zypern (2012). Deutschland übernimmt den Job das nächste Mal Ende 2020. Die Ratspräsidentschaft hat somit vor allem eine repräsentative Funktion, außerdem kann man versuchen, in den Reden und bei der Ausrichtung der Treffen bestimmte Themen zu betonen. Denn der Ratspräsident muss die regelmäßigen großen Gipfeltreffen organisieren, was sehr viel Arbeit bedeutet. Und man muss während der Zeit als Ratspräsident etwas neutraler auftreten als sonst und bei Meinungsverschiedenheiten unter den Mitgliedern vermitteln. Das ist unheimlich mühsam. Frau Merkel hat sich zum Beispiel als Ratspräsidentin ganze Nächte um die Ohren schlagen müssen, um die Polen zu einem Kompromiss bei der EU-Reform zu bewegen. Da wird notfalls bis in die Morgenstunden diskutiert.

Geplant ist, über den wechselnden Ratspräsidenten hinaus noch einen weiteren, übergeordneten Ratspräsidenten zu etablieren, der den Job immerhin zweieinhalb Jahre (also eine halbe EU-Wahlperiode lang) ausüben soll. Er wäre ein fester Ansprechpartner, den amerikanische Außenminister anrufen können. Ob das wirklich so viel bringt, weiß man aber noch nicht so recht. Zusätzlich soll es künftig auch noch eine Art EU-Außenminister geben (den »Hohen Vertreter«). Aber das klappt wohl alles nur, wenn die EU-Verfassung doch noch von allen Mitgliedstaaten akzeptiert wird. Und danach sieht es im Moment nicht aus.

Lange Entscheidungswege

Trotzdem: Wer wirklich was bewegen will, kommt an Europa nicht vorbei – im Gegenteil.
Der »Europäische Rat« tagt in Brüssel und ist das wichtigste Gremium der EU, ist aber formell nicht vorgesehen. Das ist – wie viele Einzelregelungen – eigenartig, aber letztlich unwichtig. Der Europäische Rat besteht aus den Regierungschefs aller Mitgliedsstaaten plus allen Außenministern. Sie haben »Richtlinienkompetenz«, das heißt, sie legen gemeinsam fest, was die Europäische Union als Nächstes tun soll, oder handeln aus, wie ein bestimmtes Ziel erreicht werden kann. Sie sind sozusagen das Machtzentrum der EU, vor allem in der Außenpolitik und wenn es darum geht, zu entscheiden, ob man noch enger zusammenrückt in Europa. »Die Integration vorantreiben«, heißt das immer so schön. Die Staats- und Regierungschefs müssen bei den meisten wirklich wichtigen Entscheidungen bislang noch einstimmig beschließen, sich also alle einig sein. Das kann alles lange aufhalten, weil wir inzwischen so viele sind in der EU. Außerdem haben dadurch kleine Länder einen Vorteil, denn ihre Regierungschefs können sich querstellen und einen gemeinsamen Plan ablehnen. Und dann können sie von den Regierungschefs großer Länder, die ja eigentlich für viel mehr EU-Bürger sprechen, auch nicht gezwungen werden, Ja zu sagen. Die Abstimmungsregeln sollten mit dem neuen Verfassungsvertrag geändert werden, zum Beispiel sollte dieses sogenannte »Veto« entfallen. Aber vorerst bleibt noch alles beim Alten, weil ja alle freiwillig darauf verzichten müssten.

Hier kommt der Neue: EU-Kommissionspräsident José Manuel Barroso (r.) begrüßt den tschechischen Ministerpräsidenten Mirek Topolánek, der im ersten Halbjahr 2009 die EU-Ratspräsidentschaft führt.

Nicht alle EU-Gremien sitzen in Brüssel. Der Europarat zum Beispiel tagt in Straßburg.

Leicht zu verwechseln mit dem Europäischen Rat ist der »Rat der Europäischen Union«. Er wird auch »Ministerrat« genannt, trifft ebenfalls in Brüssel zusammen und besteht aus Ministern der einzelnen Staaten bzw. deren Vertretern. Hier können Gesetze beschlossen werden. In den Ministerrunden geht es immer um deren jeweilige Fachthemen, also zum Beispiel um Landwirtschaft im sogenannten »Agrarrat«, in dem die 27 Landwirtschaftsminister zusammensitzen. Die eigentlichen Entscheidungen treffen allerdings die Staats- und Regierungschefs bei ihren Gipfeltreffen. Die sagen dann ihren Ministern, wie sie abstimmen sollen. Na ja, ganz so einfach ist es nicht – aber so ungefähr läuft es schon!

Außerdem gibt es noch ein Europäisches Parlament, das zwölfmal im Jahr für vier Tage in Straßburg zusammentritt. Die Ausschüsse und Fraktionen tagen in Brüssel und das Generalsekretariat hat seinen Sitz in Luxemburg. Insofern kurven die Abgeordneten ziemlich viel durch die Gegend, was auch immer wieder als Geld- und Zeitverschwendung kritisiert wird. Die unterschiedlichen Standorte stammen noch aus der Anfangszeit der EU, da sollten eben mehrere Länder wichtige Gebäude bekommen. Das Europäische Parlament entspricht in etwa dem Bundestag – hier sitzen von den Bürgern gewählte Abgeordnete aus verschiedenen Parteien, insgesamt sind es zurzeit 785. Wie viele Abgeordneten ein Land hierher schicken kann, richtet sich nach der Bevölkerungszahl. Kleinere Länder kriegen ein paar Bonus-Sitze, damit sie nicht jede Abstimmung automatisch verlieren.

Ministerrat und Parlament teilen sich die Gesetzgebungsaufgaben und kontrollieren einander gegenseitig. Können sie sich nicht einigen, wird ein Vermittlungsausschuss gebildet. Das Europäische Parlament kann auch die Europäische Kommission (s.u.) stürzen, ihr also das Misstrauen aussprechen. Und das Parlament muss den Haushalt absegnen, also den Finanzplan. Deshalb hat das Europäische Parlament inzwischen mehr Macht, als man oft denkt.

Die Europäische Kommission in Brüssel ist dafür zuständig, dass alles korrekt abläuft, sie darf

Länder sogar bestrafen – und sie hat die wichtige Aufgabe, dem Ministerrat und dem Europäischen Parlament Vorschläge zu unterbreiten. Die dürfen sich nämlich nicht einfach irgendwelche Gesetze ausdenken, sondern können nur auf Anregung der Kommission tätig werden. Das ist ihr sogenanntes »Initiativrecht«, auf das sie mächtig stolz ist. Die Mitglieder der Europäischen Kommission heißen Kommissare und stammen zwar aus den einzelnen Mitgliedsstaaten, sollen aber nicht im Dienste ihrer Heimat handeln, sondern nur im übergeordneten Interesse Europas. Sie sollen sich also als Europäer fühlen, nicht als Deutsche oder Schweden. Trotzdem wachen die Staaten eifersüchtig darüber, dass sie durch eigene Kommissare in der Kommission vertreten sind. Also klappt das wohl doch nicht so gut mit der angeblichen Neutralität der Kommissare. Einer von ihnen ist jeweils »Kommis-

sionspräsident«, auch eine sehr wichtige Aufgabe. Der Kommissionspräsident ist ziemlich ein-

Was verdient ein EU-Abgeordneter?

Die deutschen Abgeordneten erhalten bis zur nächsten Europawahl 2009 genau so viel Geld wie ein Bundestagsabgeordneter: 7339 Euro/Monat vor Steuern, plus 4052 Euro steuerfreie Aufwandsentschädigung für Bürokosten, Bücher, Mitarbeiter usw. Außerdem werden Reisekosten nach Brüssel bzw. Straßburg und die Unterbringung dort erstattet. Abgeordnete anderer Länder erhalten deutlich weniger, Spanier zum Beispiel nur etwa 3000 Euro/Monat. Ab 2009 gilt für alle Euro-Parlamentarier: Sie bekommen 38,5 % des Gehaltes eines Richters am Gerichtshof der Europäischen Gemeinschaften; das sind momentan etwa 7000 Euro. Auch die Reisekostenerstattung wird geändert. Größter Kritikpunkt: Das Gehalt steigt automatisch und von der Öffentlichkeit weitgehend unbemerkt, wenn die Richterbesoldung angepasst wird. Und darüber entscheiden die Regierungen.

flussreich und bislang immer das bekannteste »europäische Gesicht«, man sieht ihn viel im Fernsehen, oft zusammen mit den verschiedenen Regierungschefs.

Der Europäische Gerichtshof ist das höchste Gericht in Europa. Hier können sogar die Gesetze einzelner Länder für ungültig erklärt werden, wenn sie EU-Vorschriften widersprechen.

Der Europäische Rechnungshof prüft Einnahmen und Ausgaben der EU sowie den geplanten »Haushalt«, in dem steht, wie viel Geld in Zukunft wofür ausgegeben werden soll. Im Gegensatz zu den einzelnen Staaten darf die EU übrigens keine Schulden machen. Sie kassierte zum Beispiel 2006 112 Milliarden Euro von den Teilnehmerländern und musste damit auskommen. Jeden Unionsbürger kostet die EU etwa 65 Cent täglich.

Das Gewissen Europas

Die Europäische Zentralbank bestimmt die Geldpolitik in den Euro-Ländern. Dabei geht es vor allem darum, durch die Senkung oder Erhöhung von Zinsen die Preise stabil zu halten.

Im Übrigen gibt es auch noch einen »Europarat«, der im Europapalast in Straßburg seine Heimat hat. Seine Aufgabe besteht darin, einen engeren Zusammenschluss der Mitglieder zu fördern. In seinem »Ministerkommittee« sitzen die Außenminister, in der »Parlamentarischen Versammlung des Europarates« Mitglie-

der der Landesparlamente, also zum Beispiel des Bundestages. Auch Vertreter außereuropäischer Länder wie Japan, Kanada, Mexiko oder den USA gibt es. Wirklich zu sagen hat der Europarat allerdings nichts, hier werden vor allem grundsätzliche Diskussionen geführt. Der Europarat beschäftigt sich viel mit Menschenrechten und gilt deshalb auch als das »Gewissen Europas«. Beispielsweise hat er in der sogenannten CIA-Affäre festgestellt, dass die USA bei ihrem Antiterrorkampf mutmaßliche Terroristen bei Verhören foltern ließ. Das ist für einen Rechtsstaat wie Amerika ein schlimmer Verstoß gegen die Menschenrechte. Denn ein Rechtsstaat muss sich immer an das Gesetz halten, auch gegenüber seinen schlimmsten Feinden. Das hat die amerikanische Regierung in den letzten Jahren leider immer wieder vergessen.

Ein Tag in Brüssel:
Cem Özdemir bei der Arbeit

In Brüssel sitzen und Pommes essen? Schade, ganz so entspannt sieht der EU-Alltag nicht aus. Cem Özdemir, Europa-Abgeordneter und Bundesvorsitzender von Bündnis 90/Die Grünen, lässt sich in den stets prallvollen Terminkalender gucken.

Cem Özdemir, 1965 als Sohn türkischer Eltern in Bad Urach geboren, bezeichnet sich selbst als »anatolischen Schwaben«.

»In Berlin zählt die Partei, in Europa die Sache.«

Sie kennen ja beides, Bundestagsabgeordneter sein und Europa-Abgeordneter sein. Worin liegt der größte Unterschied?

▶ **Der größte Unterschied** zwischen den beiden Parlamenten liegt für mich in der Arbeitsweise. Während das Arbeiten im Bundestag sehr stark an Fraktionen und der Aufteilung in Regierungsmehrheit und Opposition orientiert ist, ermöglicht die Struktur des Europäischen Parlaments in viel größerem Maße ein fraktionsübergreifendes und an Themen orientiertes Arbeiten. Die Grenzziehungen verlaufen weniger entlang der politischen Parteien als entlang von inhaltlichen Überzeugungen bei Einzelthemen. Somit lassen sich immer wieder verschieden zusammengesetzte Koalitionen bilden.

Alle reden davon, wie wichtig Europa ist. Trotzdem wollen Politiker lieber nach Berlin als nach Brüssel. Warum ist der Bundestag immer noch reizvoller?

▶ **Ich bin mir** nicht sicher, ob der Bundestag tatsächlich reizvoller ist und ob wirklich alle Politiker nach Berlin wollen. Denn auch im Europäischen Parlament werden wichtige Entscheidungen getroffen. Jüngst stimmte der Umweltausschuss des Europäischen Parlaments für eine Reduzierung der CO_2-Emissionen von Pkws. Die Abgeordneten fordern eine zügige Einführung von sparsameren Autos. Das ist ein klares Zeichen an die Europäische Kommission und die Mitgliedstaaten, den Klimaschutz ernster zu nehmen und entsprechende Maßnahmen zu ergreifen. Doch in Politikbereichen, in denen die EU über vergleichsweise geringe Einflussmöglichkeiten verfügt, spielen die nationalen Parlamente weiterhin eine zentrale Rolle im Gesetzgebungsprozess. Hinzu kommt, dass die genaue Ausgestaltung vieler rechtlicher Empfehlungen aus Europa den nationalen Parlamenten überlassen wird. Um das Ungleichgewicht zwischen Bundestag und Europaparlament aufzuheben, setzen sich Bündnis 90/Die Grünen für eine Ausweitung der Mitbestimmungsrechte des Europäischen Parlaments ein.

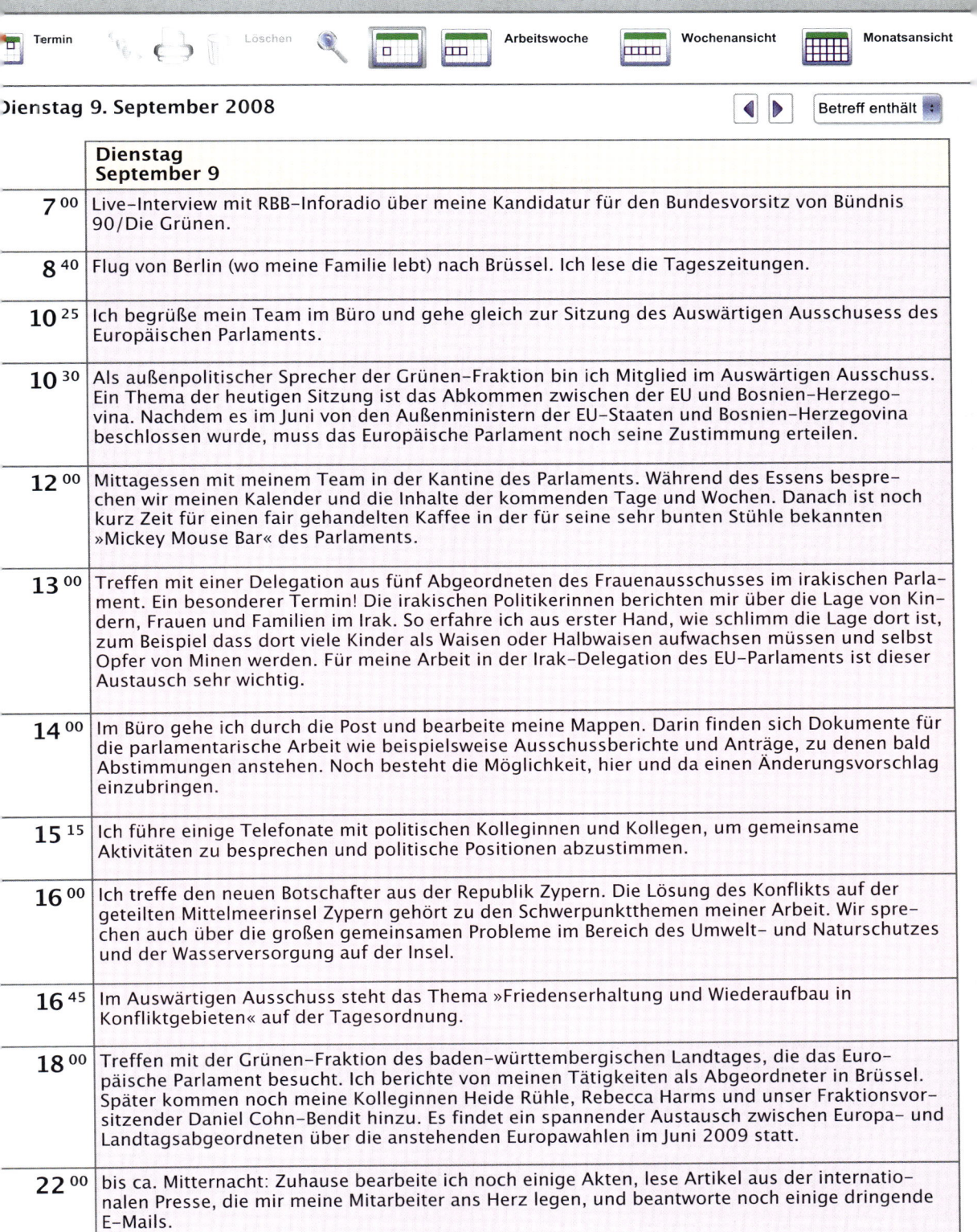

Termin   Löschen   Arbeitswoche   Wochenansicht   Monatsansicht

Dienstag 9. September 2008   ◀ ▶   Betreff enthält ⋮

	Dienstag September 9
7 00	Live-Interview mit RBB-Inforadio über meine Kandidatur für den Bundesvorsitz von Bündnis 90/Die Grünen.
8 40	Flug von Berlin (wo meine Familie lebt) nach Brüssel. Ich lese die Tageszeitungen.
10 25	Ich begrüße mein Team im Büro und gehe gleich zur Sitzung des Auswärtigen Ausschusess des Europäischen Parlaments.
10 30	Als außenpolitischer Sprecher der Grünen-Fraktion bin ich Mitglied im Auswärtigen Ausschuss. Ein Thema der heutigen Sitzung ist das Abkommen zwischen der EU und Bosnien-Herzegovina. Nachdem es im Juni von den Außenministern der EU-Staaten und Bosnien-Herzegovina beschlossen wurde, muss das Europäische Parlament noch seine Zustimmung erteilen.
12 00	Mittagessen mit meinem Team in der Kantine des Parlaments. Während des Essens besprechen wir meinen Kalender und die Inhalte der kommenden Tage und Wochen. Danach ist noch kurz Zeit für einen fair gehandelten Kaffee in der für seine sehr bunten Stühle bekannten »Mickey Mouse Bar« des Parlaments.
13 00	Treffen mit einer Delegation aus fünf Abgeordneten des Frauenausschusses im irakischen Parlament. Ein besonderer Termin! Die irakischen Politikerinnen berichten mir über die Lage von Kindern, Frauen und Familien im Irak. So erfahre ich aus erster Hand, wie schlimm die Lage dort ist, zum Beispiel dass dort viele Kinder als Waisen oder Halbwaisen aufwachsen müssen und selbst Opfer von Minen werden. Für meine Arbeit in der Irak-Delegation des EU-Parlaments ist dieser Austausch sehr wichtig.
14 00	Im Büro gehe ich durch die Post und bearbeite meine Mappen. Darin finden sich Dokumente für die parlamentarische Arbeit wie beispielsweise Ausschussberichte und Anträge, zu denen bald Abstimmungen anstehen. Noch besteht die Möglichkeit, hier und da einen Änderungsvorschlag einzubringen.
15 15	Ich führe einige Telefonate mit politischen Kolleginnen und Kollegen, um gemeinsame Aktivitäten zu besprechen und politische Positionen abzustimmen.
16 00	Ich treffe den neuen Botschafter aus der Republik Zypern. Die Lösung des Konflikts auf der geteilten Mittelmeerinsel Zypern gehört zu den Schwerpunktthemen meiner Arbeit. Wir sprechen auch über die großen gemeinsamen Probleme im Bereich des Umwelt- und Naturschutzes und der Wasserversorgung auf der Insel.
16 45	Im Auswärtigen Ausschuss steht das Thema »Friedenserhaltung und Wiederaufbau in Konfliktgebieten« auf der Tagesordnung.
18 00	Treffen mit der Grünen-Fraktion des baden-württembergischen Landtages, die das Europäische Parlament besucht. Ich berichte von meinen Tätigkeiten als Abgeordneter in Brüssel. Später kommen noch meine Kolleginnen Heide Rühle, Rebecca Harms und unser Fraktionsvorsitzender Daniel Cohn-Bendit hinzu. Es findet ein spannender Austausch zwischen Europa- und Landtagsabgeordneten über die anstehenden Europawahlen im Juni 2009 statt.
22 00	bis ca. Mitternacht: Zuhause bearbeite ich noch einige Akten, lese Artikel aus der internationalen Presse, die mir meine Mitarbeiter ans Herz legen, und beantworte noch einige dringende E-Mails.

Wie hoch ist der Butterberg – und wo ist der Milchsee?

Peinliche Absurdität: Während in Afrika viele Hunderttausend Menschen an Hunger starben, ließ die EU tonnenweise Lebensmittel produzieren, die keiner brauchte. Damit ist inzwischen glücklicherweise Schluss.

Nach dem Zweiten Weltkrieg waren in Europa die Lebensmittel knapp und die Menschen arm. Bauern verdienten viel zu wenig. Deshalb kam die damalige EWG auf die Idee zu helfen: Es gab Zuschüsse, wenn man seinen Hof modernisierte. Das sollte dafür sorgen, dass mehr Nahrungsmittel zu geringeren Kosten hergestellt werden können.

Und das klappte. Es klappte nur leider viel zu gut. Denn damit die Bauern besser planen konnten, garantierte ihnen die Europäische Wirtschaftsgemeinschaft feste Preise. Gedacht war das wohl so, dass man notfalls die Differenz zwischen niedrigerem Marktpreis und europäischem Garantiepreis ausgleicht. Der Preis auf den Weltmärkten war

Das Thema Milch ist ein Dauerbrenner in der Europapolitik. Jahrzehntelang gab es zu viel davon. Die Milchbauern fordern immer noch eine Mengenbegrenzung und höhere Preise.

auch deshalb niedriger, weil auf anderen Kontinenten die Bauern billiger produzierten. Auch vor dieser Konkurrenz sollten die europäischen Bauern geschützt werden. Und deshalb, die Bauern sind ja nicht dumm, produzierten sie eifrig derart riesige Mengen Milch, Butter, Getreide und Fleisch, dass man die gar nicht verkaufen konnte. Denn je mehr sie produzierten, desto mehr Geld bekamen sie aus Brüssel. Nach Jahren des Mangels herrschte nun unfassbarer Überfluss. Aber versprochen ist versprochen, und so musste die EU die überschüssigen Lebensmittel selbst aufkaufen. In gigantischen Kühlhäusern stapelten sich Butterpäckchen bis unter die Decke, »Milchseen« stauten sich, in Großlagern faulten Tomaten und Orangen vor sich hin – und der ganze Wahnsinn wurde bezahlt von Steuergeldern der Mitgliedsstaaten. 1985 saß Europa auf einem Überschuss von 16 Millionen Tonnen Getreide, einer Million Tonnen Butter,

870 000 Tonnen Rindfleisch und 520 000 Tonnen Magermilchpulver. Gipfel der Perversion: In Afrika herrschte auch damals schon großer Hunger, es war aber technisch fast unmöglich (und wäre astronomisch teuer gewesen), die Lebensmittel von hier nach dort zu schaffen. Und es wäre letztlich auch nicht gut gewesen, denn dann hätte man wiederum den afrikanischen Bauern jede Chance genommen, ihre wenigen Waren noch zu verkaufen, angesichts der Geschenkeladungen aus Europa.

Royals kriegen Geld fürs Nichtstun

Erst 2007 waren die Milchseen vollständig getrocknet und der Butterberg abgeschmolzen. Dafür wurde vorher unter anderem jahrelang »Weihnachtsbutter« unter das Volk gebracht. Maximal vier Päckchen pro Familie kosteten im Dezember bis zu 70 Pfennig (rd. 35 Euro-Cent) weniger als sonst. Aber die EU konnte die Subventionen auch nicht einfach einstellen und den Bauern die Lebensgrundlage wieder entziehen – dann hätten wir ja keinen eigenen Nahrungsmittelnachschub mehr. Außerdem gehören Bauernhöfe auch zum Leben dazu. Das wäre schon traurig, wenn es keine Weizenfelder oder grasenden Kühe mehr geben würde, sondern nur noch brachliegende verwilderte Grünflächen. Also ging man dazu über, die Produktion der einzelnen Betriebe zu begrenzen. Nun wurde also Geld dafür bezahlt, vorhandene Felder brachliegen zu lassen, statt dort Vieh zu halten oder Getreide anzubauen. Aber auch dabei galt das Prinzip: wer viel hat (einen großen Hof), dem wird auch viel gegeben. Prinz Charles zum Beispiel ist als Großgrundbesitzer mit seinen Ländereien ein großer Subventionsempfänger in der EU. Und sogar der Fürst von Monaco bekommt Agrarsubventionen.

Nicht im Sinne des Erfinders ist auch, dass Golfclubs und Reitvereine Landwirtschaftssubventionen bekommen (weil zu ihnen nun mal größere Flächen gehören, und ob da nur Gras wächst, spielt keine Rolle). Die EU-Kommission will diesen Blödsinn auch ändern – aber das ist nicht so einfach. Genau genommen gibt es in der Politik, ob in Brüssel oder Berlin, nichts Schwierigeres, als Subventionen zu kürzen! Denn dann wird immer irgendwem was weggenommen und das gibt richtig Ärger.

Mal sehen, ob der Markt es richtet

So richtig sinnvoll gelöst sind die Probleme noch immer nicht. Aber es hat sich doch immerhin schon einiges getan. Es gibt zumindest keine perversen Milchseen mehr. Den Bauern wird jetzt eher eine Art direktes Gehalt gezahlt, dafür dass

sie sich um die Landschaften kümmern, und nicht eine Subvention pro Liter Milch, egal wie viel sie produzieren. Festzuhalten bleibt, dass die Agrarpolitik der letzten Jahrzehnte eindrücklich demonstriert, dass weder freie, ungeregelte Märkte derartige Schwierigkeiten »von sich aus« lösen, wie es die Liberalen glauben – noch führen politische Steuerungsmaßnahmen, wie sie besonders die Sozialisten fordern, zum gewünschten Ziel.

Jedem ist klar, was gut für alle wäre – aber wie man es erreicht, darüber streiten die Gelehrten. (Wer also eine gute Idee für die Agrarpolitik hat, dem ist ein zukünftiger Posten in Brüssel schon so gut wie sicher.) Sicher ist nur eins: »Der Verbraucher muss sich daran gewöhnen, dass Nahrungsmittel teurer werden«, so Bauernpräsident Gerd Sonnleitner.

Denn Lebensmittel werden mittlerweile auch an »Warenterminbörsen« gehandelt, wie Aktien. Die schlichte Tatsache, dass es weltweit immer mehr Menschen gibt, treibt so die Preise in die Höhe. Das hat aber auch Vorteile: Erstmals seit Einführung der »Milchmarktordnung« 1968 könnten Bauern Molkepulver, eine wichtige Zutat für Fertiggerichte, außerhalb Deutschlands gut verkaufen. Dadurch bessert sich ihre Verhandlungsposition den Supermarktketten gegenüber, der Milchpreis steigt und viele Bauern können inzwischen ohne Subventionen überleben. Auch weil viele von ihnen inzwischen Rohstoffe für Biodiesel produzieren – und die lassen sich weltweit super verkaufen.

Wie es weitergeht? Merken wir ganz automatisch beim Bäcker und im Supermarkt. Ein Gutes hatte die ganze Landwirtschaftspolitik aber immerhin: Auf keinem anderen Gebiet hat Europa von Anfang an so eng zusammengearbeitet. Die Agrarpolitik macht auch heute noch den größten Teil des EU-Haushalts aus, sie ist insofern immer noch das europäische Kernstück, aus dem dann im Laufe der Jahre immer mehr wurde.

Wo liegt eigentlich Schengen?

Viele EU-Verträge sind nach Städten benannt. Die werden dann als Abkürzung benutzt für wichtige Vereinbarungen, die unseren Alltag prägen.

Der Vertrag, der regelt, wie wir frei durch Europa reisen können, ohne lästige Passkontrollen, wurde 1985 im luxemburgischen Dörfchen Schengen unterschrieben. Deshalb heißt er »Schengener Abkommen«. Am Anfang vereinbarten Deutschland, Frankreich, Belgien, Niederlande und Luxemburg einen Fahndungsverbund nach Straftätern und zugleich den Wegfall der Grenzkontrollen untereinander. Das ist der »Schengener Raum«, bei dem nur kontrolliert wird, wenn man einreist oder ihn verlässt. Wer in einem der Schengen-Länder polizeilich gesucht wird, kann also entweder nur bei einer zufälligen Kontrolle geschnappt werden – oder bei der Ein- bzw. Ausreise. Weil nun allen beteiligten Ländern dieselbe Fahndungsliste zur Verfügung steht, kann ein in Deutschland gesuchter Schmuggler zum Beispiel schon bei der Einreise aus einem Nicht-Schengen-Land nach Frankreich gefasst werden. Denn an den Grenzen zu »Drittländern« sowie an den Flughäfen wird ja weiter kontrolliert. Am Schengener Abkommen nehmen mittlerweile 22 EU-Staaten sowie Island, Norwegen und die Schweiz teil. Immer wieder gibt es jedoch Vorwürfe, dass die polizeiliche Zusammenarbeit noch nicht immer gut klappt. Und dass einzelne Länder es mit diesen Pflichten zum Beispiel bei der Kontrolle von Flüchtlingen nicht so genau nehmen. Viele Menschen versuchen zum Beispiel aus Afrika illegal, also ohne Aufenthaltsgenehmigung, nach Europa einzureisen. Darum müssen sich die Länder kümmern, die diese Flüchtlinge zuerst betreten. Das sind im Süden vor allem Italien und Spanien, denn viele Flüchtlinge kommen von Afrika übers Mittelmeer und landen dann erst mal in Italien. Die Italiener haben sich manchmal gar nicht erst die Arbeit gemacht, jeden einzelnen Flüchtling mühevoll zu befragen und gegebenenfalls abzuweisen, sondern haben die Leute einfach weiter nach Deutschland reisen lassen, wo sie ohnehin hinwollten. Das war den Italienern ganz recht, denn die Insel Lampedusa, die eigentlich eine Ferieninsel sein soll, quillt längst über vor lauter Flüchtlingen aus Afrika. Eigentlich müssten sich die Italiener mit ihren Außengrenze im Meer um jeden einzelnen Flüchtling kümmern und dafür sorgen, dass er gegebenenfalls zurückgeschickt wird. Damit ist Italien aber zunehmend überfordert und verlangt von den anderen EU-Länder mehr Hilfe.

Schon viele wichtige Verträge der EU wurden übrigens nach dem Ort benannt, in dem sie unterschrieben wurden.

- Im »Vertrag von Paris« wurde 1951 die Montanunion (Kohle und Stahl) vereinbart, der erste Vorläufer der EU.
- In den »Römischen Verträgen« gründete man 1957 die Europäische Wirtschaftsgemeinschaft (EWG) und die Euratom.
- Im »Vertrag von Maastricht« wurde 1992 die Europäische Union gegründet.
- Der »Vertrag von Amsterdam« sollte 1997 dafür sorgen, dass die EU nach der für 2004 geplanten Osterweiterung handlungsfähig bleibt. Die Zahl der Mitglieder wurde ja beinah verdoppelt, und da kann man nicht einfach so weitermachen wie bisher. So wurden zum Beispiel die Befugnisse des Europäischen Parlaments deutlich vergrößert, um die EU demokratischer zu machen. Als Reform reichte das aber nicht, und so gab es drei Jahre später schon einen neuen Vertrag:
- Im »Vertrag von Nizza« wurden Ende 2000 mehrere Änderungen beschlossen. Die wichtigste: Auch für weitreichende Ratsentscheidungen der europäischen Regierungen ist keine Einstimmigkeit mehr nötig, sondern nur noch eine »qualifizierte Mehrheit«. Das bedeutet, ein einzelner Gegner kann nicht alles blockieren, aber man braucht doch mehr als nur 50% aller Stimmen. In einigen Fällen müssen es sogar zwei Drittel aller Stimmen sein, und manchmal muss die Stimmenmehrheit auch

mindestens eine bestimmte Anzahl von EU-Bürgern vertreten. Das ist wichtig, weil manche Kleinstaaten bei den Abstimmungen im Rat mehr Gewicht haben, als ihnen aufgrund ihrer geringen Bevölkerungszahlen eigentlich zustünde. Die Kleinen werden in der EU immer ein bisschen bevorteilt, damit sie sich nicht überrollt fühlen von Großmächten wie Frankreich oder Deutschland.

- Der »Vertrag von Lissabon« wurde 2007 unterschrieben und sollte 2009 in Kraft treten. Nachdem die Europäische Verfassung bei Volksabstimmungen gescheitert war, sollten stattdessen hier nun die entsprechenden Regelungen festgeschrieben werden. Das wurde dann nicht mehr »Verfassung« genannt, sondern nur noch »Vertrag«. Dummerweise war auch dafür eine Volksabstimmung erforderlich, nämlich in Irland. Prompt passierte dasselbe wie bei der Abstimmung über die Europäische Verfassung: Viele waren misstrauisch Europa gegenüber, viele wussten gar nicht, worum es wirklich ging, und in Irland waren zudem gerade sehr viele Bürger sehr genervt von ihrer eigenen Regierung. Also gab es einen Denkzettel – die Iren stimmten gegen den neuen EU-Vertrag. Dasselbe war 2001 schon mit dem Vertrag von Nizza geschehen; daraufhin hatten die Iren 2002 noch mal abstimmen müssen, da klappte es dann mit dem Ja. Vielleicht könnten sie auch dieses Mal wieder so lange abstimmen, bis das gewünschte Ja herauskommt. Bis dahin bleibt der Vertrag von Lissabon jedoch ungültig.

Vor der italienischen Insel Lampedusa werden immer wieder Flüchtlinge aus Afrika aufgegriffen. Sie versuchen, über diese Außengrenze in die EU zu kommen.

186 | 187

Wer hat mehr zu sagen, die nationalen Regierungen oder das Europaparlament?

Weder die einen noch die anderen. Denn die meiste Macht in Europa haben die europäischen Regierungen, wenn sie gemeinsam auftreten. Das ist auch so gewollt: Einigkeit macht stark. Auch wenn sie vielleicht nicht immer gewollt, sondern manchmal erzwungen ist.

Die europaweit wichtigsten Vorgaben macht der Europäische Rat (in dem alle Regierungschefs sitzen): Er gibt die Marschrichtung vor. Und der Rat der Europäischen Union (in dem die jeweiligen Fachminister aller Staaten sitzen) ist das wichtigste gesetzgebende EU-Gremium. Somit stammen die entscheidenden Stimmen immer direkt aus den aktuellen nationalen Regierungen. Aber: Wenn die sich einmal geeinigt haben, wacht die Europäische Kommission darüber, dass das auch eingehalten wird. Das kann unangenehm werden, da kann man nicht einfach sagen: Mach ich nicht, ist mir egal! Wenn eine EU-Richtlinie ergeht, hat sie daher im Normalfall Vorrang vor landesspezifischen Wünschen. Heißt: EU-Recht wird meist als wichtiger angesehen als Bundes- oder Landesrecht. Außerdem macht die EU-Kommission immer wieder neue Vorschläge für neue Gesetze bzw. Richtlinien, mit denen sich die Regierungen dann befassen müssen, die kann man auch nicht einfach so ignorieren.

Das Europaparlament (in dem die in den EU-Mitgliedsländern vom Volk gewählten Abgeordneten sitzen) hat bei der ganzen Sache fast noch am wenigsten zu melden, obwohl die Parlamentarier inzwischen einiges an Mitspracherechten haben. Das ist auch deshalb nötig, weil die Zahl der Mehrheitsentscheidungen im Rat zugenommen hat. Was dann wiederum bedeuten kann, dass ganze Länder überstimmt werden und damit auch deren Parlamente, die ja eigentlich für Gesetzgebung zuständig sind. Dieses Demokratiedefizit soll dadurch ausgeglichen werden, dass das Europaparlament mehr mitreden darf, wenn die EU-Kommission und die europäischen Regierungen gemeinsam neue Europa-Gesetze machen.

Die Krakenarme der EU

Insofern haben die nationalen Regierungen gemeinsam mehr zu sagen als das EU-Parlament, die EU insgesamt wiederum ist aber wichtiger als die einzelne nationale Regierung. Die »Krakenarme« der EU sind jedoch äußerst umstritten. Zumal sich die Frage stellt, wieviel Macht eigentlich noch die nationalen Parlamente haben, also zum Beispiel der deutsche Bundestag? Denn eigentlich sollen die Regierung und der Gesetzgeber (das Parlament) zwar eng zusammenarbeiten, aber nicht identisch sein. Doch in der EU haben die nationalen Regierungen zugleich die größte Macht. Die von den Bürgern gewählten Abgeordneten im Europa-Parlament sind hingegen nicht so wichtig. Außerdem wird häufig »über Bande« gespielt, wie beim Billard. Nehmen wir mal an, ein Umweltschutzgesetz scheitert in Deutschland am Widerstand des Wirtschaftsministers, weil es für Firmen teuer würde. Dann übernehmen die Umweltfreunde in Brüssel, wo das Gesetz dann von einem Ministerrat abgesegnet wird, in dem zwar alle europäischen Umweltminister sitzen, aber keine aus anderen Fachgebieten. (Genauso liefe es natürlich bei einem Arbeitsgesetz, das vom deutschen Umweltministerium abgelehnt wird. Das nickt dann stattdessen ein EU-Ministerrat aus europäischen Wirtschaftsministern ab. Und so hat man es dann am Ende doch durchgesetzt.) Wegen der wechselnden Besetzung des Ministerrates mit den jeweiligen Fachleuten entfällt häufig die Kontrolle durch andere Ressorts. Auch werden manchmal aus mehreren unterschiedlichen Vorhaben Pakete geschnürt: Wenn das eine Land hier zustimmt, erklärt sich das andere mit etwas anderem einverstanden. So werden gleich zwei oder mehr Gesetze erlassen, die einzeln keine Chance hätten.

Was bringt die EU speziell Jugendlichen?

Junge Europäer sind das größte Kapital der EU. Sie sollen möglichst gut ausgebildet sein, kontaktfreudig, flexibel. Zahlreiche Programme wollen dafür sorgen, dass Europa für die nächste Generation eine ganz selbstverständliche Sache ist.

- Die Aktion »Jugend für Europa« finanziert Auslandsaufenthalte und Projekte von Jugendlichen für Jugendliche. www.jugendfuereuropa.de oder www.machwasdraus.de
- Eine grenzüberschreitende Zusammenarbeit bei Schulprojekten fördert der Dienst »Comenius«; man kann sich online auf Partnersuche für die eigene Klasse begeben: www.kmk-pad.org/index.php?id=228
- Berufsbildungsprogramme wie »Lifelong Learning« erleichtern bzw. ermöglichen Studenten oder Berufseinsteigern Auslandserfahrungen. www.ec.europa.eu/education/programmes/ newprog/index_en.html (englisch), www.ec.europa.eu/education/policies/lll/ lll_de.html
- Wer beim »Europäischen Freiwilligendienst« mitmacht und zum Beispiel in einem Jugend-

zentrum arbeitet, kann ein halbes oder ganzes Jahr kostenlos ins europäische Ausland gehen. www.go4europe.de. Viele Ehemalige werden dann Mitglied bei den EuroPeers, www.europeers.de

- Das »Europäische Jugendparlament« hat zwar offiziell nichts zu sagen – aber natürlich ist es interessant, einmal »Politiker zu spielen«. So knüpft man auch gute Kontakte. Und die echten Euro-Parlamentarier passen durchaus auf, welche Themen auf der Tagesordnung der Jugendlichen aus den Klassenstufen 10 bis 12 stehen. www.eyp.de
- Kredite für Forschung oder Firmengründung gewährt die Europäische Investitionsbank, kurz EIB (www.eib.org). Beispielsweise bekamen die Erfinder des Internettelefondienstes Skype (gehört mittlerweile Ebay) hier Geld.

Die fünf wichtigsten Probleme der EU – und warum sind sie eigentlich so schwer zu lösen?

Verfassungsproblematik

Die Verfassung sollte die EU auf einen neuen Level katapultieren. Aber was die Regenten großartig fanden, passt den Regierten gar nicht. Auch der »Vertrag von Lissabon«, mit dem wenigstens die Verfassungsinhalte nachträglich noch durchgesetzt werden sollten, ist an einer Volksabstimmung gescheitert. Zeit für eine Denkpause, in der diskutiert wird, wohin die Reise gehen soll: Will die EU letztlich ein Europa nach US-Vorbild zimmern, in dem die nationalen Regierungen fast überflüssig werden? Oder ist sie nur ein zweckgebundener Staaten-Club zur Erleichterung vor allem der wirtschaftlichen Zusammenarbeit? Anschließend muss uns Bürgern einleuchtend erklärt werden, was es uns bringt, wenn die EU immer mehr Entscheidungen für unser Leben trifft. Wieviel Einfluss haben wir Bürger noch, wieviel Kontrolle? Wie einheitlich soll Europa sein und warum? Wenn das plausibel erklärt wird, dann werden sich auch mehr von uns dafür interessieren und engagieren.

Innere Zersplitterung vermeiden; Abstimmungsrecht fair regeln

Immer wieder ist von einem »Kerneuropa« die Rede, das »voranschreiten« soll. Die anderen könnten ja später noch einsteigen. Man spricht in diesem Zusammenhang auch vom »Europa der zwei Geschwindigkeiten« oder von »Europa à la carte«. Das kann in Einzelfällen gut funktionieren – beim Euro scheint es so zu sein. Da macht ja zum Beispiel Großbritannien nicht mit, niemand wollte die Inselbewohner dazu zwingen, aber warum hätten die Briten die anderen aufhalten sollen? Auch beim Schengen-Abkommen haben nicht von Anfang an alle mitgemacht. Oft ist die EU tatsächlich wie gelähmt, weil sich die vielen Teilnehmer nicht einigen können oder wollen. Warum sollen also nicht einige schon mal loslegen, und die anderen kommen dann später nach, wenn sie sich das lange genug angesehen und für gut oder schlecht erachtet haben? Andererseits: Europa ist auch die Idee, dass alle mitmachen und nicht jeder sich das raussucht, was ihm gerade passt. Manchmal kann das eben bedeuten, dass sich die ganze Gemeinschaft langsamer bewegt, als dem Einzelnen lieb ist. Aber wenn sich dann immer sofort eigene kleine Grüppchen bilden, die beispielsweise im Umweltschutz oder bei der Terrorbekämpfung neue Wege gehen, kann das auch zu einer Zersplitterung führen, die die EU eher wieder schwächt und ihr den inneren Zusammenhalt nimmt. Der Mittelweg, den man jetzt zu gehen versucht, ist eine noch weiter gehen-

»Non« zur EU-Verfassung! Am Abend des 29. Mai 2005 feiern Gegner des Verfassungsentwurfs das klare »Nein« der Franzosen in der Volksabstimmung.

de Reform des Abstimmungsrechts. Bislang ist meist Einstimmigkeit gefordert. Wenn mehr Entscheidungen mehrheitlich gefällt werden können, erhöht das die Chance, dass sich die EU auch dann noch weiterentwickelt, wenn sie 27 Meinungen unter einen Hut bringen muss.

Integration und Zusammenarbeit an den Ostgrenzen (Russland, Türkei)

Mit der »Osterweiterung« erstreckt sich die EU jetzt bis fast an die geografische Grenze Europas, das Ural-Gebirge. Jetzt müssen erstens die neu beigetretenen Staaten integriert werden, denn es wird einige Zeit dauern, bis sie wirtschaftlich und politisch aufgeholt haben. Zugleich müsste die EU jetzt ein noch deutlicheres Interesse an einem möglichst angenehmen Verhältnis zu den direkten Nachbarländern Russland und Türkei haben (wobei die Türkei ja gern EU-Mitglied würde und sich dafür einige Mühe gibt, Russland hingegen in letzter Zeit eher unfreundlich auftritt).

Sicherung der EU-Außengrenzen

Wenn die Grenzen im Inneren nur noch auf dem Papier bestehen, aber nicht mehr ernsthaft kontrolliert werden, müssen die Außengrenzen um so schärfer bewacht werden, damit Straftäter, Terroristen, Schmuggler, illegale Einwanderer, Dealer und so weiter nicht ins Land kommen. Das ist noch nicht wirklich gesichert. Hier gemeinsame Standards zu erarbeiten und vor allem durchzusetzen, wird nicht einfach.

Die Türkei arbeitet hart daran, der EU beizutreten. Sie wäre das erste nicht christliche Land im europäischen Club. Auch darüber gibt es in der EU heftige Diskussionen.

Mangelnde Demokratie

Die meisten EU-Institutionen werden überhaupt nicht direkt gewählt, sondern bestehen aus Vertretern der nationalen Regierungen oder werden von diesen bestimmt. Zwar wurden auch die nationalen Regierungen gewählt, wir haben in Europa ja keine absolutistischen Könige, aber wer kontrolliert ihr Verhalten, nachdem sie im Amt sind? In der EU sind die Regierungen zugleich Gesetzgeber und Kontrolleure (das ist dann so, als würde man sich selbst für eine Klassenarbeit eine Note geben). Und im einzigen vom Volk gewählten Gremium, dem Parlament, repräsentiert ein Abgeordneter aus Malta 76 000 Bürger, einer aus Deutschland aber 826 000. Damit kann man sich zumindest als Deutscher nicht gewichtig vertreten fühlen. Solange dieses Demokratiedefizit nicht beseitigt ist und die Bürger das Gefühl haben, dass da lauter Dinge außerhalb ihres Einflussbereichs entschieden werden, wird die EU nicht das Vertrauen und die Zustimmung gewinnen können, die sie gerne hätte.

Weltpolitik

Zum Sterben zu wenig, zum Leben zu viel?

Weltpolitik ist die Königsdisziplin. Mittlerweile sind alle von allen abhängig. Die größten Probleme – Hunger, Armut, Umweltverschmutzung – sind bekannt. Aber sie lassen sich bislang nicht lösen, weil immer einer mauert. Darum ist klar: Vor uns liegt das Jahrhundert der Weltpolitik. Weil den Menschen einfach gar nichts anderes übrig bleiben wird, als miteinander statt gegeneinander zu arbeiten.

Sonst endet es so wie in diesem bösen Witz: Treffen sich zwei Planeten. Sagt der eine Planet zum anderen: »Du, mir geht's echt schlecht, richtig mies – ich hab Mensch.« Sagt der andere Planet: »Ach, mach dir nicht zu viel Sorgen. Hatte ich auch schon mal. Aber das geht vorbei.«

Was ist eigentlich Globalisierung?

*Pfeffer aus Indien, Stoffe aus Asien – Welthandel gibt es schon lange.
Sogar die alten Römer waren bereits globalisiert. Aber durch
Telefon, Luftfracht und Internet geht alles viel leichter und schneller.
Das hat Vorteile, bringt aber auch Probleme mit sich.*

Vor hundert Jahren konnte man der beste Fußballer der Welt sein. Das wussten dann aber nur ein paar Jungs aus der Nachbarschaft. Heutzutage kann man, wenn man gut spielt und noch besser aussieht, zu einem millionenschweren Weltstar wie David Beckham werden, der in Japan genauso bejubelt wird wie in England.

Deshalb gibt es heute auch mehr Leute, die bereit sind, für so einen Spieler so viel Geld zu zahlen. Früher war der Markt lokal oder regional, heute ist er international bzw. global.

Auf Vereinsebene kann man dasselbe beobachten. In Großbritannien spielen bis heute die besten Fußballer der Welt. Sie wurden für viel Geld aus aller Welt zusammengekauft. Da so viele ausländische Topspieler in England auflaufen, haben die »echten« englischen Spieler selbst nur wenige Einsätze. Die englischen Vereine sind daher in der internationalen Championsleague ganz vorn. Aber bei der Nationalmannschaft sieht's düster aus. England hat sich bei der EM 2008 nicht mal mehr qualifiziert. Denn bei Europa- und Weltmeisterschaften treten nicht die Vereine an, sondern Nationalmannschaften, wo die zugekauften Global Player nicht für England kicken, sondern für ihre eigenen Heimatländer.

Bei Mädchen ist es übrigens genauso. Eine Claudia Schiffer oder Naomi Campbell wäre im Mittelalter höchstens die Dorfschönheit gewesen, heute lächeln sie weltweit von Plakatwänden. Auch eine Steffi Graf ist weltberühmt.

Und was für Menschen gilt, trifft auf Waren erst recht zu: Wenn sie weltweit verkäuflich sind, steigen die Preise für Top-Produkte (weil mehr Leute sie kaufen wollen), und zugleich fallen die Preise für Standardgut (weil es davon mehr als genug gibt). Durchschnittsfußballer oder ganz normal aussehende Mädchen gibt's schließlich in jedem Ort haufenweise.

Mit »Globalisierung« bezeichnet man dieses weltweite (»globale«) Zusammenwachsen der Handelsmöglichkeiten. Aber auch das der gemeinsamen Erlebnisse und Interessen (sogar Globalisierungsgegner sind globalisiert und verständigen sich weltweit). Fernsehserien und Musiker werden überall gesehen und gehört und prägen die Weltsicht. Das gab's natürlich früher auch schon, die Beatles kannte man in den sechziger Jahren ja nicht nur in England. Doch das Ausmaß ist inzwischen viel umfassender und meint tatsächlich die ganze Welt.

Als »Globalisierung« bezeichnet man dabei vor allem den weltweiten Austausch von Waren, Arbeitskräften und Kapital, also den Welthandel. Heute

Billige T-Shirts findet natürlich jeder erst mal gut. Möglich werden die Discountpreise aber nur durch niedrige Löhne, wie in dieser chinesischen Nähfabrik.

rechnet es sich, ein T-Shirt in Deutschland entwerfen zu lassen, aber in China, Taiwan oder Vietnam zu produzieren. Denn das sind sogenannte »Niedriglohnländer«. Die Arbeiter in den Fabriken dort bekommen weit weniger Geld als deutsche Fabrikarbeiter. Deswegen sind ihre Produkte so billig, dass es sich lohnt, sie per Schiff oder Flugzeug um die halbe Welt zu schaffen.

Nachteile der Globalisierung

- Die Löhne in Niedriglohnländern steigen. Anfangs können Hersteller auf andere Niedriglohnländer ausweichen, aber irgendwann ist vielleicht auch Schluss damit.
- Immer mehr Menschen in »Hochlohnländern« wie Deutschland verlieren ihre Jobs. Dann können sie zwar billiger Klamotten kaufen als vorher, aber insgesamt wird ihr Leben eher schlechter als besser.
- Nicht nur Produzenten arbeiten global, sondern auch Investoren. Sie kaufen zum Beispiel eine mittelgroße deutsche Firma auf, kündigen ein paar Leuten, und verkaufen die »verschlankte« Firma mit Gewinn. Für die Firma ist das manchmal sogar gut, für die gekündigten Angestellten nicht. Der SPD-Vorsitzende Franz Müntefering nannte solche Leute »Heuschrecken«, weil sie wie eine biblische Heuschreckenplage übers Land zögen und alles kahl fräßen. Altbundeskanzler Helmut Schmidt spricht, wegen der Gier der Investoren, von »Raubtier-Kapitalismus«. Dabei müssen internationale Investoren keineswegs schlecht sein. So pumpte der russische Milliardär Roman Abramowitsch über 600 Millionen Euro in den britischen Fußballverein FC Chelsea – das ist natürlich klasse für Club und Fans. Und wenn eine deutsche Firma dringend Geld

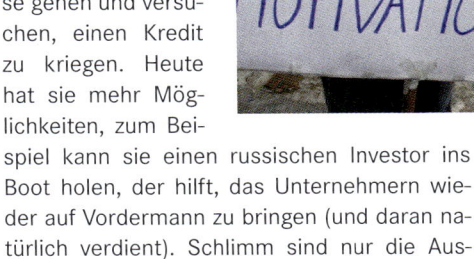

Wie soll man mit wenigen Euro pro Stunde in Deutschland über die Runden kommen? Niedriglöhne in Asien zeigen auch bei uns ihre Wirkung.

braucht, um weitermachen zu können, dann konnte sie früher nur zur Sparkasse gehen und versuchen, einen Kredit zu kriegen. Heute hat sie mehr Möglichkeiten, zum Beispiel kann sie einen russischen Investor ins Boot holen, der hilft, das Unternehmern wieder auf Vordermann zu bringen (und daran natürlich verdient). Schlimm sind nur die Ausschlachter-Heuschrecken, die einfach nur schnell Kasse machen wollen und Unternehmen ausschlachten.

- In einer globalisierten Welt kommt es noch mehr auf Preisunterschiede an. Der größte Kostenfaktor sind oft die Mitarbeiter. Damit die Kosten niedrig bleiben, müssen also möglichst wenige Leute möglichst viel Arbeit erledigen. Das ist auf die Dauer verdammt anstrengend! Arbeit wird dann entweder von Maschinen erledigt (denn Maschinen sind oft bil-

Auf Containerschiffen werden Waren rund um den Globus transportiert. Von dort, wo man sie günstig produziert, bis zum Käufer am anderen Ende der Welt.

liger als Menschen), oder Arbeitsplätze werden dorthin »verlagert«, wo die Löhne niedriger sind. Da sind wir dann wieder bei der T-Shirt-Produktion in Asien.

- Bildung wird immer wichtiger. Noch vor fünfzig Jahren gab es Arbeit für die meisten – heutzutage kann ein Hauptschulabschluss zum Riesenproblem werden, und selbst ein mittelmäßiges Abi gilt bereits als Karrierekiller für Topjobs. Das ist der Hauptgrund dafür, dass sich alle Regierungen so sehr für eine gute Schulbildung einsetzen sollten. Leute, die wenig wissen und wenig können, gibt's anderswo billiger. Leute, die viel wissen und viel können, haben eine gute Chance auf einen guten Job – und zahlen dann Steuern an den Staat, der die Ausbildung gefördert hat. Denn je besser die Ausbildung, desto größer die Chance, zu den Globalisierungsgewinnern zu gehören und nicht zu den Globalisierungsverlierern.

- Ehemalige Entwicklungsländer überspringen heute einfach ein paar Entwicklungsstufen. Sie steigen von der reinen Landwirtschaft direkt ins Computerzeitalter, ohne den Umweg über die Industrialisierung zu nehmen. Indien zum Beispiel. In den Achtzigerjahren war Indien eines der weltgrößten Hungergebiete. Außer Kleinbauern und einer sehr kleinen, reichen Elite gab es dort nicht viel. Heute kommen von dort exzellente Softwarespezialisten und Webdesigner. Sie arbeiten in der Schule sehr hart und werden sehr streng erzogen.

Ähnliches gilt für China. In den besten Schulen des Landes sprechen die Kinder mit 13 Jahren schon perfekt und fließend Englisch. Das ist gut für die Menschen dort – aber mit solchen Kindern international zu konkurrieren, ist anstrengend. Doch was vielen toll ausgebildeten Chinesen fehlt, sind Kreativität und Selbstständigkeit. Weil sie nie aufmucken durften, haben sie weniger Mut, eigene Ideen zu entwickeln.

- Durch die starke Konkurrenz über den Preis kann sich Umweltverschmutzung für ein Unternehmen und ganze Länder noch mehr »rechnen« als früher schon. Für den Warentransport wird zum Beispiel Treibstoff verbraucht und es entstehen Treibhausgase. Dass zum Beispiel Fleisch um die halbe Welt transportiert wird, ist einfach verrückt.

- Wenn man weltweit verkaufen will, dann am besten überall dasselbe Zeug. Verschiedene Produkte für die einzelnen Länder herzustellen ist viel teurer, als der ganzen Welt die gleichen Shirts, Schuhe und Jeans anzudrehen. Dabei verhalten auch wir Kunden uns im »Superkapitalismus« oft widersprüchlich. Wir beklagen die Vereinheitlichung der Einkaufszentren und Innenstädte, wir bedauern es, wenn kleine Läden schließen. Aber wir kaufen im Billigmarkt außerhalb der Stadt oder im Internet ein und tragen damit zu genau dieser Entwicklung bei.

- Das führt zu einer Verdrängung der Regionalkultur. Wenn überall McDonald's und Starbucks eröffnen, haben es kleine, inhabergeführte Restaurants schwerer. Ähnliches gilt für den kulturellen Austausch: Die westliche TV-Sendung »Wer wird Millionär« läuft in über 100 Ländern – auf Shows aus Nigeria oder dem Sudan wartet man hierzulande jedoch vergebens. Und überall auf der Welt fanden sich zum Beispiel beinah zeitgleich diese bunten, gelochten Plastiklatschen. Wirklich überall! Das ist total langweilig, lieber würde man doch an seinem Urlaubsort noch was »Einhei-

indische Frauen haben jetzt Probleme, die Nüsse zu bezahlen, mit denen sie bislang billig ihre Wäsche wuschen.

- Es kann schwierig sein, weltweit Qualitätsstandards zu überprüfen und aufrechtzuerhalten. So ist zum Beispiel aus China Kinderspielzeug nach Europa geraten, in dem gesundheitsgefährdende Schadstoffe verarbeitet waren.

misches« sehen, statt weltweit überall immer das gleiche Zeug.

- Multinationale Unternehmen werden immer wichtiger und stärker. Das könnte dazu führen, dass große Unternehmen mächtiger werden als kleine Staaten. Bill Gates zum Beispiel, der reichste Mann der Welt, hat eine wohltätige Stiftung, die jedes Jahr mehr Geld ausgeben kann als die Weltgesundheitsorganisation! Toll, dass Gates so großzügig ist – aber es macht ihn auch sehr mächtig.
- Wirtschaftliche Probleme anderswo betreffen oft auch uns. Wenn zum Beispiel US-Banken pleite gehen, geraten auch deutsche Banken in Schieflage, die in amerikanische Firmen oder Aktien investiert haben.
- Alles hängt mit allem zusammen und kann quer über den Globus ganz unerwünschte Nebenwirkungen haben. In europäischen Bioläden beispielsweise sind indische »Waschnüsse« in Mode gekommen. Das sind Nüsse, die man statt Waschpulver benutzen kann. Die Wäsche wird damit (angeblich) genauso sauber wie mit Persil & Co, aber ganz natürlich und ohne Farbstoffe. So weit, so gut. Problem: Weil umweltbewusste Europäer so viele Waschnüsse kaufen, sind die Nüsse in Indien knapper geworden und deshalb teurer. Arme

Vorteile der Globalisierung

- Viele Menschen in Niedriglohnländern verdienen immerhin mehr als früher. Bei zunehmender Weltbevölkerung bleibt die Zahl derjenigen, die mit weniger als einem Dollar Kaufkraft pro Tag auskommen müssen, einigermaßen stabil. Das heißt zugleich, prozentual (also: anteilig) nimmt die Zahl der Armen ab. Die T-Shirt-Näherin in Bangladesch zum Beispiel findet ihren Billigjob eine gute Sache. Viele südostasiatische Länder, die früher sehr arm waren, haben dank der Globalisierung riesig aufgeholt, viele Menschen dort können sich jetzt ein Leben leisten, wie es für sie noch vor 20 Jahren undenkbar gewesen wäre. Der Lohn

Gift in der Milch, Frostschutz im Wein

Im Herbst 2008 wurde in China ein Stoff namens »Melamin« ins Milchpulver gemischt. Vorteil für den Hersteller: Das Zeug täuscht einen höheren Eiweißgehalt vor – das Milchpulver kann also teurer verkauft werden. Dummerweise handelt es sich bei Melamin um ein Nervengift. Binnen Kurzem landeten über 50 000 Kleinkinder mit Vergiftungserscheinungen im Krankenhaus, einige starben. Ob bei den anderen Schäden bleiben, ist unklar.

Nun könnte man ja hartherzig sagen: Pech für die Chinesen. Aber die Konsequenzen reichen bis nach Europa und sogar bis nach Deutschland. Betroffen war nämlich auch der Schweizer Konzern Nestlé. In Hongkong wurden in einem Milchprodukt ebenfalls geringe Rückstände von dem Gift gefunden. Das war zwar kein Babyprodukt, sondern Milch für Erwachsene, und die Mela-

Eine junge Mutter im chinesischen Shijiazhuang hofft, dass ihrem Kind noch geholfen werden kann. Aus Profitgier war Babymilch mit dem Nervengift Melamin gemischt worden.

der T-Shirt-Näherin ist für unsere Verhältnisse lächerlich niedrig. Keine deutsche Textilarbeiterin (so hießen die früher) könnte damit heute noch konkurrieren. Aus der Perspektive der Näherin in Bangladesch ist es hingegen viel besser, nur eine Handvoll Dollar zu verdienen, als zu hungern oder für noch weniger Lohn auf einem Reisfeld zu arbeiten. Ähnlich ist es in Osteuropa: Als der finnische Handyhersteller Nokia sein Werk von Bochum nach Rumänien verlegte, war das für die Menschen in Bochum furchtbar und auch ungerecht, denn sie hatten immer gut gearbeitet und sich sogar auf niedrigere Löhne eingelassen. In Rumänien hingegen freute man sich: endlich Arbeitsplätze! Viele Rumänen sind ärmer als jeder Arbeitslose bei uns. Daher sind sie glücklich, wenn Firmen aus dem Westen kommen. Des einen Leid ist also des anderen Freud.

- Weil die Kunden sich zumindest eine gewisse Moral bewahrt haben, müssen die Firmen in den Niedriglohnländern Mindeststandards einhalten (zum Beispiel keine Kinderarbeit). Das klappt zwar oft nicht, wird aber wenigstens versucht.
- In den Produktionsländern erhöht sich der Bedarf an gut ausgebildeten Mitarbeitern – die Menschen dort können Karriere machen. Eröffnet Nokia beispielsweise in Rumänien sein neues Werk, entstehen dadurch nicht nur Jobs am Fließband, sondern auch im Management.
- Wir können uns Dinge leisten, die viel, viel teurer wären, wenn sie in Deutschland produziert würden: Computer, Handys, MP3-Player, Kleidung, Autos...
- Tolle Produkte sind schnell weltweit erhältlich. Schnurlose Telefone zum Beispiel konnte man Ende der Achtzigerjahre in Deutschland noch

min-Spuren waren so minimal, dass sie nicht gefährlich waren. Trotzdem war das erstmal schlecht fürs Image – und zwar weltweit, da die Firma ja global auftritt. Globale Firmen bekommen eben sofort auch ein globales Imageproblem, auch wenn es nur um Milch in Hongkong geht. Noch näher an zu Hause waren die chinesischen Milchbonbons, die eine niederländische Firma in einen Asia-Shop nach Baden-Württemberg importierte: Auch sie enthielten Melamin.

Glücklicherweise scheint es dadurch nicht zu Vergiftungen gekommen zu sein – aber theoretisch hätte ein Stuttgarter Schulkind aufgrund der Profitgier eines chinesischen Milchpulverfabrikanten krank werden können.

Auch in Eiern ist das Gift mittlerweile aufgetaucht, weil man mit Melamin auch Hühnerfutter »aufmischen« kann. Aus den Eiern wird dann getrocknetes Ei-Pulver für Bäckereien und Nudelhersteller gemacht und in alle Welt verkauft. Der Melamingehalt im Endprodukt ist dann zwar angeblich ungefährlich, beunruhigend ist die Sache aber trotzdem.

Ein Jahr zuvor waren in den USA bereits Haustiere an Tierfutter gestorben, dessen Grundstoffe aus China importiert worden waren. Auch darin befand sich Melamin.

Nun darf man aber nicht denken, es seien nur die Chinesen, die voller Gier jede Moral und Vorsicht vergessen. 1985 mischten österreichische Winzer das Frostschutzmittel Glykol in ihre Weine, um sie süßer schmecken zu lassen – das kam nur heraus, weil sie den Einkauf des Zeugs auch noch von der Steuer absetzen wollten. In Belgien wurde 1999 Altfett mit dem Gift Dioxin darin in Tierfutter gemischt. In Deutschland wurde 2006 tonnenweise Gammelfleisch neu verpackt und verkauft oder zu Dönern verbraten. 2008 ergab sich, dass italienische Firmen einen »höllischen Cocktail« anrührten, der als »Frankenstein-Wein« bekannt wurde: Salzsäure und krebserregende Düngemittel wurden mit Traubensaft gemischt, was die Herstellungskosten um satte 90 Prozent senkte.

Freie Märkte sind also gut und schön und bringen große Produktvielfalt aus aller Welt – doch ohne strenge Kontrollen und harte Strafen geht es nicht.

nicht kaufen, in den USA aber schon. Heute werden viele technische Geräte weltweit zeitgleich auf den Markt gebracht. Und dass wir heute in jedem deutschen Supermarkt thailändischen Basmati-Reis, nepalesische Gewürzpaste und chinesischen Jasmin-Tee kaufen können, macht ja auch Spaß.

- Die Länder der Welt können gemeinsam etwas gegen Umweltprobleme und Klimakatastrophen unternehmen.

- Nicht nur Waren kann man exportieren, sondern auch Ideen und Lebensstile. Das gibt die Hoffnung, dass sich auch die Menschenrechte weiter globalisieren und sich die freiheitliche Demokratie in immer mehr Staaten durchsetzt. Im Moment zeigen Länder wie China oder Russland zwar, dass Marktwirtschaft und Geldverdienen auch ohne Moral oder Menschenrechte funktionieren – aber Experten

bezweifeln, dass die Bürger und Arbeiter das noch ewig mitmachen werden.

- Man kriegt fast weltweit Dinge, die man kennt. Am ersten Tag in Peking muss man also nicht gleich Walpenisse oder Seegurke kosten, sondern kann sich erst mal im Tempel des goldenen M einen vertrauten Burger holen.

- Man kann weltweit auf Praktikums- oder Jobsuche gehen und Erfahrungen sammeln. In China zu studieren, war in den Achtzigerjahren noch sehr ungewöhnlich und schwierig. Heute geht das ziemlich leicht (vorausgesetzt, man lernt Chinesisch).

- Man kann weltweit an wirtschaftlichen Erfolgen teilhaben. Beispielsweise kann man mit geringen monatlichen Sparsummen (zum Beispiel 20 Euro) in südamerikanische Energiefirmen oder in russische Rohstoffe investieren. Steigen deren Gewinne/Preise, kriegt man etwas ab vom Kuchen (man macht aber natürlich auch Verlust, wenn's schiefgeht).

- Im Internet kann man sich mit Leuten aus aller Welt unterhalten, sogar über die gleichen Themen (zum Beispiel David Beckham).
- Eigentlich ist es aber sowieso fast egal, ob man die Globalisierung gut oder schlecht findet. Das ist, als ob man Regen mag oder nicht – es regnet trotzdem. Die Frage ist nur: Wie geht man damit um? Zieht man sich die richtigen Klamotten an und geht spazieren? Oder bleibt man drinnen und schmollt? Wer nicht mitmacht, so viel ist klar, hat im weltweiten Wettbewerb sowieso schon verloren. Also bleibt nur eins: Das Beste daraus machen und sich die Rosinen rauspicken! Wenn der Lieblingsfußballer vom eigenen Verein nach sonst wo wechselt, kann man entweder weiter zu den Spielen gehen und trotzdem Spaß dran haben. Oder man kündigt die Dauerkarte und guckt die Spiele des Helden im TV. Oder man ärgert sich einfach nur, aber das bringt ja auch nichts.

Warum haben wir überhaupt noch Staaten?

Weil es sonst doch ein klein wenig unübersichtlich würde. Und weil die Bedürfnisse der Menschen sehr unterschiedlich sind. Wenn die Nomaden der Sahara, die Kaffeebauern in Nicaragua, die Eskimos, die Amerikaner, die Deutschen und die Franzosen alle nur eine Regierung wählen sollten, würde dabei nix rauskommen. Weil nicht etwa die Interessen aller vertreten wären, sondern am Ende keine. Staaten organisieren also das Zusammenleben von Menschen, die sich einander besonders zugehörig fühlen, und vertreten deren Interessen weltweit.

Deshalb wählt man einen Klassensprecher und einen Schulsprecher – und nicht bloß einen Sprecher für alle Schulen in ganz Deutschland. Wie sollte der die Schulen (und Schüler) alle kennenlernen, die er vertritt? Und was an einer Gesamtschule in Hessen wichtig ist, muss an einem Gymnasium in Berlin oder einer Realschule in Bayern nicht wirklich genauso sein. Und erst recht nicht an einer Highschool in Oregon.

Kurz: Eine Weltregierung wäre wohl eine Nummer zu groß. Dabei gab es durchaus schon »Weltreiche«, das von Alexander dem Großen zum Beispiel oder das Weltreich der alten Römer. Aber sie sind alle wieder zerfallen – möglicherweise eben weil sie zu groß waren. Auch Amerika ist ein riesiges Land, und China erst recht. Es geht also am Ende nicht nur um Fragen der Größe. Aber Staaten sind auch historisch gewachsen, die Staatsangehörigen haben nicht nur zufällig alle einen grünen oder gelben Pass, sondern bilden eine kulturelle und sprachliche Gemeinschaft.

Natürlich könnte man, wenn man wollte, die Länder neu einteilen, alle gleich groß zum Beispiel. Das wäre rechnerisch ganz praktisch. Aber nun hat man die vorhandenen Grenzen nun mal, und oft sind es auch Sprachgrenzen – es wäre also sehr aufwendig, neue Grenzen zu ziehen. Und es würde furchtbar Streit geben. Deutschland möchte genauso wenig halbiert werden wie die Holländer Lust hätten, lauter Deutsche bei sich aufzunehmen, nur damit die Niederlande und Deutschland gleich groß sind. Deswegen lässt man das.

Und was ist mit dem Mindestlohn?

Wenn alle mit allen im globalen Wettbewerb stehen – schadet ein staatlich vorgeschriebener Mindestlohn dann nicht mehr, als er nützt?

Reicht eine Weltregierung für Eskimos (Inuit) in Grönland und Zitronenbauern in Sizilien? Nein, das wäre zu komplex für eine einzige Regierung.

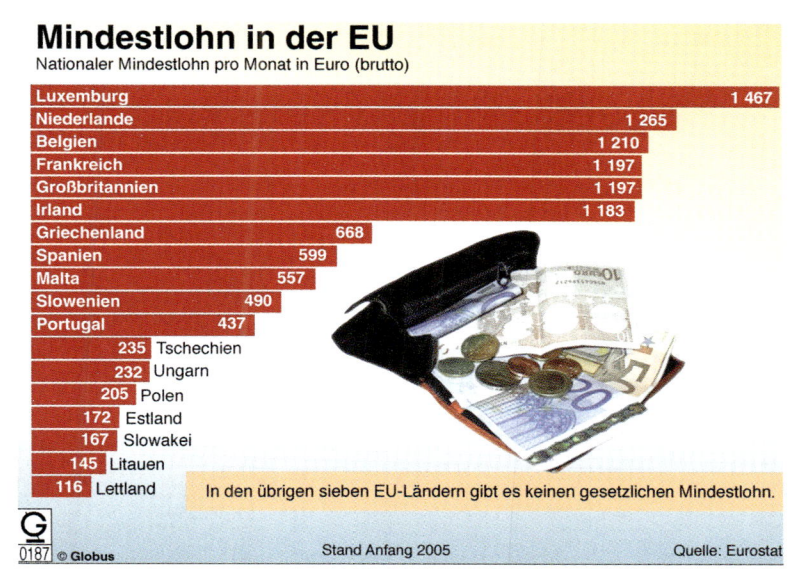

Mindestlohn in der EU
Nationaler Mindestlohn pro Monat in Euro (brutto)

Land	Euro
Luxemburg	1 467
Niederlande	1 265
Belgien	1 210
Frankreich	1 197
Großbritannien	1 197
Irland	1 183
Griechenland	668
Spanien	599
Malta	557
Slowenien	490
Portugal	437
Tschechien	235
Ungarn	232
Polen	205
Estland	172
Slowakei	167
Litauen	145
Lettland	116

In den übrigen sieben EU-Ländern gibt es keinen gesetzlichen Mindestlohn.

0187 © Globus   Stand Anfang 2005   Quelle: Eurostat

In vielen EU-Ländern gibt es schon einen staatlich vorgeschriebenen Mindestlohn.

Teil beuten Arbeitgeber aber ihr Personal auch aus, um ihre Gewinne zu erhöhen. Deshalb kann man nicht generell sagen, ob Löhne »gerecht« oder »ungerecht« sind.

Nun kann man es einerseits natürlich unfair finden, wenn jemand arbeitet und trotzdem nicht genug Geld zum Leben hat. Manche Leute sagen sich dann auch: Nee, bevor ich das mache, bleibe ich lieber zu Hause und lebe von der Sozialhilfe – so viel weniger ist das auch nicht. Für den Staat ist in jedem Fall besser, wenn jemand arbeitet und wenigstens ein bisschen verdient, als wenn er überhaupt kein Einkommen hat.

Und für den Menschen ist es eigentlich auch besser, haben Psychologen festgestellt. Ohne Arbeit von morgens bis abends rumhängen ist langweilig und macht unzufrieden und depressiv. Erst recht, wenn man nicht genug Geld hat, um sich die Zeit zu vertreiben…

Das kommt darauf an. Briefträger oder Kellner beispielsweise haben ja keine Konkurrenz aus Indien zu befürchten. Sie müssen vor Ort arbeiten. Und wenn jemand aus Indien nach Deutschland zöge, um hier zu kellnern – dann zahlt derjenige für alles auch deutsche Preise und muss entsprechend mehr verdienen als in Indien (wo Lebensmittel, Kleidung und Wohnen eben billiger sind als hier). Der Mindestlohn hat ein anderes Ziel: Wenn jemand arbeitet, soll er davon auch leben können! Aber weil im Moment viele Menschen keine Arbeit finden, können die Arbeitgeber den Lohn senken. Denn wenn einer nicht will, dann kriegt eben ein anderer den Job. Außerdem können sich Unternehmen auch nicht so hohe Löhne leisten, wenn die Zeiten wirtschaftlich schwierig sind. Wenn wegen der Globalisierung in anderen Branchen viele Leute ihre Arbeitsplätze verlieren, dann gehen die auch nicht mehr so oft zum Friseur. Also leidet auch das Friseurgeschäft. Wer wenig einnimmt, kann keine hohen Löhne bezahlen. Zum

Große Puppen, kleine Löhne. So demonstriert der Deutsche Gewerksschaftsbund im Oktober 2008 für einen gesetzlich festgelegten Mindestlohn.

Pro und contra Globalisierung

Sogar Experten streiten: Bringt die weltweite Vernetzung mehr Gutes als Schlechtes, oder nützt sie nur wenigen und macht den meisten Menschen das Leben zur Hölle?

Milliarden für marode Banken? Das Geld wäre anderweitig besser angelegt, finden die Aktivisten von »Attac«.

Der in Frankreich gegründete Verband »attac« kritisiert die konsequente Globalisierung. »attac« heißt »association pour une taxation des transactions financières pour l'aide aux citoyens« – auf Deutsch: »Vereinigung für eine Besteuerung von Finanztransaktionen zum Nutzen der Bürger«. Das heißt, es soll eine internationale »Solidaritätssteuer« zur Kontrolle der Finanzmärkte eingeführt werden. Attac stemmt sich gegen eine scheinbar unaufhaltsame politische Entwicklung – aber die Deutschland-Pressesprecherin Frauke Distelrath findet das trotz allem sinnvoll: »Würden Attac sich gegen die Globalisierung an sich stemmen, wäre das wahrscheinlich wirklich frustrierend. Tatsächlich sind wir aber gar nicht gegen Globalisierung, im Gegenteil: Wir sind für einen verstärkten Austausch zwischen Menschen unterschiedlicher Kulturen und für den patentfreien Austausch von Technologien und Know-how zwischen Nord und Süd (dazu gehören etwa Medikamente gegen Aids und Malaria oder auch Technologien, die erneuerbare Energien nutzbar machen). Und wir setzen uns ein für eine Globalisierung der Menschenrechte, zu denen auch das Recht auf Nahrung für

alle Menschen gehört. Was wir ablehnen, ist die einseitige Globalisierung der Güter- und Finanzmärkte, die in erster Linie die Interessen der großen Konzerne aus den Industrieländern bedient. Unser Engagement ist alles andere als frustrierend: Globalisierungskritik ist längst in der Mitte der Gesellschaft angekommen. Selbstverständlich sind wir noch weit entfernt von der *anderen Welt*, die wir uns wünschen. Aber wir haben Erfolg – nicht immer, aber immer öfter. So sind beispielsweise gerade die Gespräche der Welthandelsorganisation WTO in Genf geplatzt, bei denen die Industrieländer die Entwicklungsländer zwingen wollten, ihre Märkte noch stärker für Produkte aus dem Norden zu öffnen. Die Leidtragenden wären vor allem die Kleinbauern in diesen Ländern gewesen – und damit große Teile der dortigen Bevölkerungen. Denn die Kleinbauern sind es, die die Ernährung der Bevölkerung in den Entwicklungsländern sicher stellen, nicht die großen, für den Export produzierenden Agrarkonzerne. Solche Nachrichten beflügeln und motivieren zum Weitermachen. Denn wir wissen: ›Eine andere Globalisierung ist möglich‹ (Attac-Slogan).«

Prof. Dr. Henning Klodt, Leiter des Zentrums Wirtschaftspolitik beim Kieler Institut für Weltwirtschaft, hingegen ist der Meinung, es bringe auch jedem Einzelnen Vorteile, sich für eine Globalisierung stark zu machen: »Schon Adam Smith wusste: Nicht Rohstoffe oder Maschinen, sondern die Arbeitsteilung zwischen Menschen ist die wesentliche Quelle wirtschaftlichen Wohlstands. Die Globalisierung trägt maßgeblich zum Wohlstand bei, und zwar nicht nur in Deutschland und anderen hochentwickelten Ländern, sondern auch und gerade in den Schwellenländern, die in den vergangenen Jahren beachtliche Erfolge in der Armutsbekämpfung erzielt haben. Wenn wir heute alle Textilien, Schuhe und andere Importwaren in Deutschland selbst herstellen wollten, wären wir wesentlich ärmer, und auch die Beschäftigungschancen im Lande wären deutlich schlechter.«

Wofür brauchen wir die UNO?

Die Vereinten Nationen (engl.: United Nations Organization, kurz UNO) ist die wichtigste politische Institution der Welt. Oder möglicherweise auch bloß ein sinnloser Laberclub. Darüber gehen die Meinungen auseinander.

Weltfrieden – ein tolles, schwieriges Ziel. Den Frieden zwischen allen oder zumindest möglichst vielen Ländern der Welt zu erhalten oder zu schaffen ist die Aufgabe der UNO. Sie wurde direkt nach dem Ende des Zweiten Weltkriegs 1945 in San Francisco gegründet und steht »allen friedliebenden Staaten« offen. Bundesrepublik und DDR wurde 1973 Mitglieder. Heute sind 192 Staaten dabei. Das sind beinahe alle Staaten der Welt. Nur der Vatikan (wo der Papst wohnt) und einige Länder, die nicht allgemein anerkannt werden, machen nicht mit.

Somit hat die UNO ihr wichtigstes Etappenziel schon mal erreicht: Alle Staaten an einen Verhandlungstisch zu bringen. Das ist schon eine tolle Sache und war in der Zeit des Kalten Krieges zwischen Ost und West nicht selbstverständlich. Zugleich zeigt sich hier der größte Nachteil: So viele Leute können sich im Grunde nie wirklich auf etwas einigen. Außerdem hat die UNO nur so lange etwas zu sagen, wie alle mitmachen. Die Vereinten Nationen können nicht besser oder friedlicher sein als ihre 192 Mitglieder. Sie sind keine Weltregierung und keine Weltpolizei. Selbst ihre Blauhelmtruppen muss sich die UNO jedes Mal mühsam bei den Mitgliedstaaten zusammenbetteln. Ein eigenes Heer hat sie nicht, und auch kein Gefängnis, in das man die Bösewichte dieser Welt einfach so einsperren könnte. Allerdings betreibt die UNO mit dem Internationalen Gerichtshof in Den Haag inzwischen ein bisschen so etwas wie ein Weltgericht, vor dem Kriegsverbrecher angeklagt werden können. Und wenn sich die Mehrheit der Staaten einig ist, kann die UNO zum Beispiel auch helfen, Friedensverhandlungen zu führen.

Deswegen ist die UNO einerseits sehr mächtig, andererseits aber nahezu machtlos. Sie ist ein Instrument, das die Mitgliedstaaten nutzen können, wenn sie wollen. Und sie ist eine moralische Instanz. Denn natürlich will keiner vor dem Rest der Welt als Miesmacher dastehen und offen zugeben, gegen den Weltfrieden zu sein. Oder gegen die gerechtere Verteilung von Reichtum. Oder gegen Klimaschutz. Darum kann der Generalsekretär der Vereinten Nationen in Krisen auch Druck machen: Wenn er eine Rede hält, hören alle sehr aufmerksam zu. Von ihm kritisiert zu werden, kann unangenehm sein.

Seit 2007 ist der Südkoreaner Ban Ki Moon Generalsekretär der UNO; zuvor war es von 1997 bis 2006 der Ghanaer Kofi Annan. Der wurde mit dem Friedensnobelpreis ausgezeichnet und galt als harter Kritiker von Militäreinsätzen und Menschenrechtsverletzungen. Nachfolger Ban Ki Moon schien anfangs einen etwas anderen Kurs zu fahren und wirkt im Moment noch etwas blass. Aber das kann sich auch noch ändern.

Schluss mit der Schießerei! Das ist die Botschaft des Friedenssymbols des schwedischen Künstlers Carl Fredrik Reuterswärd vor dem Hauptgebäude der UNO in New York.

Die UNO sind die wichtigste »multilaterale« Organisation überhaupt. Multilateral heißt wörtlich »vielseitig« (im Lateinischen ist »latus« die Seite) und bedeutet, dass mehrere Staaten kooperativ Diplomatie betreiben, also bewusst höflich und quasi gleichberechtigt miteinander umgehen, auch wenn ihnen gerade nicht danach zumute ist und auch wenn sie unterschiedlich mächtig sind. Als »bilateral« (»zweiseitig«) bezeichnet man Vereinbarungen zwischen nur zwei Staaten oder zum Beispiel einem Staat und einer Organisation (wie die Verträge zwischen Schweiz und EU). »Unilateral« (»einseitig«) ist, wenn ein Staat ohne Rücksicht auf andere handelt.

Um den Frieden weltweit zu sichern oder herzustellen, verfolgt die UNO mehrere Wege. Die wichtigsten sind:

- das Lösen von auftretenden Konflikten auf diplomatischem Wege (statt durch Krieg);
- vorbeugende Diplomatie, um Streitigkeiten gar nicht erst eskalieren zu lassen;
- die Herstellung oder Sicherung von Frieden durch die UNO-Blauhelmtruppen (sie müssen von allen Beteiligten beauftragt werden und strikt neutral handeln);
- das Erreichen humaner Lebensbedingungen weltweit (denn wo keine Not herrscht, sind Kriege und Unruhen unwahrscheinlicher).

Die UNO unterscheidet sich insofern deutlich von einem Verband wie der Europäischen Union. Die ist zwar auch für Frieden und Sicherheit. Sie hat aber vor allem das Ziel, die wirtschaftlichen Lebensbedingungen der Menschen in ihren Mitgliedsstaaten zu verbessern. Die EU steht auch bewusst gar nicht allen Ländern der Welt offen, sondern nur denen Europas. Die UNO hingegen bemüht sich, alle unter einen Hut zu bekommen und das »große Ganze« zu sehen. Dabei bleibt die

Die UNO und die Kubakrise

Die UNO war immer wieder Bühne des Ost-West-Konflikts. Auf einer UNO-Vollversammlung 1960 bekam der russische Ministerpräsident Nikita Chruschtschow bei einer Debatte über US-Spionageflugzeuge sogar einen Wutanfall und hämmerte mit seinem Schuh aufs Rednerpult. Heute heißt es, das Ganze wäre bewusst inszeniert gewesen und Chruschtschow hätte sogar einen Extraschuh für die Showeinlage mitgebracht. Immer wieder wurde die UNO durch den Ost-West-Konflikt gelähmt. Erst seit dem Zerfall des Ostblocks konnten die Vereinten Nationen wirklich mit vereinter Kraft agieren.

Zwischen Chruschtschow und dem US-Präsidenten John F. Kennedy kam es nur zwei Jahre später zur Kubakrise, die beinahe einen Dritten Weltkrieg ausgelöst hätte. Die beiden Supermächte USA und UdSSR hatten haufenweise Langstrecken-Atomraketen auf den jeweiligen Gegner gerichtet. 1962 dann schaffte die Sowjetunion heimlich Soldaten und Raketen nach Kuba – eine kommunistisch regierte Insel, die nicht weit von Florida entfernt ist. Diese Raketen hätten in wenigen Minuten beispielsweise die US-Hauptstadt Washington auslöschen können. Daraufhin bringen die Amerikaner 200 Kriegsschiffe direkt vor der Küste Kubas in Stellung. Der Streit wird immer schlimmer, auch die Vermittlungen der UNO scheitern. Letztlich aber einigen sich USA und Sowjetunion auf Raketenabbau in verschiedenen Ländern und die Seeblockade Kubas wird aufgehoben. Es ist zumindest nicht auszuschließen, dass die offizielle Verpflichtung der beiden UNO-Mitgliedsstaaten zur Erhaltung des Weltfriedens am Ende auch eine Rolle gespielt haben mag. Der UN-Generalsekretär half hinter den Kulissen, Kommunikationswege zwischen Washington und Moskau aufrechtzuerhalten. Auch der Papst vermittelte. Direkte Konsequenz der Kubakrise waren erste Verhandlungen zur Rüstungskontrolle sowie die Verbesserung der direkten Kommunikation zwischen den Regierungen, um Missverständnisse zu vermeiden.

spiel um gemeinsam den Iran dafür zu bestrafen, dass er vermutlich an einer eigenen Atombombe bastelt, was die meisten anderen Staaten verdammt gefährlich finden. Wenn die UNO hingegen aus Sicht des mächtigen Amerika nicht nützlich, sondern lästig ist, dann ist ganz schnell Schluss mit lustig. Als sich zum Beispiel die Mehrheit der UNO-Staaten gegen den Einmarsch der USA im Irak aussprachen und UN-Generalsekretär Kofi Annan sogar sagte, ein solcher Einmarsch ohne UN-Mandat sei »illegal«, da kochte die US-Regierung vor Wut. Präsident Bush zischte Kofi Annan an, dass die UNO »irrelevant« sei. Etwas Schlimmeres hätte er dem UN-Generalsekretär nicht an den Kopf werfen können. Inzwischen hat bei den USA aber wieder ein Umdenken begonnen. Washington besinnt sich darauf, dass man gemeinsam doch oft stärker ist und es von Vorteil sein kann, mit den anderen in der UNO zusammenzuarbeiten, statt die Weltorganisation zu ignorieren. Aber das Jammern darüber, dass die UNO zuviel Geld von den USA bekäme, wird über kurz oder lang sicher auch wieder zu hören sein.

Zur UNO gehören außerdem eine Menge anderer Organisationen mit UN am Anfang: das Kinderhilfswerk Unicef, die Flüchtlingshilfe UNHCR, das Umweltprogramm UNEP, die Kulturschützer UNESCO. Das Welternährungsprogramm beispielsweise aber heißt bloß WFP, ohne UN vorne.

Souveränität der einzelnen Staaten aber oberstes Gebot und unangetastet. Im Gegensatz zur EU darf die UNO keine Gesetze erlassen und mischt sich nicht in die Innenpolitik ein. Die UNO interessiert sich einzig und allein dafür, dass jeder Staat sich allen anderen gegenüber anständig verhält.

Und wer bezahlt das alles?

Finanziert wird die UNO durch Beiträge der Mitgliedsstaaten. Die ärmsten zahlen 10 000 Dollar, die USA 250 Millionen. 47 Staaten leisten 99 % der Beiträge; die drei größten Zahler sind die USA, Japan und Deutschland. Deutschland zahlte im Jahr 2005 beispielsweise 156 Millionen Dollar Mitgliedsbeitrag und trug inklusive der Gelder für angegliederte Organisationen und Programme satte 900 Millionen Euro zur Finanzierung von UNO und UNO-Aktivitäten bei. Am meisten aber zahlen die USA, offiziell über 20 Prozent des UN-Haushalts, wegen etlicher Sonderzahlungen sind es noch deutlich mehr. Das führt immer wieder zu Streit und Vorwürfen seitens amerikanischer Politiker. Wenn die USA von der UNO kritisiert werden, reagieren sie schnell beleidigt, nach dem Motto: »Wir zahlen euch doch nicht das viele Geld, damit ihr ausgerechnet uns anmeckert.«

Wie andere Großmächte auch sind die USA der Ansicht, dass die UNO nützlich sein kann, zum Bei-

Endlich wieder Freunde: die USA und der Rest der Welt

Ex-Präsident George W. Bush war am Ende seiner Amtszeit wahnsinnig unbeliebt. Man darf aber hoffen, dass sich das Verhältnis Welt/USA jetzt wieder bessert. Viele Millionen Menschen jedenfalls hatten Tränen in den Augen, als Barack Obama nach seinem Wahlsieg vor seine jubelnden Anhänger trat. In der Nacht des 4. November 2008 stand er in seiner Heimatstadt Chicago vor Tausenden ergriffenen Menschen und hielt seine erste Rede als künftiger Präsident. Er versprach, ein ganz neuer Typ Politiker zu sein. »Yes we can« – wir schaffen es – war sein Wahlkampfslogan gewesen, nun riefen die Massen: »Yes we did« – wir haben es geschafft! Tatsächlich hat Barack Obama schon jetzt Ungeheuerliches geschafft: Er ist der erste schwarze Präsident der Vereinigten Staaten. Dabei ist es gerade mal 45 Jahre her, dass Bürgerrechtler Martin Luther King eine weltberühmte Rede hielt, in der er von seinem Traum sprach: »I have a dream«, rief er – »ich habe den Traum, dass meine schwarzen Kinder eines Tages zusammen mit weißen Kinder werden spielen können!« Denn das war damals in Amerika noch undenkbar. Noch in den fünfziger Jahren mussten Afroamerikaner im Bus hinten einsteigen und ihren Platz freimachen, wenn Weiße einstiegen. Wenn sich ein schwarzer Mann in eine weiße Frau verliebte, machte er sich strafbar. Die Zeit der Sklaverei war zwar vorbei, aber die der Rassendiskriminierung noch lange nicht – und das ist sie auch bis heute noch nicht, auch wenn Schwarz und Weiß vor dem Gesetz gleichgestellt sind.

Wegen dieses unterschwelligen Rassismus waren viele skeptisch, ob Obama es tatsächlich schafft, auch von genügend weißen Amerikanern gewählt zu werden. Gerade Afroamerikaner zweifelten daran, sie trauten ihren weißen Mitbürgern das nicht zu. Doch Obama hat es geschafft. Und jetzt werden schwarze Kinder im Garten des Weißen Hauses spielen, und viele Afroamerikaner haben zum ersten Mal das Gefühl: Jetzt kann ich meinen Kindern sagen, dass auch sie alles erreichen können in diesem Land.

Doch Obama war nicht nur Hoffnungsträger der Afroamerikaner. Er war auch der Liebling der Jungwähler. Ein wichtiger Teil des Wahlkampfs fand im Internet statt. Viele Erstwähler sind nur seinetwegen überhaupt zur Wahl gegangen, ansonsten wären sie achselzuckend zu Hause geblieben. Doch Barack Obama hatte sie begeistert wie ein Popstar. Nach seinem Wahlsieg wurde in amerikanischen Städten auf den Straßen gefeiert wie bei uns im Karneval.

Seit Januar 2009 regiert erstmals ein Schwarzer die Vereinigten Staaten von Amerika. Am 4. November 2008 gewann Barack Obama die Präsidentschaftswahlen. Rechts außen seine Frau Michelle, zwischen ihnen die Töchter Malia Ann (in rot) und Natasha.

Die ganze Welt hatte darauf gewartet, dass die Amtszeit von George Bush endlich endet. Er hatte sein Volk belogen und das Land heruntergewirtschaftet. Bush hat Amerika in den Irak-Krieg hineingeführt, der auch mehrere Tausend seiner eigenen Landsleute das Leben gekostet hat. Die Welt erhofft sich daher von Obama, dass er die Wirtschafts- und Finanzkrise in den Griff bekommt, die Sozialpolitik Amerikas radikal ändert, den Irak-Krieg auf kluge Weise beendet, den Afghanistan-Krieg gewinnt, den Terrorismus bekämpft, ohne sich dabei neue Feinde zu machen, die Welt insgesamt versöhnt, die Meinungen anderer Länder respektiert, den Klimaschutz maßgeblich vorantreibt ... Doch Obama ist kein Magier und keine Heilsgestalt, er kann nicht wie Jesus in der Bibel übers Wasser gehen. Schon in der Wahlnacht begannen in deutschen Fernsehstudios und Zeitungsredaktionen deshalb ernste Diskussionen darüber, ob der neue Präsident am Ende nicht viele enttäuschen wird. Man fragte sich auch, ob sein Wahlsieg aus deutscher Sicht nicht sogar eher schlecht sei, weil er wahrscheinlich verlangen wird, dass mehr deutsche Soldaten in Afghanistan gegen die terroristischen Taliban kämpfen.

Die besondere Fähigkeit Obamas, Menschen zu begeistern, ruft naturgemäß Skeptiker auf den Plan, die warnend den Zeigefinger heben. Sie befürchten, er mache »zu viel Show« und habe »zu wenig Substanz«. Man wird sehen. Ihn in den nächsten Jahren zu beobachten, wird jedenfalls sehr spannend sein. Und einen Hoffnungsträger zu haben, so wie es der frühere Präsident John F. Kennedy für die junge Generation in den Sechzigerjahren war, ist doch eine schöne Sache. Viele junge Amerikaner haben durch ihn erstmals Spaß an Politik – das allein wird vieles in Bewegung setzen und möglich machen.

Wie ist die UNO organisiert?

Die Vereinten Nationen haben natürlich einen Haufen Gremien, Abteilungen, Räte, Gruppen. Die wichtigsten sind:

- Der Sicherheitsrat, der sich kurzfristig in Krisenfällen einmischen kann und der versucht, Kriegsverbrecher zur Verantwortung zu ziehen (um für Gerechtigkeit zu sorgen und die nächsten vielleicht abzuschrecken). Im Sicherheitsrat sitzen die Länder, die nach dem Zweiten Weltkrieg die größten und mächtigsten Länder der Welt waren und Atomwaffen hatten: USA, Russland (früher: Sowjetunion), China, England und Frankreich. Das sind die fünf ständigen Mitglieder des Sicherheitsrats. Sie müssen alle fünf zustimmen, sonst kann der Rat keine Entscheidung treffen. Im UN-Jargon in New York nennt man sie die P5, die »permanenten fünf«. Jedes dieser fünf Länder hat ein Vetorecht: stimmt es nicht zu, ist der ganze Vorschlag im Papierkorb. »Veto« heißt: dagegen sein, Nein sagen (lateinisch: vetare = verbieten). Es gibt außerdem noch zehn weitere Mitglieder des Sicherheitsrats, die wechseln aber regelmäßig und heißen deshalb »nichtständige« Mitglieder. Sie sind nicht so wichtig.

Wichtig sind nur die ständigen Mitglieder, die fünf Großmächte also. Ohne sie und gegen sie können weder wirtschaftliche Strafen verhängt noch Friedenssoldaten irgendwohin geschickt werden. Sie müssen sich also einig sein. Was sie nur sehr selten sind. Aber das ist dann nicht die Schuld der UNO, sondern spiegelt die Interessen und Machtverhältnisse in der Welt wider. Dafür, dass im Sicherheitsrat Frankreich und Großbritannien sitzen, Deutschland oder Spanien hingegen nicht, gibt es heute eigentlich keine guten Gründen mehr. Das stammt eben noch aus der Zeit kurz nach dem Zweiten Weltkrieg, als Frankreich und Großbritannien zu den »Siegermächten« gehörten. Und jetzt wollen sich Franzosen und Briten dieses Privileg natürlich nicht mehr wegnehmen lassen. Besser wäre es vielleicht, wenn eines Tages Europa einen gemeinsamen ständigen Sitz im Sicherheitsrat hätte, doch dann müssten die Europäer erstmal auch untereinander stets einig sein – und davon sind sie im Moment noch weit entfernt.

- Die Generalversammlung, in der alle Staaten vertreten sind und jeder Staat eine Stimme hat. Der kleine Inselstaat Palau mit 20 000 Einwohnern hat dort das gleiche Gewicht wie China mit 1,3 Milliarden Einwohnern. Jeder

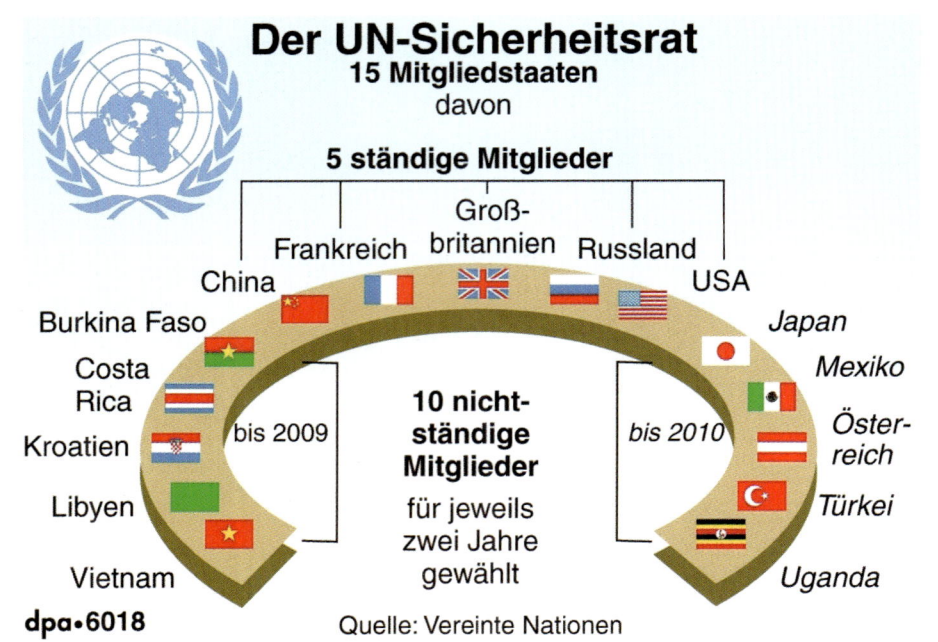

Der UN-Sicherheitsrat
15 Mitgliedstaaten
davon

5 ständige Mitglieder

Groß-
Frankreich britannien Russland
China USA
Burkina Faso Japan
Costa Rica Mexiko
Kroatien Öster-reich
Libyen Türkei
Vietnam Uganda

bis 2009 · **10 nicht-ständige Mitglieder** für jeweils zwei Jahre gewählt · bis 2010

dpa•6018

Quelle: Vereinte Nationen

Deutschland bemüht sich schon lange um einen festen Sitz im Sicherheitsrat der UN. Bisher vergeblich.

darf sich dort also gleich wichtig fühlen. Allerdings wird über die wirklich entscheidenden Dinge, nämlich Krieg oder Frieden, in der Generalversammlung nicht abgestimmt. Dafür gibt's ja den Sicherheitsrat. Die Generalversammlung hält einmal im Jahr eine Versammlung ab, vor der dann alle Staatenführer große Reden schwingen können und sich so richtig die Meinung sagen dürfen, was ziemlich spannend sein kann. Außerdem betreibt die Generalversammlung (also alle Staaten zusammen) zahllose Einzelprogramme, von Flüchtlingshilfe über Umweltschutz bis Aids-Bekämpfung.

- Der Generalsekretär: Er (bisher waren es nur Männer) ist das einzige bekannte Gesicht der Vereinten Nationen. Er kann als Diplomat sehr hilfreich sein und gilt als derjenige, der das Weltgewissen hochhält, also auf Armut und Ungerechtigkeit hinweist. Der Generalsekretär wird vom Sicherheitsrat ausgewählt, er muss also die Zustimmung aller ständigen Mitglieder (der Großmächte) haben. Und dann muss auch noch die Generalversammlung zustimmen. Zur Zeit heißt der Generalsekretär Ban Ki Moon. Sein Vorgänger war Kofi Annan.
- Der Wirtschafts- und Sozialrat, der u.a. über die Einhaltung der Menschenrechte wacht.
- Der Internationale Gerichtshof; hier können Staaten ihre Streitigkeiten klären lassen. Der Internationale Gerichtshof ist das einzige UNO-Hauptorgan, das nicht in New York sitzt, sondern im niederländischen Den Haag. Alle Staaten unterwerfen sich mit einer UNO-Mitgliedschaft freiwillig der Rechtsprechung des »IGH«. Wichtiger als dessen Urteile sind jedoch seine Rechtsgutachten zum Völkerrecht. Außerdem sitzt in Den Haag auch noch ein UN-Kriegsverbrechertribunal, vor dem ehemalige Diktatoren und Kriegsherren angeklagt

werden können, wie zum Beispiel der frühere serbische Präsident Slobodan Milosevic.

Welche Druckmittel stehen den Vereinten Nationen zur Verfügung?

Kurz gesagt reichen die Druckmittel von »ins Gewissen reden« bis zu »Soldaten schicken«. Also von Worten bis Waffengewalt. Neben öffentlicher Empörung und stillem diplomatischem Druck hinter den Kulissen sind wirtschaftliche Sanktionen das wichtigste Druckmittel der UNO. Das bedeutet, es wird ein Handels-»Embargo« verhängt – Waren aus dem betroffenen Land werden nicht eingekauft und es werden auch keine Dinge dorthin geliefert. Ein »Teil-Embargo« kann zum Beispiel heißen, dass eine streitlustige Regierung keine Waffenlieferungen erhält. Ein vollständiges Embargo hat zum Ziel, die Regierung unter Druck zu setzen. Denn von wirtschaftlichen Einschränkungen ist immer auch die Bevölkerung betroffen, weil die Menschen weniger verdienen oder bestimmte ausländische Waren nicht mehr kaufen können. Man hofft, dass die Regierung deshalb nachgibt, um einen Aufstand zu vermeiden. Beispielsweise wurde auf diese Weise die rassistische Apartheid-Regierung in Südafrika seit 1977

Hier geht es jedes Mal um Krieg und Frieden

Der berühmte Versammlungsraum des stolzen »Weltsicherheitsrat« sieht in Wirklichkeit ziemlich altmodisch und renovierungsbedürftig aus, als sei da seit den Fünfzigerjahren nicht mal die Tapete erneuert worden. Alles in allem nicht sehr beeindruckend und ziemlich düster. Trotzdem ist dieser Raum immer wieder Schauplatz aufregender Sitzungen, die in die Geschichtsbücher eingegangen sind. Denn es ist der Ort, an dem sich die Mächtigen der Welt an einem Tisch gegenübersitzen und sich oft auch direkt die Meinung sagen. Was äußerst ungemütlich werden kann. Zuletzt war das zum Beispiel 2003 so, als sich Amerika um die Zustimmung der UNO zum Irak-Krieg bemühte. Washington war es nämlich durchaus nicht egal, ob der Rest der Welt dafür oder dagegen war. Man wollte den Segen der UNO haben. So wie es zwölf Jahre zuvor gewesen war. 1990 war nämlich schon mal eine gemeinsame Truppe unter Führung der USA gegen den Irak in den Krieg gezogen, nachdem der irakische Diktator Saddam Hussein seinen kleinen Nachbarn Kuwait überfallen hatte. Damals war sich die ganze Welt einig

gewesen, dass es gut ist, wenn die USA den Kuwaitern helfen und Saddam Hussein in seine Schranken weisen. Selbst Russland war damals dafür, und so stimmte der UNO-Sicherheitsrat dem Krieg zu. Doch zwölf Jahre später war die Situation eine andere. Die meisten Länder fanden zwar sehr wohl, dass der irakische Diktator Saddam Hussein ein schrecklicher und grausamer Mann ist. Aber sie glaubten nicht, dass der Irak tatsächlich Atomwaffen hatte, und sie waren auch nicht der Ansicht, dass ein Krieg gegen Hussein die Welt sicherer machen würde. Colin Powell, damals Außenminister der USA, saß deshalb am 5. Februar 2003 im Sicherheitsrat wie ein Staubsaugervertreter und versuchte, die Kriegspläne seines Landes anzupreisen und die anderen Staaten davon zu überzeugen. Er projizierte Bilder mit einem Overhead-Projektor auf eine Leinwand, auf der man angebliche geheime Waffenlager des Iraks sah, und zitierte aus angeblichen Abhörprotokollen der Geheimdienste. Von der Pressetribüne aus konnte man beobachten, wie unwohl er sich dabei fühlte. Und man konnte auch sehen, wie unwohl sich die anderen Außenminister alle fühlten. Der damalige deutsche Außenminister Joschka Fischer hatte seine Stirn noch mehr in

boykottiert, bis der Freiheitskämpfer Nelson Mandela 1990 aus dem Gefängnis entlassen wurde und 1994 ein politischer Umbau begann. Leider werden solche Wirtschaftssanktionen (»Sanktion« heißt Strafe) oft heimlich unterlaufen, weil die »bösen« Staaten für die begehrten Güter richtig gut zahlen. Es gibt auch diplomatische Boykotte: Dann werden zum Beispiel Botschafter und Diplomaten ausgewiesen oder man verhängt über eine Regierung ein

Amerikanische Soldaten im UN-Auftrag in Somalia. Sie sollten dort 1992 den Bürgerkrieg beenden. Das misslang jedoch, auch ein zweiter Einsatz 1995 scheiterte. Mittlerweile geht es etwas ruhiger zu, aber noch immer herrscht kein Frieden.

Falten gelegt als sonst. Der Franzose Dominique de Villepin klackerte ständig mit seinem Kugelschreiber und schüttelte immer wieder den Kopf.

Eine Woche später, bei der nächsten Sicherheitsratssitzung, hielt der französische Außenminister dann eine flammende Rede gegen diesen Krieg, die von der Tribüne mit lautem Applaus bedacht wurde, was im Sicherheitsrat sonst absolut unüblich ist. Jahre später stellte sich heraus, dass die »Beweise« von Colin Powell tatsächlich gar keine waren, sondern bloß falsche Behauptungen. Powell selbst sprach im Nachhinein davon, dass diese Stunde im Sicherheitsrat der »Schandfleck« seiner Karriere gewesen sei. Ein Auftritt, den er gern ungeschehen machen würde. Die internationalen Beziehungen sind damals dann auf einen Tiefpunkt gesunken: auf der einen Seite standen die USA und Großbritannien, auf der anderen Seite Russland, China und große Teile Westeuropas, allen voran Deutschland und Frankreich. Viele Osteuropäer wiederum stellten sich an die Seite Amerikas. All das hat der Welt nicht gutgetan. Die Schuld der UNO war das aber nicht. Immerhin bot sie den Raum, in dem man noch miteinander redete und diskutierte. Allein dafür müsste man die UNO erfinden, wenn es sie nicht schon gäbe.

Colin Powell präsentierte 2003 im UN-Sicherheitsrat seine »Beweise« für Massenvernichtungswaffen im Irak. Alles gefälscht, wie sich später herausstellte.

Reiseverbot. Sie kann dann in kein anderes UNO-Land einreisen. Das ist besonders unangenehm für die Ehefrauen reicher Diktatoren, die dann nicht zur Modewoche nach Paris reisen können. Im schlimmsten Fall könnte die UNO sich entschließen, sogar einen Krieg gegen ein Mitgliedsland zu führen. Entweder würden dann UNO-Truppen geschickt. Oder die UNO kann einen solchen Einsatz »absegnen« und andere erledigen ihn dann im Auftrag der UNO. Das nennt man dann ein UNO-Mandat. So lief das zum Beispiel 1992 im afrikanischen Somalia. Die Amerikaner sind dort im Auftrag der UNO hingeflogen, um den schrecklichen Bürgerkrieg im Auftrag der Vereinten Nationen zu beenden. Leider ist das jedoch bis heute nicht gelungen.

Echte Strafen kann die UNO kaum verhängen und sie kann sie gegen »Übeltäter« auch nur schwer durchsetzen. Sie kann nur handeln, wenn sich die Großmächte im Sicherheit und die Mehrheit ihrer Mitglieder einig sind, und wenn auch genügend Länder bereit sind, dafür Geld auszugeben oder sogar das Leben eigener Soldaten zu riskieren. Den Vereinten Nationen geht es insofern ein bisschen wie einem Staat: Alle schimpfen auf die UNO und fragen sich dabei gar nicht, auf wen sie da eigentlich schimpfen. Wer ist denn »der Staat«? Alle Steuerzahler, alle Staatsbürger. Und wer sind »die Vereinten Nationen«? Alle Nationen dieser Welt. Oder, wie der Generalsekretär Kofi Annan einmal sagte: »Ich habe bei allem, was ich tue, 192 Herren.«

Welche Staaten sind derzeit die mächtigsten der Welt?

Früher gab es »Ost« und »West« – das heißt, die USA und Westeuropa auf der einen Seite sowie Russland und Osteuropa auf der anderen Seite. Gibt es heutzutage ebensolche Fronten, und wenn ja, welche?

Großes Feuerwerk zum Beginn der Olympischen Spiele 2008 im neu erbauten Nationalstadion in Peking. China ist auf dem Weg zur Großmacht.

Der »Kalte Krieg« ist zwar vorüber, aber dennoch herrscht kein stabiler Frieden auf der Welt. Stets sind alle Regierungschefs auf ein Gleichgewicht der Macht bedacht. Und das ist auch gut so. Hat einer zuviel Macht, bildet sich dagegen Gegenmacht. Das ist allerdings heute nicht mehr so überschaubar wie noch vor zwanzig Jahren. Zumal es so viele verschiedene Interessen gibt.

Beispielsweise bezieht Deutschland viel Erdgas aus Russland. Das kommt zwar offiziell von einer Firma und nicht von der Regierung. Aber so wirklicht traut »den Russen« dennoch keiner. Die Befürchtung, ein russischer Regierungschef könnte einfach den Gashahn zudrehen, steht immer wieder mal im Raum. Und weil Russland politisch gern mehr zu melden hätte, sind Männer wie Ministerpräsident Wladimir Putin und sein Kumpel, Präsident Dmitri Medwedjew, auch nicht daran interessiert, das Misstrauen auszuräumen. Im Gegenteil: Ein paar kleine Drohgebärden hier und da erscheinen ihnen ganz hilfreich. Zumal sich Moskau seinerseits vom Westen provoziert fühlt.

Außerdem verfügt Russland nach wie vor über Atomwaffen, ebenso

Im November 2003 war Vladimir Putin (l.) noch russischer Präsident und Dmitri Medwedjew hielt als Stabschef im Kreml die Fäden zusammen. Mittlerweile ist Medwedjew Präsident und Putin ist Ministerpräsident und damit Vorsitzender der russischen Regierung.

wie die USA, aber mittlerweile auch China. Alle Beteiligten wissen, wenn sie angreifen, wird zurückgeschossen. Also lassen sie es, weil der eigene Schaden so groß wäre. Und der politische Streit zwischen USA und Russland ist wohl tatsächlich Vergangenheit. Dafür aber sind mittlerweile die wirtschaftlichen Probleme größer geworden. Immer mehr Waren werden in China oder Indien produziert, immer mehr Rohstoffe kommen aus Russland – immer abhängiger werden Europa und die USA von diesen Ländern. Abhängigkeit aber führt nach einiger Zeit zu höheren Preisen. Und fühlt sich auch nicht gut an.

Umgekehrt gibt es immer noch eine kulturelle und finanzielle Überlegenheit von EU und USA. Hier werden die meisten Filme gedreht, die weltweit Erfolg haben und eine westliche Lebensart zeigen. Und weil USA und EU einen Großteil aller Hilfsmaßnahmen und politischen Gremien finanzieren, haben sie dort natürlich auch viel zu sagen.

Es ist also nicht ganz leicht herauszufinden, welche Nationen die mächtigsten sind, und es kommt auch darauf an, was einem am wichtigsten ist. Beispielsweise hat sich Deutschland lange gegen Umweltschutzmaßnahmen gesträubt. Aber mittlerweile haben wir eine Vorbildrolle eingenommen. Das allein reicht nicht, um die Klimakatastrophe zu verhindern. Es übt aber moralischen Druck auf die anderen Umweltsünder aus. So steht Deutschland zum Beispiel aktuell auf Platz 13 der Umweltsünder, aber auf Platz 1, was die Verbesserungen in diesem Bereich angeht.

Immer wieder versuchen Fachleute, die verschiedenen Faktoren wie Wirtschaftskraft, diplomatische Beziehungen, Ausgaben für Außenpolitik, soziale Stärke, kulturelle Kraft usw. zu einer Hitliste zusammen zu fassen. Anfang 2004 sah die laut US-Magazin »Newsweek« so aus:

- USA: Schwächen im Umweltschutz und beängstigend große Abhängigkeit von Öllieferungen, aber immer noch der wichtigste, mächtigste und finanzstärkste Staat der Welt;
- Deutschland: in keinem Bereich Nummer 1, aber insgesamt stark, auch wegen großer Bevölkerungszahl und strategischer Lage mitten in Europa;

Im weltweiten Orchester der Wirtschaftsmächte spielt Brasilien immer lauter mit. Der steigende Energiebedarf wird auch durch Wasserkraft gedeckt, zum Beispiel durch dieses Kraftwerk in Foz de Iguaçu.

UdSSR, Sowjetunion, Russland und der Ostblock

»UdSSR« heißt Union der Sozialistischen Sowjetrepubliken. Sie wurde 1922 gegründet und 1991 aufgelöst. Die UdSSR bestand aus Russland sowie den baltischen Staaten Estland, Lettland, Litauen und etlichen Gebieten, die eigentlich zu Polen, Finnland, der Tschechoslowakei u.a. gehörten. Die UdSSR war der größte Staat der Erde. Oft wurde die UdSSR fälschlich vereinfacht als »Russland« bezeichnet. »Sowjet« ist das russische Wort für »Rat« und war die Bezeichnung für basisdemokratische Verwaltungsorgane. Die 1936 von Stalin eingeführten Gremien hießen ebenfalls »Sowjets«, hatten aber nichts zu sagen.

Gemeinsam mit der UdSSR bildeten Polen, die DDR, die Tschechoslowakei, Ungarn und Bulgarien den »Ostblock«. Das waren Staaten, die sich zum »Warschauer Pakt« zusammengeschlossen hatten, einer Art Anti-NATO. Zeitweise waren auch Rumänien und Albanien dabei; Jugoslawien wurde oft dazugerechnet, war offiziell jedoch nie Mitglied. Heutzutage ist Russland ein eigenständiges Land, Estland, Lettland, Litauen und zahlreiche andere Gebiete ebenfalls. Russland allein ist immer noch der flächengrößte Staat der Erde. Es verfügt über große Mengen Rohstoffe, beispielsweise stammt viel deutsches Erdgas von dort. In der »Gemeinschaft unabhängiger Staaten« (GUS) haben sich Russland und zahlreiche ehemalige Republiken der UdSSR zusammengefunden: Armenien, Aserbaidschan, Georgien, Kasachstan, Kirgisistan, Moldawien, Tadschikistan, Turkmenistan, die Ukraine, Usbekistan, Weißrussland. Georgien hat seinen Austritt angekündigt und auch die anderen verstehen sich nicht immer besonders gut.

In Russland weiß man zur Zeit noch nicht mal so genau, wer eigentlich regiert. Ist es der frühere Präsident Putin, der jetzt Ministerpräsident ist? Oder der neue Präsident Medwedjew? Die meisten meinen,

- Frankreich: nur knapp hinter dem ehemaligen Rivalen Deutschland;
- Großbritannien: hohe militärische Schlagkraft, aber zur Zeit schlappe Wirtschaft;
- Japan: diplomatisch schwach, aber Stärken durch Investitionen in Spielfilme und Games, die unser Weltbild prägen.

Danach folgen China, Kanada, die Niederlande, Norwegen, Schweden. China stand schon vor fünf Jahren recht weit vorn im Ranking, weil es eine wachsende Wirtschaft, ein starkes Militär und eine riesige Bevölkerung hat, und hat seitdem sicher noch aufgeholt. Russland und Indien waren nicht unter den Top Ten. Russland, weil das Land (noch) zu arm und politisch zu unberechenbar ist; Indien, weil die Landbevölkerung immer noch hungert. Beide haben aber gute Chancen aufzusteigen.

Russland übrigens zählen andere Experten gerade wegen der politischen Unzuverlässigkeit zu den derzeit mächtigsten Nationen – weil keiner wieder Streit mit Russland will, können die Politiker sich fast alles leisten und hohe Forderungen stellen. Und es besteht die Befürchtung, dass China sich in eine ebensolche Richtung bewegt. Nicht unwichtig auf der Weltbühne ist Brasilien, das größte Land Südamerikas. Die Wirtschaft dort wächst schnell. Australien hingegen ist zu abgeschieden vom Rest der Welt, um wirklich von sich reden zu machen. Die Menschen dort scheinen damit zufrieden zu sein, in Ruhe gelassen zu werden und alle anderen in Ruhe zu lassen. Ach, wäre es nicht schön, wenn es allen so ginge?!

Zu guter Letzt ist da noch der Kontinent Afrika. Viele befürchten, dass Afrika immer mehr den Anschluss verliert. Früher haben sich noch Amerika und die Sowjetunion für Afrika interessiert, weil sie dort ihre Einflussgebiete abgesteckt haben. Inzwischen überlässt der Westen Afrika zunehmend sich selbst, die Chinesen allerdings investieren dort immer mehr.

dass Putin nach wie vor derjenige ist, der die Macht in den Händen hält, und Medwedjew mehr so eine Art Marionette. Zumindest würde er nichts gegen Putins Willen tun, wird vermutet. In Russland erzählt man sich deshalb folgenden Witz: Putin und Medwedjew gehen zusammen ins Restaurant, und der Kellner fragt Putin, was er essen möchte. Putin sagt: »Kotelett.« Kellner: »Und die Beilage?« Putin: »Die Beilage nimmt auch Kotelett.«

Bei der großen Maiparade 1969 auf dem Roten Platz in Moskau demonstrierte die Sowjetunion der Welt ihre militärische Stärke.

Diktatur oder Demokratie – was ist eigentlich mit China und Russland los?

China und Russland waren lange gefährliche Diktaturen. Nun gehören sie zu den »neuen Demokratien«. Aber kann man ihnen schon trauen? Wie sieht die Lage wirklich aus?

Die Volksrepublik China bezeichnet sich selbst als »gelenkte Demokratie«. Das soll heißen, dass sich die Volksherrschaft im Parteiwillen ausdrückt – die Partei weiß, was gut ist fürs Volk, und hat insofern auch immer recht. Wer sich gegen die Partei stellt, wäre insofern automatisch einer, der sich gegen das Volk stellt. Allerdings wird das nicht mehr so strikt gesehen wie früher. Auch ist die Volksrepublik China formal gar kein

Einparteienstaat, denn es gibt neben der großen Kommunistischen Partei noch diverse kleine Parteien, ähnlich den Blockparteien in der ehemaligen DDR. Diese Parteien werden zwar als »demokratisch« bezeichnet, doch das entspricht nicht unserer westlichen Definition von Demokratie, denn sie dürfen nicht als Opposition zur Regierung und zur Kommunistischen Partei auftreten. Die Delegierten in Chinas Nationalem Volkskongress sind zum großen Teil ernannte Parteifunktionäre, die kaum Kontakt zum Volk haben. Da es keine direkte Wahl zum Nationalen Volkskongress gibt, sondern allenfalls eine Zustimmung zu einer von oben festgelegten Liste, gibt es auch keinen Druck auf die Abgeordneten, wirklich etwas für das Wahlvolk zu tun. Die meisten der insgesamt fast dreitausend Delegierten sehen die Ernennung zum Volksvertreter mehr als Prestige und nicht als Job. Ihnen reicht es, wenn sie einmal im Jahr Regierungsvorlagen absegnen dürfen. Die Kommunistische Partei hat dabei absolute Macht. Es ist gefährlich, in Opposition zur Regierung aufzutreten, Kritiker werden »Dissidenten« genannt, also Abweichler. Wer Kritik äußert, lebt gefährlich und kann schnell ins Gefängnis oder in Arbeitslager wandern. Allerdings gibt es auch in China kleine Ansätze zu mehr Demokratie. In Dörfern zum Beispiel werden die Dorfleiter inzwischen in geheimen Wahlen bestimmt. Zwei deutliche Hinweise darauf, wie demokratisch es in einem Land zugeht, sind ja immer Pressefreiheit und die Zahl der politischen Gefangenen. In China gibt es keine Pressefreiheit (das bedeutet, die Zeitungen dürfen nicht veröffentlichen, was

Am 15. März 2008 traf sich der Nationale Volkskongress Chinas in der Großen Halle des Volkes in Peking. Doch mit einem demokratischen Parteitag hat das noch immer nichts zu tun.

sie für gut und richtig halten, sondern müssen schreiben, was von der Regierung erlaubt wird). Und es gibt sehr viele politische Gefangene. Insofern ist China keine freiheitliche Demokratie.

Es ist aber auch kein kommunistisches Land, denn es gibt wirtschaftliche Freiheiten: man darf kapitalistisch wirtschaften und Privateigentum besitzen. Auch Unternehmer sind erlaubt, was früher undenkbar gewesen wäre.

Aktienkurse statt Wahlrecht

Die Arbeiter in den chinesischen Fabriken werden extrem schlecht bezahlt und haben miserable Arbeitsbedingungen, ohne dagegen streiken zu dürfen. Das ist eigentlich gar nicht kommunistisch, denn die chinesischen Firmeninhaber werden reich, einschließlich dicker Limousinen von Mercedes-Benz. Es gibt inzwischen in China viele Tausend Multimillionäre. Wie passt das denn zum Kommunismus? Dazu hat der frühere chinesische Führer Deng Xiaoping gesagt: »Lasst einige zuerst reich werden.« Wie lange die übrigen Chinesen diese extremen Unterschiede akzeptieren, wird man sehen.

Einzelne beginnen schon jetzt zu protestieren. Es gibt beispielsweise Menschen, denen man ein-

Die Zeiten des einheitlichen Mao-Anzugs für alle sind in China vorbei. Wer es sich leisten kann, kleidet sich modisch, wie diese jungen Frauen in Peking.

fach ihre Häuser weggenommen hat. Und obwohl das ein Verstoß gegen chinesisches Recht ist, hat niemand ihre Beschwerden beachtet. Während der olympischen Spiele wurden in Peking zwei alte Damen (79 und 77 Jahre) festgenommen und zu Arbeitslager verurteilt, weil sie eine »illegale Protestaktion« planten: Sie wollten in einem Park ein Plakat hochhalten, um sich über ihre Enteignung zu beschweren. Wer solche Meldungen liest, weiß: Hier steht zwar Demokratie drauf, aber es ist keine Demokratie drin. Spannend ist jedoch, wie sehr sich das Wirtschaftssystem Chinas verändert hat. Inzwischen ist es kapitalistischer als unsere soziale Marktwirtschaft in Deutschland. Das heißt zwar auch, dass arme Wanderarbeiter ausgebeutet werden und unter Bedingungen arbeiten und leben wie bei uns vor zweihundert Jahren die Ärmsten der

in einem Journal, das eng mit der Kommunistischen Partei verbunden ist. Der Autor, Yu Keping, ist der Kopf einer Forschungseinrichtung, die direkt dem Zentralkomitee der Partei zuarbeitet. »Unter allen politischen Systemen, die erfunden und angewandt worden sind, ist die Demokratie das System mit der geringsten Fehlerquote. Das heißt, relativ gesehen ist die Demokratie das beste politische System für die Menschheit«, schreibt Yu. Und ist dafür auch nicht ins Gefängnis gekommen. Ob sich solche Denker in kleinen Schritten innerhalb des Systems auf Dauer durchsetzen, ist aber noch keinesfalls klar. Eine blutige Revolution in diesem Riesenreich mit über 1,3 Milliarden Menschen wäre aber wohl auch keine gute Sache, sondern vermutlich

Armen. Aber, und das ist die andere Seite der Medaille: Es ist China gelungen, mit dieser marktwirtschaftlichen Öffnung in den letzten 20 Jahren 300 Millionen Menschen aus der nackten Armut zu holen. Das ist eine enorme Leistung, die man nicht gering schätzen sollte. Viele Chinesen sind wohlhabend geworden. Gerade unter den jungen, besser Ausgebildeten mit guten Chancen sind viele deshalb auch sehr zufrieden mit ihrem Leben, das so offensichtlich besser ist als das ihrer Eltern. Es verwundert insofern nicht, dass sich viele junge Chinesen zur Zeit mehr für Aktienkurse als für Wahlrecht interessieren. Vielleicht ändert sich das aber. Der chinesische Menschenrechtler Teng Biao ist jedenfalls hoffnungsvoll: »Eines Tages wird der Traum von einer Demokratie in China wahr werden.« Immerhin: Zeichen für Veränderungen gibt es in China immer wieder. Im Frühjahr 2007 verursachte zum Beispiel ein Artikel mit dem Titel »Demokratie ist eine gute Sache« eine kleine Sensation in China. Er erschien

schrecklich, mit vielen Toten und schweren Unruhen auf dem ganzen asiatischen Kontinent. Viele Chinesen fürchten tatsächlich nichts mehr als Zerfall und Chaos und stehen der Demokratie nach westlichem Muster durchaus skeptisch gegenüber. In jedem Fall ist China nicht mehr nur ein Riesenland mit unglaublich vielen Einwohnern, sondern auch wirtschaftlich und militärisch eine Großmacht. Manche Experten vermuten sogar, das 21. Jahrhundert würde ein »chinesisches Jahrhundert«, China würde uns wirtschaftlich alle überflügeln. Nun, sportlich haben sie das schon getan: Bei den olympischen Spielen 2008 gewann China die meisten Goldmedaillen, sogar mehr als Amerika.

Demokratie auf dem Rückzug

Verglichen mit China ist Russland deutlich demokratischer. Opposition hat es dort zwar schwer, ist aber nicht verboten. Es gibt direkte Wahlen, und nicht jeder, der etwas wirklich Kritisches sagt, landet gleich in einem Arbeitslager. Allerdings sind in den letzten Jahren die demokratischen Freiheiten in Russland erheblich zurückgefahren worden. Es gab dort schon mal deutlich mehr Opposition und Pressefreiheit. Kritische russische Journalisten und Oppositionspolitiker leben gerade wieder vergleichsweise gefährlich. Eine solche mutige russische Journalistin war zum Beispiel Anna Politkowskaja, die über Korruption in Regierungskreisen recherchierte und kritisch über den damaligen Präsidenten Putin sowie den Krieg Russlands in Tschetschenien schrieb. Sie wurde 2006 ermordet. Auffällig war auch, dass es in Russland kaum öffentlichen Protest oder kritische Berichte gab, als Moskau im Herbst 2008 in einen Krieg gegen Georgien zog. Bei uns in Deutschland wird dagegen ständig über jeden Einsatz der Bundeswehr kritisch debattiert, und die Regierung muss sich rechtfertigen, wenn sie Soldaten irgendwohin schickt. Die meisten Russen scheint die Einschränkung ihrer Freiheit und die Schwäche der politischen Oppositionsparteien aber nicht sonderlich zu stören. Ähnlich wie den Chinesen, geht es ihnen heute wirtschaftlich besser als früher, und sie bewundern den Langzeitpräsidenten Wladimir Putin als einen starken Mann, der ihrem Land jenen Stolz zurückgegeben hat, der Russland lange Zeit verloren schien. »Wir sind wieder wer« – das empfinden viele Russen, und so denken auch viele Chinesen.

Wie funktioniert Diplomatie?

Wenn alle zufrieden sind und sich als Sieger fühlen, dann haben die Diplomaten ihren Job gut gemacht. Aber warum wollen wir uns überhaupt mit allen und jedem gut verstehen?

Vor langer Zeit, im Römischen Reich beispielsweise, also zur Zeit von Asterix und Obelix, waren Diplomaten im Grunde Geiseln. Wenn eine Nation ein Abkommen brach, zum Beispiel ein Schiff kaperte oder ein Grenzdorf plünderte, dann wurden die Diplomaten dafür bestraft. Um sicher zu sein, dass die Herrscher im Nachbarland das vermeiden wollten, bestand man auf hochrangigen Diplomaten – Kinder oder nahe Verwandte des Stammeshäuptlings. Sie wurden zwar wie Gäste behandelt, aber wenn es Ärger gab, dann stand ihr Leben auf dem Spiel.

Letztlich stellten alle Beteiligten fest, dass es gar nicht schlecht war, bei den Kollegen einen »Mann vor Ort« zu haben. Zuerst wurden Adelige an die Höfe der Könige in benachbarten Ländern ent-

Asterix und Obelix sind nicht gerade für ihr diplomatisches Vorgehen bekannt. Zu ihrer Zeit mussten Dipomaten oft als Geiseln herhalten.

Botschafter als Schmuggler

Dipomatengepäck steht unter besonderem Schutz. Das kann auch zu Missbrauch führen. Besonders dreist war sicher der gescheiterte Versuch, 1984 den ehemaligen nigerianischen Transportminister Umaru Dikko in London zu entführen und betäubt als »Diplomatengepäck« in die Heimat zu schicken. Im gleichen Jahr wollte ein sowjetischer Botschafter an der Schweizer Grenze einen ganzen Lastwagen mit neun Tonnen Ladung als »Diplomatenkoffer« deklarieren. Die Schweiz lehnte ab. Diplomatengepäck ist normalerweise ein mit Plastik beschichteter Seesack. Es können auch zwei oder drei sein, aber ein ganzer Lkw, das war dann doch zu viel des Guten.

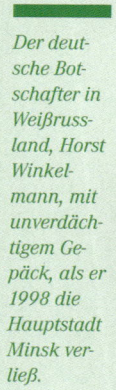

Der deutsche Botschafter in Weißrussland, Horst Winkelmann, mit unverdächtigem Gepäck, als er 1998 die Hauptstadt Minsk verließ.

sandt. Sie sollten dort im Auftrag ihrer eigenen Könige für gute Stimmung sorgen. Zu diesem Zweck gaben sie gern rauschende Feste. So konnten sie einerseits zeigen, was für nette Leute sie und ihre Landsleute waren. Andererseits konnten sie Kontakte knüpfen, die später mal hilfreich wären. Und wenn sie zufällig irgendetwas in Erfahrung brachten, was ihrem eigenen Boss nützte – umso besser.

Damit Diplomaten ihre Infos unbehelligt heimschicken konnten, erfand man das Diplomatengepäck. Bis heute darf es nicht geöffnet, aufgehalten oder durchsucht werden. Offiziell haben sich alle Botschaftsangehörigen verpflichtet, darin nur erlaubtes Material zu verschicken. Aber es ist natürlich logisch: Wenn das wirklich der Fall wäre, könnte man die Sachen ja auch ganz normal verschicken und bräuchte keine Extrawurst.

Andererseits will man auch nicht, dass fremde Regierungen immer alles über einen wissen. Diplomaten wollen sich mit ihrem Heimatland auch vertraulich austauschen können, ohne dass mitgehört oder mitgelesen wird.

Botschaften erfüllen vor allem zwei Funktionen. Sie bieten den Bürgern ihres Heimatlandes Hilfe und Dienstleistungen, beispielsweise kann man in einer deutschen Botschaft einen neuen Pass beantragen, wenn der alte abgelaufen ist oder auf einer Urlaubsreise verloren ging. Und noch immer sind sie dafür da, die politischen Beziehungen zwischen Heimat- und Gastland zu pflegen, aber auch Informationen über das Gastland zu beschaffen und nach Hause zu melden. Das geht auf offiziellem und inoffiziellem Wege. Das heißt, wenn es irgendwo Probleme gibt, die Deutschland angehen, wird der jeweilige Botschafter gebeten, sich mit einem Mitarbeiter der deutschen Regierung zu treffen und die Angelegenheit zu regeln. Wenn ein Deutscher in der Türkei oder in Asien verhaftet wird, passiert das zum Beispiel, oder auch, wenn Deutsche von Terroristen als Geiseln genommen werden. Je besser dann die persönlichen Kontakte zueinander sind, desto schneller kann man an Informationen herankommen und Lösungen finden. Wenn ein Botschafter offiziell »einbestellt« wird, ist das wiederum eine diplomatische Form der Kritik am Heimatland dieses Botschafters. Man zitiert ihn dann quasi herbei, um ihn zu fragen: »Spinnt ihr? Sag deinem Chef, das geht so nicht!« (Natürlich wird das anders formuliert, nämlich diplomatisch.) Verstehen sich die Staatschefs einigermaßen gut, kann es auch einen noch kürzeren Weg geben als über die Außenministerien, zu denen die Botschaften gehören. Frankreichs Präsident Nicolas Sarkozy beispielsweise beschreibt sein Verhältnis zur deutschen Kanzlerin Angela Merkel als liebevoll direkt: »Man telefoniert und schickt sich SMS.«

Wenn es ganz dicke kommt und zwei Länder sich richtig in der Wolle haben, dann können Botschafter sogar des Landes verwiesen werden. Oder man schließt selbst seine Botschaft und zieht die Diplomaten ab. Was so viel heißt wie: »Mit euch reden wir nicht mehr.« Das ist sozusagen die höchste diplomatische Ohrfeige und will wohlüberlegt sein, denn wer rausgeht, muss irgendwann auch wieder reinkommen.

Manchmal ist das aber auch nur eine Sicherheitsmaßnahme, wenn in einem Land Krieg ausbricht und man um das Leben seines Botschaftspersonals fürchtet. Bevor die Botschafter dann selbst abziehen können, müssen sie sich aber noch darum kümmern, ihre Landsleute in Sicherheit zu bringen. Denn in allen Krisenfällen gilt: Wo immer

man sich auf der Welt befindet, die Botschaft des eigenen Landes muss einem helfen, wenn man in Schwierigkeiten ist!

Außer Botschaften gibt es noch Konsulate. Das sind sozusagen »Botschaften light«, die sich nur um Verwaltungskram wie Reisepässe u.Ä. kümmern, aber keine Diplomatie betreiben, also ein Land nicht diplomatisch vertreten.

Vom schwierigen Verhältnis zwischen Demokratien und Diktaturen

Niemand will mit Entführern verhandeln. Niemand will sich mit Diktatoren anfreunden.

Das ist ja so, als ließe man sich auf dem Pausenhof Jacke und Handy abziehen – und würde der Gang dann noch hinterherlaufen und rufen: »Hey, cool, wollen wir Freunde werden?«

Andererseits: Man kann solche Typen nur stoppen, indem man ihnen klarmacht, dass es so nicht weitergeht. Dafür kann man sie zusammenschlagen (wenn man stark genug ist). Aber das hieße in der Politik: Krieg. Und keiner ist mehr stark genug, um einen Krieg mit einem mächtigen

Bundeskanzlerin Angela Merkel und der französische Präsident Nicolas Sarkozy haben einen guten Draht zueinander. Sie telefonieren direkt oder schicken sich SMS.

Land riskieren zu wollen. Für Kriege kommen nur deutlich schwächere Gegner in Frage.

Das fällt also meist aus. Bleiben nur noch Drohungen, Schmeicheleien, Bestechungen: »Wenn du aufhörst, Handys zu klauen, kannst du Torwart in der Schulmannschaft werden. Oder Gitarrist in der Schulband«. In der realen politischen Welt kann das dann zum Beispiel sein: »Wenn ihr dafür sorgt, dass die deutschen Touristen freigelassen werden, kriegt ihr zwei Millionen Euro. Aber: Psst! Nicht weitersagen. Sonst wollen alle anderen auch was.« Oder die Versuche, den Iran von seinen Atomplänen abzuhalten: »Hörst du auf damit, dann hören wir auf mit den Wirtschaftssanktionen – dann geht es eurem Volk besser und es gibt keine Unruhen.« Man nennt das »Scheckbuchdiplomatie«. Darunter fällt auch eine großzügige Entwicklungs- und Wirtschaftshilfe, wie sie die Bundesrepublik in den Achtzigerjahren geleistet hat – man kaufte sich sozusagen befreundete Staaten. Scheckbuchdiplomatie ist auch, wenn man lieber Geld gibt, als eigene Soldaten in einen Konflikt zu schicken, weil einem das zu riskant ist.

Am besten regelt man also solche Angelegenheiten insgeheim, unter vier Augen. Um das zu können, muss man aber mit dem Bandenchef reden, oder zumindest mit einem seiner Mitläufer. Und wenn man wenigstens deren Namen kennt oder weiß, wo sie am Nachmittag bolzen gehen, ist das leichter zu machen.

Deswegen ist Diplomatie gerade wichtig bei Staaten, die sich eigentlich nicht verstehen. Und das ist ja genau der Witz daran: Dass Diplomaten es schaffen, so diplomatisch vorzugehen, dass sie eine vollkommen verfahrene Situation noch retten können.

Oft laufen solche Kontakte über politische Stiftungen, die offiziell keine diplomatische Funktion haben und gerade deshalb gute Kontakte zu ungeliebten Regierungen aufbauen können und dürfen. Manchmal geht man aber auch den ganz direkten Weg. Wenn es zum Beispiel heißt, »Steinmeier telefoniert wegen Tibet mit Peking«, dann vereinbaren die Mitarbeiter des deutschen Außenministers mit ihren chinesischen Kollegen eine genaue Gesprächszeit. Außerdem wird geklärt, wer wen unter welcher Nummer anruft. Auch der Inhalt des Telefonats wird jetzt schon vorbesprochen. Dolmetscher werden gebucht. Solche Aktionen haben trotz mangelnder Spontaneität Vorteile: Sie demonstrieren, wie wichtig es Deutschland zum Beispiel ist, dass die Chinesen den Tibetern mehr Freiheit gewähren. Sie zeigen aber auch, dass Deutschland nicht bloß meckern, sondern helfen will. Zugleich dient es der Kontaktpflege – wer weiß, wie die Lage sich entwickelt. Je mehr gute Drähte man hat, auf oberster wie unterster Ebene, desto besser. Wie alle Außenminister muss auch Steinmeier immer viel telefonieren, auf dem Handy wie über Festnetz. Für besonders heikle Fälle gibt es im Außenministerium natürlich auch eine abhörsichere Kabine.

Bezahlen Diplomaten ihre Strafzettel?

Diplomaten genießen »Immunität«, das heißt, sie dürfen im Gastland nicht wegen eines Verbrechens verurteilt werden. Das Grundstück, auf dem sich ihre Botschaft befindet, ist allerdings nicht »exterritorial« – das würde bedeuten, die US-Botschaft in Berlin gehörte nicht zu Deutschland, sondern wäre ein Stückchen echte USA, die österreichische Botschaft wäre ein paar Quadratmeter Österreich usw. Botschaften stehen aber unter »besonderem völkerrechtlichem Schutz« und dürfen nicht einfach von der Polizei durchsucht werden. 1989 beispielsweise flohen viele DDR-Bürger auf das Gelände der westdeutschen Botschaften in Budapest, Warschau und Prag. Das war einfacher, als über die streng bewachte Grenze nach Westdeutschland zu gelangen. Sie wurden nach einigem diplomatischen Gemaule schließlich so behandelt, als wäre ihnen tatsächlich die Flucht nach Westdeutschland gelungen.

Dass Diplomaten ihre Strafzettel nicht bezahlen müssen und (angeblich) auch wegen eines Mordverdachts nicht verhaftet werden können, ist der Stoff, aus dem viele Krimis sind. In Wahrheit aber ist es natürlich sehr wohl möglich, Killer-Diplomaten zu bestrafen – es ist nur schwieriger als bei normalen Leuten. Wird ein Diplomat eines Verbrechens verdächtigt, spricht man üblicherweise mit der Regierung seines Heimatlandes und drückt seine »Irritation« aus. Dann muss das Heimatland sich der Sache annehmen. Schlimmstenfalls erklärt man einen Diplomaten zur »persona non grata«, zur »unerwünschten Person«. Das ist praktisch eine Ausweisung und in der Welt der Diplomatie ein starkes Stück. Übrigens: Auch Strafzettel müssen Diplomaten theoretisch bezahlen. Aber wenn sie es nicht tun, ist es aufwändig, sie zu zwingen. Dann gilt: Wegen ein paar unbezahlter Parkzettel eine Staatenkrise zu riskieren, lohnt sich nicht. Also passiert da nicht viel. Und so beschwert sich die Berliner Polizei auch schon mal darüber, dass in der Hauptstadt so viele Diplomaten und deren Familienangehörige alkoholisiert Auto fahren oder ihre schicken Wagen im Parkverbot abstellen.

Stil hilft viel

Aus der Zeit, in der es vor allem um einen guten Eindruck und ausgezeichnetes Benehmen ging, stammt das »diplomatische Protokoll«, das regelt, wer bei Reden zuerst anzusprechen ist, wer bei Staatsbanketten wo sitzt und so weiter. Das Protokoll ist sozusagen die staatliche Benimm-Anleitung. Zum Beispiel: Wen begrüßt man zuerst, wenn Staatsgäste anwesend sind und man die Tischrede halten soll? Wer sitzt wo? Wer geht zuerst durch die Tür?

Am meisten Benimm ist bei Staatsbesuchen angesagt, egal ob man selbst zu Gast ist oder Gäste empfängt. Es gibt formelle und informelle Staatsbesuche. Die einen sind mit Krawatte, die anderen ohne. Nein, war nur Spaß – Krawatte muss meistens getragen werden, aber bei den informellen Staatsbesuchen wird nicht ganz so viel Brimborium und Trallala veranstaltet. Bei einem informellen Treffen gibt es keine feste Tagesordnung und es muss am Ende keine konkreten Beschlüsse geben. Man kann einfach miteinander reden, ohne dabei

schon hart verhandeln zu müssen. Die Staatsleute geben sich insgesamt weniger förmlich, dafür wird meist umso mehr gegessen (und getrunken). So ganz ohne Protokoll geht es aber auch bei informellen Treffen nicht. Für den Weltwirtschaftsgipfel im Juli 2005 im schottischen Gleneagles beispielsweise wurde die Kleiderordnung genau festgelegt, damit keiner zu gut oder zu schlecht dastand. Für die drei Tage im feinen Golfhotel am Rande der Highlands, 50 Kilometer nördlich von Edinburgh, stand höchst förmlich im Protokoll: »(Sport-)Sakko, keine Krawatte, kein Anzug«.

Generell muss man im Umgang mit Diplomaten und Staatsoberhäuptern darauf achten, dass manche sonst üblichen Höflichkeitsformen nicht gelten. Vermeintlich gutes Benehmen kann ganz falsch sein. Als Gast in einer Botschaft reicht man zum Beispiel bei der Begrüßung nicht zuerst der Ehefrau des Botschafters die Hand, was man bei einem normalen Ehepaar höflicherweise tun würde (»Frau vor Mann, Alter vor Jugend« ist ja normalerweise die Regel). Nicht so bei Botschaf-

Oktober 1989 in Prag: DDR-Bürger versuchen, auf das Gelände der westdeutschen Botschaft zu gelangen. Denn deren Grundstück zählte praktisch als BRD.

Lachsröllchen für alle

Wenn Bundeskanzler abheben, dann meist mit der Kanzlermaschine. Es gibt zwei davon, und sie gehören zur deutschen Luftwaffe, also zur Bundeswehr. Der Kanzler muss sich die Kanzlermaschine mit dem Bundespräsidenten und anderen Ministern teilen. Sie ist beinah so eingerichtet wie ein normales Passagierflugzeug, mit First-, Business- und Economy-Class. Economy reisen die Journalisten, die vom Bundeskanzleramt mitgenommen werden. Business reisen hohe Beamte und Wirtschaftsführer, die die Bundeskanzler auf Staatsbesuch begleiten (die sogenannte »Delegation«). Der Kanzler bzw. die Kanzlerin selbst reist First. Für den Bundeskanzler gibt es ganz vorne einen eigenen Bereich mit Schlafkabine, Badezimmer sowie einem Konferenzraum mit Clubsesseln. Dort können Besprechungen abgehalten werden. Kanzler Schröder spielte dort manchmal auch gerne Skat. Als Einziger darf der Kanzler auch sein Gepäck direkt mit an Bord nehmen, alle anderen müssen normal einchecken. Die Verpflegung ist überall gleich gut, die mitreisenden Journalisten und Bodyguards in der Economy-Class müssen also nicht von Wasser und Brot leben, sondern bekommen die gleichen Lachsröllchen und Weißweine wie Angela Merkel. Das tröstet allerdings nicht darüber hinweg, dass die beiden Kanzlermaschinen schon ganz schön alt und die Sitze entsprechend durchgesessen sind. Außerdem sind es keine echten Langstreckenmaschinen. Der Kanzler muss also auf langen Reisen zwischenlanden, um zu tanken, was lästig und zeitaufwendig ist. Warum gibt's keinen neuen, schönen (und womöglich auch sichereren) Langstreckenjet für unsere Kanzler? Wohl weil man im Kanzleramt Angst vor den Schlagzeilen hat: »Merkel kauft sich Luxusflieger!«

Dafür ist die Betreuung umso besser. Bevor ein Bundeskanzler nämlich irgendwo landet, ist längst eine Vorhut des Kanzleramts mehrere Tage im Gastland unterwegs gewesen und hat alles ganz genau vorbereitet. Wann landet die Maschine? Wie verlaufen die Kontrollen? (Ein Kanzler muss nicht durch die Sicherheitskontrollen, aber er bekommt auch Visa-Dokumente in seinen Reisepass geheftet.) Wo und wann treffen die Staats- und Regierungschefs aufeinander? Wo stehen die Fotografen

Gute Laune auf dem Rückflug vom Antrittsbesuch in Polen im Dezember 2005. Ganz vorne in der Kanzlermaschine dürfen nur Kanzlerin Angela Merkel und Außenminister Frank-Walter Steinmeier sitzen.

und Fernsehkameras? Wo das Rednerpult? Was zieht Frau Merkel an? Was für ein Gastgeschenk wird mitgebracht? Da kann man schnell daneben greifen. In China darf man zum Beispiel keine Uhren verschenken, das bringt Unglück. Und wenn man arabischen Scheichs ein Pferd schenken will (im Prinzip eine gute Idee, denn sie sind große Pferdekenner), dann bitte einen Hengst und keine Stute. Kleinigkeiten, die aber sorgfältig bedacht werden wollen! Auch wird den Gastgebern signalisiert, wenn der Bundeskanzler bestimmte Speisen nicht mag oder verträgt, damit es beim gemeinsamen Abendessen nicht zu Peinlichkeiten kommt.

Übrigens: Bekommt unsere Kanzlerin ihrerseits Geschenke von Staatsgästen, muss sie diese strahlend entgegennehmen – und dann sofort wieder abgeben. Ob schöne Pelze oder kostbare Goldteller – alles kommt in eine große Schatzkammer des Bundes. Schlüssel rum und zu. Persönlich bereichern dürfen sich Kanzler nicht. Geld sparen aber auch wieder nicht – der Bundeskanzler soll aus Sicherheitsgründen immer mit der Regierungsmaschine fliegen und darf nicht mal für einen privaten Urlaub irgendeine Billigairline buchen.

Wer all das spannend findet: Der Journalist Mainhardt Graf von Nayhauß hat schon Willy Brandt begleitet, kennt alles und jeden und erzählt die schönsten Geschichten in seinem Buch »Die Geheimnisse der Kanzlerreisen«.

---

tern oder Bundespräsidenten. Da muss man zuerst dem Amtsträger die Ehre erweisen, also erst dem Bundespräsident oder Botschafter, dann der Ehefrau. Insofern ist es natürlich unheimlich praktisch, wenn Frauen Botschafterinnen oder Präsidentinnen sind. Da können die Gäste zu Frau und Amt gleichzeitig höflich sein.

Ganz schwierig wird es, wenn man bei der Queen eingeladen ist. Da gilt: Einfach mal die Klappe halten! Denn man spricht die Königin nicht an, sondern wartet, bis man von ihr angesprochen wird. Und man reicht ihr auch nicht einfach Hand, sondern wartet brav ab, ob sie das tut. Denn man fasst eine Queen nicht an! Auch die spanische Königin möchte nicht berührt werden – bei so was sind die gekrönten Häupter eigen. Insofern: fröhliches Schulterklopfen oder »Bussi-Bussi« unbedingt vermeiden.

Bei einem festlichen Essen (»Bankett«) zu Ehren eines Staatsgastes kommt es nicht nur darauf an, mit Messer und Gabel umgehen zu können und richtig gekleidet zu sein. Sondern man muss auch wissen, wie man hohe Gäste korrekt anredet (zum Beispiel »Guten Abend, Exzellenz, sehr erfreut«). Sehr heikel ist auch die Tischordnung, also wer neben wem sitzt. Das ist ja schon in der Schule schwierig genug. Es gibt natürlich

Bei einem G-8-Gipfeltreffen (hier 1999 in Köln) geht's auch mal gemütlich zu. Es tafelten (von l. im Uhrzeigersinn) Jean Chrétien, Cherie Blair, Jacques Chirac, Hillary Clinton, Gerhard Schröder, Doris Schröder-Köpf, Bill Clinton und Aline Chrétien.

Am 1. September 2006 begann die schwedische Kronprinzessin Victoria in Stockholm ihre Diplomatenausbildung: großer Presseauftrieb bei ihrer Ankunft im Außenministerium.

Regeln, welche höchsten Ehrengäste wo sitzen, aber der Rest braucht Fingerspitzengefühl, damit die einander fremden Leute einigermaßen zusammenpassen. Kann man alles doof finden – sind aber jahrhundertealte Traditionen, und manchmal helfen all diese Regeln auch, Form und Haltung zu bewahren, gerade in schwierigen Zeiten. Zu den diplomatischen Mitteln gehören auch Städtepartnerschaften (die stehen immer auf Schildern am Ortseingang). Sie sollen die Beziehungen zwischen Staaten »menschlicher« und greifbarer machen, Partnerstädte organisieren zum Beispiel einen Schüleraustausch oder einen gegenseitigen Besuch zu Kulturveranstaltungen und Ähnlichem. Leider werden Städtepartnerschaften oft gar nicht gepflegt und bestehen nur formal. Dann bringen sie natürlich nichts.

Wie wird man Diplomat?

Als Diplomat (oder auch nur als Mitarbeiter einer Botschaft) kann man auf Kosten der Steuerzahler durch die Welt reisen und in verschiedenen Ländern leben. Das klingt allerdings oft besser, als es ist. Es kann zwar sehr interessant sein, aber auch sehr anstrengend. Viele Stellen an den Botschaften sind eher Bürojobs und haben überhaupt nichts mit Sekttrinken und eleganten Partys zu tun. Und sonderlich gut bezahlt ist das Ganze auch nicht. Trotzdem gilt der diplomatische Dienst nach wie vor als etwas Besonderes, und wer es dort in der Karriereleiter weit nach oben schafft, hat einen sehr spannenden Beruf. Man muss allerdings bereit sein, alle paar Jahre umzuziehen. Und in Ulan-Bator oder Pristina zu leben, ist nicht jedermanns Sache und erst recht nicht glamourös.

Das Auswärtige Amt (wie das deutsche Außenministerium richtig heißt) bildet selbst aus, es gibt dafür sogar eine Art eigenes Internat in Berlin. Wichtigste Voraussetzungen: breites Allgemeinwissen, großes Interesse für politische und soziale Sachverhalte (Also: Quittung für dieses Buch kopieren und der Bewerbung beilegen!), gutes Sozialverhalten und Benehmen, gute Englischkenntnisse und Grundwissen in Französisch, Russisch, Spanisch, Chinesisch oder Arabisch (den Amtssprachen der UNO).

Weit ist der Weg von Freiburg nach Isfahan! Städtepartnerschaften sollen die Menschen in den jeweiligen Städten einander näherbringen.

»Haben Staaten keine Freunde?«

Vizekanzler und Außenminister Frank-Walter Steinmeier über das Persönliche in der internationalen Politik

Steinmeier, Jahrgang 1956, studierte Jura und Politikwissenschaft. Bei der Bundestagswahl 2009 tritt er für die SPD als Kanzlerkandidat an.

Welche Rolle spielt eigentlich das Persönliche in der Außenpolitik? Spielt es eine Rolle, ob man sich mit einem anderen Staatsführer gut versteht oder nicht? Gibt es da auch echte Freundschaften, und sind die Beziehungen zweier Länder dann auch besser, wenn ihre Regierungschefs sich anfreunden?

▶ **Es gibt den** berühmten Satz: »Staaten haben keine Freunde, sondern nur Interessen.« Das finde ich nur teilweise zutreffend. Richtig ist, dass ein verantwortungsvoller Politiker zuerst die Interessen seines Landes im Auge hat und vertritt. Nach meiner Erfahrung kann man hier aber am meisten erreichen, wenn man auch die Perspektive des anderen versteht und versucht zu begreifen, warum er diese oder jene Position vertritt – das ist ja auch die Grundlage für jede Freundschaft. Deswegen ist es in der Außenpolitik wie sonst im Leben auch: Wenn man sich sympathisch ist, ist vieles einfacher; so lassen sich auch schwierige Dinge leichter besprechen. Leider muss man aber manchmal auch Gespräche mit Menschen führen,

denen man selbst seinen Kanarienvogel nicht anvertrauen würde.

Kann man sich unter Staats- und Regierungschefs hinter verschlossenen Türen auch richtig offen die Meinung sagen, oder muss man da genauso höflich-diplomatisch reden wie in der Öffentlichkeit?

▶ **Offenheit und Diplomatie** müssen sich ja nicht ausschließen. Vor jedem wichtigen Gespräch sollte man sich fragen: Was will ich erreichen? Geht's nur darum, Dampf abzulassen, reicht mir der bloße Austausch unterschiedlicher Meinungen? Oder will ich meinen Gesprächspartner oder eine Regierung von meiner Meinung überzeugen und vielleicht sogar dazu bringen, ihre Haltung zu ändern? Meine Erfahrung ist, dass dann Konfrontation häufig nur dazu führt, dass der andere sich in seiner Position einmauert und gar nicht mehr richtig zuhört. Deswegen achte ich auch bei deutlichen Worten immer darauf, dem anderen die »Nase im Gesicht zu lassen«. ■

»G8« und »Kyoto« – was ist das eigentlich?

*Es sind Treffen und Abmachungen der wichtigsten Politiker der Welt.
Wenn die sich treffen, wäre viel möglich. Meist kommt zwar weniger dabei
raus als erhofft. Aber oft immerhin mehr, als zu erwarten war.*

»G8« ist die »Gruppe der Acht« – die reichsten Länder der Welt, die den größten Teil des Welthandels unter sich ausmachen, für die wichtigsten Geldwährungen stehen und für die Weltwirtschaft eine besondere Verantwortung tragen: USA, Japan, Frankreich, Deutschland, Großbritannien, Italien, Kanada und Russland. Bei einem »G8-Gipfel« treffen sich die Spitzenpolitiker dieser Länder. Was sie beschließen, wird gemacht – im Prinzip. An der Umsetzung ihrer Beschlüsse mangelt es dann manchmal. Trotzdem können mit solchen Treffen große neue Initiativen beginnen. Ein G8-Gipfel kann große Aufmerksamkeit auf bestimmte Themen lenken. Selten wird daher so umfassend über Politik berichtet wie anlässlich dieser Begegnungen.

Gerade im Vorfeld solcher Treffen werden immer viele Forderungen gestellt. Und während der Treffen wird heftig demonstriert, jedenfalls ist das inzwischen so üblich geworden. Insofern sind die Proteste schon genauso ein Ritual geworden wie das gemeinsame Foto der Staats- und Regierungschefs.

Dass die G8-Treffen immer so viele Demonstranten anziehen, liegt daran, dass die »Großen 8« als Inbegriff von Macht und Finanzkraft gelten, gerade auch gegenüber ärmeren Ländern. Nach Meinung der Globalisierungskritiker sind die Regierungen der G8 deshalb mit dafür verantwortlich, dass der Reichtum auf der Welt nach wie vor sehr ungleich verteilt ist. Auch wird den Regierungen vorgeworfen, dass die Gipfel nur symbolisch seien und am Ende nichts bringen. Allerdings sind auch die Antiglobalisierungsdemonstrationen inzwischen selbst zum Symbolismus geworden. Denn Steine werden auch dann geworfen, wenn sich die G8-Chefs treffen, um Entwicklungsländern Schulden zu erlassen. Die Steinewerfer haben zwar mit den friedlichen Globalisierungskritikern gar nichts zu tun, aber diese militanten Demo-Touristen sind halt auch jedes Mal mit dabei, und so ergibt sich bei diesen Gipfeln die immer gleiche Aufstellung: hier die abgeschotteten Staats- und Regierungschefs hinter Gittern, da die vermummten Radikalen, dazwischen friedliche Demonstranten mit Plakaten, und überall ein Riesenpolizeiaufgebot. Entsprechend sind die Fernsehbilder dann auch immer die gleichen: erst zerschlagene Fensterscheiben und Wasserwerferwagen der Polizei, dann der Versammlungsort der Staats- und Regierungschefs – manchmal erinnert einen das an ein Theaterstück mit fest verteilten Rollen, das immer wieder neu aufgeführt wird.

*Teilnehmer des G8-Gipfeltreffens im Juni
2007 in Heiligendamm an der Ostseeküste.
Im grünen Jackett: Angela Merkel.*

Viele Menschen sehen in der G8 die Verkörperung einer brutalen Globalisierung. Auf dem Gipfel 2003 in Genf gab es daher heftige Proteste.

Natürlich werden solche Treffen supergut vorbereitet. Es können ja nicht die acht Staatschefs bei Kaffee und Butterkuchen überlegen, was sie gern mal machen würden. Und man will nach Möglichkeit auch nicht im Streit auseinandergehen, also sollte man schon mal diskret ausloten, wo mögliche Kompromisse bei einem Thema drin sind. Im Vorfeld wird also eifrig sondiert und diskutiert, die Fachleute der verschiedenen Ministerien besprechen das gemeinsame Vorgehen. So gesehen ist ein solcher Gipfel am Ende auch viel Show und Symbolismus. Allerdings ist es für die Staats- und Regierungschefs auch eine Gelegenheit, mal wieder in trauter Runde zusammenzusitzen. Somit sind derartige Treffen auch vertrauensbildende Maßnahmen. Wenn diese Leute ab und zu mal ein nettes Wochenende zusammen verbringen, können sie sich besser einschätzen und eher aufeinander verlassen. Ist ein bisschen wie bei echten Familientreffen: Wenn man seine Verwandtschaft nie besucht, darf man sich auch nicht wundern, dass die einem keinen Gefallen tun wollen, wenn's mal drauf ankommt.

Trotz dem vielen Drumherum und Tamtam kann sich bei Gipfeln aber auch politisch ernsthaft etwas bewegen. Angela Merkel wurde während ihres G8-Vorsitzes von den anderen Staats- und Regierungschefs dafür gelobt, dass sie freundlich, aber ausdauernd verhandelt. Vielleicht wollen die anderen Regierungschefs (lauter Männer) auch nicht zu unfreundlich wirken, aber es ist ihr anscheinend schon manches Mal gelungen, eine verzwickte Situation im persönlichen Gespräch zu entschärfen. Natürlich ist ein solches Lob für einen Politiker auch angenehm, zumal man innenpolitisch in der Regel nie gelobt wird. Das ei-

Zwangloses Kamingespräch

Ein Treffen der Staats- und Regierungschefs der wichtigsten Industrienationen gab es zum allerersten Mal in den Siebzigerjahren. Damals saßen die Herren in einer zwanglosen Runde am Kamin zusammen und überlegten, wie sie ein stabileres Weltwährungssystem schaffen können. Es ging also von Anfang an um komplizierte Themen – aber der Gesprächsrahmen sollte eher locker sein, um auch mal frei miteinander reden und nachdenken zu können. Inzwischen ist ist dieses lockere, zwanglose Miteinander allerdings ziemlich in den Hintergrund getreten.

gentliche Kunststück bei außenpolitischen Verhandlungen besteht darin, kompromissbereit zu sein, ohne seine Interessen bzw. die Interessen seines Landes aus den Augen zu verlieren. Und immer gilt: Am Ende sollte auch in der internationalen Politik keiner das Gefühl haben, der einzige Verlierer zu sein.

Am Schluss eines G8-Gipfels erzählen dann alle deshalb auch immer stolz, wie gut es gelaufen ist, und meistens gibt es noch eine lange Liste von gemeinsamen Beschlüssen und Absichten. Die werden weltweit kommentiert und sind die selbst gebastelte Messlatte für die Politik der nächsten Jahre.

Diese G8-Gipfel finden einmal im Jahr statt, zuletzt 2007 in Heiligendamm (Deutschland) und 2008 in Toyako (Japan). 2009 reist man nach La Maddalena (Italien), 2010 nach Kanada, 2011 nach Frankreich, 2012 in die USA. 2015 ist Deutschland wieder an der Reihe.

Ähnlich ist es mit »Kyoto«. Dort fand 1997 (nach Treffen in Rio, Genf und Berlin) eine riesige Umweltschutzkonferenz mit fast 10 000 Teilnehmern statt. Doch über zehn Jahre später scheint es so, als hätte sie nicht genug gebracht. Darum ist »Kyoto« zum Symbol für den manchmal aussichtslos erscheinenden Kampf gegen den Klimawandel geworden.

Tierisch politisch: Auf den Hund gekommen

Was haben Politiker mit Paris Hilton gemeinsam? Sie schmücken sich gern mit Hunden! Hunde stehen für Treue. Viele Leute glauben sogar, dass Hunde Men-

schenkenntnis haben. Wen ein Hund schwanzwedelnd begrüßt, der muss ein netter Mensch sei. (Dazu passt leider nicht, dass die Schäferhündin »Blondi« sehr an ihrem Herrchen Adolf Hitler hing). Abgesehen von zähnefletschenden Kampfhunden sind Hunde Sympathieträger und das färbt auf ihre Besitzer ab. Wer seinen Hund liebevoll streichelt, wirkt nett und bodenständig. Also lassen sich Politiker manchmal sogar mit geliehenen Hunden ablichten, Hauptsache ein Hund im Bild! Hunde helfen bei der Imagebildung. Bill Clinton holte sich einen neuen Hund, als er wegen der Sex-Affäre mit seiner Praktikantin Monika Lewinsky öffentlich unter Beschuss stand. Der nette braune Labrador mit dem passenden Namen »Buddy« (Kumpel) wurde sozusagen der einzige Gefährte des einsamen, von allen beschimpften Präsidenten. Buddy war vermutlich auch der Einzige, der sich zu der Zeit von Bill Clinton streicheln ließ.

Familie Bush wiederum ließ auf der Internetseite des Weißen Hauses ihren kleinen Terrier »Barney« die Besucher virtuell durchs Weiße Haus führen, aus der Hundeperspektive. Man hörte Barney im Büro

→

Der damalige US-Präsident Bill Clinton im September 1998 mit Hund Buddy im Garten des Weißen Hauses.

Auch Millionenerbin Paris Hilton tritt gerne mit dem dekorativen Schoßhündchen Tinkerbell auf.

des Präsidenten herumschnüffeln und auf seinen kleinen Tatzen herumtapsen. Sehr süß! Und so sind Politiker manchmal eben auch nicht anders als Paris Hilton: Man schmückt sich und setzt sich in Szene. Mit süßem Hund.

Manchmal kann man mit Hunden aber auch Politik machen bzw. ausländischen Staatsgästen einen kleinen Schreck einjagen, damit sie sich nicht allzu wohl fühlen, in ihrer Haut: Im Januar 2007 trifft Angela Merkel den russischen Präsidenten Wladimir Putin in dessen Residenz am Schwarzen Meer. Zwischen Deutschland und Russland gab es zu der Zeit einige Meinungsunterschiede. Auch begegnet Angela Merkel dem Russen Putin viel kritischer als ihr Vorgänger Gerhard Schröder, mit dem Putin befreundet war. Zur Begrüßung der Bundeskanzlerin lässt Putin gleich mal seine Labradorhündin »Koni« auf sie los. Obwohl er sicher ganz genau wusste (Putin war früher mal beim sowjetischen Geheimdienst!), dass Angela Merkel ein bisschen Angst hat vor großen Hunden. Ganz schön fies, was? »Koni« war dann aber ganz freundlich, und Frau Merkel hat sich nichts anmerken lassen, als

Fortsetzung von vorheriger Seite

Freundschaftliche Nähe zu demonstrieren schadet nie: Angela Merkel und der ägyptische Präsident Mubarak im April 2008 auf einer Pressekonferenz in Berlin.

Koni an ihr interessiert herumschnupperte und ihr schließlich sogar ihre große Schnauze auf den Schoß legte. Auch das noch! Aber was soll man in dem Moment auch sagen? »Wladimir, nimm gefälligst den Hund weg!«. Herr Putin hat sich innerlich wahrscheinlich sehr amüsiert über seine kleine Boshaftigkeit... Angeblich hat Putin gegenüber George Bush junior auch mal damit geprahlt, dass seine große Labradorhündin den kleinen Bush-Terrier »Barney« mit einem Haps wegbeißen könnte. Aha. Russland frisst Amerika. Anscheinend geht es in der Politik manchmal auch nicht anders zu als auf dem Schulhof!

Zum Angeben eignen sich aber nicht nur Hunde, sondern auch Pferde. Die kommen als Polit-Accessoire neuerdings wieder in Mode. Fast so wie früher, als sich Könige immer auf stolzen Pferden malen ließen. So ließ sich Putin reitend im Muscle-Shirt filmen (übrigens mit wirklich bemerkenswerten Muskeln, offenbar trainierte der russische Ex-Präsident täglich im Fitnessstudio). Der klein gewachsene französische Präsident Nicolas Sarkozy hat zwar nicht so viele Muskeln, machte aber hoch zu Ross auch eine sehr gute Figur: in Jeans, die Haare flatternd im Wind, ritt er im Wahlkampf auf einem Schimmel an den Fotografen vorbei durch die Camargue (das ist eine Gegend in Frankreich, in der es ein bisschen wild aussieht, mit schwarzen Stieren und weißen Pferden, quasi wie Wilder Westen auf Französisch). Das sah sehr männlich und sportlich und ein bisschen verwegen aus. Kleine Männer tun manchmal komische Dinge. Bei Bun-

deskanzler Gerhard Schröder waren es ja noch dicke, schnelle Autos. Aber solche Autos kommen heute nicht mehr so gut an – wegen der Umweltverschmutzung. Dann schon lieber umweltfreundliche Pferde.

Außer Pferden sind auch schöne junge Frauen beliebte Begleiterinnen. Carla Bruni, die neue Gattin von Nicolas Sarkozy, dem verwegenen Reiter, ist Fotomodell, singt Lieder über Sex und hatte mal was mit Mick Jagger, dem Sänger der »Rolling Stones«. Früher hätte eine so »wilde« Dame nur zur heimlichen Geliebten getaugt. Inzwischen sind die Sitten in den Präsidentenpalästen auch lockerer geworden.

Auch gut: Kinderwagen! Babys sind ja genauso süß wie Hunde. Und ein Politiker, der den Kinderwagen schiebt, wirkt fast noch sympathisch als einer, der einen Hund an der Leine führt. Bei Frau Merkel haben wir bisher noch keine Tiere gesehen. Und ihr Mann hat wenig Lust, sie dekorativ zu begleiten. Das braucht sie aber auch gar nicht. Denn sie hat ganz viele andere Männer, mit denen sie sich schmücken kann: all die anderen Staats- und Regierungschefs, die sie öffentlich küssen (wie der französische Präsident Sarkozy) oder ihr den Rücken massieren (wie der frühere US-Präsident Bush) oder ihre Hand halten (wie Ägyptens Präsident Mubarak). Bei so viel charmanter öffentlicher Sympathiebekundung durch mächtige Männer braucht Angela »Miss World« Merkel gar keinen Labrador.

Wieso kümmern uns Minderheiten am anderen Ende der Welt?

Warum müssen Bundeswehrsoldaten nach Afghanistan, weil dort diese »Taliban« rumlaufen? Wer ist das überhaupt? Kann es auch in Deutschland zu Terroranschlägen kommen? Und wie verabreden Terroristen eigentlich ihr Vorgehen?

Viele Fragen zum vielleicht schwierigsten Problem der Gegenwart. Das Wort »Terror« ist natürlich mal wieder lateinisch und bedeutet: Angst, Schrecken. Als »Terrorismus« bezeichnet man Gewaltaktionen wie Entführungen, Attentate, Sprengstoffanschläge, die politisch motiviert sind. Wenn jemand einen Millionär entführt und Lösegeld erpresst, ist das kein Terrorismus. Wenn jemand ein Flugzeug entführt und die Passagiere nur freilässt, wenn politische Forderungen erfüllt werden – das ist Terrorismus. Ebenso wie Bomben in Tourismushochburgen. Oder Bomben in der Londoner U-Bahn. Immer geht es darum, Angst und Schrecken zu verbreiten und damit eine bestehende Gesellschaft zu »destabilisieren«, also aus dem Gleichgewicht zu bringen.

Der bekannteste Terroranschlag galt am 11. September 2001 den USA: Fanatische Islamisten kaperten Flugzeuge und steuerten sie ins Pentagon (den Sitz des US-Verteidigungsministeriums) so-

Die Trümmer des World Trade Centers in New York nach dem Anschlag vom 11. September 2001.

Terror lokal

Lange agierten Terroristen meist vor Ort. Die deutsche »Rote Armee Fraktion« (kurz: RAF) führte ihre Anschläge nur hierzulande durch. Allerdings stand die Entführung eines Lufthansa-Flugzeugs nach Mogadischu (im afrikanischen Staat Somalia) in engem Zusammenhang mit dem sogenannten »Deutschen Herbst« 1977: Arabische Terroristen forderten die Freilassung gefangen genommener RAF-Kollegen.

Im Herbst 1977 entführten RAF-Terroristen den Präsidenten des deutschen Arbeitgeberverbandes, Hanns-Martin Schleyer. Mit dieser Aktion versuchten sie, im Gefängnis sitzende andere Terroristen freizupressen.

wie ins World Trade Center in New York. Mindestens 3000 Menschen starben. Das war nicht nur für Amerika ein Schock, schließlich ist das Land nie zuvor auf heimischem Boden angegriffen worden. Der 11. September war ein Schock für die gesamte westliche Welt: Der Hass kann jeden jederzeit und überall treffen. Es war eine Art Kriegserklärung – und bald darauf zogen die USA

dann ja auch in den Krieg, erst in Afghanistan, dann im Irak.

Übrigens schreiben die Amerikaner zuerst den Monat, dann den Tag, der 11.9. ist dort also 9/11 – und »nine eleven« ist zugleich die allgemeine Notrufnummer für Polizei und Feuerwehr (so wie man bei uns 110 oder 112 wählt). Das Datum war also ganz sicher kein Zufall.

Was wollen Terroristen?

Aufmerksamkeit. Sie sind von irgendetwas derart überzeugt, dass es ihnen nicht reicht, beispielsweise Flugblätter zu verteilen oder an Diskussionsrunden teilzunehmen oder mit einer Partei in die Politik zu gehen. Sie glauben, ihr Ziel ist das einzig richtige, und deswegen wäre es auch erlaubt, Gewalt anzuwenden,

Im südamerikanischen Land Peru führte die Terrororganisation »Leuchtender Pfad« (hier 1991 im unwegsamen Gebirge) während der Sechziger- und Siebzigerjahre einen blutigen Guerilla-Krieg.

Osama bin Laden aus Saudi-Arabien gilt als Drahtzieher des Terrornetzwerks El Kaida, das für die Attentate vom 11. September 2001 in den USA verantwortlich ist.

um es durchzusetzen. Die RAF beispielsweise hoffte auf ein kommunistisches Deutschland. Südamerikanische Terroristen und Guerrillakrieger behaupten oft, ihre Land oder ihre Landsleute befreien zu wollen, oft geht es aber nur um Drogen, Geld und Macht. Islamistische Terroristen wie die Al Kaida (die hinter den Anschlägen vom 11. September 2001 steckt) wollen die westliche/christliche/freiheitliche Welt destabilisieren und letztlich zerstören. Sie haben auch das Gefühl, dass islamische Länder zu lange unterdrückt wurden und mittlerweile zu verwestlicht sind. Sie bezeichnen die Menschen im Westen oft als »die Nachfahren der Affen und Schweine«. Den Selbstmordattentätern wiederum versprechen sie, dass sie ins Paradies kommen (in dem dann auch noch reihenweise Jungfrauen auf sie warten, was auch etwas über das Frauenbild dieser Terroristen aussagt). Ihr Ziel ist es, den Westen zurückzudrängen und den Islam als Weltreligion durchzusetzen – auch mit Gewalt.

Terrorismus und Krieg sind nicht dasselbe. Für einen Krieg braucht man viele Soldaten und meist geht es um die Eroberung von Land. Terrorismus wird von relativ wenigen Einzelpersonen ausgeführt, deren Ziel darin besteht, eine bestimmte Idee durchzusetzen. Motto: Nur wer lebt und denkt wie wir, muss keine Angst vor dem Tod haben.

Wer oder was sind »Osama bin Laden« und die »Al Kaida«?

Osama bin Laden ist Anführer des Terrornetzwerks »Al Kaida«. Das ist eine Art lockerer Verbund fanatischer Moslems, die der Meinung sind, sie müssten notfalls auch töten, damit sich der Islam weltweit ausbreiten kann. Anfangs war Al Kaida noch eine überschaubare Gruppe in Afgha-

nistan. Inzwischen sagt jeder Terrorist, ob er nun im deutschen Sauerland, in London oder auf den Philippinen lebt, dass er zu Al Kaida gehöre, obwohl er mit Osama bin Laden nie Kontakt hatte. Aus einer einzelnen Terrorgruppe ist eine weltweite Bewegung geworden. Man beruft sich auf Al Kaida als Idee, ohne noch konkrete Kontakte oder die Organisation als solche zu benötigen. Natürlich geht es im Einzelfall auch darum, sich wichtig zu machen und stärker zu fühlen. Aber das Problem dabei ist vor allem, dass sich Al Kaida als Idee verselbständigt hat, und das macht die Sache so verdammt gefährlich.

Bin Laden selbst stammt aus einer wohlhabenden saudi-arabischen Familie, sein Vermögen wird auf 300 Millionen Dollar geschätzt. Mit diesem Geld finanziert er u.a. die Ausbildung neuer Terroristen und die Vorbereitung von Anschlägen. Angeblich hat bin Laden an den Anschlägen vom 11. September auch noch gut verdient, indem er auf fallende Aktienkurse setzte. Ursprünglich zog bin Laden in den Achtzigerjahren nach Afghanistan, um dort gegen die damaligen sowjetischen Besatzer zu kämpfen. Der Krieg gegen die Sowjets war für ihn wohl vor allem eine Art Abenteuer. Er wollte damit auch sein vorheriges Leben als reiches, gelangweiltes Söhnchen hinter sich lassen. Als der Krieg gegen die sowjetischen Truppen 1988 endete, waren die islamischen Krieger aber noch keineswegs müde. Krieg kann nämlich bestimmten Leuten auch Spaß machen. Man kann sich beweisen, man kann alle möglichen Schandtaten damit rechtfertigen, man hat Lohn und Brot und Gemeinschaft und ein Lebensziel. Also brauchten Leute wie Osama bin Laden ein neues Ziel, einen neuen Gegner. Weil er ein fanatischer Islamist war, bot sich der Kampf gegen »die Ungläubigen« an. Also gegen Amerika und den Westen. In den afghanischen Taliban fand er religiöse Gleichgesinnte, auch wenn Taliban und Al Kaida nicht das gleiche sind.

Wie verabreden Terroristen ihre Anschläge?

Das tun sie immer seltener. Und gerade deshalb ist es so schwer, Anschläge zu verhindern oder die Täter zu schnappen. Es gibt zahllose Regionalgruppen der Al Kaida. Sie agieren selbstständig. Es kann also gut sein, dass irgendwo auf der Welt Bomben hochgehen und die Terror-Bosse davon auch erst aus den Nachrichten erfahren. Meist ist es so, dass zum Beispiel Bin Laden über das Internet oder einen TV-Sender eine Videobotschaft übermittelt. Er erklärt darin vielleicht, dass man seiner Meinung nach auch gegen die Verbündeten der verhassten USA kämpfen solle – beispielsweise Großbritannien, Polen, Spanien. Das hört einer seiner Bewunderer in

Marokko und plant mit ein paar Freunden einen Sprengstoffanschlag auf einen spanischen Pendlerzug. Ergebnis: Die Sozialisten gewannen dort die Wahl und zogen die spanischen Soldaten aus dem Irak ab.

Es hätte aber auch jemand anders einen anderen Anschlag begehen können. Oder zwei Gruppen zeitgleich. Oder keiner. Alles ist möglich, nichts voraussehbar. Das ist der Horror des Terrorismus.

Und weil auch in Deutschland viele Freiheiten herrschen, die Islamisten unerträglich erscheinen, und weil auch Deutschland ausdrücklich zu den Verbündeten der USA zählt und in Afghanistan gegen die Taliban kämpft – deswegen kann auch Deutschland zum Ziel der Terroristen werden.

Was kann man dagegen tun?

Diese Aufgabe übernehmen die Geheimdienste. Sie versuchen, Attentätern rechtzeitig auf die Schliche zu kommen und Anschläge zu verhindern. Leider führt das auch zu deutlichen Einschränkungen der persönlichen Freiheit, wie man bei jedem Urlaubsflug erleben kann.

Was man nicht tun sollte: jeden Ausländer für einen Terroristen halten und entsprechend behandeln. Denn die allermeisten sind ja ganz normale, friedfertige Menschen. Begegnet man ihnen mit Ablehnung und Misstrauen, macht man es den Fanatikern nur leichter, sie anzuwerben. Und schließlich sind wir alle ja Ausländer – fast überall auf der Welt.

So ist einerseits ein so undiplomatisch und machomäßig auftretender US-Präsident wie George Bush das Beste, was Osama bin Laden je passieren konnte. Und umgekehrt haben viele Amerikaner Bush aus Angst vor den Terroristen gewählt.

Am 2. September 2007 wandte sich Osama bin Laden in einer Videobotschaft an das amerikanische Volk.

Vor allem aber rechtfertigt die Furcht nicht alles. Denn die Chance, einem Anschlag zum Opfer zu fallen, ist insgesamt doch ziemlich gering, beinah bei null. In den USA beispielsweise kommen jährlich knapp 44 000 Menschen bei Verkehrsunfällen ums Leben. Selbst im Terrorjahr 2001 starben hingegen »nur« wenige Tausend durch Terroranschläge. Das tröstet zwar nicht – aber es sollte einen davor bewahren, hysterisch zu werden. Denn genau diese panische Angst wollen die Terroristen ja schüren.

Und warum kämpfen deutsche Soldaten nun in Afghanistan?

3200 Bundeswehrsoldaten sind in Afghanistan im Einsatz. Insgesamt sind dort 53 000 Soldaten aus 40 Ländern stationiert. Es handelt sich dabei um einen sogenannten »friedenserzwingenden Einsatz«, den die afghanische Regierung auch begrüßt. Die ausländischen Truppen sollen für die Sicherheit der Bevölkerung sorgen. Lange herrschten hier die Taliban, eine sehr strenge islamistische Gruppierung. Sie haben zum Beispiel die vorher recht frei lebenden afghanischen Frauen gezwungen, sich extrem zu verschleiern, und eine regelrechte Terrorherrschaft in dem Land ausgeübt. Es durfte kein Fußball mehr gespielt

werden, stattdessen wurden in den Fußballstadien Menschen gesteinigt, weil sie sich »unislamisch« verhalten hatten. Bei einer Steinigung werden Menschen mit Steinen beworfen, bis sie tot sind.

Die Taliban gewährten den Terroristen rund um Osama bin Laden Unterschlupf. Von Afghanistan aus plante er die Attentate auf Amerika. Deshalb griffen die USA im Oktober 2001 Afghanistan an und stürzten die Taliban-Regierung. Sie hofften, in dem Land auch Osama bin Laden zu finden, aber das misslang bisher. Im Dezember 2001 begann der Einsatz von UNO-Truppen, aber noch immer ist die Lage nicht stabil. Die USA und der Westen haben die Taliban zwar aus der Hauptstadt Kabul und anderen afghanischen Städten vertrieben. Doch gewonnen hat der Westen deshalb noch lange nicht, die Taliban sind immer noch im Land. Vermutlich kann man in Afghanistan Kriege sowieso nicht gewinnen. Ein Grund dafür ist die große Armut der Menschen in Afghanistan. Sie haben nichts zu verlieren. Und wenn Attentäter kommen, von ihnen versteckt werden wollen und dafür sogar bezahlen, dann nehmen sie das Geld. Die westliche Welt hofft, wenn es den Afghanen besser ginge, würden die Terroristen von ihnen nicht mehr unterstützt werden.

Der Afghanistan-Krieg gilt als der erste sogenannte NATO-Bündnisfall, und die Sache war sehr umstritten, weil die Terroranschläge vom 11. September ja nicht durch einen Staat erfolgt waren – nun aber zur Strafe dafür ein Staat angegriffen wurde.

Warum hassen diese Terroristen uns so?

Militante Islamisten rechtfertigen die Wahl ihrer Feinde mit deren angeblichem Ungehorsam gegen Gott. Das heißt: Wer sich nicht so verhält, wie sie den Koran verstehen, hat es in ihren Augen verdient zu sterben. Verstöße gegen diese angeblich »unfehlbare« Auffassung bestehen beispielsweise schon allein darin,

- kein Moslem zu sein,
- den Islam und den Koran nicht als wichtigste Leitlinie in allen Lebensbereichen anzusehen,
- Staat und Kirche zu trennen,
- außerehelichen Sex zu haben,
- als Frau das Gesicht nicht zu verschleiern,
- »aufreizende« Kleidung zu tragen,
- Alkohol zu trinken.

Ganz kurz und knapp könnte man fast sagen: Alles, was Spaß macht, ist verboten. Manche Psychologen meinen, dass das für Menschen ziemlich problematisch sein kann: Wer sich nie ohne allzu schlechtes Gewissen ein bisschen danebenbenehmen darf, bei dem stauen sich möglicherweise Aggressionen an. Das ist aber nur eine Theorie von vielen, die nicht erklärt, warum viele Menschen ihren Glauben konsequent und sehr diszipliniert leben können, ohne Terroristen zu werden.

Es können ja auch zig Jugendliche Ego-Shooter-Videospiele spielen, ohne zu Amokläufern zu werden, während andere durch solche blutigen Spiele so aufgepeitscht werden, dass sie irgendwann Spiel und Realität nicht mehr auseinanderhalten können. Die Verhaltenszwänge, die im strengen Islam enthalten sind, erklären auch nicht, warum sich junge Männer, die im Westen aufgewachsen sind und ganz normal gelebt haben, plötzlich den Terroristen anschließen. Warum aber geben sie Freiheiten auf, die sie bereits genossen haben? Möglicherweise stecken Minderwertigkeitskomplexe und die Suche nach Anerkennung und Gemeinschaft dahinter.

Fromme Muslime sind nicht automatisch Islamisten. Militante Vertreter des Islams verdammen aber den lockeren westlichen Lebensstil – und sind damit von christlichen Fundamentalisten gar nicht so weit entfernt.

Wieso gibt es eigentlich immer noch Kriege?

Krieg ist eine richtig üble Sache. Darüber sind sich alle einig. Aber trotzdem kommt es immer wieder zu bewaffneten Auseinandersetzungen. Warum eigentlich? Und was wird dagegen unternommen?

Es gibt viele verschiedene Definitionen für »Krieg«. Die gängigste: Mehr als 1000 konfliktbedingte Tote pro Jahr. Am häufigsten sind Kriege zwischen Staaten (internationale Kriege) und Kriege innerhalb eines Staates zwischen verschiedenen Bevölkerungsgruppen (Bürgerkriege). Es gibt auch noch den sogenannten Staatsterror, wenn eine Regierung Krieg gegen ihr eigenes Volk führt, aber das kommt eher selten vor. In Deutschland unter Hitler geschah das zum Beispiel, denn er ließ Millionen Deutsche in Konzentrationslagern töten (die deutschen Juden waren ja genauso Deutsche wie die deutschen Christen). Außerdem gibt es noch den aktuellen »Krieg gegen den Terror«. Ob das ein Krieg ist oder nicht, darüber wird gestritten.

Die weltweit häufigsten Kriege sind Bürgerkriege, bei denen sich verschiedene Volksgruppen bekämpfen. Sie sind meist besonders blutig und schrecklich. Im afrikanischen Staat Ruanda zum Beispiel haben die beiden ethnischen Gruppen »Tutsis« und »Hutus« in ihrem Krieg gegeneinander innerhalb weniger Wochen eine Million Menschen niedergemetzelt. Da die Opfer hauptsächlich Tutsis waren, spricht man bei einer so großen Opferzahl auch von »Völkermord«, weil ein Volk beinah ausgelöscht wurde. Bei Bürgerkriegen spielt oft Rassismus oder religiöser Hass eine große Rolle. Wenn es einem Land dann auch noch wirtschaftlich schlecht geht, wird ein Sündenbock gesucht. Den findet man in einer ethnischen Minderheit, und so sind dann halt plötzlich

17. Juli 1994. Flüchtlinge aus Ruanda erreichten die Grenzstadt Goma in Zaire. In ihrer Heimat tobte der Bürgerkrieg zwischen den Tutsis und den Hutus. In wenigen Wochen wurden eine Million Menschen ermordet.

die Tutsis schuld an der Armut Ruandas. Oder es geht um Stammesfehden und die Frage, wer in dem Land das Sagen hat. Aber es brachten sich auch Hutus gegenseitig um, und sogar Söhne haben ihre Väter erschlagen. Ein Grund dafür ist, dass es in Ruanda eine gewaltige Überbevölkerung gab: zu viele Menschen auf zu wenig Land. Der Bürgerkrieg war also eine »gute Gelegenheit«, mit allen abzurechnen, die einem im Wege standen.

Bei Kriegen zwischen Staaten geht es hingegen meist um Streitigkeiten über Grenzverläufe und wem was gehört. Um Land wird vor allem dann Krieg geführt, wenn es dort Bodenschätze gibt. Schließlich will jeder gerne Ölquellen haben oder einen Zugang zum Meer, um Schifffahrt betreiben zu können. Und die wenigsten Ländergrenzen sind so uralt, dass sie von niemandem infrage gestellt werden. Irgendwer kann eigentlich immer behaupten, er sei schon früher mal da gewesen. Darüber streiten zum Beispiel auch Israelis und Palästinenser: Wem gehört das Heilige Land nun wirklich? Wessen Vorfahren waren zuerst da? Manchmal wird in solchen Streitfragen sogar mit antiken Knochenfunden argumentiert.

Die häufigsten Streitigkeiten, die in Deutschland vor Gericht kommen, sind übrigens Nachbarschaftsstreitigkeiten. Wenn man sich schon innerhalb eines Landes derart verbissen über Maschendrahtzäune streiten kann, versteht man auch, wie schnell ein Streit zwischen Ländern ausbricht. Und wer jemals eine blutige Schulhof-Prügelei beobachtet hat, weiß auch, wie schnell sich Menschen plötzlich aufführen wie Tiere.

Gewalt auf dem Schulhof. Auch aus nichtigem Anlass entstehen manchmal gefährliche Prügeleien.

Auch Krieg ist Formsache

In früheren Jahrhunderten wurde höchst formell und höflich eine Kriegserklärung ausgesprochen (»Ab morgen wird geschossen«), es gab klare Fronten, die Feldherren von einem Hügel aus beobachten konnten wie ein Fußballspiel, und am Ende schlossen die Gegner einen Friedensvertrag. Das ist schon lange nicht mehr so. Inzwischen wird einfach mitten in der Nacht angegriffen. Und Schluss ist erst, wenn einer wirklich nicht mehr kann. Es gibt allerdings ein internationales »Kriegsrecht«, das regeln soll, was im Krieg erlaubt ist und was nicht: die sogenannte Haager Landkriegsordnung und die Genfer Konvention. Zum Beispiel steht darin, wie man Kriegsgefangene behandelt, man darf zum Beispiel gegnerische Soldaten nicht einfach verhungern lassen, und dass die siegreichen Soldaten keine Frauen vergewaltigen dürfen (was sie aber häufig trotzdem tun). Ausdrücklich heißt es: »Die Staaten haben kein unbegrenztes Recht in der Wahl der Mittel zur Schädigung des Feindes.« Damit unterstellt man allerdings zugleich automatisch, dass manche Mittel schon irgendwie okay seien. Und logischerweise ist derjenige im Vorteil, der sich nicht an diese Regeln hält. Insofern steht das Kriegsrecht auch nur auf dem Papier. Erst wenn man den Krieg verliert, so wie der frühere Präsident Serbiens, Slobodan Milosevic (der »Schlächter vom Balkan«), wird man dafür wegen »Verbrechen gegen die Menschlichkeit« vor Gericht gestellt. Aber ob das den nächsten derartigen Massenmörder abschreckt, ist zumindest fraglich.

Die meisten Kriege kriegt man gar nicht mit. Es sind Bürgerkriege oder Streitigkeiten zwischen zwei Kleinstaaten. Bis zu 50 derartige Kriege werden weltweit geführt. Oft werden sie sogar von der eigenen Regierung angezettelt, um die hungrige Bevölkerung abzulenken – wer fürchten muss, erschossen zu werden, hat keine Zeit, mit dem Schulsystem unzufrieden zu sein und die Politiker zur Rechenschaft zu ziehen.

Diese Kriege finden meist in Gegenden statt, die weit weg von Deutschland sind, viele von ihnen in Afrika. Insofern stellen sie keine direkte militärische Gefahr für uns dar. Dass dort Krieg ist, merken wir erst, wenn viele Flüchtlinge vor unserer Haustür stehen, die mit allen Mitteln versuchen, aus ihrer Heimat zu entkommen, notfalls in einer Nussschale über das Mittelmeer. Sie haben nichts mehr zu verlieren – denn sie haben schon alles verloren.

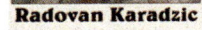

Expräsidenten, per US-Steckbrief gesucht als Kriegsverbrecher: die Serben Slobodan Milosevic und Radovan Karadzic. Milosevic ist mittlerweile verstorben, gegen Karadzic wird in Den Haag verhandelt. General Ratko Mladic ist noch immer flüchtig.

Die Weltkriege – haben wir daraus gelernt?

Zwei Kriege der Neuzeit haben praktisch alle Länder und Kontinente betroffen und werden deshalb »Weltkriege« genannt. In beiden spielte leider Deutschland eine wichtige Rolle. Deswegen war nach dem Ende des Zweiten Weltkrieges 1945 das Misstrauen den Deutschen gegenüber groß.

Der Erste Weltkrieg wurde von 1914 bis 1918 in Europa, dem Nahen Osten, Afrika und Ostasien geführt. Die USA verbündeten sich am Ende mit den Deutschland-Gegnern, es kam jedoch nicht zu Kämpfen auf amerikanischem Boden. Der Erste Weltkrieg kostete neun Millionen Menschen das Leben.

Österreich-Ungarn hatte am 28. Juli 1914 dem Land Serbien den Krieg erklärt. Russland eilte den Serben zu Hilfe; Deutschland unterstützte als Bündnispartner Österreich. Das war auch von vornherein so geplant gewesen – Deutschland wollte in den Krieg ziehen. Es fühlte sich von Feinden umzingelt und strotzte zugleich vor Nationalismus und Großmannssucht.

Also wollten Deutschland und Österreich im Zuge dieses Krieges gemeinsam andere Länder besiegen und sich einverleiben. Doch sie verloren den Krieg und wurden im französischen Ort Versailles von den Siegern dazu verdonnert, den angerichteten Schaden zu bezahlen.

Das schaffte Deutschland aber nicht – die Zahlungen schwächten die Wirtschaft. Und das Gefühl, gedemütigt worden zu sein, saß tief. Man kann da wieder einmal die alte außenpolitische Lehre erkennen: Gewinnen ist schön – doch demütige den Verlierer nicht zu sehr, sonst sinnt er auf Rache.

Nicht nur die Soldaten leiden

Für den Aufstieg Adolf Hitlers in Deutschland gab es viele Gründe. Rassismus und Nationalismus kann man nicht nur mit wirtschaftlichen Gründen erklären. Doch die »Schmach« des Versailler Vertrages trug einiges dazu bei, dass Deutschland danach in eine immer schlimmere Richtung driftete. Zumal man in Deutschland die Ursachen der Wirtschaftskrise den feindlichen Mächten und ihren Geldforderungen zuschreiben konnte. Die un-

Nazis ermordeten in Konzentrationslagern Millionen Menschen. Hier Überlebende des Lagers Auschwitz bei ihrer Befreiung im Januar 1945 durch die russische »Rote Armee«.

zufriedenen Bürger ließen sich dann von Hitler zu einem zweiten Krieg anstiften (1939-1945), den sie wieder verloren. Es war der erste Krieg, in dem die sogenannten ABC-Waffen eingesetzt wurden (A = Atombomben, B = biologische Kampfstoffe, zum Beispiel Krankheitserreger, C = Chemische Waffen wie Giftgas). Im Zweiten Weltkrieg starben fast 60 Millionen Menschen. Und zwar nicht nur Soldaten, sondern vor allem Zivilisten. In Deutschland wurden zudem Roma, Sinti, Juden, Homosexuelle, »Asoziale« und Hitler-Gegner in Konzentrationslagern grausam misshandelt und schließlich getötet.

Beide Kriege waren nicht nur entsetzlich für die Opfer, die Soldaten und ihre Familien. Sondern auch für den Rest der Bevölkerung, denn es wurden Bomben auf die Städte geworfen, und es gab nicht genug zu essen. Halb Europa war verwüstet. Das bedeutet: Letztlich verlieren alle, sogar die Sieger. Krieg rechnet sich heutzutage nicht mehr. Früher konnte man an einer abgesteckten Front gegeneinander kämpfen, und es starben nur Soldaten, was den Königen total egal war; genauso wie sie die Tatsache wenig bekümmerte, dass ihre Untertanen im Kriegsgebiet litten. Wer gewonnen hatte, bekam Land. Das lohnte sich. Heutzutage sind die Waffen viel zu schlimm und Kriege betreffen die gesamte Bevölkerung. Der angerichtete Schaden übersteigt den möglichen »Nutzen« (zum Beispiel einen Zugewinn an Land) bei Weitem. Darum hat man seit dem letzten Weltkrieg versucht, große Kriege unbedingt zu verhindern.

Im »Kalten Krieg« fielen keine Bomben

Der Konflikt, der nach dem Weltkrieg zwischen Ost und West entstand, wurde deshalb auch kein Krieg. Sondern nur ein »Kalter Krieg«, der von 1945 bis etwa 1990 zwischen »Westen« und »Osten« geführt wurde. Das war zwar auch eine Art Kampf – aber ohne dass dabei zwischen den beiden Blöcken Waffen abgefeuert wurden. Es gab allerdings sogenannte »Stellvertreterkriege«. Denn in den Zeiten des Ost-West-Konflikts waren fast alle Länder der Welt irgendwohin zugeordnet. Die einen sympathisierten mit den USA, die anderen standen der Sowjetunion näher. Die ganze Welt war in Einflusssphären unterteilt. Und wenn irgendwo außerhalb Europas zwei Länder

Dresden nach der Bombardierung durch englische und amerikanische Geschwader im Februar 1945.

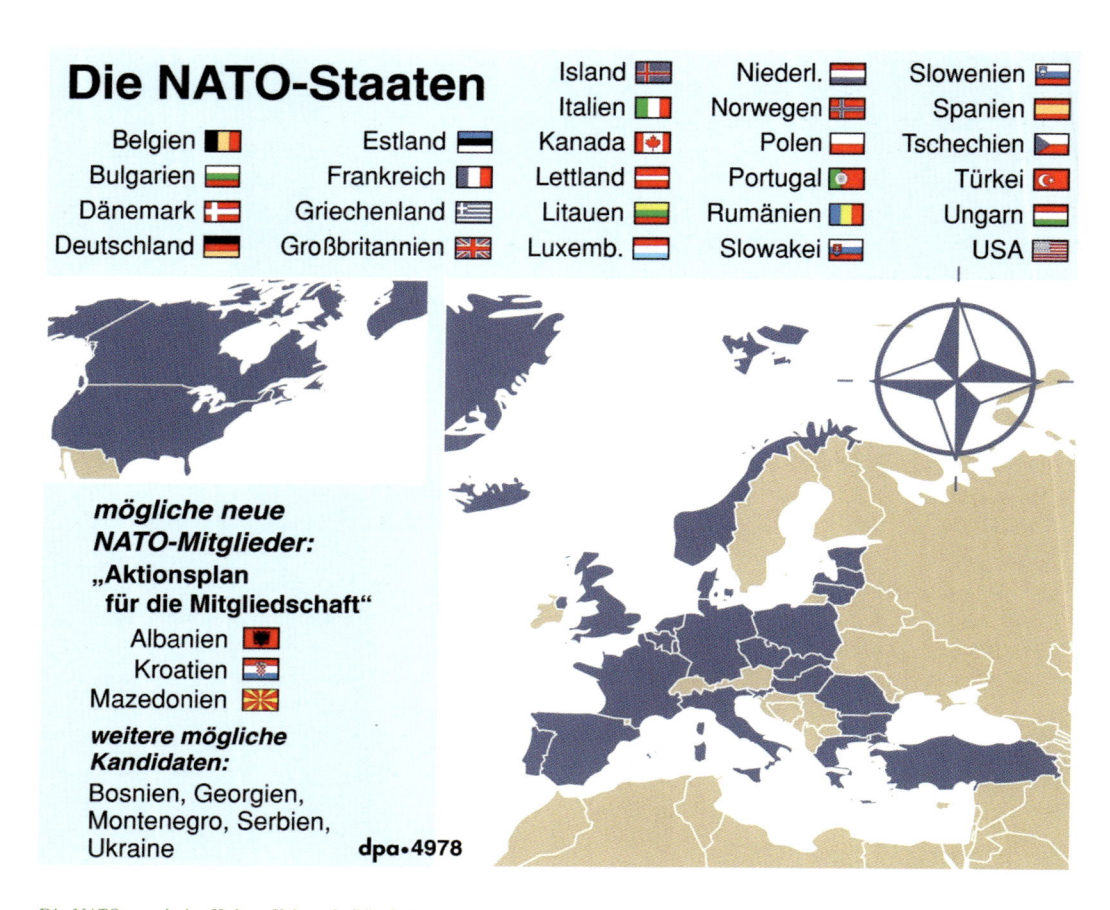

Die NATO-Staaten

Belgien · Estland · Island · Niederl. · Slowenien
Bulgarien · Frankreich · Italien · Norwegen · Spanien
Dänemark · Griechenland · Kanada · Polen · Tschechien
Deutschland · Großbritannien · Lettland · Portugal · Türkei
· · Litauen · Rumänien · Ungarn
· · Luxemb. · Slowakei · USA

mögliche neue NATO-Mitglieder:
„Aktionsplan für die Mitgliedschaft"

Albanien
Kroatien
Mazedonien

weitere mögliche Kandidaten:
Bosnien, Georgien, Montenegro, Serbien, Ukraine

dpa·4978

Die NATO wurde im Kalten Krieg als Bündnis gegen die UdSSR und die kommunistischen Länder Osteuropas gegründet. Heute sind viele der ehemaligen Feinde selbst Mitglieder geworden.

oder Bevölkerungsgruppen gegeneinander kämpften, hatten immer die Sowjets und die Amerikaner ihre Finger im Spiel. Zum Beispiel in Afghanistan: Dort war 1979 die Sowjetunion einmarschiert, um der damals kommunistischen afghanischen Regierung gegen Aufständische zu helfen. Prompt wurden ihre Gegner, die »Mudschaheddin«, von den Amerikanern mit Waffen ausgerüstet. Die Amerikaner kämpften also nicht selbst, sondern halfen den Feinden der Sowjetunion. Das damalige Motto lautete: Der Feind meines Feindes ist mein Freund. Verrückterweise kämpfen die Taliban in Afghanistan heute mit denselben alten amerikanischen Waffen gegen amerikanische Soldaten. Mit »Westen« meint man damals vor allem die demo-

kratischen Staaten in Westeuropa und Nordamerika, mit »Osten« die sozialistischen und kommunistischen Staaten, angeführt von der Sowjetunion, plus Osteuropa (zum Beispiel Polen, Ungarn, Tschechoslowakei etc). In dieser Zeit wurde vor allem aufgerüstet – jeder entwickelte möglichst tolle Atomraketen und stellte möglichst viele davon auf, um den Gegner wenigstens noch schnell wegbomben zu können, falls der angriff. Es war ein bisschen so, als wenn zwei Nichtschwimmer sich fest aneinanderklammern, nur damit der andere wenigstens auch ertrinkt. Das klingt absurd. Auf den ersten Blick erscheint es doch viel logischer, Krieg zu vermeiden, indem man selbst friedlich ist. Doch das hat sich in der Geschichte als ziemlich aussichtslos erwiesen. Nur die Schweiz konnte es sich immer leisten, neutral und unbewaffnet zu sein. Aber auch nur deshalb, weil alle es nützlich fanden, dass es auf der Welt wenigstens einen hübschen, sauberen Platz in zentraler Lage gibt, an dem man Reichtümer lagern und ins Asyl flüchten kann. Und die Schweiz ist wegen der vielen Berge verdammt schwer zu erobern und hat keine nennenswerten Bodenschätze. Für alle anderen gilt: Besser, man ist in der Lage, mögliche Angreifer abzuschrecken.

Damit aber nicht alle immer bis an die Zähne bewaffnet sein müssen, tun sich Staaten mit ähnlichem politischem System zusammen (man nennt solche Verbündeten auch »Alliierte«). 1949 gründeten Belgien, Dänemark, Frankreich, Island, Italien, Kanada, Luxemburg, die Niederlande, Norwegen, Portugal, die Vereinigten Staaten von Amerika und Großbritannien die NATO (für »North Atlantic Treaty Organization«, deutsch: Nordatlantikvertrag-Organisation). 1955 trat Westdeutschland bei. Nach dem Ende des Kalten Krieges und dem Zusammenbruch der Sowjetunion kamen in den letzten zehn Jahren etliche ehemalige Ostblockstaaten zur NATO hinzu (Tschechien, Polen, Ungarn, Kroatien, Albanien usw.). Die NATO-Mitglieder verpflichten sich zur friedlichen Konfliktbeilegung und freundschaftlichen Ausgestaltung internationaler Beziehungen. Doch für den Fall des bewaffneten Angriffs auf eines der Mitglieder verpflichtet der Vertrag die übrigen Mitgliedstaaten zur sogenannten »kollektiven« (gemeinsamen) Selbstverteidigung. Also: alle für einen.

Auf Abrüstung folgt Aufrüstung

Rückblickend ist die Strategie die Strategie der gegenseitigen Abschreckung aufgegangen – immerhin kam es nicht zum befürchteten Krieg mit der Sowjetunion. Ob das vielleicht auch ohne Aufrüstung und NATO der Fall gewesen wäre, weiß man aber natürlich nicht. Das wäre vielleicht gegangen, wenn die Sowjetunion damals nicht von einem ähnlich schlimmen Diktator regiert worden wäre wie zuvor Deutschland. Josef Stalin gilt neben Hitler und dem Chinesen Mao Zedong als einer der größten staatlichen Massenmörder der Weltgeschichte.

Mittlerweile ist der Ostblock zerfallen, mit dem russischen Präsidenten Michail Gorbatschow begann 1990 die Politik von »Perestroika« und »Glasnost«. Er erlaubte der eigenen Bevölkerung mehr

Die Sowjetunion wollte das kommunistische Regime in Afghanistan unterstützen, unterschätzte aber den Widerstand der dortigen Bevölkerung. Letztlich mussten die Russen geschlagen abziehen (Foto: Mai 1988).

Freiheiten und öffnete sein Land außerdem gegenüber dem Westen. Das tat er aus Überzeugung, aber auch weil er merkte, dass die Sowjetunion sich die riesigen Militärausgaben nicht mehr leisten konnte. Das Land war beinah bankrott. Am Ende dieser Entwicklung standen radikale Abrüstungsverträge, die Moskau und Washington unterschrieben, und schließlich die deutsche Wiedervereinigung und das Ende der Sowjetunion. Danach begann in den Neunzigern eine Zeit eine Zeit der Entspannung, in der sich eigentlich alle rundum ziemlich gut verstanden. Deshalb wurde auch der Wehrdienst bei der Bundeswehr verkürzt, von 18 Monaten in den Sechziger-/Siebzigerjahren auf nur noch neun, weil man einfach nicht mehr so viele Soldaten braucht. Dennoch könnten ehemalige Wehrdienstleistende im Kriegsfall an die Front einberufen werden – wer das vermeiden will, leistet Ersatzdienst ohne Waffe (meist Zivildienst genannt), zum Beispiel in einem Krankenhaus oder Altenheim. Kurios: Wie viele Soldaten man braucht, darüber streiten die Experten – aber fest steht: ohne Zivildienstleistende kämen wir nicht

Im August 2008 war plötzlich Krieg: Abchasien und Südossetien (siehe Karte rechts) wollten sich von Georgien lossagen, überraschend griffen auch russische Truppen in den Konflikt ein. Immerhin: Der Spuk war schnell vorbei, im Oktober 2008 zogen die Truppen wieder ab.

aus. Da würde zum Beispiel die Krankenpflege komplett zusammenbrechen.

Manche meinten schon, von nun an werde die Welt für immer friedlicher sein und es würde keine großen Konflikte mehr geben. Dem ist leider nicht so. Das Verhältnis zu Russland ist wieder schlechter geworden und es wird auch wieder aufgerüstet.

Allerdings wird dabei heute eher auf wirtschaftlichem Wege versucht, Macht zu erlangen. So droht Russland immer wieder mal mit der Einstellung von Öl- und Erdgaslieferungen an Europa.

Grenzstreit und Rohstoffe: ein gefährlicher Mix

Aber auch »heiße« Kriege gibt es wieder auf dem europäischen Kontinent: im August 2008 brach in Georgien Krieg aus – ziemlich blutig, und verdammt dicht vor unserer Haustür! (Georgien liegt direkt hinter der Türkei.) Formal ging es um die Unabhängigkeit der Regionen Südossetien und Abchasien. Beides sind Regionen, die zu Georgien gehören, so wie Bayern oder Hessen Regionen sind, die zu Deutschland gehören. Der Unterschied ist allerdings, dass sich Bayern und Hessen selbstverständlich deutsch fühlen. Die Südosseten und die Abchasier fühlen sich mehrheitlich aber keineswegs georgisch und wollen

auch gar nicht zu Georgien gehören, sondern lieber selbstständig sein. Unterstützt wurden sie dabei immer schon von Russland. Nicht weil die russische Regierung so ein wahnsinnig großes Herz für Südossetien hat. Sondern weil sie ewig schon im Streit liegt mit Georgien. Die georgische Regierung behauptete nun, die Bürger in den beiden Provinzen hätten sich vom Mutterland abspalten wollen. Außerdem hätten Südosseten und Abchasier georgische Mitbürger, die auch in diesen Provinzen leben, aus Hass attackiert. Um das zu verhindern, schickte man Soldaten. Russland unterstützte derweil die aufständischen Südosseten und Abchasier und erkannte die Landstriche einfach so als eigenständige Staaten an. Das heizte den Konflikt weiter an. Die Georgier warfen den Russen vor, sie würden sich einmischen und georgische Bürger aus den Provinzen vertreiben. Die Russen wiederum hielten der georgischen Regierung vor, sie würde Südosseten schikanieren, sogar töten, und ossetische Siedlungen beschießen. Wer recht hat, ist nicht ganz klar. Wahrscheinlich liegt die Wahrheit irgendwo in der Mitte. Jedenfalls fielen schließlich russische Bomben auf Georgien und es rollten Panzer. Prompt meldete sich der amerikanische Präsident Bush zu Wort, der einen neuen »Kalten Krieg« mit Russland fürchtete und Moskau scharf kritisierte. Es geht dabei allerdings um weit mehr als um die Frage, wie Osseten und Georgier miteinander klarkommen.

Speziell für Europa ist die ganze Gegend nämlich wichtig, weil dort Ölleitungen verlaufen, über die wir beliefert werden. Georgien will die Regionen nicht abtreten, weil dann nur die nächsten Minderheiten kämen und auch frei sein wollen – das Land würde zerfallen. Der russischen Regierung ist das hingegen ganz recht, denn Georgien könnte sonst vielleicht in die NATO eintreten, statt als »Pufferstaat« zwischen Russland und dem Westen zu stehen.

Selbst Experten sind nicht ganz sicher, warum der Konflikt so schnell und blutig eskalierte. Und was das alles eigentlich soll. Klar ist nur, dass Europa derart angewiesen ist auf Öl und Gas aus Russland, dass unsere Regierung zwar ihren Missmut gegenüber Moskau deutlich kundtun kann – aber ernsthaft Partei für die Georgier ergreifen tut sie nicht.

Gefährlich sind solche Situationen vor allem deshalb, weil Kriege sich leicht ausbreiten – Soldaten zerstören versehentlich das falsche Dorf, die Verwandten der Getöteten schlagen sich daher auf die Seite des Widerstands und verstecken sich in Grenzregionen, die daraufhin ebenfalls angegriffen werden; ein Land gibt Finanzhilfe, um zum Beispiel Rohstofflieferungen nicht zu gefährden, ein anderes zahlt daraufhin ebenfalls Unterstützung an die Gegenseite, um genau diese Rohstofflieferungen zu stören, und schon breitet sich der Krieg aus wie ein Buschfeuer.

Es ist wie bei einem Unfall auf der Autobahn. Durch Rettungswagen, Abschleppwagen und Gaffer kann es zu immer mehr Staus, Störungen und weiteren Crashs kommen.

Abchasien und Südossetien gehören zu Georgien, wären aber lieber unabhängig.

Unheiliger Krieg um das Heilige Land

Auch vom »Nahostkonflikt« hört man immer wieder, wenn auch aus ganz anderen Gründen. Der »Nahe Osten« ist eine Region am Mittelmeer, die Israel und die sogenannten »Palästinensergebiete« sowie die angrenzenden arabischen Länder Ägypten, Libanon, Jordanien und Syrien umfasst. Man spricht vom »Nahen Osten«, weil diese Region zwar größtenteils zum asiatischen Kontinent gehört, aber im Gegensatz zum »Fernen Osten« (China, Japan usw.) ganz nah an Europa ist. Nur vier Stunden im Flieger, schon ist man da! Der Nahostkonflikt spielt sich insofern direkt vor unserer Haustür ab. Auch das ist ein Grund, warum uns dieses Thema nicht ganz egal sein kann.

Mit dem Begriff »Palästinensergebiete« sind zwei Gebiete gemeint: Erstens der schmale »Gaza-Streifen«, sandig, staubig und nur 14 Kilometer breit, aber mit direktem Zugang zum Meer und deshalb strategisch bedeutsam (einen Zugang zum Meer zu haben, ist für jeden Staat eine wichtige Sache). Zweitens das »Westjordanland«, in dem aber nicht nur Palästinenser leben, sondern auch jüdische Siedlungen liegen. Das Westjordanland ist sozusagen zerstückelt, und das ist auch eines der Probleme, über die heftig gestritten wird. Zwischen dem Gaza-Streifen und dem Westjordanland liegt der jüdische Staat Israel. Israel ist in der Fläche nur ungefähr so groß wie Hessen und hat sieben Millionen Einwohner. Weil es sich von feindlichen arabischen Nachbarn umzingelt fühlt, hat sich Israel seit seiner Staatsgründung 1948 bis unter die Zähne bewaffnet und gilt insofern als starke Militärmacht, obwohl es so ein kleines Land ist.

Doch woher kommen eigentlich die Feindschaft und der viele Streit mit den Arabern? Im Wesentlichen geht es dabei wie in vielen Kriegen um die Frage: Wem gehört das Land? Im Nahostkonflikt

Israel: Ein aus religiösen Gründen umstrittenes Stück Land von der Größe Hessens.

geht es auch noch ausgerechnet um »Heiliges Land«. Orte wie Bethlehem, Jerusalem oder Nazareth kennen wir ja alle aus der Bibel. Sie gelten also sowohl Christen als auch Juden als heilig. Aber auch den Moslems (die meistens arabischstämmig sind). Die Stadt Jerusalem etwa hat für alle drei Religionen – Christentum, Islam, Judentum – eine gleichermaßen herausragende Bedeutung. Deshalb ist dieser Streit um Land zugleich ein Streit zwischen Religionszugehörigkeiten, und das macht die ganze Sache noch komplizierter. Denn wenn es um Heiligtümer geht, ist bei allen Völkern schnell Schluss mit Vernunft und Kompromissbereitschaft.

Alles fing damit an, dass in den späten Dreißigerjahren des letzten Jahrhunderts immer mehr Juden nach Israel zogen, in das »gelobte Land ihrer Väter«, wie sie sagten (es geht nicht um die echten Väter, sondern um die Urahnen: Schon in der Antike hatte es jüdische Königreiche auf dem Gebiet des heutigen Israels gegeben). Unter den Einwanderern waren viele deutsche Juden, die aus Nazi-Deutschland flüchteten. Nach dem Ende des Weltkriegs sind dann auch viele Juden, die deutsche Konzentrationslager überlebt haben, nach Israel ausgewandert, weil sie es nicht ertragen hätten, länger in Deutschland zu bleiben. Nachdem die Juden jahrhundertelang überall auf der Welt ausgegrenzt und verfolgt worden waren, und erst recht nach der grausamen Judenvernichtung in Deutschland, forderten sie einen eigenen jüdischen Staat, in dem Juden nicht nur eine geduldete Minderheit sind, sondern selbst das Sagen haben. Diesen Staat Israel zu unterstützen, ist für Deutschland eine »Staatsräson«, wie man auf Politikdeutsch sagt, also eine Selbstverständlichkeit, die nie infrage gestellt wird. Nach allem, was Juden in Deutschland angetan wurde, ist es für uns eine historische Pflicht, auf der Seite Israels zu stehen. Was aber nicht heißt, dass nicht

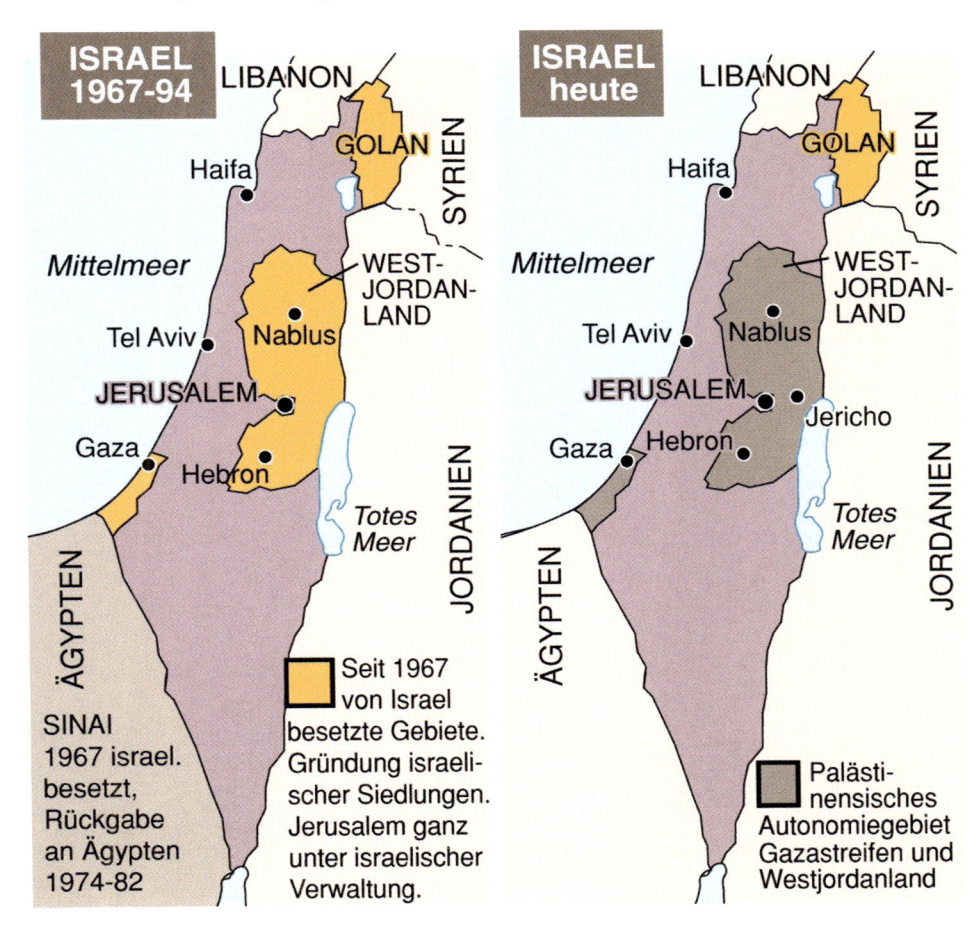

auch das Leid der Palästinenser wahrgenommen wird, und Deutschland versucht, auch ihnen zu helfen. 1948 wurde dieser jüdische Staat gegründet – und zwar auf einem Gebiet, das damals noch nicht Israel hieß, sondern »Palästina«. Dieses Palästina war eine Art britische Kolonie. Die Briten überließen den Juden nun sozusagen das von ihnen bislang verwaltete Land. In Europa und Amerika stieß das auf große Zustimmung. Ganz anders sah es jedoch in der arabischen Welt aus. Denn Palästina, das biblische Land der Juden, war ja nicht leer, sondern wurde von Arabern bewohnt: von den Palästinensern.

Frieden im Nahen Osten: Mission impossible?

Zuvor haben Palästinenser und Juden dort noch recht friedlich nebeneinander hergelebt. Doch als immer mehr Juden aus aller Welt einwanderten und schließlich ein eigener jüdischer Staat gegründet wurde, änderte sich das. Die arabischen Nachbarländer waren auch dagegen, dass Palästina in einen jüdischen und einen arabischen Staat geteilt wurde – was, im Nachhinein betrachtet, vielleicht die beste Lösung gewesen wäre. Die Israelis hätten das damals durchaus akzeptiert. Stattdessen begannen die arabischen Nachbarn gemeinsam einen Krieg gegen das neu gegründete Israel. Daraufhin war dann auch bei den Israelis Schluss mit friedlich. Israel gewann den Krieg, eroberte sogar zusätzliches arabisches Land und vertrieb die Palästinenser. Die sind deshalb im Grunde bis heute ein Volk auf der Flucht. Millionen Palästinenser leben in Lagern in den arabischen Nachbarländern Libanon, Jordanien und Syrien, wo sie übrigens auch nicht wirklich willkommen sind. Inzwischen gibt es zwar ein »palästinensisches Autonomiegebiet« (eben Gaza und Westjordanland), aber immer noch keinen richtigen Palästinenserstaat. Woran die Palästinenser aber Mitschuld haben. Denn ihre bisherigen Versuche, einen eigenen Staat zu führen, waren nicht sehr erfolgreich, sondern eher chaotisch. Und auch, dass zum Beispiel europäische Hilfsgelder zu Waffenkäufen missbraucht wurden, kam weltweit gar nicht gut an. Außerdem sind die Palästinenser untereinander furchtbar zerstritten. Es gibt welche, die Israelis zwar hassen, aber trotzdem bereit sind, mit ihnen friedlich zusammenzuleben. Das sind die Anhänger der gemäßigten Palästinenserpartei »Fatah«, die im Westjordanland regiert. Und es gibt die radikalen, islamistischen Palästinenser, die Israel auslöschen wollen. Das sind die Anhänger der terroristischen »Hamas«, die im Gaza-Streifen regiert und von dort regelmäßig Raketen auf Israel abfeuert. Aber auch untereinander kommt es zu blutigen Kämpfe zwischen Hamas und Fatah. Außerdem gibtes auch noch die »Hisbollah« im Libanon. Das sind zwar keine Palästinenser, aber auch radikale arabische Israel-Hasser. Zuletzt hat Israel 2006 Krieg gegen die Hisbollah im Libanon geführt, war damit jedoch nicht sehr erfolgreich.

Kurzum: Die Situation Israels ist nicht gerade gemütlich, sondern ein ständiger Kampf. Hinzu kommt, dass im Nahostkonflikt so viele andere Parteien und Staaten ihre Finger im Spiel haben. Als es zum Beispiel noch den weltweiten Ost-West-Konflikt gab, standen sich dort stellvertretend auch Amerika und die Sowjetunion gegenüber: Die Amerikaner halfen Israel, die Sowjets unterstützten die Araber. Das hat den Konflikt jahrzehntelang noch mehr aufgeheizt, und es wurden von beiden Supermächten jede Menge Waffen in die Gegend geliefert.

Es hat im Laufe der Zeit aber immer wieder auch sehr ernste und hoffnungsvolle Versuche gegeben, Frieden zu finden. Zum Beispiel haben sich Israel und Ägypten nach erbitterten Kriegen ausgesöhnt und führen seitdem relativ gute Beziehungen miteinander. Zu anderen Ländern wie Syrien oder dem Iran hat Israel hingegen überhaupt keine diplomatischen Kontakte, denn diese Länder erkennen den Staat Israel einfach nicht an. Er existiert für sie sozusagen überhaupt nicht. Auch den direkt angrenzenden Palästinensern hatte sich Israel eine Zeit lang angenähert. Es gab große Hoffnung auf einen echten Frieden. Der israelische Ministerpräsident Yitzhak Rabin und der Palästinenserführer Yassir Arafat bekamen 1994 sogar gemeinsam den Friedensnobelpreis. Das waren zwei Männer, die ihr Leben lang Krieg gegeneinander geführt hatten, Rabin als Soldat, Arafat als Terrorist. Nun reichten sie sich die Hände. Doch dann wurde der israelische Ministerpräsident Rabin ermordet. Und zwar nicht etwa von einem Araber, sondern von einem fanatischem Israeli, der ihm Verrat an den Juden vor-

Der Felsendom auf dem Tempelberg in Jerusalem: Hier soll Abraham sich auf Befehl Gottes zum Opfer seines Sohnes Isaac eingefunden haben, und der Prophet Mohammed machte sich hier zur Himmelfahrt bereit.

warf! Auch Arafat ist inzwischen tot. Seitdem gibt es wieder mehr Streit unter den Palästinensern selbst, sodass die Israelis gar nicht mehr wissen, mit wem sie überhaupt noch sinnvoll verhandeln könnten.

Letztlich scheiterten bisher alle Friedenspläne daran, dass Palästinenser und Israelis sich einfach nicht über den Weg trauen. Praktisch jeder von ihnen, Israeli wie Palästinenser, hat Angehörige oder Freunde in diesem Konflikt verloren. Gibt es also gar keine Lösung? Man kann ein bisschen mutlos werden, wenn man sich die letzten 60 Jah-

re ansieht. Denn um die Frage »Wer war zuerst da?« streiten sich Araber und Juden tatsächlich bis aufs Blut. Im Internet findet man zum Beispiel Foren, in denen jüdische und arabische Jugendliche ernsthaft über prähistorische, also Zehntausende Jahre alte Knochenfunde und Tonscherben debattieren, um sich gegenseitig zu beweisen, dass in Wahrheit ihre Vorfahren als Allererste im Heiligen Land siedelten. Als Außenstehender mag man da mit dem Kopf schütteln. Aber die Probleme sind so groß, dass man sie nicht einfach abtun und achselzuckend sagen kann: »Die spinnen ja alle!« Zumal die unglückliche Lage der Palästinenser immer wieder ein Argument für islamistische Terroristen ist, mit dem sie ihre Anschläge auf die westliche, jüdisch-christliche Welt zu rechtfertigen versuchen. Auch deshalb geht der Nahostkonflikt uns alle an, und auch deshalb ist die ganze Welt gefordert, gerade in dieser explosiven Gegend den Frieden zu fördern.

Es sah nach Frieden aus, als sich der israelische Ministerpräsident Yitzhak Rabin und Palästinenserführer Yassir Arafat am 13. September 1993 in Washington vor Präsident Bill Clinton die Rechte reichten. Doch inzwischen sind beide tot – und der Traum vom Frieden bliebt unerfüllt.

Der Gaza-Streifen im Januar 2009: Nach anhaltendem Raketenfeuer auf Israel antwortet Israel mit schweren Bomben und lässt seine Armee in Gaza einmarschieren.

Wo Menschen durch ihre Arbeit einigermaßen anständig leben können, sinkt das Gewaltpotenzial. Dieser Kaffeebauer in Nicaragua arbeitet für ein »Fair-Trade«-Projekt.

Lässt sich die Gewalt vermeiden?

Je gerechter es auf der Welt zugeht und je weniger Armut und Hunger es gibt, desto geringer das kriegerische Potenzial. Zufriedene, satte Menschen sind weit weniger an Krieg interessiert als unzufriedene, hungernde. Um Kriege zu verhindern, ist es außerdem hilfreich, Toleranz und friedliches Miteinander fördern. Klingt kitschig, ist aber auch ganz konkret möglich. Erziehung spielt dabei auch eine große Rolle. Wer in der Schule schon als Kind immer gesagt bekommt, dass Krieg etwas Tolles ist, und gleich auch gesagt bekommt, gegen wen man am besten Krieg führen sollte, der glaubt das auch. Wer aber die Schrecken des Krieges kennt, überlegt es sich vielleicht zweimal, einen zu riskieren.

Trotzdem ziehen auch moderne Demokratien immer wieder in Kriege. Zum Beispiel ist die Bundeswehr in Afghanistan im Einsatz. Deutschland werde jetzt auch »am Hindukusch verteidigt«, so der damalige Verteidigungsminister Peter Struck. Was er damit meint: Verbessern sich dort die Lebensbedingungen, dann haben die Terroristen und Fanatiker es schwerer, Nachwuchs zu finden. Das ist auch das offizielle Ziel der USA in ihrem äußerst fragwürdigen Irak-Krieg.

Sind Demokratien friedlicher? Kleiner Selbsttest: Könnte man sich heute noch vorstellen, dass wir Deutschen gegen Frankreich in den Krieg ziehen? Nein, das kann man sich nun wirklich nicht mehr vorstellen. Oder gegen Holland? Oder Italien? Genauso undenkbar! Wohin sollten wir dann noch in Urlaub fahren?! Dass solche Kriegsgedanken uns heute so absurd vorkommen, ist aber keine Selbstverständlichkeit. Denn es ist noch gar nicht so lange her, dass Deutsche und Franzosen ständig Krieg gegeneinander führten. Dass das heute ausgeschlossen ist, hat viel damit zu tun, dass diese Länder heute allesamt freiheitliche, moderne Demokratien sind. Und dass wir alle in der Europäischen Union sind. Tatsächlich ist es so, dass freiheitliche Demokratien in der Regel nicht gegeneinander Krieg führen. Fachleute sprechen vom »Phänomen des demokratischen Friedens«. Das heißt aber nicht, dass Demokratien generell friedlicher sind. Sie führen durchaus Kriege –

aber nicht gegeneinander, sondern gegen nichtdemokratische Staaten. Diese Kriege müssen demokratisch gewählte Regierungen allerdings gegenüber ihrer Bevölkerung gut begründen. Demokratien versuchen Kriege meistens mit »humanitären« bzw. »friedlichen« Gründen zu rechtfertigen. Der Krieg soll also dem Frieden oder den Menschenrechten dienen, sonst wird er von den Wählern nicht akzeptiert.

Gut gemeinter Krieg

»Humanitäre Intervention« heißt übersetzt so viel wie »Eingreifen im Dienste der Menschlichkeit«. Stellen wir uns mal folgende Situation vor: Wir gehen an einer Disco vorbei und sehen vor der Tür zwei Jugendliche auf einen dritten einschlagen, der blutend und schreiend am Boden liegt. Was tun? Einfach vorbeigehen? Das wäre feige und verantwortungslos. Selbst eingreifen? Zu gefährlich, außer wir sind bewaffnet oder können Karate. Also lieber die Polizei rufen? Ja, gute Idee! Aber was, wenn es keine Polizei gibt? So ist das in der internationalen Politik. Es gibt keine Weltpolizei, die angefahren kommt, wenn irgendwo schreckliches Unrecht geschieht. Wenn in einem Land ein Bürgerkrieg tobt und sich alle gegenseitig Furchtbares antun, dann müssen sich andere Länder finden, die bereit sind, das Leben ihrer eigenen Soldaten aufs Spiel zu setzen, um die Streithähne zum Frieden zu zwingen. Bisher geht in einem solchen Fall ohne Amerika gar nichts. Die USA sind das einzige Land, das nicht nur die militärische Macht hat, sondern auch genug Idealismus, um in Kriege zu ziehen, die ihnen selbst nichts bringen. Allein dafür verdient Amerika mehr Respekt, als dem Land oft entgegengebracht wird. Im afrikanischen Somalia beispiels-

weise tobte in den Neunzigerjahren ein furchtbarer Bürgerkrieg. Es gab keine funktionierende Regierung, und verschiedene Stämme brachten sich gegenseitig um. Der UNO-Generalsekretär zeigte den Amerikanern Bilder von sterbenden Kindern. Die waren so furchtbar, dass die amerikanische Regierung irgendwann sagte: Okay, wir schauen nicht einfach weg, wir kümmern uns darum! Die USA schickten dann Soldaten, Panzer und Hubschrauber für eine »humanitäre Intervention im Namen der Vereinten Nationen«. Das war richtig heldenhaft. Alle waren Amerika dankbar, vor allem die Europäer, die selbst nicht bereit waren, irgendetwas zu riskieren, um Afrikanern in der somalischen Wüste das Leben zu retten. Leider ging diese humanitäre Intervention in Somalia furchtbar daneben. Die amerikanischen Truppen gerieten zwischen alle Fronten, sie wurden aus dem Hinterhalt bekämpft und terrorisiert, und schließlich gingen Fernsehbilder um die Welt, die zeigten, wie ein toter, nackter amerikanischer Soldat von johlenden Somalis durch staubige Straßen geschleift wurde. Da fragten sich selbst die Amerikaner: »Was tun wir da eigentlich? Sollen die doch ihren Mist alleine lösen!« Und so zogen die US-Truppen wieder ab. Somalia geht es bis heute schlecht. Den Amerikanern kann man das aber nicht vorwerfen. Sie haben es wenigstens versucht. Aber in Bürgerkriege einzugreifen, ist verdammt schwierig und gefährlich und geht leider häufig schief.

Fachleute halten es für hilfreich, internationale Handelsbeschränkungen aufzuheben, damit arme Länder ihre Waren leichter zum Beispiel nach Deutschland verkaufen können. Wenn die Menschen dort mehr Geld haben, geht es ihnen besser. Und auch wenn sie dann zum Beispiel aus religiösen Gründen die Leute im Nachbardorf hassen – haben sie doch weit mehr zu verlieren als bisher und fangen vielleicht doch lieber keinen Streit an. Wer kaum etwas zu verlieren hat, neigt eher zu Brutalität und Krieg. Leute, die Krieg für letztlich unvermeidlich halten, nennt man Militaristen. Sie sind der Meinung, man müsse Soldaten und Waffen haben und sich möglichst aggressiv verhalten. Pazifisten hingegen wollen Kriege nicht nur vermeiden (das wollen viele Militaristen wahrscheinlich auch), sondern halten es für vorstellbar, Krieg grundsätzlich und weltweit als Mittel der Konfliktaustragung auszuschließen. Das wäre schön und sinnvoll. Leider hat es bisher noch nicht geklappt.

In Sanskrit, einer alten indischen Sprache, bedeutet Krieg übrigens: »Wunsch nach mehr Kühen«.

Blauhelm-Einsätze gehen oft schief

Zugleich versuchen die Vereinten Nationen, durch Einsätze von UN-Soldaten Krisensituationen zu entschärfen und den Frieden zu sichern. Was dürfen Blauhelme? Die Blauhelmsoldaten heißen so, weil die Farbe der Vereinten Nationen hellblau ist und die Soldaten, die im Auftrag der UNO unterwegs sind, hellblaue Helme oder Mützen tragen. Ungefähr so, wie Rotes-Kreuz-Mitarbeiter entsprechende Fahnen an ihrem Auto haben, wenn sie in Krisengebieten unterwegs sind. Blauhelme können ganz unterschiedliche

Die Beteiligung der Bundeswehr an UNO-Einsätzen im Ausland findet nicht überall Beifall: Ostermarsch in Berlin, April 2007.

Chinesische Soldaten unter UN-Flagge sollten im Juli 2008 in der sudanesischen Provinz Darfur zur Eindämmung des Konflikts zwischen schwarzafrikanischen Stämmen und der Regierung beitragen.

Aufgaben wahrnehmen. Sie können einfach nur Beobachter sein und zum Beispiel überprüfen, ob eine Armee tatsächlich abzieht. Die Blauhelme werden häufig auch als »Puffer« eingesetzt. Sie stehen dann an der Grenze zwischen zwei verfeindeten Ländern. So können, theoretisch, beide Länder sicher sein, dass sie nicht vom anderen überfallen werden, denn die Blauhelme passen ja auf. Das nennt man dann »Peace-keeping«, also »Friedenserhaltung«. Blauhelmsoldaten können aber noch mehr, nämlich selbst in den Krieg ziehen und Streithähne gewaltsam trennen. Das nennt man »Peace enforcement«, also »Erzwingen von Frieden«. Das wurde erstmals im Kongo in den Fünfzigerjahren so gemacht, dann in den Neunzigern in Somalia und auf dem Balkan. Außerdem hat der UNO-Sicherheitsrat einhellig friedenserzwingende Maßnahmen legitimiert beim irakisch-kuwaitischen Krieg 1990, allerdings zogen da nicht Blauhelme los, sondern US-Truppen. Viele der in den Neunzigerjahren neu formierten Blauhelmeinsätze hatten sehr komplexe Aufgaben, die Polizeiarbeit mit einschlossen, und bei denen der Übergang von Peacekeeping zu Peace enforcement fließend ist.

Leider gehen solche »Peace enforcements« in der Praxis oft schief, weil es den Blauhelmen dann nicht mehr gelingt, als neutral und unparteiisch wahrgenommen zu werden. Ihr Eingreifen wird von der einen oder von allen Seiten als ungerecht empfunden und sie geraten zwischen alle Fronten. Auch militärisch sind sie schnell überfordert. Denn kaum ein Land stellt den Vereinten Nationen nämlich seine besten Leute zu Verfügung. Schließlich gibt eine Regierung ja damit die Kommandogewalt über diese Soldaten ab. Häufig sind es deshalb arme Länder wie Nepal, die Blauhelmsoldaten stellen und dafür Geld bekommen. Man sollte von diesen Soldaten dann aber auch keine Wunder erwarten. Anders ist es, wenn Einsätze unter nationalem Kommando geführt werden, aber mit UN-Mandat abgesegnet sind. Dann werden durchaus Elite-Truppen in Marsch gesetzt, weil die Regierung ja zeigen will, wozu sie fähig ist. Diese Soldaten tragen dann aber in der Regel keine blauen Helme.

Alles abgekürzt, oder was?

*Was bedeutet OECD, WHO, UNHCR, UNCTAD, ASEAN, UNEP usw.? Welche Funktion haben diese Organisationen – und welche von ihnen sind wirklich **wichtig**? Und ein paar weitere Abkürzungen, die man oft im TV hört.*

- ABC-Waffen: atomare, biologische und chemische Waffen. Massenvernichtungswaffen. Allesamt viel gefährlicher als klassische Waffen wie Gewehre, Panzer, Kanonen usw. Atomwaffen heißen auch »Nuklearwaffen« oder »Kernwaffen« und basieren auf der Kraft von Atomkernspaltung und -verschmelzung (daraus macht man in Atomkraftwerken Strom). Sie zerstören Leben und verseuchen das Land weiträumig, lassen aber z.B. Häuser weitgehend unbeschädigt. Biologische Waffen übertragen tödliche Krankheiten mit Hilfe von Viren und Bakterien; chemische Waffen sind z.B. Giftgase oder ätzende Säuren.

- AKP-Staaten: 77 Länder der Region Afrika, Karibik, Pazifik

- **ASEAN:** Verband Südostasiatischer Staaten; arbeitet vor allem an Handelserleichterungen

- AU: African Union, Zusammenschluss afrikanischer Staaten

- EAEC: Eurasische (ostasiatische) Wirtschaftsgemeinschaft

- **EU:** Europäische Union

- ECOFIN: Gehört zur EU. Bezeichnet die Runde der Wirtschafts- und Finanzminister, die sich regelmäßig treffen und für die EU besonders wichtig sind.

- FAO: UN-Organisation für Ernährung und Landwirtschaft mit Sitz in Rom. Soll den Hunger in der Welt bekämpfen und zwischen Entwicklungsländern und Industrieländern vermitteln.

- **G8:** Gruppe der Acht (die sieben führenden westlichen Industrienationen – Deutschland, USA, Japan, Großbritannien, Kanada, Frankreich, Italien – plus Russland). Formloser Club, der sich seit 1975 regelmäßig trifft, um auf höchster Ebene über wichtige aktuelle Themen zu reden.

- **GATT:** Allgemeines Zoll- und Handelsabkommen

- **GUS:** Gemeinschaft unabhängiger Staaten (die Überreste der ehemaligen Sowjetunion/UdSSR)

- IAEO: Internationale Atomenergieorganisation. Kontrolliert, ob Länder ihre Atomkraftwerke nur friedlich nutzen – oder ob sie an Atombomben basteln. Sie schickt Inspekteure in der Welt herum und kann die Vereinten Nationen warnen, wenn sie Gefahren bemerkt.

- **IWF:** Internationaler Währungsfonds (engl.: IMF); gehört zur UNO und arbeitet mit der Weltbank zusammen. Soll den Welthandel erleichtern und Finanzkrisen vorhersehen und vermeiden. Ist keine Bank und druckt kein eigenes Geld, doch über den IWF können sich die 185 Mitgliedsstaaten gegenseitig aushelfen, wenn sie knapp bei Kasse sind, was bei internationalen Finanzkrisen wichtig ist. Der IWF vergibt Kredite an ärmere Länder, denen dann Auflagen gemacht werden, wie sie sich wirtschaftlich zu verhalten haben. Gerade deswegen wird der IWF von Globalisierungskritikern oft scharf kritisiert.

- LDC: Least Developed Countries: die Entwicklungsländer

- **NATO:** Nordatlantikpakt. Verteidigungsbündnis von Albanien, Belgien, Bulgarien, Dänemark, Deutschland, Estland, Frankreich, Griechenland, Großbritannien, Island, Italien, Kanada, Kroatien, Lettland, Litauen, Luxemburg, den Niederlanden, Norwegen, Polen, Portugal, Rumänien, der Slowakei, Slowenien, Spanien, Tschechien, der Türkei, Ungarn und den USA. Zu Beginn waren nur westeuropäische Länder Mitglied; die NATO sollte Schutz vor einem Angriff des Ostblocks bieten. Das Gegenstück war der »Warschauer Pakt«.

- NAFTA: Nordamerikanisches Freihandelsabkommen zwischen Kanada, den USA und Mexiko.

- NCTC: US-Antiterrorbehörde

- **NGO:** Nichtregierungsorganisation, zum Beispiel Greenpeace, WWF, Rotes Kreuz. Internationale Nichtregierungsorganisationen heißen INGO.

- **OECD:** Organisation für wirtschaftliche Zusammenarbeit und Entwicklung mit Sitz in Paris. Sie will Wirtschaftswachstum und Lebensstandard in den Industriestaaten fördern. Die OECD erstellt dafür auch Studien, zum Beispiel die PISA-Studie zum internationalen Vergleich von Schulleistungen.

- **OPEC:** Verband erdölfördernder Länder: Algerien, Angola, Ecuador, Indonesien (Austritt angekündigt), Irak, Iran, Katar, Kuwait, Libyen, Nigeria, Saudi-Arabien, Venezuela, Vereinigte Arabische Emirate. Die OPEC ist ein Kartell, das versucht, die Ölpreise durch Absprachen so hoch wie möglich zu halten, ohne dabei derart zu übertreiben, dass die Nachfrage nach Öl zurückgeht. Auch achten die Länder darauf, dass keines von ihnen die Preise »verdirbt«, indem es zu viel Öl fördert und anbietet.

- **OSZE:** Organisation für Sicherheit und Zusammenarbeit in Europa mit Sitz in Wien. Alle Staaten Europas, die Nachfolgestaaten der UdSSR sowie Kanada und die USA sind Mitglieder. Hieß bis 1995 KSZE. Diente zu Zeiten des Ost-West-Konflikts der Entspannungspolitik: Man begann, auf verschiedenen Gebieten (z. B. Wissenschaft) enger zusammenzuarbeiten, um ein bisschen mehr Vertrauen zueinander zu entwickeln.

- **UN/UNO:** United Nations/United Nations Organization. Vereinte Nationen. Sitz in New York. Werden im Deutschen manchmal auch VN abgekürzt.

- UNEP: Umweltprogramm der Vereinten Nationen.

- UNHCR: Flüchtlingshilfswerk der Vereinten Nationen.

- UNICEF: Kinderhilfswerk der Vereinten Nationen.

- **WHO:** Weltgesundheitsorganisation mit Sitz in Genf. Gehört zur UNO. Kümmert sich zum Beispiel um Epidemien wie das SARS-Virus (Vogelgrippe). Wird immer wichtiger, weil Menschen heutzutage so viel reisen und fliegen, dass Viren sich blitzschnell rund um den Globus verteilen können, und da kann ein einziges Land alleine nicht viel ausrichten.

- **WTO:** Welthandelsorganisation mit Sitz in Genf. Gehört ebenfalls zur UNO. Sie ging aus dem GATT-Abkommen hervor, das sich um den Abbau von Zöllen und Handelsbeschränkungen bemühte. Neben dem IWF und der Weltbank ist die WTO eine der drei wichtigsten internationalen Wirtschafts- und Finanzinstitutionen.

Warum ist der Hunger noch nicht besiegt?

Jeder siebte Mensch weltweit leidet Hunger und lebt in bitterster Armut. Dabei fließen seit Jahrzehnten viele Milliarden Dollar. Was läuft schief und warum sollten wir überhaupt helfen?

2300 Milliarden Dollar Entwicklungshilfe wurden im Laufe der letzten 50 Jahre gezahlt – das sind 2 300 000 000 000 Dollar. Nach heutigem Kurs wären das insgesamt etwa 1600 Milliarden Euro, 32 Milliarden Euro pro Jahr. Das entspricht gut zwei Millionen VW Golf zum Neupreis von etwa 15 000 Euro. Viel Geld, doch die Lage ist immer noch dramatisch.

Derzeit leben 6,6 Milliarden Menschen auf der Erde. 81 Millionen kommen jährlich dazu. Mehr Menschen brauchen mehr Essen. Außerdem wollen immer mehr von ihnen nicht nur Reiskörner und Fladenbrot, sondern auch Fleisch essen. In China beispielsweise leben 1,3 Milliarden Menschen – und die essen im Durchschnitt viermal so viel Fleisch wie vor 40 Jahren. Das Blöde daran ist: Zur »Herstellung« von einem Kilo Rindfleisch braucht man 10 Kilo Getreide und 100 000 Liter Wasser. Um ein Kilo Kartoffeln zu produzieren, benötigt man nur 500 Liter Wasser. Man nennt das »Veredelungsverlust« – frisst das Rind 100 Kalorien als Getreide, bleiben davon nur 10 Kalorien im Fleisch zurück. Bei Geflügel ist die Energiebilanz nicht ganz so schlecht, aber im Durchschnitt benötigt man 7 Futterkalorien zur Erzeugung einer Fleischkalorie.

Außerdem wird neuerdings aus Getreide Biosprit erzeugt. Dadurch bleibt weniger Getreide zum Essen übrig, die Preise dafür steigen und noch mehr arme Menschen hungern. Die Autohersteller hingegen finden Biosprit super: Er senkt der Kohlendioxidausstoß der Fahrzeuge, ohne dass sie sparsamere Motoren entwickeln müssten. Die CO_2-Einsparung beträgt zwischen 30 und 80 Prozent.

Äthiopien, April 2005: Auch im 21. Jahrhundert sterben Menschen, weil sie nicht genug zu essen haben. Eine ausreichende Ernährung für alle gehört zu den größten Herausforderungen der internationalen Politik.

Fladenbrot, im Erdbackofen gebacken, wie hier in Indien. Dazu eine Handvoll Reis. Mehr haben Millionen Menschen nicht zu essen, Fleisch ist für sie oft unvorstellbarer Luxus.

Möglicherweise entstehen bei der Herstellung des Treibstoffs jedoch mehr Schadstoffe, als später beim Autofahren verhindert werden. Bereits 23 Millionen Hektar Ackerland werden weltweit schon für die Spritproduktion genutzt – damit könnten etwa 400 Millionen Menschen ernährt werden.

Staatliche Hilfen schaden manchmal

Auch der Welthandel an den Börsen macht Nahrung teurer. Weil in den USA Firmen pleitegehen und der Immobilienmarkt zusammenbricht, investieren mehr Leute in Rohstoffe. Sie wollen gar nicht wirklich 10 000 Tonnen Zuckerrohr erwerben. Sie setzen bloß auf steigende Preise und verkaufen das Zeug am Ende mit Gewinn. Das treibt die Preise für Nahrungsmittel noch höher.

Das wäre, rein marktwirtschaftlich betrachtet, ein Segen für die Armen dieser Welt, denn drei Viertel von ihnen leben auf dem Land. Sie könnten also ihre Produkte teurer als zuvor verkaufen. In Wirklichkeit ist es jedoch eine Katastrophe, denn wer ernten will, muss erst mal säen – und auch Samen und Dünger haben sich dramatisch verteuert.

Die Agrar-Subventionen der USA und der EU tragen ebenfalls zu dem Problem bei: Weil italienische Bauern Europa-Zuschüsse bekommen, können sie ihr Tomatenmark im westafrikanischen Senegal billiger verkaufen als die dortigen Bauern ihr selbst produziertes. Das mag die senegalesischen Tomatenmarkfreunde beglücken – aber die Bauern gehen pleite. Und wenn in den Entwicklungsländern (noch) weniger angebaut wird, gibt es (noch) weniger zu essen. Durch die Erhebung von Einfuhrzöllen schützen sich die Exporteure zugleich gegen die Einfuhr von Waren aus den Drittweltländern. Gerade im Senegal zeigt sich zum Beispiel auch, was die »industrielle Agrarwirtschaft« der Europäer anrichten kann: Wir freuen uns in Europa darüber, billige Fischstäbchen und Fish-Burger zu essen. So preisgünstig ist Fisch bei uns aber nur, weil er massenhaft von

Erste, Zweite, Dritte Welt

Als »Erste Welt« bezeichnet man Industrienationen, also reichere Länder mit hohem Lebensstandard. Das sind u.a. die G8-Länder Deutschland, USA, Japan, Großbritannien, Kanada, Frankreich, Italien und und heute auch Russland, außerdem Australien, Neuseeland, Argentinien, Chile, der Stadtstaat Singapur, Südkorea, Taiwan und die meisten westeuropäischen Länder. Zur »Zweiten Welt« zählten früher die kommunistischen Staaten wie die Sowjetunion und ihre Verbündeten. Die »Dritte Welt« war ursprünglich der neutrale, nichtmilitärische dritte Block aus afrikanischen und asiatischen Staaten. Fast alle von ihnen weisen eine geringe Entwicklung in wirtschaftlichen, sozialen und politischen Bereichen auf und gelten als arm. Deshalb bezeichnet man die Entwicklungsländer auch als »Dritte Welt«. Sogenannte »Schwellenländer« wie Brasilien oder Mexiko sind noch Entwicklungsländer, stehen aber an der Schwelle zum Status einer Industrienation. Die Begriffe sind inzwischen etwas veraltet. Übrig geblieben ist eigentlich nur noch »Dritte Welt« für arme Entwicklungsländer.

Sind Afrikaner dümmer?

Manche Leute denken, vielleicht sind die Afrikaner einfach zu dumm, um sich genauso zu entwickeln wie Europäer oder Asiaten. Aber wenn etwas dumm ist, dann diese Theorie! Zwar stimmt es, dass Traditionen und Religion die wirtschaftliche und gesellschaftliche Entwicklung hemmen können. In Afrika spielt aber eine besondere Rolle, dass es jahrhundertelang von Europäern und Amerikanern brutal ausgebeutet wurde. Während dieser Kolonialzeit wurden außerdem künstliche Landesgrenzen gezogen, die bis heute für Konflikte unter Volksgruppen sorgen. Doch für die unterschiedliche Entwicklung von Ländern gibt es auch klimatische und geologi-

sche Ursachen, die Millionen Jahre zurückliegen können. Der amerikanische Völkerkundler Jared Diamond verweist zum Beispiel darauf, dass Afrika von Anfang an einen großen Nachteil hatte, weil auf dem ganzen Kontinent ursprünglich kein Tier lebte, das man zähmen konnte, um es als Lasttier zu verwenden. Zebras lassen sich nicht reiten, afrikanische Elefanten (im Gegensatz zu indischen Elefanten) auch nicht. Damit hatten es afrikanische Landwirte vor Urzeiten viel schwerer als europäische. Das heiße Wetter zwang die Afrikaner auch dazu, als Nomaden umherzuziehen, während Europäer sesshaft werden konnten. All das spielt für unsere Entwicklung bis heute eine Rolle, auch wenn das schon so lange her ist.

riesigen Schiffen gefangen wird. Diese Überfischung führt dazu, dass die Senegalesen zum Beispiel kaum noch Fisch in der Nähe ihrer Küste finden. Viele Senegalesen sind sehr gute Seeleute, hervorragende Segler. Aber ihre Fischer können jetzt die Familien kaum noch ernähren. Und was tun die Seeleute aus Senegal? Sie besteigen ihre Schiffe und versuchen, nach Europa zu fliehen. Den Fischen hinterher, sozusagen.

Der kenianische Wirtschaftswissenschaftler James Shikwati hat errechnet: Würden die reichen Länder ihre Märkte öffnen, brächte das den Entwicklungsländern geschätzte zusätzliche 700 Milliarden Dollar Einnahmen. Doch das trauen sich die Regierungen in Europa und den USA nicht, weil klar ist, was für eine Wut ausbrechen würde, wenn in Europa reihenweise Arbeitsplätze verloren gehen. In den USA leben ganze Landstriche von Baumwollfarmen. Käme stattdessen afrikanische Baumwolle zum Einsatz, würden die amerikanischen Bauern verarmen.

Weil in vielen Gegenden der Dritten Welt außerdem noch Krieg herrscht oder die Regierungen zumindest nicht zuverlässig für vertrauenerweckende Stabilität sorgen, liegen Ackerflächen brach. Gerade in Afrika ist die Korruption besonders hoch. Viele Regierungen bestehen aus Clanchefs, die es selbstverständlich finden, nur ihre eigenen großen Familien zu bereichern – wie es dem Rest ihres Landes geht, interessiert sie nicht. Dass die Armut weltweit seit 1990 um elf Prozentpunkte abgenommen hat, liegt fast ausschließlich am ex-

Tomaten satt auf einem Markt in Nigeria. Die einheimischen Bauern haben Probleme beim Verkauf, weil künstlich verbilligte EU-Tomaten ihren Produkten Konkurrenz machen.

plosiven Wirtschaftswachstum in Indien und China. Indien ist allerdings auch ein Beispiel dafür, wie ein Entwicklungsland sich entwickeln kann. In Indien gibt es immer noch sehr viel Armut. Aber Indien steht auch für Hightech, für Industrie und Computer. Indien schottet sich nicht mehr ab, sondern treibt Handel mit der ganzen Welt und wird ein immer wichtigerer Wirtschaftsfaktor. Gerade Asien hat sich in den letzten Jahrzehnten so verändert, dass für viele Länder dort der Begriff »Dritte Welt« eigentlich nicht mehr zutreffend ist.

Wenn Deutschland Entwicklungshilfe leistet, geht es dabei auch um den Weltfrieden. Denn Menschen, denen es einigermaßen gut geht, bleiben dort, wo sie sind, und leben friedlich vor sich hin – statt Kriege zu führen oder auf die andere Seite der Erde zu fliehen.

Nächstenliebe, Mitgefühl, Menschlichkeit – das sind alles gute Gründe, helfen zu wollen. Entscheidend ist aber der Wunsch nach politischer Stabilität.

Viele Probleme der Entwicklungsländer stammen noch aus den Zeiten des Ost-West-Konfliktes. Damals galt lange Zeit die Regel: »Der Feind meines Feindes ist mein Freund.« Sowohl der Ostblock als auch der Westen kauften sich sozusagen Verbündete – weil beide Seiten fürchteten, dass sonst zahllose

Schuldenerlass als Entwicklungshilfe?

Anfangs wurden viele Entwicklungshilfezahlungen als günstige Kredite geleistet. Man hoffte, die Staaten würden nach Anschubfinanzierungen einen Wirtschaftsboom erleben und bald schon Schulden abzahlen können. Doch das klappte nicht. So wurden die Schulden in vielen Entwicklungsländern immer höher, und sie mussten weitere Kredite aufnehmen, nur um die Zinsen zu zahlen. Im Juni 2005 wurde beschlossen, vielen armen Ländern die Schulden ganz oder teilweise zu erlassen. Das hilft ihnen natürlich sehr, weil sie nun vorhandene Gelder für die eigenen Bürger nutzen können, statt sie Gläubigerstaaten wie Deutschland, Japan oder den USA zu zahlen. Kritiker fürchten allerdings, dass die Regierungen armer Länder daraus den Schluss ziehen, dass es eigentlich egal ist, was für eine Politik sie betreiben, weil ihnen am Ende ja doch die reichen Länder helfen und alle Schulden erlassen.

insgesamt verdienten Gehälter). Und das wiederum ist ganz schön nah an den von den Vereinten Nationen seit 1970 geforderten 0,7%. Die Bundesrepublik gibt derzeit 0,38%, das sind fast neun Milliarden Euro. Nur die USA geben mehr. Insgesamt beträgt die staatliche Entwicklungshilfe gut 103 Milliarden US-Dollar, das sind etwa 70 Milliarden Euro. Über die Hälfte aller Gelder zur Unterstützung von Entwicklungsländern kommen aus der EU. Allerdings wird nur etwa ein Viertel der Gelder überhaupt für echte Entwicklungsarbeit verwendet, etwa um Kinder in die Schule zu schicken, Brunnen zu bohren, Straßen zu bauen oder Krankheiten zu bekämpfen. Drei Viertel werden verwendet für kurzfristige Hilfe nach Naturkatastrophen, für Schuldenerlass und für die Verwaltung der Entwicklungshilfe.

Entwicklungsländer kommunistisch bzw. kapitalistisch geprägt würden. Manche Länder erwiesen sich als treu, andere wechselten den Geldgeber regelmäßig.

Einige Entwicklungsländer, vor allem in Asien, werden zudem als mögliche zukünftige Riesenabsatzmärkte für deutsche Produkte betrachtet. Doch sicher ist das nicht – es könnte auch andersherum kommen.

Wer zahlt wie viel Entwicklungshilfe?

Russland gab im Jahr 2007 210 Millionen Euro für Entwicklungshilfe aus. China hingegen kassiert von Deutschland knapp 190 Millionen Euro Zuschüsse – warum, weiß keiner mehr so recht. Vielleicht erhofft man sich, dass Deutschland damit besser einen Fuß in der Tür hat, wenn es darum geht, deutsche Waren nach China zu verkaufen. Doch dann ist es ja keine Entwicklungshilfe, sondern müsste vom Wirtschaftministerium gezahlt werden.

Die DDR hat zwischen 1973 und 1990 30,6 Milliarden Ostmark investiert. Das waren 0,66% des Bruttosozialproduktes (also der von allen Bürgern

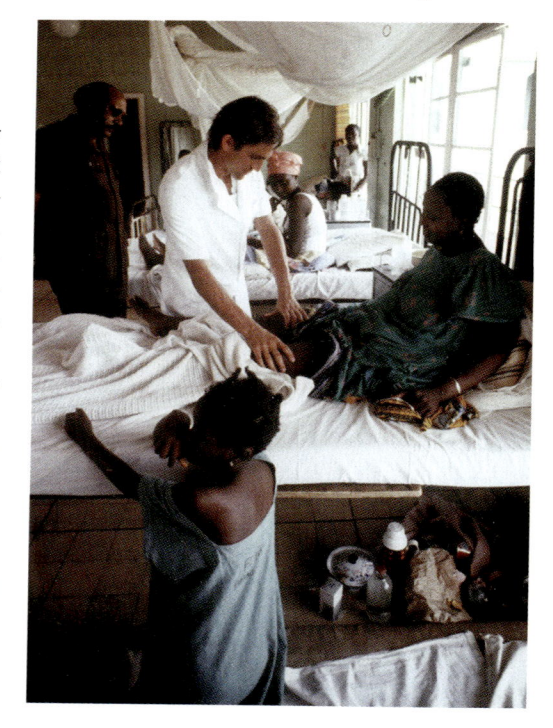

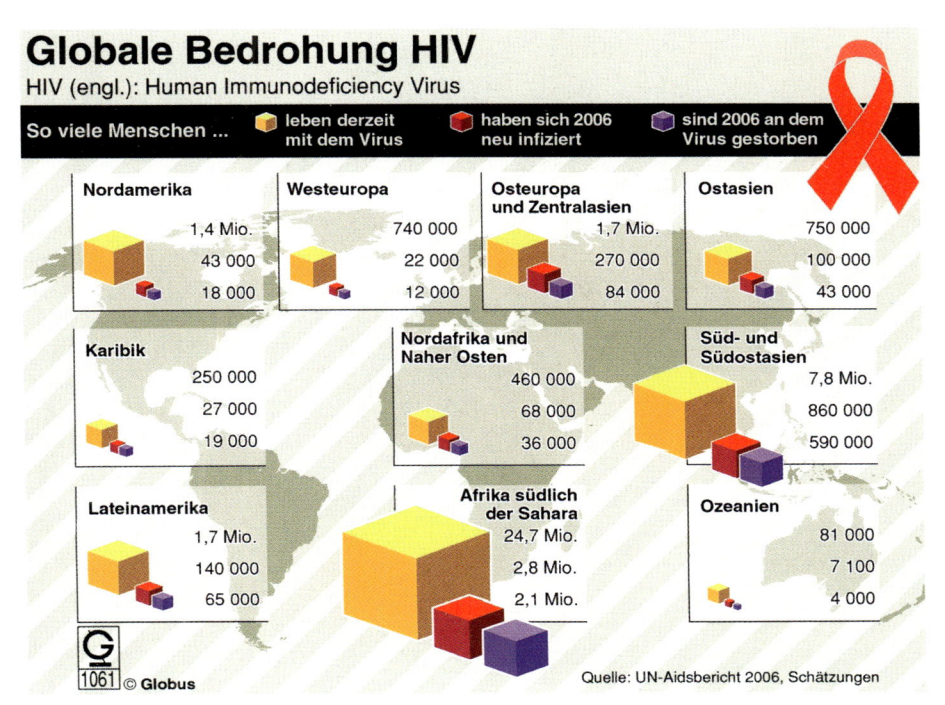

Globale Bedrohung HIV

HIV (engl.): Human Immunodeficiency Virus

In großen Teilen Afrikas herrscht nicht nur Armut, auch Aids ist am weitesten verbreitet.

So viele Menschen ...
- leben derzeit mit dem Virus
- haben sich 2006 neu infiziert
- sind 2006 an dem Virus gestorben

Region	mit dem Virus	neu infiziert	gestorben
Nordamerika	1,4 Mio.	43 000	18 000
Westeuropa	740 000	22 000	12 000
Osteuropa und Zentralasien	1,7 Mio.	270 000	84 000
Ostasien	750 000	100 000	43 000
Karibik	250 000	27 000	19 000
Nordafrika und Naher Osten	460 000	68 000	36 000
Süd- und Südostasien	7,8 Mio.	860 000	590 000
Lateinamerika	1,7 Mio.	140 000	65 000
Afrika südlich der Sahara	24,7 Mio.	2,8 Mio.	2,1 Mio.
Ozeanien	81 000	7 100	4 000

G 1061 © Globus

Quelle: UN-Aidsbericht 2006, Schätzungen

Arme Länder, reiche Länder

Zu den ärmsten Länder der Welt gehören: Tadschikistan, Niger, Malawi, Eritrea, Guinea-Bissau, Liberia, Sierra Leone, Burundi, Äthiopien, Demokratische Republik Kongo. Hier beträgt das jährliche Einkommen pro Kopf im Durchschnitt unter 180 US-Dollar. (Zum Vergleich: In Deutschland sind es gut 53 000 US-Dollar.)

Außerdem geht die Schere immer weiter auseinander: 1981 verdienten Menschen in Industrieländern durchschnittlich 16-mal so viel wie die Bewohner der ärmsten Staaten. Mittlerweile ist ihr Einkommen 23-mal so hoch. Das heißt: Obwohl es den Armen insgesamt besser geht als damals, geht es den Reichen noch viel besser.

Klar ist inzwischen: Entwicklungshilfe, so wie sie in den letzten Jahrzehnten geleistet wurde, hat offenbar nicht das gebracht, was man sich davon erhoffte. Denn sonst wäre das Armutsproblem doch längst gelöst. Manche Experten sagen, es sei deutlich zu wenig Entwicklungshilfe geleistet worden, in Anbetracht der Größe der bedürftigen Länder und der Masse der bedürftigen Menschen. Andere Fachleute sagen, die Gelder hätten letztlich nur diktatorische Regierungen gestärkt. Zugleich hätten sie den Menschen in den Hungergebieten das Gefühl der Eigenverantwortlichkeit geraubt und sie passiv werden lassen. Trotzdem: Sollen wir einfach achselzuckend zuschauen, wenn Hunderttausende Menschen an Hunger und Krankheiten sterben? Und wenn es in Afrika Landstriche gibt, in denen die Aids-Rate bei 60 % liegt – sollen wir uns darum einfach nicht kümmern? kümmern? Das ist eine nur schwer erträgliche Vorstellung.

Aus »Hilfe« wurde »Zusammenarbeit«

In den Sechzigern hoffte man, Geldspenden würden die Wirtschaft in den unterentwickelten Regionen ankurbeln – und dann würde es ihnen recht schnell besser gehen. Der Wohlstand, dachte man, würde von oben bis nach unten »durchsickern«. Das aber hat nicht geklappt. Später versuchte man, die Grundbedürfnisse zu sichern: Nahrung, sauberes Wasser, Gesundheit, Kleidung, Freiheit, Bildung, Arbeit. Das führte aber dazu, dass arme Näherinnen im Land gegen die Konkurrenz geschenkter Kleidung keine Chancen hatten, so wie afrikanische Bauern ihre

Die größten Chancen für unterentwickelte Länder liegen in der Ausbildung. Wichtig ist, dass – wie in dieser kenianischen Dorfschule – auch Mädchen lernen können.

Ware nicht verkauft bekamen, weil es kostenlose Weizenlieferungen aus dem gütigen Westen gab. Das war also auch nicht gut.

Erst in den Neunzigerjahren begann man umzudenken. Aus »Entwicklungshilfe« wurde »Entwicklungszusammenarbeit«: Ziel ist es nun nicht mehr, von oben herab zu helfen, sondern gleichberechtigt zu unterstützen. Meist sind diese Projekte inzwischen an Vorgaben der »good governance« geknüpft, also einer »guten Regierungsführung«. So will man Demokratie und Freiheit den Weg ebnen. Das wiederum soll nicht nur den Menschen dort helfen, sondern auch Terroristen den Nährboden entziehen.

Mittlerweile hat die Weltbank nachgewiesen, dass Länder, in denen Frauen und Männer (fast) gleichberechtigt sind, eine geringere Unterernährung und Kindersterblichkeit aufweisen. Ihre Wirtschaft wächst schneller und schädigt die Umwelt weniger. Sie werden verantwortungsvoller regiert; und eine höhere Bildung von Frauen trägt auch zu einer bewussten Familienplanung und damit zu einem geringeren Bevölkerungswachstum bei – der wichtigsten Hilfsmaßnahme überhaupt. In einer Studie der Weltbank heißt es: »Investitionen in Bildung für Mädchen sind die wirksamsten Einzelinvestitionen, die ein Entwicklungsland vornehmen kann. Die Ausbildung von Mädchen wirkt auf alle Dimensionen der Entwicklung: geringere Kinder- und Müttersterblichkeit, eine geringere Fruchtbarkeitsrate, höherer Bildungsstand bei Töchtern und Söhnen, höhere Produktivität und besserer Umgang mit der Umwelt.«

Als sehr erfolgversprechende Möglichkeit der »Hilfe zur Selbsthilfe« gelten Mikrokredite: Kleinstkredite zwischen einem und tausend Euro für Einzelpersonen, die davon zum Beispiel Waren einkaufen, in ihr Dorf transportieren und dort verkaufen. Kein interessantes Geschäft für Riesenbanken, aber eine großartige Stärkung der Wirtschaft vor Ort. Zwar besteht die Gefahr der Überschuldung, dass Leute sich also mehr Geld leihen, als sie zurückzahlen können. Aber das ist eher selten, weil die Menschen mit aller Kraft versuchen, die Chance zu ergreifen, die der Kredit ihnen ermöglicht. Für die Gründung einer solchen Mikrokreditbank bekam Muhammad Yunus aus Bangladesch sogar den Friedensnobelpreis 2006.

Diese afghanischen Kinder freuen sich über geschenkte Äpfel. Doch Lebensmittelspenden sind nur in Notlagen sinnvoll, weil sie sonst eine Konkurrenz für die Bauern vor Ort darstellen.

»Wir wollen die Armut wirksam bekämpfen«

Ministerin Heidemarie Wieczorek-Zeul ist wichtig, jungen Frauen in Entwicklungsländern so zu helfen, dass sie ihre Kinder zur Schule schicken können.

Heidemarie Wieczorek-Zeul, geboren 1942, arbeitete fast 15 Jahre lang als Lehrerin für Englisch und Geschichte. Seit 1998 ist die SPD-Politikerin Bundesministerin für wirtschaftliche Zusammenarbeit und Entwicklung.

▶ **»Ich mache viele** Reisen in unsere Partnerländer und spreche dort mit den Menschen, denen unsere Entwicklungszusammenarbeit konkret zugutekommt. Unser Beitrag macht einen Unterschied für diese Menschen und schafft neue Chancen.

In den Slums Nairobis in Kenia zum Beispiel finanzieren wir stark subventionierte Gesundheitsgutscheine für Frauen. Eine Krankenversicherung ist für die meisten unerreichbar teuer, und die Frauen bringen ihre Kinder zu Hause zur Welt, weil die Entbindung im Krankenhaus ein Jahresgehalt kosten würde. Tausende Frauen sterben deshalb jedes Jahr durch Komplikationen in der Schwangerschaft oder bei der Geburt. Mit Gutschein kostet die medizinische Betreuung bei der Geburt umgerechnet 2 Euro – vier Vorsorgeuntersuchungen eingeschlossen. 17 000 Frauen haben von unserem Angebot Gebrauch gemacht und die Müttersterblichkeit ist deutlich zurückgegangen. Um die Armut wirksam zu bekämpfen, braucht es aber nicht nur erfolgreiche Entwicklungsprojekte: Die strukturellen Armutsursachen müssen beseitigt werden, zum Beispiel, dass wegen Überschuldung viele Länder nicht in ihr Bildungssystem investieren konnten. Der von Deutschland 1999 angestoßene Schuldenerlass für die ärmsten Entwicklungsländer hat dazu geführt, dass heute über 20 Millionen Kinder in Afrika mehr zur Schule gehen als damals.«

Umweltschutz – wann geht's los?

Die gute Nachricht vorweg: Deutschland gilt mittlerweile als Vorzeigeland in Sachen Umweltschutz. Die schlechte Nachricht hinterher: Das nützt nichts, solange zu wenige mitmachen.

Das US-Politmagazin »Newsweek« wählte Deutschland zum »grünsten Land der Welt« – kein Staat sorge in gleichem Maß durch politische Bestimmungen für automatischen Umweltschutz. Dabei sei es vor allem gelungen, die Industrie zu überzeugen, dass sich naturfreundliches Verhalten letztlich auszahle. So nähmen wir mittlerweile eine Vorbildrolle weltweit ein, insbesondere aber innerhalb der Europäischen Union. Die wiederum hat die Macht und Durchsetzungskraft, bockbeinige Riesen wie die USA politisch und moralisch unter Druck zu setzen. So hat der deutsche Umwelt-Alleingang das Thema salonfähig gemacht und letztlich wohl eine internationale Aufholjagd in Gang gesetzt.

Mittlerweile hat China die USA bei den Emissionen überholt – das heißt, chinesische Fabriken blasen mehr Dreck in die Luft als amerikanische. Aber nicht ganz zu Unrecht argumentieren die Chinesen: 1) pro Einwohner ist der Schaden immer noch geringer als der pro Einwohner in den USA, 2) die etablierten Industriestaaten haben die Umwelt lange verpestet und damit eine Menge Geld verdient – warum sollen die neuen Konkurrenten diese Chance nicht bekommen? Das ist zwar schlüssig argumentiert, macht unsere Welt aber nicht besser. Wenn jetzt alle Entwicklungsländer erst mal 100 Jahre lang die Luft genauso verpesten, wie die Industrieländer es in den vergangenen Jahrhunderten getan haben, na dann: Gute Nacht, liebe Welt! Tatsächlich merken die Chinesen auch schon, was für Probleme sie selbst bekommen, wenn sie die Umwelt weiter so verpesten. Die eigenen Bürger erkranken an Krebs, ganze Landstriche verdorren usw.

Wie kann also eine Lösung aussehen? Sicher wäre es ungerecht, südamerikanischen, asiatischen und vor allem afrikanischen Staaten jetzt den wirtschaftlichen Aufschwung quasi zu verbieten, weil sie genauso hohe Umweltstandards erfüllen sollen wie wir. Es ist aber zugleich zwingend notwendig, die Umwelt zu retten. Sonst besteht die Gefahr, dass wir alle aussterben oder dass zumindest der Lebensstandard deutlich sinkt.

Smog über Shanghai. China mit seiner gewaltigen Industrieproduktion zählt mittlerweile zu den weltweit größten Umweltverschmutzern.

- Schadstoffausstoß im Rest der Welt begrenzen, notfalls gegen Ausgleichszahlungen oder Verpflichtungen zur Stärkung der Wirtschaft durch Warenabnahme
- Umwelttechnik in Entwicklungsländern fördern. In Afrika zum Beispiel könnte man doch prima Solarenergie nutzen! Fachleute haben sogar ausgerechnet, dass man mit afrikanischer Sonnenwärme genug Strom für die ganze Welt erzeugen könnte – unklar ist nur, was es kostet und wie man ihn zum Zielort bringt.
- Weil die Erderwärmung vielleicht zu bremsen, aber kurzfristig nicht zu stoppen ist, müssen Sicherheitsmaßnahmen vorbereitet werden: Deiche und Dämme höher ziehen, Uferbefestigungen anlegen, alternative Stromversorgung sichern etc.

Deshalb sollten folgende Ansätze verfolgt werden:
- Forschen, was das Zeug hält: Schadstoff-Filter, Energiequellen, Spar-Lösungen – alles wichtig!
- Schadstoffausstoß in Europa und den USA drastisch senken (auch dazu braucht man neue technische Erfindungen)

Welches sind die fünf wichtigsten Probleme der Welt?

Klimawandel und nationale Einzelkämpfer

Klar ist: Das Klima verändert sich. Das merkt auch jeder. Dieser Klimawandel ist vermutlich nicht nur von Menschen gemacht. Doch nachweisbar ist: Die sogenannten »Treibhausgase« tragen dazu bei. Sie entstehen vor allem bei der Verbrennung von Kohle, Öl/Benzin, Erdgas. Also zum Beispiel beim Heizen, Fliegen, Autofahren, aber auch bei der Stromherstellung und somit eigentlich immer, wenn irgendetwas produziert wird. Die Gefahr: Das Wetter wird unberechenbarer, Naturkatastrophen (Wirbelstürme, Flutwellen) treten häufiger auf. Das Eis an den Polen schmilzt, der Meeresspiegel steigt und Küstenstädte werden überflutet. Tiere ster-

ben aus, die eine wichtige Rolle in der Nahrungskette haben. In Afrika, Südamerika und Asien wird es möglicherweise so heiß, dass gar kein Getreideanbau mehr möglich ist. Wer dann nicht verdurstet, der verhungert. Andererseits: Bisher jedenfalls waren die Menschen immer noch klug genug, um ihr eigenes Überleben zu sichern. Das sollte doch auch in Sachen Klimaschutz möglich sein.

Mit großen internationalen Konferenzen in der arabischen Wüstenstadt Doha, im japanischen Kyoto und zuletzt auf der indonesischen Insel Bali haben die Staaten der Welt versucht, sich auf Maßnahmen zu einigen, um die Klimakatastrophe aufzuhalten. Aber große Industriestaaten wie die USA wollten bisher nicht mitmachen, und die Entwicklungsländer fordern einen hohen finanziellen Ausgleich dafür, dass sie jetzt nicht die Erde ebenso ausbeuten dürfen, wie es die Industriestaaten früher getan haben. Aber wer soll das bezahlen? Weil jeder nur auf seinen Vorteil bedacht ist, scheint eine Einigung bisher fast unmöglich.

Energiekrise

80 Prozent unserer Energie beziehen wir aus Gas und Öl. Das sind sogenannte »fossile Brennstoffe« – sie entstehen unter der Erdoberfläche aus zusammengedrückten, Jahrmillionen alten Tier- und Pflanzenresten. Damit entstehen zwei Probleme: 1) Bei der Verbrennung entsteht Kohlenstoffdioxid (CO_2, auch Kohlendioxid genannt), das zur Erderwärmung beiträgt. 2) Irgendwann sind Gas und Öl alle. Atomenergie ist keine so wirklich prickelnde Alternative, weil Atomkraftwerke und der radioaktive Müll nicht ganz ungefährlich sind. Um weiter genug Power für Fabriken, Autos und Haushalte zu haben, brauchen wir daher andere Energiequellen. Wir müssen Strom aus Wasser, Wind und Sonne gewinnen. Vielleicht auch aus Materialien und mit Methoden, die wir im Moment noch gar nicht kennen. Die Erfindung der Glühbirne konnten sich die Menschen ja auch nicht vorstellen, bevor sie erfunden war. Aber alternative Energiegewinnung ist bislang noch zu teuer und aufwendig. Und weil es sich nicht wirklich lohnt, investieren Firmen noch nicht so viel Geld in diese Forschungsbereiche. Das wird sich aber vermutlich ändern, weil immer klarer wird, wie notwendig es ist (und dass man hier am Ende doch Geld verdienen kann).

Bevölkerungswachstum und fehlende Gleichberechtigung

Während in Deutschland immer weniger Kinder geboren werden und unklar ist, wer in zehn oder zwanzig Jahren die Renten zahlen soll, nimmt in anderen Ländern die Bevölkerung rasant zu. 2025 wird es acht Milliarden Menschen auf der Welt geben, 2050 werden es 9,2 Milliarden sein. Heute gibt es etwa 6,7 Milliarden. Der Hauptgrund für das Bevölkerungswachstum ist eigentlich erfreulich: Die Lebenserwartung nimmt zu, die Kindersterblichkeit nimmt ab. Immer mehr Menschen leben länger – immer weniger Kinder sterben. Problem: Mehr Menschen brauchen mehr Essen und mehr Energie. Die bekannten Energiequellen aber gehen zur Neige, und jetzt schon sind etwa 920 Millionen Menschen ständig unterernährt. Eine mögliche Lösung könnte eine gezielte Begrenzung der Kinderzahl pro Frau sein (das hat China vor längerer Zeit durchgesetzt). Das ist allerdings diktatorisch und führt zu einer Reihe von Problemen. Zudem werden Kinder in vielen Ländern immer noch als Arbeitskraft gebraucht und als Alterssicherung der Eltern betrachtet – müssten die Eltern nicht um ihr wirtschaftliches Auskommen bangen, würden sie weniger Kinder wollen. In wohlhabenden Ländern geht die Geburtenrate in der Regel von ganz allein zurück. Außerdem hat sich herausgestellt, je besser Frauen ausgebildet werden, desto höher der Lebensstandard der ganzen Familie – und desto weniger Kinder bekommen sie. Darum wird derzeit viel in die Schulbildung von Mädchen in Entwicklungsländern investiert.

Denn weltweit werden Frauen immer noch benachteiligt. Sie verdienen weniger oder gar kein Geld, erreichen selten Machtpositionen. Immerhin: Laut US-Wirtschaftsmagazin Forbes ist die mächtigste Frau der Welt eine Deutsche, nämlich Kanzlerin Angela Merkel. Platz zwei belegt Sheila C. Bair, die Chefin einer US-Bank, auf Platz drei folgt die Pepsi-Vorsitzende Indra K. Nooyi. Fachleute sind sich einig: Nur wenn Frauen weltweit gleichgestellt werden, ist wahre Demokratie möglich. Erst dann können wir auf die kompletten menschlichen Fähigkeiten zurückgreifen, nicht nur auf einen Teil.

Terrorismus

Aus Angst vor Terroranschlägen müssen wir uns vor dem Fliegen beinahe nackt ausziehen; Telefon- und Datenverbindungen werden überwacht, Freiheiten werden eingeschränkt. Dabei geht es nicht nur um den islamistischen Terror von Al Kaida. Im Wahlkampf musste auch US-Präsidentschaftskandidat Barrack Obama um sein Leben fürchten,

In Madrid trauern Menschen um die Opfer des Terroranschlags vom 11. März 2004, bei dem mehrere Bomben in Pendlerzügen explodierten.

Hochfinanz und das Leben ganz unten: In Tokio geht ein Obdachloser an Kurstafeln der Börse vorbei, die den Fall des Aktienmarkts zeigen. Die im Herbst 2008 ausgebrochene Finanzkrise bedroht die ganze Welt.

weil Radikale keinen Schwarzen im Weißen Haus haben wollten. Irre Fanatiker wird es immer geben, aber man kann zumindest versuchen, kompletten Terrornetzwerken den Nährboden zu entziehen. Je besser es allen Menschen geht, desto mehr haben sie zu verlieren – und desto eher werden sie sich von Killern abwenden oder sie wenigstens nicht noch unterstützen. Zugleich sollten wir versuchen, uns die hart erkämpften Freiheiten – Gleichberechtigung, Meinungsfreiheit, Reisefreiheit, Demokratie – weder nehmen noch verderben zu lassen.

Weltweite Finanzkrise

Die Finanzkrise und die Angst vor dem Zusammenbruch der internationalen Bankenwelt ist derzeit eines der drängendsten Probleme, das nicht nur ein Land, sondern die ganze Welt betrifft. Die Geldwelt ist unfassbar eng vernetzt, obwohl es immer noch lauter unterschiedliche »Märkte« gibt. Aber wenn die Aktien an einer Börse fallen, gehen sie auch an allen anderen in den Keller. Die Frankfurter Börse orientiert sich an der New Yorker Börse usw. Geht eine große US-Bank pleite (wie im Herbst 2008 die Bank »Lehman Brothers«), dann betrifft das zum Beispiel

auch Deutschland: Weil deutsche Privatleute und Unternehmen in US-Aktien investiert haben. Außerdem macht es Anlegern weltweit Angst, wenn eine so große, traditionsreiche Bank wie Lehmann Brothers einfach kaputtgeht.

Eine solche Finanzkrise hat aber auch ganz handfeste Folgen für alle: Um die Banken zu retten, müssen viele Regierungen irrsinnig viel Geld ausgeben. Geld, das ihnen an anderer Stelle natürlich fehlt! Und die Bürger geben in der Krise weniger Geld aus. Außerdem ist es schwerer, an Kredite zu kommen, weil weniger Geld auf dem Markt ist. Kredite brauchen vor allem Unternehmen, um sich zum Beispiel neue Maschinen kaufen zu können. Die Zentralbanken könnten deshalb versuchen, den Preis für Kredite zu senken, um die Wirtschaft ein bisschen anzukurbeln. Dafür senken sie den »Leitzins« (das ist sozusagen der Preis für Geld). Wenn Geld billiger wird, verliert es aber auch an Wert. Dann entsteht Inflation, das heißt, für einen Euro kann man immer weniger kaufen, weil alles immer teurer wird. All das passiert zeitgleich nicht nur in Europa, sondern auch in den USA und in Asien. Dadurch kann es zu einer echten Weltwirtschaftskrise kommen.

Wenn das internationale Finanzsystem ins Wanken gerät, hat das also ganz reale wirtschaftliche Folgen. Und wenn es so weit kommt, ist plötzlich auch keine Rede mehr von Liberalismus, freien Märkten und staatlicher Zurückhaltung. Laut Theorie würden aus einer solchen Pleite alle lernen und es nächstes Mal besser machen. In der Praxis will kein Politiker diese Katastrophe zulassen, deshalb spendet der Staat Milliarden, wenn die Krise nur groß genug ist. Kurzfristig stützt das die Finanzwelt – ob es letztlich sinnvoll ist, darüber sind selbst Experten unterschiedlicher Meinung. Aber keiner traut sich, es anders zu probieren (und, ehrlich gesagt, kein Bürger will der sein, dessen Regierung es doch wagt). Daraus ergibt sich aber, dass es eben keine freien, ungeregelten Märkte gibt. Sondern immer so eine Art Sicherheitsnetz (wie für Seiltänzer), falls einer Mist macht. Dennoch darf man nicht vergessen: Aktien und andere Anlageformen sind ein Risiko, zu dem einen niemand gezwungen hat. Wenn man damit Geld verliert, ist das natürlich sehr bitter. Aber die Alternative wäre, marktwirtschaftliche Risiken auszuschalten. Dann muss man in einer Diktatur wie der DDR leben. Und wer will das schon wirklich?

Aufgrund der Finanz- und Wirtschaftskrise seit 2008 fordern Bürger und Politiker jedoch bereits wieder eine zumindest weitgehende Verstaatlichung von Schlüsselkonzernen und -branchen. Die Liberalisierung bzw. Privatisierung soll also gestoppt oder rückgängig gemacht werden, damit man sich wieder auf den Anbieter verlassen kann. Auch viele Anhänger von Union und FDP sind dafür. Dabei geht es vor allem um: Energieversorgung; Banken und Versicherungen; Fluglinien, Bahn und Post; Chemie und Pharma; Tele-

kommunikation; Landwirtschaft. Wenn der Staat einen großen Anteil an diesen Unternehmen hält, sind sie für (ausländische) Investoren nicht so interessant. Man nennt das »Protektionismus« (von Protektion: Schutz). Zwar führt Protektionismus zu Angebotsarmut und hohen Preisen – ein gänzlich freier und unregulierter Markt führt jedoch offenbar zur unmoralischen Bereicherung einiger weniger auf Kosten der meisten anderen.

Die Commerzbank konnte Anfang 2009 nur mit Regierungsgeldern überleben – dafür gehört ein Teil der Bank jetzt dem Staat.

COMMERZBANK

Sicher, auch in unsicheren Zeiten

Die neuen Anlageprodukte der Commerzbank.

Vereinfacht gesagt: Durch die weltweite Vernetzung können alle überall verdienen – aber es können auch alle überall verlieren. Das Ende vom Lied ist, dass der Steuerzahler (also wir alle) jetzt die Banken retten muss. Die Gewinne der fetten Jahre sind in den Taschen Einzelner gelandet. Für die Verluste jetzt in der Krise muss die ganze Gesellschaft aufkommen. Das ist extrem ärgerlich. Aber noch schlimmer wäre es wohl, wenn man die Banken einfach pleitegehen ließe. Das wäre vielleicht gerecht, würde aber auch alle treffen. Bundesfinanzminister Peer Steinbrück hat das so erklärt: »Wenn es brennt, muss die Feuerwehr löschen, auch wenn es Brandstiftung war.«

Wie viele Sorgen müssen wir uns um die Zukunft machen? Und war früher wirklich alles besser?

Sorgsam und behutsam müssen wir mit der Welt umgehen, das ist inzwischen wirklich unumstritten. Aber manche Experten sind dennoch der Meinung: Die ganz große Panik ist unbegründet, die Lage ist gar nicht so schlimm, wie viele glauben. Sie sind überzeugt, dass unsere Probleme sehr wohl lösbar sind.

Exbundeskanzler Helmut Schmidt ist bekannt für offene Worte. Und er findet, wir Deutsche seien zu besorgt. »Die furchtbaren Kriege des 20. Jahrhunderts haben bei uns Deutschen eine grundsätzliche Neigung zur Ängstlichkeit ausgelöst«, sagte er im Herbst 2008. »Das unterscheidet uns gegenwärtig von allen anderen europäischen Völkern: die ausgeprägte Neigung, uns ängstigen zu lassen.«

Es ist also ein wenig so, als fürchtete man sich allein zu Haus. Natürlich gibt es Einbrecher – aber nicht jedes Knacken oder Klopfen ist einer. Und manche fürchten sich eben mehr als andere. Schmidt schlägt vor, die Angst wieder ein wenig zu verlernen.

Bjørn Lomborg, ein dänischer Umweltschützer und Autor von »Cool it! Warum wir trotz Klimawandels einen kühlen Kopf bewahren sollten«, sieht das ähnlich. »In den Entwicklungsländern hat sich die durchschnittliche Lebenserwartung in den letzten 100 Jahren verdoppelt«, schreibt er. 1970 hatten nur 30 Prozent der Menschen dort Zugang zu sauberem Trinkwasser, heute sind es 80 Prozent. Die pessimistischste UNO-Prognose geht davon aus, dass die Menschen in Bangladesh im Jahr 2100 so vermögend sind wie heute die Holländer. Au-

In der Erinnerung ist immer alles ganz toll. Die Sommer waren richtig warm, im Winter gab es Pulverschnee, und was waren wir glücklich beim Schlittenfahren!

ßerdem meint der Optimist Lomborg: »Ja, der Meeresspiegel wird steigen – aber in den letzten 150 Jahren ist er auch schon um 30 cm gestiegen, und es hat niemand gestört. Wir haben uns einfach damit arrangiert.« Er ist der Meinung, das wichtigste Ziel im Moment müsse die Minderung der Armut sein: »Wenn man vor Hunger nicht weiß, wie man den Tag übersteht, dann interessiert man sich nicht für Umweltschutz. Dann holzt man den Regenwald ab. Wer genug Geld hat, wird Webdesigner und wählt grün.« Die drei besten Möglichkeiten laut der Wirtschaftsexperten vom »Copenhagen Consensus Project«: Freier weltweiter Handel, weltweite Impfungen, mehr landwirtschaftliche Forschung. In diesen Feldern würden wir am meisten pro investiertem Euro erreichen; die Minderung von Kohlendioxid-Ausstoß sei im Vergleich dazu relativ teuer und bringe eher wenig, behaupten die Kopenhagener Wissenschaftler. Sie sind damit allerdings einsame Rufer, denn die Mehrheit der Wissenschaftler, Experten und Politiker hält die CO_2-Reduktion für immens wichtig. Lomborg jedoch ist überzeugt: »Wir müssen uns nur um die richtigen Dinge zuerst kümmern. Dann sieht unsere Zukunft viel besser aus als die Vergangenheit.«

Selbst wenn man dem Skandinavier da nicht folgen will, eines steht fest: Früher war nicht alles besser, wie die Eltern oft behaupten. Wir Menschen neigen einfach dazu, rückblickend vor allem die positiven Dinge zu sehen, während wir Negatives verdrängen. Deshalb haben wir auch das Gefühl, »früher« sei der Sommer schöner und länger gewesen und im Winter habe mehr Schnee gelegen. Wir erinnern uns eben daran, wie wir als kleine Kinder glücklich Schlitten fuhren, und nicht an die vielen langweiligen Tage im Kinderzimmer, während draußen Schmuddelwetter herrschte. Und die Menschen waren auch nicht netter als heute. Auch früher wurden Kinder verprügelt, Frauen vergewaltigt und Ausländer diskriminiert. Heute wird man dafür wenigstens bestraft. Früher starb man an Krankheiten, gegen die wir heute einfach eine Pille einschmeißen.

Bezogen auf die Politik heißt das: Früher gab es hier in Europa ständig grausame Kriege. Noch nie haben wir in einem so friedlichen Deutschland gelebt wie heute. Früher waren die Menschen generell ärmer. Und den Armen ging es viel elender als den Armen bei uns heute. Es gibt also durchaus auch die Chance, dass es aufwärts geht und nicht ungebremst abwärts.

Viele Kühe machen Mühe

Statt eines gewichtigen Nachworts ein Witz, der umso lustiger ist, wenn man ein bisschen was von Politik versteht. Denn die hat wirklich auch komische Seiten!

Christdemokraten

Sie besitzen zwei Kühe. Ihr Nachbar hat keine. Sie behalten eine und schenken ihrem armen Nachbarn die andere. Danach bereuen Sie es.

Sozialisten

Sie besitzen zwei Kühe. Ihr Nachbar hat keine. Die Regierung nimmt Ihnen eine ab und gibt diese Ihrem Nachbarn. Sie werden gezwungen, eine Genossenschaft zu gründen, um Ihrem Nachbarn bei der Tierhaltung zu helfen. Die Regierung gibt Ihnen ein Glas Milch dafür.

Sozialdemokraten

Sie besitzen zwei Kühe. Ihr Nachbar hat keine. Sie fühlen sich schuldig, weil Sie erfolgreich arbeiten. Sie wählen Leute in die Regierung, die Ihre Kühe besteuern. Das zwingt Sie, eine Kuh zu verkaufen, um die Steuern bezahlen zu können. Die Leute, die Sie gewählt haben, nehmen dieses Geld, kaufen eine Kuh und geben diese Ihrem Nachbarn; Sie fühlen sich rechtschaffen.

Grüne

Sie besitzen zwei Kühe, die sie ausschließlich mit Körnerkost aus kontrolliert ökologischem Anbau füttern. Das Futter ist teurer als die Milch, die Sie verkaufen. Sie diskutieren mit Ihren Kühen, ob für einige Zeit nicht auch einfaches Gras eine Alternative wäre. Die Kühe lehnen ab und werfen Ihnen mangelndes Bewusstsein für Nachhaltigkeit vor. Sie gehen pleite. Ihr Nachbar bekommt von alldem nichts mit, weil er auf einer Friedensdemo ist.

Liberale

Sie besitzen zwei Kühe. Ihr Nachbar hat keine. Na und?

Kommunisten I

Sie besitzen zwei Kühe. Ihr Nachbar hat keine. Die Regierung beschlagnahmt beide Kühe und verkauft Ihnen die Milch. Sie stehen stundenlang für die Milch an. Sie ist sauer.

Kommunisten II

Sie teilen sich zwei Kühe mit Ihren Nachbarn. Sie und ihr Nachbar streiten sich, wem mehr Milch zusteht. In der Zwischenzeit arbeitet keiner und die Kühe fallen vor Hunger tot um.

Kapitalisten I

Sie besitzen zwei Kühe. Sie verkaufen eine und kaufen einen Bullen, um eine Herde zu züchten.

Kapitalisten II

Sie haben keine Kühe. Die Bank leiht Ihnen kein Geld, um Kühe zu kaufen, da Sie keine Kühe als Sicherheit anbieten können.

Diktatur

Sie haben zwei Kühe. Die Regierung beschlagnahmt beide und zieht Sie zum Militär ein.

Demokratie

Sie haben zwei Kühe. Ihre Nachbarn entscheiden, wer die Milch bekommt.

Repräsentative Demokratie

Sie haben zwei Kühe. Ihre Nachbarn wählen jemanden aus, der Ihnen mitteilt, wer die Milch bekommt.

Russischer Kommunismus (klassisch)

Sie haben zwei Kühe. Sie müssen die Kühe versorgen, aber die Regierung nimmt die ganze Milch. Sie stehlen möglichst viel davon und verkaufen sie auf dem schwarzen Markt.

Kapitalistischer Russischer Kommunismus (aktuell)

Sie haben zwei Kühe. Sie müssen die Kühe versorgen, aber die Mafia nimmt die ganze Milch. Sie stehlen möglichst viel davon und verkaufen sie auf dem »freien« Markt.

Kambodschanischer Kommunismus

Sie haben zwei Kühe. Die Regierung nimmt beide Kühe und erschießt Sie als Besitzer.

Bauer in der Europäischen Union

Sie besitzen zwei Kühe. Die EU nimmt Ihnen beide ab, tötet eine, melkt die andere, bezahlt Ihnen eine Entschädigung aus dem Verkaufserlös der Milch und schüttet diese dann in die Nordsee. Anschließend müssen Sie eine Menge Formulare ausfüllen und erklären, wo Ihre Kühe geblieben sind.

Amerikanisches Unternehmen

Sie besitzen zwei Kühe. Sie verkaufen eine und leasen sie zurück. Sie gründen eine Aktiengesellschaft. Sie zwingen die beiden Kühe, das Vierfache von Milch zu geben. Sie wundern sich, als eine tot umfällt. Sie geben eine Presseerklärung heraus, in der Sie erklären, Sie hätten Ihre Kosten um 50% gesenkt. Ihre Aktien steigen.

Französisches Unternehmen

Sie besitzen zwei Kühe. Sie streiken, weil Sie drei Kühe haben wollen. Sie gehen Mittagessen. Das Leben ist schön.

Japanisches Unternehmen

Sie besitzen zwei Kühe. Mittels modernster Gentechnik werden die Tiere auf ein Zehntel ihrer ursprünglichen Größe gezüchtet und geben das Zwanzigfache der Milch. Jetzt kreieren Sie einen cleveren Kuh-Cartoon, nennen ihn »Kuhkimon« und vermarkten ihn weltweit.

Deutsches Unternehmen

Sie besitzen zwei Kühe. Mittels modernster Gentechnik werden die Tiere »redesigned«, sodass sie alle blond sind, eine Menge Bier saufen, Milch von höchster Qualität geben und 160 km/h laufen können. Leider fordern die Kühe 13 Wochen Urlaub im Jahr.

Britisches Unternehmen

Sie besitzen zwei Kühe. Beide sind wahnsinnig.

Italienisches Unternehmen

Sie besitzen zwei Kühe, aber Sie wissen nicht, wo sie sind. Während Sie sie suchen, sehen Sie eine schöne Frau. Sie machen Mittagspause. Das Leben ist schön.

Russisches Unternehmen

Sie besitzen zwei Kühe. Sie zählen jedoch fünf. Sie trinken Wodka. Sie zählen erneut und kommen nunmehr auf 42 Kühe. Hocherfreut zählen Sie gleich noch mal, aber jetzt sind es zwölf Kühe. Enttäuscht lassen Sie das Zählen sein und öffnen die nächste Flasche Wodka. Die Mafia kommt vorbei und nimmt Ihnen die Kühe ab, wie viele es auch immer sein mögen.

Schweizer Unternehmen

Sie verfügen über 5000 Kühe, von denen Ihnen aber keine einzige gehört. Sie betreuen die Tiere nur für andere. Ob die Kühe Milch oder Schokolade geben, erzählen Sie niemandem.

Register

Bildnachweis

interfoto: 13: Rotraud Schröcke, 14: Sammlung Rauch, 15: Mary Evans Picture Library, 16: AISA, 17: Daily Herald Archive/NMeM/SSPL, 33 o: Sammlung Rauch, 33 u: Pulfer, 41 u: ATV, 42 o: ATV, 42 u: Marco Bertram, 45: Friedrich, 49: Fritz Dimbat, 50: Oliver J. Graf, 51: Pulfer, 52: AISA, 143: NG Collection, 174 u: Archiv Friedrich, 240 o: Daniel, 242: NOWOSTI.

picture-alliance/(wenn nicht anders bezeichnet: dpa): 20 o: Horst Ossinger, 20 u: David Ebener, 21 o: Angelika Warmuth, 21 u: Frank Mächler, 22: Uwe Zucchi, 23: Uli Deck, 24: Uwe Anspach, 25: Gero Breloer, 26: Keystone/MARTIN RUETSCHI, 27: Benjamin Stöß, 28: Sven Simon/Sven Simon, 30: epa Ron Sachs / Pool, 34: Gero Breloer, 35: akg-images, 36 o, 36 u: dpaweb/Achim Scheidemann, 37: ZB/Jan-Peter Kasper, 44: Frank Leonhardt, 53: Rainer Jensen, 54 o: Franz-Peter Tschauner, 55: ZB/Peter Endig, 56: Heinz Wieseler, 57: Karin Hill, 61: Tobias Hase, 62 u: epa Krzaczynski, 70: ZB/Peer Grimm, 71: Martin Athenstädt, 74, 77 o: dpaweb/ Patrick Seeger, 77 u: Wolfgang Kumm, 79: Bodo Marks, 82: dpaweb/DB Arnd Wiegmann, 84: Jörg Carstensen, 85: dpa Grafik/Globus Infografik, 86: Peer Grimm, 87: Daniel Karmann, 88: Soeren Stache, 90: dpaweb/Michael Hanschke, 91: (o. N.), 92: Bunte Skoruppa, 97: Globus Infogra/Globus Infografik, 98: Andreas Tamme, 103: Peer Grimm, 104: Bodo Marks, 106: dpaweb/Franz-Peter Tschauner, 107: Can Merey, 113: Karl-Josef Hildenbrand, 114: ZB/Patrick Pleul, 115: Fredrik von Erichsen, 119: epa efe, 120: Phoenix, 122: Waltraud Grubitzsch, 123, 124: Peter Kneffel, 125: epa Louie Traub, 126: Patrick Seeger, 127: dpaweb/Ingo Wagner, 128: SCHROEWIG/CS/SCHROEWIG/CS, 130 o: Sven Simon/ Frank Hoermann, 130 u: Peter Kneffel, 132: DB Christian Volbracht, 133 o: Martin Athenstädt, 133 u: Oliver Berg, 134 o: APA, 137: Sven Simon/Sven Simon, 140: Michael Urban Pool, 141: Friso Gentsch, 146 o: ZB/Wolfgang Thieme, 147: Roland Scheidemann, 151: Uli Deck, 155: Uli Deck, 157: dpaweb/Felix Heyder, 158: Rainer Jensen, 159 o: ZB/Karlheinz Schindler, 159 u: SVEN SIMON/FrankHoermann, 160 o: ZB/Andreas Lander, 160 u: ZB/Matthias Hiekel, 166: Patrick Pleul, 168 o: dpaweb/epa CTK Sterba, 178: epa Olivier Hoslet, 179: akg-images/ Hedda Eid, 181: Sander/Thomas Tratnik, 185 o: AFP, 185 u: Wolfgang Weihs, 190: dpaweb/epa Olivier Hoslet, 191 o: Patrick Pleul, 194: Maxppp 395326953, 195 o: ZB/Peter Endig, 197 u: Bernd Wöstneck, 198: Imaginechina Zhao yonghui, 201 o: Globus Infografik, 201 u: Ralf Hirschberger, 202: Tim Brakemeier, 205 u: dpaweb/epa Chernin, 206: Maxppp, 207 o: 91050/KPA/TopFoto, 207 u: dpa, 208: dpa-Grafik/ dpa-infografik, 209: epa Justin Lane, 210: epa afp, 211: epa epa afp Clary, 212: Imaginechina Kaiyu, 213: Tass Rodionov, 214: ZB/Ralf Hirschberger, 216: Landov 4669525, 217 o: Imaginechina Chen, 217 u: Lehtikuva Martti Kainulainen, 218: epa Kochetkov, 219: dpa-Film Universum Film, 220: epa Victor Drachev, 221: epa Horacio Villalobos, 223: ZB/CTK, 224: DB Michael Kappeler, 225: Julia Faßbender/Bpa, 226 o: Abaca Eriksson Andreas 104523, 226 u: dpaweb/ Rolf Haid, 227: Tim Brakemeier, 228: epa Chirikov, 229: epa Keystone Campardo, 230: Paul_J._Richards, 231 o: Keystone Herrick, 231 u: Fritz Engau, 232: Wolfgang Kumm, 233: Doug_Kanter, 234 u: epa afp, 235: (o. N.), 236: DB Intelcenter, 237: dpaweb/epa Syed Jan Sabawoon, 240 o: Wolfgang Langenstrassen, 241: George_Bridges, 244: dpa Grafik/Globus Infografik, 245: AFP, 246: epa Zurab Kurtsikidze, 247: dpa-infografik, 248-249: Globus Infografik, 252: dpaweb/epa afp, 253: landov/ASHRAF AMRA, 255: epa afp, 256: Peer Grimm, 257: Landov 5581674, 260: dpaweb/epa/ Boris Heger Unicef/ Boris H, 263: epa Nic Bothma, 264 u: Städele, 265: Globus Infografik, 266 u: Saeed_Khan, 267: dpaweb/Wolfgang Kumm, 268: epa Jackson Lowen, 269 o: epa Mike Nelson, 269 u: Bildagentur Huber/Smetek, 270 u: Godong/Pascal Deloche, 271: PA Parsons, 272: epa Dai Kurokawa, 273 o: epa Christophe Karaba, 273 u: Boris Roessler, 274: Frank Kleefeldt, 275: epa Scanpix Amdi.

TopicMedia: 10: pm, 12: Werner Otto, 18: Stefan Auth, 19: Norbert Michalke, 32: Denis Meyer, 36 o: Guenter Fischer, 38: Kreutzer, 39: Giuseppe Graziano, 41 o: Michaela Begsteiger, 46–47: olf (2), pm, 65: Joachim E. Röttgers, 81: olf, 105: pm, 109: jpb, 136: Christian Heinrich, 138: Michael Krabs, 139: Jochen Tack, 145: pm, 148: olf, 149: Jürgen Eis, 152 o: Norbert Michalke, 154: Joachim E. Röttgers, 161: Adrian C. Nitu, 162 o: Jiri Hubatka, 162 u: Anton Luhr, 163 o: Michael Weber, 163 u: Creativ Studio Heinemann, 167 ul: Lochstampfer U., 167 ur: Norbert Eisele-Hein, 171: Michael Zegers, 191 u: Bahnmueller, 192: olf, pm, 195 u: olf, 200: Stefan Auth, 238: Thomas Frey, 251: Bahnmueller, 254: Florian Kopp, 261: Heiner Heine, 264 o: Rolf Nussbaumer, 266 o: olf/mb, 270 o: olf, 277: olf.

ullstein bild: 58 o: XAMAX, 58 u: ddp Nachrichtenagentur, 60: Meldepress, 62 o: Meldepress, 64: XAMAX, 66: Probst, 68: BPA, 74: dpa (85), 80: BPA, 93 o: ddp, 93 u: ddp, 94: Roland, 99 o: Becker & Bredel, 99 u: Seyboldt, 100: Granger Collection, 101, 102: AP, 111: ecopix, 116: Ex-Press/Keller, 117: Boness/IPON, 118: XAMAX, 121: Fromm, 123: BPA, 134 u: Meldepress, 135: ddp, 142: Sven Simon, 144: Bladt, 146 u: iT, 152 u: Teich/Caro, 167 o: ecopix, 169: Karwasz, 174 o: Egmont Strigl, 184: Creativ Studio Heinemann, 187: Reuters, 189: INTRO/Ausserhofer, 192: vario images, 203: phalanx Fotoagentur, 205 o: vario images, 215: Nowosti, 234 o: AP, 243: AP, 250: dpa, 262: MARK SHENLEY.

Weitere: 83: Bundesregierung/Bergmann, Guido. 164–165, 168, 172, 175, 176, 180: EC. 182: Bündnis 90/Die Grünen.

Umschlag: Marietta Slomka (Portrait): ZDF Bilderdienst/ Thomas Morice. Von links nach rechts: Picture Alliance/ DPA: Oben: 1 (Oliver Berg), 2 (Maxppp Jean Marc Loos), Mitte: 1 (N.N.), 2 (Boris Roessler), 3 (David Maxwell), 4 (Boris Roessler), 5 (Wolfgang Krumm). Unten: 1 (Patrick Seeger), 2 (Peer Grimm)

Wolfgang Herles (Hg.)
Bücher, die Geschichte machten
Von der Bibel bis zu Harry Potter

352 Seiten, ISBN 978-3-570-13362-0

Ein Buch ist manchmal mehr als eine gute Geschichte oder kluge Idee. Manchmal entsteht ein Werk, das so bedeutend ist, dass es tief auf die Gesellschaft wirkt. Wolfgang Herles stellt sie vor – die größten Werke und ihr Einfluss auf die Geschichte: Wie Heinrich Schliemann mit Homers »Ilias« Troja entdeckt, welche Bedeutung das »Neue Testament« für die Entstehung Europas hat, was Einstein mit dem Dalai Lama verbindet und wie Tolkiens »Herr der Ringe« ein neues Genre etabliert. Die wichtigsten Bücher aus Kultur, Politik und Wissenschaft vom Altertum bis zur Moderne – eine aufregende Entdeckungsreise in die faszinierende Welt der Bücher (und ihrer großen Geschichte).

8086

cbj

www.cbj-verlag.de

Claus Kleber (Hg.)
Nachrichten, die Geschichte machten
Von der Antike bis heute

368 Seiten, ISBN 978-3-570-12979-1

Geschichte – das sind die Nachrichten von gestern und vorgestern. Doch wie wurden diese im Laufe der Jahrhunderte an den Mann gebracht? Welche Auswirkungen hatte z.B. die Nachricht von der Entdeckung Amerikas auf Zeitgenossen und zukünftige Generationen? Claus Kleber hat die wichtigsten Nachrichten von der Antike bis zur Gegenwart zusammengestellt. Übersichtlich gegliedert und journalistisch lebendig werden Ereignisse aus Politik, Philosophie, Naturwissenschaften, Literatur, Musik, Kunst und Religion präsentiert und historische Zusammenhänge deutlich gemacht.

cbj

www.cbj-verlag.de

8085

Guido Knopp
Die Geschichte der Deutschen
Von Karl dem Großen bis zum Mauerfall

192 Seiten, farbig illustriert
ISBN-10:   3-570-13060-6
ISBN-13: 978-3-570-13060-5

Nichts ist so spannend wie Geschichte! Manchmal ereignet sie sich mit Pauken und Trompeten, oft aber geschieht sie auch leise und zunächst beinahe unbemerkt. Erst wenn ihre Wirkung eingetreten ist, merken wir, dass Geschichte »geschrieben« wurde. Guido Knopp stellt die wichtigsten Stationen der deutschen Geschichte dar – spannend erzählt und übersichtlich aufbereitet!

www.cbj-verlag.de

Sandra Maischberger
Die musst du kennen
Menschen machen Geschichte

352 Seiten   ISBN 978-3-570-12871-8

Geschichte passiert nicht – Geschichte wird gemacht. Durch alle Jahrhunderte hindurch haben große Köpfe die Weichen der Weltgeschichte gestellt. Spannend und für Kinder nachvollziehbar erzählt, werden sie vorgestellt: die 250 wichtigsten und populärsten Wissenschaftler, Politiker, Künstler und Denker unserer Kulturgeschichte. Ein unverzichtbares Nachschlagewerk für alle, die es genau wissen wollen.

8084

www.cbj-verlag.de